Kohlhammer

Claudia Guderian

Die Couch in der Psychoanalyse

Geschichte und Gegenwart von Raum und Setting

Verlag W. Kohlhammer

1. Auflage 2004

Umschlag: Gestaltungskonzept Peter Horlacher
Umschlagsmotiv: Praxis von Rudolf Walter
Gesamtherstellung:
W. Kohlhammer Druckerei GmbH + Co. Stuttgart
Printed in Germany

ISBN 3-17-018048-7

Geleitwort

Claudia Guderian hat sich mit einem besonderen Sinn für das Interieur von psychoanalytischen Praxen interessiert. Mit viel Verve und Unternehmungslust ist sie mit einer hochwertigen Fotoausrüstung von Stadt zu Stadt gereist, um Couchen abzulichten. War es am Anfang mehr die Neugier auf dieses ganz besondere Möbel, um das sich so viele Geschichten ranken, so weitete sich ihr Interesse bald auf den gesamten Raum aus. So hat sie mit ihrer Kamera festgehalten, in welcher Entfernung sich der Sessel vom Couchende befindet, ob ein Tischchen dazwischen steht und wohin sich der Blick richtet, den der Couch-Analysand auf die nähere und weitere Umgebung hat – auf das Bücherregal, auf Wandteppich oder Bilder oder ins Grüne und in den Himmel.

Im Verlauf ihrer Unternehmung hat sich ihr Interesse immer weiter ausgedehnt; war es am Anfang nur das Couch-Sessel-Arrangement, so erstreckte sich ihre Neugier bald auf den gesamten Raum, nunmehr vor allem darauf, wie ein Analysand den Raum seines Analytikers erlebt. So hat sie den distanzierten Blick des männlichen Voyeurs um qualitative Interviews mit ehemaligen Analysanden ergänzt. Und sie hat nicht nur den konkreten Praxisraum in den Erinnerungen ihrer Interviewpartner wieder auferstehen lassen, sondern auch das Durchschreiten innerer Räume im analytischen Prozess. Denn dies ist das Neue an ihrer Untersuchung, dass der Raum nicht gleich Raum ist, sondern intensiv erlebt wird und unterschwellig den gesamten analytischen Prozess begleitet. In den verschiedenen Phasen wirkt er sich ganz unterschiedlich aus und wird ganz unterschiedlich in seinen Details wahrgenommen, erlebt und angeeignet. Die analytischen Räume werden nach einem eigenen Entwicklungstempo durchlaufen; sie manifestieren sich auch in Übertragungsanspielungen und in Träumen als prozedural erlebte Erinnerungen, die nicht nur Orten und Räumlichkeiten der Kindheit entsprechen, sondern vor allem auch den dort gemachten Erfahrungen: so z. B. in dem Versinken in einer weichen Geborgenheit oder dem Sich-fremd-Fühlen auf einer als hart, lieblos und kalt empfundenen Couch. Keineswegs immer werden diese Raumerfahrungen zum Gegenstand des analytischen Prozesses, obwohl sie doch mit vielen Übertragungsthemen korrelieren; erstaunlich auch, dass es fast immer längere Zeit benötigt, bis ein Analysand erleben kann, dass dem Äußeren auch eine Innenwelt entspricht.

Was zunächst wie eine detailversessene Versponnenheit der ehemaligen Pressereferentin der DGPT aussehen mag, entpuppt sich bei weiterer Lektüre als eine spannende Fragestellung, vor allem wenn Frau Guderian ihre Interview-Partner darum bittet, ihre Raumeindrücke und -erlebnisse zu beschreiben, die sie zwar oftmals schon vor Jahren hatten, die aber dennoch zumeist noch sehr präsent sind. Dabei tritt Erstaunliches zutage: Es scheint, als würde die Aneignung des äußeren Raums mit der erfolgten Inbesitznahme „innerer Räume“ korrelieren. In sorgfältigen Auswertungen ihrer qualitativen Interviews kommt die Verfasserin in einer abstrahierenden Typenbildung zu aufschlussreichen Ergebnissen. Manche Analysanden sind z. B. nicht über eine fragmentarische Wahrnehmung des äußeren Raums hinausgekommen, andere haben sich den Raum nach und nach „erobern“ können.

Frau Guderian kann aufgrund ihres Interview-Materials fünf Stadien identifizieren, in denen Raum, Couch, Liegen und Analytiker unterschiedlich wahrgenommen werden: Zunächst gehört der Raum dem Analytiker, der ihn für sich nach seinem Geschmack eingerichtet hat, und zu dem der Analysand den Kontakt erst herstellen muss (Außenraum, Raum 1); das Setting aus Couch und Sessel wird im zweiten Raumerleben als „der Raum“ erlebt, in dem die Analyse stattfindet; der Analysand erlebt nun, dass er *in* den Raum hineingekommen ist und neuartige, ungewöhnliche und regressive Interaktionserfahrungen macht (Interaktions- oder Symbioseraum, Raum 2); die Couch wird nun als „der Analyseraum“ erlebt – hier begegnet er sich selbst am intensivsten (Einzelraum, Raum 3). Mit der Artikulation von Kritik am Analyseraum – häufig nicht verbal mitgeteilt – geht das Erleben einher, dieser Raum sei nicht mehr sein Raum. Eine Vorstellung eines eigenen Raumes bis hin zur völligen Ablösung aus dem Analyseraum entwickelt sich (Sonderraum, Raum 4); schließlich, bei einer möglichen Rückkehr in den Raum Jahre später, empfindet der ehemalige Analysand den Raum nicht mehr als seinen Raum, sondern als kühl, hässlich, unbedeutend, überladen etc. (der fremd gewordene Raum, Raum 5).

Die Reihenfolge der Räume wird strikt eingehalten, d. h. keiner wird übersprungen. An das jeweilige Raumerleben wird auch bei einer Fortsetzung der Analyse bei einem zweiten oder dritten Analytiker angeknüpft.

Ein Fazit der vorliegenden Untersuchung ist sicherlich, dass Psychoanalytiker sich in der Regel zu wenig Gedanken darüber machen, wie ihre Couch, wie der gesamte Raum auf ihren jeweiligen Patienten wirkt. Ob jemand ein liebevoll der Freudschen Couch nachempfundenes Möbel mit einem Fußteppich und vielen Kissen und mit einem Flair, was an die eigenen Großeltern erinnert, seinem Patienten als Ruhestatt anbietet, oder ein Eileen Gray-*Day Bed* oder die Beo-Liege als „Post-Klassiker“, ob der Behandlungsraum nüchtern kahl ist oder vollgestopft mit persönlichen Reiseerinnerungen und über Jahre angesammelten Nippesfiguren, ob der Blick auf die Souterrain-Türe fällt oder auf ein Fenster, das den Blick ins Grüne freigibt, ist zwar nicht unerheblich, aber ungleich wichtiger ist, ob und wie der Analysand mit diesem Raum umgeht und ihn mit seinen inneren Erlebnisräumen verbindet. Sicherlich achten Patienten am Anfang darauf, ob ihnen die Praxiseinrichtung ihres zukünftigen Analytikers oder Analytikerin liegt, was zu einem Gefühl einer Passung mit beitragen mag; aber oftmals verlieren sie dann die Bedeutung, die bestimmte Raumelemente für sie und ihre innere Welt haben, auch wieder aus ihrem bewussten Erleben. Gleichwohl begleitet sie der äußere Raum über den Verlauf der gesamten Analyse, und die verschiedenen Stufen seiner Aneignung ließen sich durchaus im Rahmen einer Prozessdiagnostik verwenden.

Wolfgang Mertens — München, im Januar 2004

Inhalt

Auch der matte Maulwurf ging sogleich freudig ins Bett. Zufrieden legte er den Kopf aufs Kissen, doch ehe er die Augen schloss, ließ er den Blick noch einmal durch sein altes Zimmer schweifen.
Die Glut des Kaminfeuers erleuchtete es mild, und je nach Laune spielte es mit den lieben Besitztümern oder blieb auf ihnen ruhen, jenen Dingen, die lange ein Teil von ihm gewesen waren, ohne dass er es gewusst hätte. Jetzt lächelten sie ihm zu und nahmen ihn ohne Groll wieder bei sich auf. Er war nun genau in der Stimmung, in die ihn die taktvolle Ratte behutsam hatte bringen wollen.
Er sah deutlich, wie schlicht und einfach – ja: wie eng – alles war; aber ebenso deutlich, wie viel ihm alles bedeutete, und wie kostbar eine solche Verankerung im Leben ist. Deswegen wollte er sein neues, aufregendes Leben durchaus nicht wieder aufgeben, Sonne und Wind, und allem, was sie ihm zu bieten hatten, den Rücken kehren, heimkriechen und hier unten bleiben; die Oberwelt war viel zu stark, sie rief ihn noch immer, selbst hier unten, und er wusste, er musste auf diese größere Bühne zurückkehren. Aber es tat gut zu wissen, dass er heimkehren konnte an diesen Ort, der ihm ganz allein gehörte, zu diesen Sachen, die so froh waren, ihn wiederzuhaben, und auf die er immer zählen durfte, wenn er ein einfaches Willkommen brauchte.

Kenneth Grahame, Der Wind in den Weiden (1908)

Vorwort

Dieses Buch ist das Ergebnis jahrelanger Diskussionen auf Kongressen, Tagungen, in formellen und informellen Gesprächen, für die ich allen Beteiligten danken möchte. Erste Keimzelle waren Gespräche über die unterschiedliche Gestaltung der Analytikerpraxen. Warum sollten Psychoanalytiker einer interessierten Öffentlichkeit nicht Einblick in ihre Arbeitsräume gewähren? Damit stieß ich auf geteilte Meinungen. *Man zeigt sich nicht* waren ausgesprochene, *Dies ist ein heiliger Raum* unausgesprochene Vorbehalte, die immer mitschwangen. Vorbehalte, die mich desto skeptischer machten: Wenn Psychoanalytiker sich so auffallend gegen die Erforschung ihrer Räume sträuben, könnte das auf einen produktiven Widerstand deuten. Doch die meisten Angesprochenen teilten mein Interesse, gewährten mir Zutritt zu ihren Praxen und stimmten zu, dass über die Wirkung des Raumes noch viel zu sagen – und zu analysieren – wäre. So wuchs aus der Keimzelle ein immer größeres Gebilde. Beim Betrachten der Praxisräume von Kollegen (zu sehen in *Magie der Couch*, ebenfalls 2004 im Verlag W. Kohlhammer erschienen) überwog bei weitem das Interesse über die Skepsis. Und so begann ich, zunächst in locker-assoziativer Fügung, nachzulesen, was angrenzende Fachgebiete zu *Räumen* sagten. Räume bestimmen unser Leben. Raum definiert unser Leben. Wir sind Raum. Wir dehnen uns im Raum aus. Wir beherrschen Raum. Wir gestalten Raum. Vielen geduldigen und inspirierenden Gesprächen mit Herrn Professor Wolfgang Mertens (München) ist zu danken, dass aus den Gedanken und ersten Erträgen eine gerichtete wissenschaftliche Forschungsarbeit werden konnte, in der ich die Raumdeterminanten systematisierte und mit Methoden der qualitativen Forschung in ihrer Bedeutung im psychoanalytischen Prozess untersuchte. Das war wiederum nur möglich mit Hilfe vieler weiterer Gesprächspartner, insbesondere der zwanzig anonymen ehemaligen Analysandinnen und Analysanden, denen ich besonderen Dank schulde, da sie mir im Vertrauen auf die wissenschaftliche Integrität einen tiefen Einblick in ihre Analysen gewährten. Mein Dank an die Familie für Nachsicht gegenüber meiner temporären Nachlässigkeit in der Erledigung hausfraulicher Pflichten hat ein Janusantlitz: Einerseits haben sie mit Selbständigkeit ersetzt, was der mütterliche Service ermangeln ließ; andererseits haben mir die Kinder zu einem Ausmaß von Empirie verholfen, das kein theoretisches Studium ersetzen kann: der Erfahrung, selbst Raum zu sein für einen heranwachsenden Menschen, ihn in der Symbiose eine Zeitlang zu begleiten und dann zu erfahren, wie nur die Trennung dieser Zweisamkeit beiden Beteiligten ein Weiterleben ermöglicht. Dies mag eine Matrix unbewusster Hypothesenbildung gewesen sein, die aber auch den analytischen Prozess in seiner originären Nachreifungsfunktion widerspiegelt.

Mein besonderer Dank gilt Herrn Ruprecht Poensgen für eine umsichtige, humorvolle und zudem höchst sorgfältige Betreuung des Manuskripts.

Claudia Guderian
Hamburg, im Januar 2004

Einleitung – Die Couch als Ort besonderer Raumerfahrung

Es ist wie ein blinder Fleck: Die Couch des Psychoanalyseraums ist seit der großen Arbeit von Herold Stern (1978) nicht mehr im Mittelpunkt einer umfassenden wissenschaftlichen Untersuchung gewesen. Und doch ist sie das hervorstechende Andere, sie ist das, was die Psychoanalyse schon von weitem kennzeichnet. Sie ist so entwaffnend einfach und doch so geheimnisvoll potent in ihrer Fähigkeit, Zugang zum menschlichen Unbewussten zu gewähren.

Die Couch macht den Psychoanalyseraum zu dem einzigartigen Behandlungszimmer, das sich im medizinischen Bereich kein zweites Mal findet. Doch es ist natürlich nicht die Couch als selbständiges Subjekt, sondern der Analysand als erkennendes Subjekt seiner selbst, der sich zum Zwecke der Erkenntnis auf die Couch begibt. Nur von der Couch aus entfaltet der Raum seine besonderen Eigenschaften, die wir im analytischen Sprechzimmer antreffen. Es ist also die horizontale Position zum Zwecke der Erkenntnisgewinnung, die aus dem Raum einen anderen Raum macht, aus der Couch einen anderen Ort, und aus der Couch-Sessel-Gemeinschaft, dem Setting, eine symbiotische Gemeinschaft zu schweißen vermag. Wer auf der Couch die Reise zu sich selbst antritt, lässt sich auf eine große Veränderung nach einem geheimnisvollen Plan ein.

Aber so zufällig oder beliebig ist die Selbstveränderung nicht. Vielmehr geschieht sie in enger Korrelation mit der Raumwahrnehmung von der Couch aus; und so wird der Analysand nacheinander vom Fremdling zum willkommenen Besucher, wird zum alleinigen Besitzer des Analyseraums und schließlich zum heftig kritisierenden Selbständigen, der, oft unter Protest, seinen Abschied nimmt und einen eigenen Raum bezieht, den er jedoch in der Zwischenzeit durch seine analytische Arbeit hervorgebracht hat. Kehrt er nach Jahren in seinen Analyseraum zurück, betrachtet er ihn befremdet als unbegreiflich fern.

Nach diesem „Bauplan" durchlaufen die Analysanden den Analyseraum – oder sollte man besser sagen: „durchliegen"? Denn es ist die liegende Position auf der Couch, die sie zu dieser geheimnisvollen Reise durch ferne Zeiten, Beziehungen und Schmerzen befähigt.

Wenn also im Folgenden vom „Raum" die Rede ist, so ist es in Wirklichkeit der „auf der Couch erlebte Raum". Grotstein (1995, 396) hat darauf verwiesen, dass Freud durch seine Anweisung, den Patienten während der Behandlung liegen zu lassen, eine wichtige physiologische Entdeckung gemacht hat: er hatte nämlich die Funktion der rechten Hirnhälfte entdeckt. Sobald der Patient liegt und ohne Blickkontakt mit dem Analytiker spricht, schaltet die für Logik und Kontinuität zuständige Hirnhälfte ab (bei Rechtshändern die linke) und die für Emotionen, Phantasien und Illusionen zuständige Hirnhälfte (die jeweils andere) wird aktiv. Dieser Umschaltprozess lässt sich auch im EEG nachweisen. Der Raum wird nun nicht mehr als nüchterner Behandlungsraum erlebt, sondern bekommt all jene besonderen Eigenschaften, die sich aus der Biographie des Analysanden daran heften lassen.

Die Reise kann beginnen.

1 Der analytische Behandlungsraum in der psychoanalytischen Diskussion

1.1 Raumerwartung des Analysanden

Ein Analysand[1], der zum ersten Mal den Weg zu seinem künftigen Psychoanalytiker sucht, registriert sehr wach, in wessen Hände er sich begeben wird. Noch bevor er dem Analytiker gegenübersteht, hat er sich über den Klang der Stimme am Telefon ein von ihm Bild gemacht, Sympathie oder Antipathie registriert. Aber die Person des Psychoanalytikers ist auch räumlich determiniert. Stadt oder Ort, die Lage im Stadtviertel und deren soziale Konnotation werden vom künftigen Analysanden ebenso vermerkt wie die Anmutung der Straße, eventuell der Institution, und des Gebäudes, in dem der Analytiker seine Praxis hat, ist doch jede Behausung ein äußerer Ausdruck der inneren Verfassung ihrer Bewohner.

Mit großer Sorgfalt registriert er also alle Signale, durch die der Analytiker etwas von sich preisgibt und dadurch auch Auskunft über seine Vertrauenswürdigkeit erteilt: Sein Aussehen, seine persönliche Ausstrahlung, seine Interaktionsfähigkeit sowie den geheimnisvollen Raum selbst, in dem ihm auf so unbegreifliche Weise ohne chemisch-mechanische Hilfsmittel geholfen werden soll. Denn bislang kennt er vom Körper des Analytikers nur die Stimme, die er bei der telefonischen Vereinbarung des ersten Termins hörte.[2]

Der Analysand erwartet nun gespannt zweierlei: die körperliche Präsenz des Analytikers, sein Aussehen, seine persönliche Aura und Interaktionsfähigkeit und die Gestaltung des Raumes. Von beidem wünscht er, dass sie dieselbe „Wellenlänge“ haben sollen wie er selbst. Höchst selten wird ihm dies bewusst sein. Er sieht sich einem komplexen Ganzem gegenüber: dem neuen Prozess, der Räumlichkeit, dem Menschen, und schließlich dem eigenen Ich, das er neu erfahren wird, und zu dem er in Kontakt kommen will. Das erzeugt gemischte Gefühle: Angst vor den Einblicken in die Abgründe des eigenen Seelenlebens, Angst vor Manipulation und Kontrollverlust mischen sich mit der Hoffnung auf Besserung desolater Lebensumstände. Ihm sind seine neurotischen Verstrickungen bewusst und das Leiden, mit dem ihm sein Leben nicht mehr lebenswert erscheint. Die bevorstehende Psychoanalyse sieht er als existentielle Infragestellung, als Bedrohung, aber zugleich als Lebenschance. Es ist daher nur natürlich, dass sich ein künftiger Analysand mit allen Mitteln ein Bild von der Vertrauenswürdigkeit seines künftigen Analytikers zu machen versucht. Dazu bedient er sich aller ihm zu Gebote stehenden Hilfsmittel. Die äußeren Determinanten und Statussymbole – Wohnort, Wohnviertel, Straße, Institution, Gebäude, Praxisraum – sind dabei Orientierungspunkte in einem neuen Kosmos, sichtbare Repräsentanten einer unsichtbaren Funktion, die darin ausgeübt wird, der psychoanalytischen Arbeit.

In seiner akut angespannten Verfassung nimmt der Analysand den Raum nicht bewusst wahr, registriert aber die von ihm ausgehenden Signale. Im psychoanalytischen Geschehen selbst scheint der Raum dann von untergeordneter Bedeutung zu sein. Der Analysand spricht ihn selten an, geht es ihm doch um die Bewältigung drängender aktueller Konflikte. Und auch die psychoanalytische Fachdiskussion hat dieses Problem bislang nicht scharf fokussiert. Da der Raum vom Analysanden nicht thematisiert wird, wird ihm auch keine besondere Bedeutung zugeschrieben. So misst selbst Harold Stern, der Autor des Standardwerks über die Couch, dem Raum keine besondere Bedeutung bei:

> Meiner Ansicht nach ist das gegenständliche Bild der Analytiker-Praxis hauptsächlich beim Erstinterview wichtig. Ist die Behandlung erst einmal in Gang, gewöhnt sich der Patient an die Ausstattung der Praxis und erwartet schließlich das, was immer er in der Behandlung zuerst angetroffen hat. Die Ausstattung der Praxis wird vom Analysanden oft als eine Erweiterung der Persönlichkeit des Analytikers angesehen. (Stern 1978, 145)

Sterns Beobachtungen treffen nach allgemeiner Erfahrung zu. Der Analysand macht beim Erstinterview eine Art Momentaufnahme und trägt dieses Bild des Behandlungsraums dann in sich, wie lückenhaft es auch sein mag. Er benötigt es nur, um sich topographisch zu orientieren. Neue Details im Praxisraum registriert er in den probatorischen Sitzungen und über einen langen Zeitraum hinweg nicht. Er unterscheidet zunächst lediglich, ob er sich unter diesen äußeren Bedingungen auf eine Psychoanalyse einlassen will oder nicht. Wichtiger als der differenzierende Blick darauf, mit welchen Mitteln welche Atmosphäre hergestellt wurde, ist zu Beginn der Analyse das Gefühl des Aufgehobenseins, der Geborgenheit, des bedingungslosen Akzeptiertseins. Die analytische Arbeit steht im Vordergrund, und der Analysand scheint über Monate, wenn nicht Jahre, die Praxis des Analytikers wie in Trance zu betreten und den Weg zur Couch mit einem Tunnelblick zurückzulegen.

Man könnte daraus schließen, dass demnach die Inneneinrichtung des psychoanalytischen Behandlungsraums, das *Interior Design,* und die Art der Gestaltung des Couch-Settings für die Psychoanalyse nicht weiter relevant wären.

1.2 Konzeptualisierung des Behandlungsraums und Literaturbericht

Dies ist jedoch nicht der Fall. Freud selbst hat die Gestaltung seines Raumes, vermutlich in Anlehnung an antike Praktiken, recht genau festgelegt. So gab es im klassischen Griechenland ein Äquivalent, das durch den Gebrauch der Couch charakterisiert ist, in dem auch Traumanalyse, die spezifische Art der Rhetorik, Dialektik und Katharsis praktiziert wurden.[3] Freud hat die Vorschriften zur Gestaltung des analytischen Raumes 1913 in seiner Schrift „Zur Einleitung der Behandlung“ zusammengefasst. Sein Text wimmelt übrigens von Raum- und Zeitbezügen aller Art, bis er schließlich die berühmte knappe Anweisung gibt:

> Ehe ich diese Bemerkungen zur Einleitung der analytischen Behandlung beschließe, noch ein Wort über ein gewisses Zeremoniell der Situation, in welcher die Kur ausgeführt wird. Ich halte an dem Rate fest, den Kranken auf einem Ruhebett lagern zu lassen, während man hinter ihm, von ihm ungesehen, Platz nimmt. Diese Veranstaltung hat einen historischen Sinn, sie ist der Rest der hypnotischen Behandlung, aus welcher sich die Psychoana-

lyse entwickelt hat. Sie verdient aber aus mehrfachen Gründen festgehalten zu werden. Zunächst wegen eines persönlichen Motivs, das aber andere mit mir teilen mögen. Ich vertrage es nicht, acht Stunden täglich (oder länger) von anderen angestarrt zu werden. Da ich mich während des Zuhörens selbst dem Ablauf meiner unbewussten Gedanken überlasse, will ich nicht, daß meine Mienen dem Patienten Stoff zu Deutungen geben oder ihn in seinen Mitteilungen beeinflussen. Der Patient faßt die ihm aufgezwungene Situation gewöhnlich als Entbehrung auf und sträubt sich gegen sie, besonders wenn der Schautrieb (das Voyeurtum) in seiner Neurose eine bedeutende Rolle spielt. Ich beharre aber auf dieser Maßregel, welche die Absicht und den Erfolg hat, die unmerkliche Vermengung der Übertragung mit den Einfällen des Patienten zu verhüten, die Übertragung zu isolieren und sie zur Zeit als Widerstand scharf umschrieben hervortreten zu lassen. Ich weiß, daß viele Analytiker es anders machen, aber ich weiß nicht, ob die Sucht, es anders zu machen, oder ob ein Vorteil, den sie dabei gefunden haben, mehr Anteil an ihrer Abweichung hat. (Freud 1913, 467)

Selbstverständlich ist Freuds „Rat“ als Vorschrift zu lesen, und mit seinem Seitenhieb auf diejenigen, die es „anders machen“, meint er vermutlich Adler, Stekel und Jung.[4]

In der „Selbstdarstellung“ gibt Freud noch einmal einen Überblick über die Entwicklung seiner Methode und beschließt das Kapitel mit dem Satz:

Ich gab also die Hypnose auf und behielt von ihr nur die Lagerung des Patienten auf einem Ruhebett bei, hinter dem ich saß, so daß ich ihn sah, aber nicht selbst gesehen wurde. (Freud 1925, 53)

Mit diesem Aufsatz ist die Konzeptualisierung der Raumgestaltung in der psychoanalytischen Theorie abgeschlossen. Freud erwähnt die Couch nur noch ein einziges Mal in seinem publizierten und unpublizierten Gesamtwerk[5], nun aber aus der Warte des Patienten, der sich von einer seiner anstrengenden Kieferoperationen erholen mußte. Er schreibt am 21. März 1938 aus Wien an Arnold Zweig, drei Monate vor der Emigration:

Ich habe einige besonders ungünstige Wochen hinter mir. Vor 4 Wochen eine meiner gewohnten Operationen, darauf ungewohnt heftige Schmerzen, so daß ich durch 12 Tage meine Arbeit einstellen mußte und mit Schmerzen und Wärmflaschen auf der Couch lag, die für andere bestimmt ist. (Freud, S. 1938)

Zu diesem Zeitpunkt ist aus Freuds Sicht längst alles publiziert, was es zur Couch und ihrer Verwendung im analytischen Prozess zu sagen gibt. Als er 1938 diesen Brief schreibt, benutzt er die Couch, die in Wien neben seinem Arbeitszimmer im Behandlungsraum steht, in ihrer Funktion als Tagesruhemöbel; und als solches hat sie auch ihren angestammten Platz in den abendländischen Gelehrtenstuben der letzten tausend Jahre.[6]

1.2.1 Freuds Praxis der Raumgestaltung

Freud hat aber nicht nur dekretiert, wie er sich die Gestaltung des analytischen Behandlungsraums vorstellt, er hat es auch selbst praktiziert. Er hat den Archetyp des „Couch-Settings“ hergestellt, und daran orientieren sich bis heute Analytiker in aller Welt.

Über sein eigenes Setting ist in möbelkundlicher Hinsicht erstaunlich wenig bekannt. Die wenigen Nachforschungen beschränken sich auf die Couch. Sie ist, nach einer mündlichen Mitteilung von Martha Freud an Marie Bonaparte – für deren Freud-Biographie –, das Geschenk einer dankbaren Patientin, Madame Benvenisti (Gay 1988, 103; Jones 1993, 217; Davies et al. 1998, 52f.). Der junge Freud, der sie 1890 oder 1891 erhielt – beim Umzug in die Berggasse 19 im September 1891 gehörte sie bereits zum Mobiliar seines Arbeitszimmers (Gay 1988, 103) –, benutzte sie erst später zusammen mit dem Sessel als festes Möbel-Arrangement für seine Patienten. Sie war von einem Perserteppich, granatroten Samtkissen, einem Kopfkissen und einer Nackenrolle mit weißleinenem Bezug bedeckt. Hinter der Couch hing ein Wandteppich, ein weiterer Perser lag auf dem Boden davor (Behling-Fischer 2000, 53).

Am Kopfende der Couch stand ein Sessel nebst Fußbänkchen für Freud. Dabei stand der Sessel seit 1934 so, dass Freuds linkes Ohr sich dem Patienten zuneigte, da er auf dem rechten stark schwerhörig geworden war. (Engelman 1998, 43)

Zu dem Clubsessel, der mit grünem Samt bezogen ist und nicht zu einer übermäßig entspannten Haltung einlädt – er bietet dem Kopf keinen Halt; der Rücken muss in einer aufrechten Position gehalten werden, und die Füße stehen auf dem Fußboden wie beim Sitzen auf einem Stuhl –, ist nichts bekannt als was der Augenschein an Schlüssen erlaubt. Auf der Sitzfläche liegt ein offenbar selbstgeknüpftes Kissen mit einem Muster aus roter Wolle. Dem Stil nach könnte es eine Handarbeit von der jüngsten Tochter, Anna, sein.

Die Couch hat Freuds Entwicklung vom Hypnotiseur zum Psychoanalytiker mitgemacht und ist quasi zufällig dabei übriggeblieben.

Freud hat in seinem Leben zwischen zwanzig und dreißig Behandlungsräume benutzt, deren Geschichte noch geschrieben werden muss.[7] Gut dokumentiert ist die Wiener Wohnung im Zustand von 1938, die Edmund Engelman mit seinen ausgezeichneten schwarz-weiß-Photographien festgehalten hat. Hier vermisst man nur Angaben der Farben von den dunklen Wänden, dem Mobiliar und der Ausstattung. Das Haus in London in 20, Maresfield Gardens, ist als *Freud Museum* dem Publikum zugänglich. Der Praxisraum „mit der Couch", wie üblicherweise formuliert wird, in Freuds Arbeitszimmer ist zu besichtigen, allerdings nur in abgedunkeltem Zustand bei Kunstlicht, da andernfalls die Farben des Mobiliars in dem nach Süden gelegenen Raum verbleichen würden. Freuds Sprechzimmer waren überreichlich mit Skulpturen, Bildern und Büchern ausgestattet, die den Analysanden zu lebhaften Einfällen anregen sollten. Die *blank screen* war in Bezug auf den Behandlungsraum keinesfalls wörtlich zu nehmen.

1.2.2 Abschluss der Theoriebildung zum psychoanalytischen Raum

Diesem Praxismodell haben die Analytiker in den darauffolgenden sechzig Jahren unzählige Varianten hinzugefügt. Das geschah jedoch außerhalb der theoretischen Diskussion, in der Praxis des Behandlungsalltages. Mangabeira (1999, 339) weist nach, dass die Konzeptbildung tatsächlich 1913 abgeschlossen und der Gebrauch der Couch seitdem institutionalisiert war. Alternativen für die psychoanalytische Arbeit standen nicht zur Debatte. Ende der 1930er-Jahre hatte sich das von Freud entwickelte Verfahren stabilisiert. Ferenczi hatte 1919 und 1920 zahlreiche Modifikationen der Behandlung vorgeschlagen; er war unzufrieden mit der Aktivität, der Neutralität und der Abstinenz des Psychoanalytikers, der ohne Rücksicht auf die besonderen Bedürfnisse des Patienten handeln sollte, und entwickelte daher „Aktive Techniken". Er definierte die Zeitgrenze und bestimmte Verbote für die Patienten neu und bot Beruhigungsübungen als Teil einer

„Entspannungstechnik“ an. Schließlich empfahl er auch die „gegenseitige Analyse“ – eine Art Rollentausch von Analytiker und Analysanden, bei denen beide auch die Plätze wechselten. Diesen Modifikationen der Behandlungstechnik gegenüber stabilisierte sich die von Freud angegebene Raum-Zeit-Determiniertheit des Prozesses. Fenichel (1941) und Fairbairn (1958) sahen ebenfalls Diskussionsbedarf, blieben jedoch ohne weitreichende Folgen. In der Fachdebatte um Couch, Sessel und Raum war das eingetreten, was Mangabeira (1999) den „Black-Box-Effekt“ nennt: Es gab keine weiteren Beiträge zu diesem Thema.

1.2.3 Der Behandlungsraum in der Praxis und in der Diskussion

Karger Abstinenzbegriff bei Raum- und Selbstpräsentation des Analytikers

Im Gegensatz zu Freuds sehr persönlichem, reich ausgestatteten Behandlungszimmer wurden die Behandlungsräume im klinischen Alltag der folgenden Jahrzehnte kahl und unpersönlich; die Analytiker-Funktion der „Leinwand“ wurde zeitgemäß zur photographischen Platte umgedeutet, so dass Racker (1959, 41) versuchte, „sich in ein mit Silbernitrat beschichtetes Glas zu verwandeln“. Aus der psychoanalytischen Abstinenz war in der Metaphorik der Freud-Nachfolger der Schiedsrichter beim Tennisspiel geworden, der, außerhalb des Feldes stehend, das Feld neutral und anonym betrachtet (Peichl 1991, 130). Im Behandlungsalltag hatten sich in den 1930er- und 1940er-Jahren Gepflogenheiten durchgesetzt, die schon Fenichel (1941, 74) kritisiert hatte: Die Analytiker stellten ihren Analysanden eintönige Sprechzimmer bereit, in denen alle Außenreize normiert waren, ja, sie selbst ließen sich jahraus, jahrein vom Schneider den gleichen Anzug machen und gingen in ihrer demonstrativen Abstinenz so weit, nicht einmal einen Ehering zu tragen. Stone (1961, 153) berichtet, ihm sei von Kollegen angetragen worden, „ernst und geduldig zuzuhören, mit gelegentlichem Kopfnicken, oder in neutralen Ermutigungen fortzufahren, sowie einen vollkommen schafgesichtigen Gesichtsausdruck anzunehmen.“ Diese Praktiken finden sich jedoch nirgends in Form einer schriftlichen Handlungsanweisung oder eines Curriculums für Ausbildungskandidaten, sondern wurden von Lehranalytiker zu Lehranalysand als praktiziertes Vorbild weitergegeben. Thomä und Kächele (1996, 326) tragen einiges dazu vor, anderes wird nach wie vor nur mündlich berichtet – etwa die Verwendung einer an Zahnarztgepflogenheiten gemahnenden Nasskreppserviette auf dem Kopfkissen, die zu Beginn jeder Stunde ausgetauscht wird.[8]

Diskussion über die Indikation der Liegeposition

Erst in den 1950er-Jahren beginnt eine schriftliche Diskussion über das psychoanalytische Mobiliar und die möglichen Formen des Raumbezugs von Analysand und Analytiker. Jedoch steht fast ausnahmslos dabei die Frage im Vordergrund, ob die Couch in der Behandlung zu benutzen sei oder nicht.

Kelman (1965) stellt ein umfangreiches Inventar der im Behandlungsraum ausgeübten Sitz- und Liegepraktiken zusammen, darunter ausführliche Listen der Vorteile von Couch-Setting oder face-to-face für Analytiker und Analysanden sowie von neurotischen Vorzügen derselben – eine Aufzählung, die bis heute nichts an Aktualität eingebüßt habt. Hieran knüpft Moraitis (1995, 412) an, wenn er dafür plädiert, dass auch die Bedürfnisse des Psychoanalytikers berücksichtigt werden müssten: Traditionell habe die Couch dem Psychoanalytiker ein Reich gegeben, in dem er vor unrealistischen Anforderungen des Patienten geschützt war.

Er warnt jedoch zugleich davor, den Sessel als Versteck vor den Bedürfnissen des Patienten zu missbrauchen. Bei Glover (1955), Greenson (1967) und Etechegoyen (1991) gehört die Couch lediglich zum Standardmobiliar; Kubie (1950), Kelman (1954), Greenacre (1959), Robertiello (1967), Rosenbaum (1967) und Salzman (1967) plädieren dafür, den Analysanden gelegentlich auch sitzen zu lassen. Chessick (1971) sowie Hall und Closson (1964) machten Experimente, mit denen bewiesen werden sollte, dass der Fluss der freien Assoziationen durch die Couch begünstigt werde.

Spitz (1956, 382) stellte fest, dass Freud mit der Couch und der freien Assoziation eine überraschende Parallele zur kindlichen Situation geschaffen hatte: Der Patient, der in die Leere des Raumes hinaussspräche, ähnele einem Kleinkind. Greenacre (1954) hielt die Situation, in der eine Patientin hinter dem Analytiker auf der Couch liegt, für eine inhärente Quelle sexueller Provokation, worauf Rosenbaum (1967) erwiderte, Gleichgeschlechtlichkeit zwischen Analytiker und Analysand schütze vor diesem Problem durchaus nicht.

Byerly (1992, 115) verweist auf das Gegenübertragungspotential der Couch: Aggression und Kontrolle verleiteten zum Gegenübertragungsagieren, da „die Unterwerfung in die Couch mit eingebaut“ sei; und Saul (1958) hatte diesen Gedankengang noch weitergeführt, indem er davor warnte, dass sich Analytiker im Laufe der Zeit für (einen) Gott halten.

Psychotherapie versus Psychoanalyse: Die Couch als Entscheidungskriterium
Aruffo (1995) beschreibt einen Fall, in dem eine Lehranalyse aberkannt wurde, weil die Lehranalysandin nur dreimal pro Woche zur Analyse kam, und vor allem, weil sie nicht auf die Couch gehen konnte. Kulish (1996) pointiert die Debatte um die Frage, ob eine Psychoanalyse noch diesen Namen verdiene, wenn der Analysand nicht auf die Couch geht. Welches sind die Kriterien, die zwischen Psychotherapie und Psychoanalyse unterscheiden? Kulish plädiert, wie Frank (1995), dafür, das Prädikat „Psychoanalyse“ auch dann zu vergeben, wenn der Analysand nicht liegen wollte oder konnte. Goldberger (1995) stellt einige Vignetten vor, in denen der Gebrauch der Couch kontraindiziert ist, und plädiert sogar für das Ausagieren von Konflikten, sofern sie dadurch anschließend analysiert werden können. Auch Montagnier (1989) rät zu einer flexibleren Handhabung des Liegens, um den Übertragungsprozess nicht zu gefährden. Lichtenberg (1995) zieht nach fünfundvierzig Jahren auf, vor und hinter der Couch das Resümee, dass, je nach Patient und Situation, alle Raumbezüge innerhalb einer psychoanalytischen Behandlung möglich und erlaubt sind.

Noch 1953 hatte Fenichel abgestritten, dass eine Behandlung sich Psychoanalyse nennen dürfe, wenn der Patient nicht liege. Es „gälte“ nur, solange der Patient liegt; sobald er aufstehe, gälte es nicht mehr (328). Auch Brenner vertrat 1976 noch die Auffassung „Ohne Couch keine Analyse“ (182). Wenn ein Patient nicht auf die Couch gehen wolle, solle man das jedoch als neurotisches Symptom nehmen und entsprechend analytisch bearbeiten – notfalls im Sitzen, wenn es nicht anders möglich sei. Auch andere Kliniker (Frank 1995, 335) beschreiben die Weigerung der Patienten, auf die Couch zu gehen, gewöhnlich als Widerstand gegen den analytischen Prozess. McAloon (1987) stellte eine Reihe Fallstudien vor, in denen Patienten Schwierigkeiten hatten zu liegen.

Lewin (1954) beobachtete bei seinen Patienten, dass sie sehr häufig assoziierten, im Bett zu liegen. Er stellte eine Spaltung zwischen dem Liegen auf der Couch und dem Alltagsleben der Analysanden fest.

Greenacres (1959, 496) Raumverständnis ging sehr weit. Sie vertrat die Position, dass alles, was zwischen Analytiker und Patient geschieht, bedeutsam sei.

Die Durchsetzung der Couch-Benutzung im analytischen Prozess

Das Liegen auf der Couch wird also mit Beginn der 1950er-Jahre in Frage gestellt. Man beginnt Behandlungsformen zu diskutieren, in denen das (temporäre) Sitzen auf der Couch oder einem Sessel innerhalb des Behandlungsrahmens „Psychoanalyse" toleriert wird. Heute gilt das Hinsetzen eines Patienten nicht mehr als Kunstfehler.

Wurde in der Folgediskussion auch nahezu jedes Detail der psychoanalytischen Theorie zerpflückt (Laplance und Pontalis 1973; Bateman und Holmes 1995), so besteht doch immer noch Einigkeit über die unbestrittenen Vorzüge der Couch (Mangabeira 1999, 344). Sie gilt nach wie vor als das geeignetste Mittel, um das Unbewusste zu aktivieren. So betont Frank (1995, 335), die Benutzung der Couch geschehe nicht nur, um das von Freud installierte Zeremoniell weiterzuführen, sondern ihre Nützlichkeit beim Verständnis unbewusster Prozesse und deren Lösung durch die Übertragung sei einfach nicht zu übertreffen.

Körperliche Repräsentation und neurophysiologische Aspekte als Bestandteil des Raumkonzepts

Die Literatur zum Thema „Couch" und „Analyseraum" bezieht seit Mitte der 1990er-Jahre auch den Körper – sowohl den des Analytikers als auch den des Analysanden – in die Raumdebatte mit ein. Meissner (1998) weist darauf hin, dass im Setting kein Austausch ohne die Vermittlung der beiden Körper stattfinden kann. Die körperliche Einbettung (296) ist die Voraussetzung für das analytische Geschehen. Das schließt auch eine Erweiterung des Körperkonzepts durch das Einbeziehen des Zentralnervensystems (ZNS) mit ein: Es bleibt ein Austausch von Körpern. Grotstein (1995) hatte darauf hingewiesen, dass Freud mit seiner Anweisung, den Patienten während der Behandlung liegen zu lassen, eine Entdeckung gemacht hatte, für die es erst jetzt eine hirnphysiologische Erklärung gab: Freud hatte die Funktion der rechten Hirnhälfte entdeckt (396). Wenn sich der Patient nämlich hinlegt und ohne Blickkontakt mit dem Analytiker spricht, wird diejenige Hirnhälfte aktiviert, die für Emotionen, Phantasien und Illusionen und weniger für Logik und Kontinuität zuständig ist als die andere. Bei Rechtshändern wird die linke Hirnhälfte inaktiviert und die rechte, für emotionale Vorgänge zuständige Hirnhälfte zur Informationsverarbeitung aktiviert. Bei Linkshändern verläuft der Prozess umgekehrt: Die rechte Hirnhälfte wird inaktiviert, die linke aktiviert. EEGs bestätigen diesen Umschaltprozess von einer hochgradig kontrollierten, organisierten und linearen Denkweise zu einer lockeren, frei fließenden, feldabhängigen Art zu denken.

Daraus schließt Grotstein, dass der Patient, während er liegt, nicht mehr in einen Diskurs mit dem Analytiker verwickelt ist, sondern sich auf einer tieferen Ebene in einem Diskurs mit sich selbst befindet. Der Psychoanalytiker ist nur der Kanal (*channel*), über den die beiden Daseinsformen miteinander kommunizieren.

Im Liegen entfalten die Gehirnwellen einen theta-Rhythmus – Bion nannte ihn 1959 *rêverie*. Dementsprechend wies Bion bei Müttern einen rezeptiven alpha-Rhythmus der Gehirnströme nach, die als Rezeptoren optimal auf die theta-Wellen abgestimmt sind. In ähnlicher Weise sind Psychoanalytiker und Analysand auf die Tagträume des Patienten und deren Empfang ausgerichtet (Grotstein 1995, 398). Der Analytiker spricht zum Analysanden durch dessen bewusstes Ich, führt also keine Ich-Du-Interaktion, sondern verhilft ihm zu einem kontrollierten Selbstgespräch.

Um Hören und Gehörtwerden auf der Couch geht es auch bei Leo Sadow (1995). Mit einem Verweis auf den antiken blinden *Seher* Thereisias, dessen mangelnde Sehfähigkeit ihn gerade zu besonderen Einsichten befähigt (394), fragt er sich nach der eigentümlichen Art des Zuhörens auf der Couch. Ähnelt sie der Art, wie man einst als Kleinkind aus dem Kinderbett das Gespräch der Eltern anhörte, oder wie man sich als Erwachsener einem bewegenden Musikerlebnis widmet? (395)

Gruen (1967) fragte sich, ob die Couch oder der Mensch der wichtigere Faktor im analytischen Prozess seien. Rothstein (1999) schildert zwei Vignetten, in denen Analysanden auf der Couch schliefen und träumten.

Meditationshaltungen und geeigneter Raum

Ein weiterer Diskussionsstrang um den analytischen Raum nimmt einen Gedanken von Kelman (1965) wieder auf und widmet sich kulturell vorfindlichen Meditationshaltungen. Seit Jahrtausenden versuchen Menschen, ihr Inneres, ihr geistiges Zentrum zu erreichen. Das Neue Testament berichtet, dass Jesus vierzig Tage in die Wüste ging, um seine Gottgesandtheit „Ich-synton“ vertreten zu können; der Prophet Mohammed ging in die Berge, und Buddha saß sieben Tage und Nächte unter dem Bodhibaum – dem Baum der Erkenntnis. Im Alten und Neuen Testament sowie im Koran liest man von Kniefällen und davon, dass jemand sich vor Furcht oder Ehrfurcht in den Staub wirft. Im Orient sind Gebetspraktiken auf dem Gesicht Liegen, Knien, mit verschränkten Beinen Sitzen oder Stehen. Yogis nehmen eine ganze Reihe von außergewöhnlichen Positionen ein, hinduistische Fakire bevorzugen dramatische Haltungen (Kelman 1954, 65f.). Griechen und Römer lagen in den Akademien auf Ruhebetten oder wandelten in Olivenhainen. Rodins Bronzeskulptur „Denker“ sitzt vornüber gebeugt mit aufgestütztem Kopf. Michelangelos Adam in der Sixtinischen Kapelle liegt auf dem Rücken, den Finger ausgestreckt.

Sie alle wollen eine Haltung einnehmen, in der sie größte Ruhe, Entspannung und Einssein mit sich selbst erreichen. Von aufrechten Haltungen über Knien bis zum Einnehmen der Horizontalen in Bauch- oder Rückenlage sind alle Varianten vertreten. Kelman plädiert daher dafür, sie auch alle in der Analyse zuzulassen.

Leavy (1998) bezieht sich auf die Bedeutung des Buddhismus in seiner Buchbesprechung von Spezzano und Garguilo (1997) und erwähnt den qualitativen Unterschied zwischen der Regression in einen primitiveren psychischen Zustand, der das Ergebnis von Abwehr oder einer Psychose ist, und der Entdeckung einer inneren Freiheit, die bis dahin von den unvermeidlichen Restriktionen und Entfremdungen der von Rubin (einem der Autoren bei Spezzano und Garguilo) als Eurozentrismus bezeichneten rigiden Individualisierung der westlichen Kultur überlagert und blockiert war. Er bezeichnet geistiges, meditatives Leben als eine Form der Regression.

Auch Molino (1998) macht den Bezug zwischen Buddhismus und Psychoanalyse in *The Couch and The Tree* zum Thema und verweist auf die Anfänge dieser Tradition bei Erich Fromm und Harold Kelman.

In dieser Thematik geht es also ebenfalls um die Fragen des geeigneten meditativen Raumes und der darin eingenommenen Körperhaltung – Probleme, die sich Freud mit hoher Wahrscheinlichkeit auch gestellt hat, als er das Couch-Setting konzipierte.

Metaphorik der Raumbezüge

Ein weiterer Bereich der Literatur befasst sich mit der im Analyseraum anzutreffenden Metaphorik. Buchholz (2000, 448) verweist auf die 2000 Jahre alte Tradition der Metaphernverwendung als ubiquitäre menschliche Möglichkeit, tiefe Gefühle und archaische Erfahrung zu artikulieren und darauf, dass die Verwendung figurativer Sprechformen in der psychoanalytischen Praxis verbreitet und hilfreich ist. Die Metapher zeigt stets auf einen Bereich, in den ein Drittes fällt, und ist ihrer Beweglichkeit wegen für den analytischen Prozess besonders geeignet. Die logische Gleichung „A gleich A“ ist in der Analyse auch als „A nicht gleich A“ möglich: Der Analyseraum kann zugleich Gefängnis und Ort der Befreiung sein.

Haubl und Mertens (1996) greifen die Freud'sche Metapher des Psychoanalytikers als Detektiv wieder auf, der aus versteckten Anzeichen die Wahrheit ermittelt.

1996 hatte Waugaman von den in seinen Analysen genannten Metaphern berichtet: eine Patientin wollte ein eigenes Kissen als „Teddybären“ mitbringen; die Serviette auf dem Kissen erinnerte einen Patienten an die menstruierende Ehefrau, die mit einem Tuch das Ehebett reinzuhalten sucht (339). Mutter, Brust und Uterus sind Metaphern für den Analytiker; Kinderbett, Wiege, Bett, Toilette, Operationstisch und Grab Metaphern für die Couch. Ähnlich hatte bereits Rosenbaum 1967 zahlreiche Bedeutungen diskutiert, die die Couch für die Patienten annahm: Bett, Mutterbrust, Kinderwagen und OP-Tisch. Und 1959 hatte Balint (95) festgestellt, dass „wir“ die Patienten zu Beginn der Behandlung in eine Position bringen, die sie wieder ein Säugling werden lässt: durch das Liegen auf dem Rücken.

Einordnung des Behandlungsraums in den theoretischen Bezugsrahmen

Ein vorletzter Fragenkomplex berührt die Frage, wo der Analyseraum in der psychoanalytischen Begrifflichkeit anzusiedeln ist. Müllers (2000) Definition nach könnte er zum Rahmen gehören; er übt auch dessen triangulierende Funktion aus. Mit Blegers (1966) beschreibt er den Rahmen als eine Institution mit der Bedeutung des Nicht-Ichs, an dem die Phantomwelt des psychotischen Persönlichkeitsteils erfahrbar wird – was auf den Raum ebenfalls zutrifft. Kontrovers wird die Frage diskutiert, ob dem Rahmen an sich kurative Wirkung zukommt oder ob der Rahmen frühere Objektbeziehungen reproduziert oder deren Entstehung erst ermöglicht (Müller 2000, 597).

Silver und Oglensky (1996) zeigen in einer Buchbesprechung, welche Auswirkung die Couch auf das Managementverhalten hat: Familienleben und Firmenstruktur sind ähnlich organisiert, und die Rolle des Managers und Unternehmensberaters ist unvollständig, wenn man nicht auf die unbewussten Seiten des Lebens innerhalb einer Organisation sieht. Damit wird die Praxis von Tobias Brocher fortgeschrieben, der bereits in den 1970er-Jahren in Topeka die Verbindung zwischen Management und Psychoanalyse hergestellt hatte (Guderian 1998).

Zur empirischen Wahrnehmung konkreter Behandlungsräume
Schließlich widmet sich die neuere Literatur auch dem konkreten Analyseraum selbst. Greenson (1978, dt. 1982, 394) betont die außerordentliche Bedeutung des Sprechzimmers als Zufluchtsstätte für den Patienten vor den Gefahren dieser Welt. Thomä und Kächele (1996, 326) definieren als Norm, dass der Analytiker sich darin wohlfühlen müsse. Sie weisen auf die Benutzung des Sprechzimmers als *facilitating environment* hin, also als Räumlichkeiten, die lediglich vom Patienten genutzt werden dürfen, und warnen davor, dass der Analytiker die Vermischung von „mein" und „dein" allzu lange in der Schwebe hält, da nämlich der Analysand Raum und Gegenstände so in Besitz nehmen will, als gehörten sie ihm (327). Seine Grenzsetzung setze langfristig dem Patienten ein Beispiel für Individuation und Autonomie.

Am konkretesten wird Peichl (1991) mit seiner Untersuchung zur Gestaltung des äußeren Settings durch den Analytiker. Er befragte 48 Analytiker nach ihren Erfahrungen, die Einrichtung des Behandlungsraums betreffend: Mobiliar, Bilder und der Abstand von Sessel und Couch wurden beschrieben und nach Geschlechtern getrennt ausgewertet. Die Evaluation zeigte statistisch hochsignifikante Geschlechtsunterschiede bei der Setting-Gestaltung.

1.3 Weitere Fragestellungen

1.3.1 „Couch" als Synonym für Couch, Setting, Raum und analytischen Prozess

Die Diskussion um den analytischen Behandlungsraum wird also nach Freud fortgesetzt. Dabei fällt auf, dass der Schwerpunkt auf der Couch liegt, ja, das Wort *Couch* dient in der Literatur häufig als Metapher für den Behandlungsraum selbst, aber auch für das Setting oder für den analytischen Prozess. Als ein typisches Beispiel sei Mangabeira (1999, 327) zitiert:

> Die spärliche Literatur steht in scharfem Kontrast zur Bedeutung der Couch, die mittlerweile die Psychoanalyse repräsentiert. (Übs.: Cl. Guderian)

Nicht um die Bedeutung der Couch geht es hier jedoch in Wahrheit, sondern um die Bedeutung des Couch-Settings, um die Dyade zwischen Couch und Sessel bzw. derer, die auf ihnen Platz genommen haben.

Bei der Frage nach der Bedeutung des Raumes in der Psychoanalyse wäre also die Bedeutung von Couch, Couch-Setting und Raum gesondert zu eruieren.

1.3.2 Metaphorik

Von Interesse ist, ob sich ein verbindlicher Katalog an Raummetaphern finden lässt, die Analysanden im Verlauf ihrer Psychoanalysen erlebt haben. Er würde zeigen, welche inneren Repräsentationen der Raum im Analysanden gefunden hat.

1.3.3 Meditationshaltung

Die Frage, ob und wann ein Analysand während der Psychoanalyse sitzen möchte oder „muss", ist in der Literatur bislang nur an Einzelfällen diskutiert worden. Es wäre zu fragen, ob sich das Liegen-Können oder das Sitzen-Müssen als Bestandteil eines irgendwie gearteten systematischen Raumerlebens begreifen lässt.

1.3.4 Weitere Berichte von Raumerfahrungen in der psychoanalytischen Praxis

Um die Frage nach der konkreten Ausgestaltung des Freudschen Raumkonzepts aus erster Hand beantworten zu können, besuchte ich achtzig Praxen niedergelassener Psychoanalytiker. Dabei wurden mir zusätzliche Raumerfahrungen mitgeteilt, für die der betroffenen Analytiker oft keine Erklärung hatte.

Mehrfach wird ein ähnlicher Fall wie der folgende berichtet: Nach fünf Jahren hochfrequenter Psychoanalyse hebt ein Analysand plötzlich mitten in der Stunde interessiert den Blick und bemerkt zum Analytiker: „Was für ein schönes Bild dort hängt. Das ist neu, nicht wahr?"[9] Der Analytiker hat dieses Bild jedoch seit Beginn der analytischen Behandlung unverändert an derselben Stelle hängen. Dennoch nahm es der Analysand erst nach zweihundert Sitzungen von fünfzig Minuten Dauer in diesem Raum wahr. Auch Stern (1978, 145) macht die Feststellung:

> Viele Menschen haben in meiner Praxis zu verschiedenen Gegenständen Kommentare abgegeben und die Frage gestellt, ob ich sie kürzlich erworben hätte. Gewöhnlich sind sie überrascht zu erfahren, dass diese Gegenstände bereits hier waren, aber während des ersten Interviews bei mir offensichtlich unbemerkt geblieben waren.

Roller berichtet, dass Analysanden plötzlich nach Jahren den Couch-Überwurf in Farbe und Material zur Kenntnis nahmen.[10] Ehebald teilt mit, dass ein fünf Meter hohes Mobile aus chilenischem Schwemmholz, welches er, für den liegenden Analysanden gut sichtbar, im Garten, wenige Meter hinter dem Ende der Couch, aufgehängt habe, und das durch eine große gläserne Verandatür nicht nur auf den ersten Blick gut zu erkennen ist, sondern geradezu einen Blickfang darstellt, von mehr als einem Analysanden erst nach etlichen Jahren registriert wurde.[11] In keinem der geschilderten Fälle lag das Perzeptionsdefizit an mangelnder Intelligenz. Es war vielmehr Ausdruck einer fragmentarischen Wahrnehmung. Die Analysanden hatten plötzlich diese Details gesehen, obgleich sie schon lange mit ihnen konfrontiert gewesen waren. Erst in jenem Moment erkannten sie allerdings bewusst, was sie umgab, als würde das Dunkel des Tunnels durch Licht und Einsicht ersetzt.

1.3.5 Fragmentarische Raumwahrnehmung und fragmentarische Selbstwahrnehmung

Die Diskrepanz zwischen einer Wahrnehmung, die Räumlichkeiten einerseits zwar in ihrer Signalfunktion richtig einordnen kann – Wahrnehmung des Behandlungsraums als Orientierung vor einer so gravierenden Persönlichkeitsrevision wie der Psychoanalyse –, andererseits viele Raumdetails wie mit einem Schleier vor dem eigenen Bewusstsein verborgen hält, war der Ausgangspunkt weiterer Überlegungen.

Fragmentarische Wahrnehmungen macht der Analysand auch hinsichtlich der Deutungen des Analytikers. Jedoch vermag er zu Beginn noch nicht so weitreichende Deutungszusammenhänge zu erfassen wie zu späteren Zeiten des analytischen Prozesses. Die analytische Funktion des Analytikers ist ihm zunächst noch fremd. Der Analytiker befindet sich quasi in einem anderen Wahrnehmungsraum als der Analysand.

Fragmentarisch nimmt der Analysand schließlich die eigene Biographie wahr. Von der Oberfläche der Alltagswahrnehmungen ausgehend und mit aktuellen Lebenskonflikten beginnend, weitet sich die Art der Selbstwahrnehmung beim Analysanden zu Einsichten in die Ablaufmuster regelmäßig wiederkehrender neurotischer Konflikte und deren Psychodynamik. Mit fortschreitendem analytischen Prozess werden diese Einzelerfahrungen immer weitgehender miteinander verknüpft. Und so mustert jeder Analysand die ihm lebenslang vertrauten Regungen und Reaktionen plötzlich mit ebenso frischem, interessiertem Blick wie das eigentlich altvertraute Bild an der Wand des psychoanalytischen Behandlungsraums, den Überwurf über der Couch oder das Mobile im Garten des Psychoanalytikers: Zum ersten Mal sieht er – im Sinne eines erkennenden Sehens – diesen Teil seiner Persönlichkeit wirklich und kann ihn mit all seinen divergierenden Implikationen in sich aufnehmen. Einen distanzierten, unverzerrten Überblick über und Einblick in die Mechanismen der eigenen Biographie erhält der Analysand in der Regel erst nach etlichen Jahren hochfrequenter Psychoanalyse.

Die Selbstwahrnehmung entwickelt sich also stufenweise von einer oberflächlich-episodischen und fragmentarischen zu distanzierter, korrekturfähiger Selbstsicht.

Parallel dazu wird die analytische Funktion des Analytikers zunächst auch nur in kleinen Bereichen internalisiert. Erst im Verlauf der Psychoanalyse identifiziert sich der Analysand mit immer größeren Bereichen der analytischen Funktion. Es ist eine Entwicklung, die gleichsam in konzentrischen Kreisen fortschreitet und mit jedem neuen Kreis eine erheblich größere Fläche abdeckt als mit dem vorhergehenden. Idealiter hat der fertig analysierte Analysand auch die analysierende Funktion des Psychoanalytikers internalisiert und ist sich sein eigener Analytiker mit genügend innerer Distanz zur kritischen Selbstwahrnehmung, Einsicht in die eigene Psychodynamik und Korrekturfähigkeit.

Dieser dreistufigen Entwicklung des Analysanden entspricht – so die Hypothese – die dreistufige Art der optischen Wahrnehmung des Behandlungsraumes und des Settings: Auf der ersten Stufe registriert der Analysand die Signalwirkung und entscheidet, ob er an diesem Ort überhaupt Psychoanalyse betreiben will. In der zweiten Stufe durchmisst er *seinen* Behandlungsraum, oft über Jahre hinweg, mit Tunnelblick, um sich – zumeist mit geschlossenen Augen – dem Dasein, dem Raumerleben und der Arbeit in der Horizontalen hinzugeben: der Psychoanalyse auf der Couch. In einer dritten Entwicklungsstufe, die zugleich den Endpunkt seiner Existenz als Analysand markiert, nimmt er einen Behandlungsraum differenziert und differenzierend in seinen ästhetischen und sozialindikativen Implikationen wahr, offenbar auch als Ausdruck eines freieren Blicks auf das eigene Innenleben.

Raum und Mensch treten in der Psychoanalyse also in einer eigentümlichen Verknüpfung auf. Zunächst funktionieren beide einfach nur. Dabei werden sie zugleich aus der Wahrnehmung ausgeblendet. Später werden beide miteinander wahrgenommen.

Doch die Bezüge gehen noch weiter. So agiert und argumentiert ein Analysand „eingeengt“ in die Grenzen seiner Selbstwahrnehmung. Eingeengt ist jemand, der nicht ausreichend Raum vorfindet. Das Wort „Raum“ tritt uns hier also in seiner doppelten Bedeutung entgegen: Einerseits als Gebäudeteil, dessen sichtbare Außenseiten unterschiedlich verdichtet sind, andererseits als innerer Freiraum, als psychische Domäne.

Auch die Formulierung, dass der Analysand einen unverzerrten „Einblick“ in die Muster seiner eigenen Biographie erhält, legt in mehr als nur metaphorischem Sprachgebrauch nahe, dass die eigene Existenz, auch die psychische, eine Existenz im Raum ist, zu der es Nähe und Distanz gibt, aus der solche Einblicke erst möglich werden. Man spricht davon, die Tragweite eines Entschlusses ließe sich nicht „überblicken“, als handele es sich um eine Strecke im Raum. Ein von Konflikten unbelasteter Mensch erscheint „aufgeräumt“; er hat „festen Boden unter den Füßen“, andernfalls läuft er Gefahr, „in einen Abgrund zu stürzen“. Die Reihe der Sprachbeispiele ließe sich lange fortsetzen.

Die Existenz von Analysand und Psychoanalytiker tritt uns also immer wieder als eine mit Raum verknüpfte entgegen. Sie tritt uns aber auch als eine mit *einem* Raum verknüpfte Existenz entgegen im aristotelischen Sinn, demzufolge der Raum nicht weiter als die ihn erfüllenden Dinge reicht. (Bollnow 1963, 31)

Diese Hinweise auf eine enge Verknüpfung von psychoanalytischer Arbeit und *Raum* in seiner doppelten Bedeutung sollen nun näher untersucht werden.

1.3.6 Raumbezogenheit des analytischen Prozesses

Hundert Jahre vor Freud versuchte der Philosoph Immanuel Kant, Erkenntnisse über die Seinsbeschaffenheit der menschlichen Existenz zu gewinnen. Kants Erkenntnistheorie prägte so stark das Denken in den nachfolgenden Wissenschaftsdisziplinen, dass man auch von einem Einfluss auf Freud und die Psychoanalyse ausgehen kann.

Kant geht es um transzendentale Erkenntnis, die er durch Analogieschlüsse, Deduktion und das Prinzip der Kausalität gewinnt. „Transcendental“ nennt er „alle Erkenntniß, ... die sich nicht sowohl mit Gegenständen, sondern mit unseren Begriffen *a priori* von Gegenständen überhaupt beschäftigt.“ (Kant 1781, 23) Kant untersucht also Erkenntnis und Erkenntnisfähigkeit als Einsicht in die Bedingungen des menschlichen Denkens und der menschlichen Erkenntnisfähigkeit überhaupt, wovon die Psychoanalyse quasi eine Sonderdomäne darstellt: die Einsicht in die Dynamik des Intrapsychischen. In der „Kritik der reinen Vernunft“ stellt sich Kant die Aufgabe, herauszufinden, unter welchen Bedingungen menschliche Erkenntnis überhaupt möglich ist. Er gelangt dabei in systematischer, an Aristoteles geschulter Deduktion – nebenbei: einer Erkenntnismethode, derer sich auch Freud mit großer Kunstfertigkeit bedient – zu zwei Kategorien, die Erkenntnis *a priori,* also von vorn herein, vor jeder sinnlichen Wahrnehmung, möglich machen: Raum und Zeit.

1. Der Raum ist kein empirischer Begriff, der von äußeren Erfahrungen abgezogen worden. Denn damit gewisse Empfindungen auf etwas außer mir bezogen werden (d.i. auf etwas in einem anderen Orte des Raumes, als darin ich mich befinde), imgleichen damit ich sie als außer einander, mithin nicht blos verschieden, sondern als in verschiedenen Orten vorstellen könne, dazu muß die Vorstellung des Raumes schon zum Grunde liegen. (Kant 1781, 32, § 23)

Und einen Absatz später präzisiert er:

2. Der Raum ist eine nothwendige Vorstellung a priori, die allen äußeren Anschauungen zum Grunde liegt. Man kann sich niemals eine Vorstellung davon machen, daß kein Raum sei, ob man sich gleich ganz wohl denken kann, daß keine Gegenstände darin angetroffen werden. Er wird also als die Bedingung der Möglichkeit der Erscheinungen und nicht als eine von ihnen abhängende Bestimmung angesehen und ist eine Vorstellung a priori, die nothwendiger Weise äußeren Erscheinungen zum Grunde liegt. (Kant 1781, 32, § 24)

Ohne eine Vorstellung von Räumlichkeit ist also auch keine Vorstellung von Ereignissen möglich, von jeglicher sinnlicher Erfahrung also, die in der Psychoanalyse zur Grundlage einer Abstraktion wird, die wir als psychodynamisch verschlungenen Prozess und deren Manifestationen wieder antreffen. Verschlungen wird dieser Prozess deshalb, weil die Erfahrungen nicht in gleicher Gewichtung bewusst verarbeitet werden, sondern in unterschiedlicher Gewichtung bewusst und unbewusst in die Gestaltung der individuellen Erkenntnistheorie eingehen.

„Ohne Raum keine Erfahrung“ ließe sich Kants Schlussfolgerung zusammenfassen.

Auch psychoanalytische Arbeit bezieht sich auf Erfahrungen, die sich der Existenz von Raum und Zeit als aller Erkenntnis vorausgesetzte Kategorien verdanken. Der kantische Raum ist unteilbar, „reine Anschauung“, *space* und nicht *room*:

Denn erstlich kann man sich nur einen einzigen Raum vorstellen, und wenn man von vielen Räumen redet, so versteht man darunter nur Theile eines und desselben alleinigen Raumes. Diese Theile können auch nicht vor dem einzigen, allbefassenden Raume gleichsam als dessen Bestandteile (daraus seine Zusammensetzung möglich sei) vorhergehen, sondern nur in ihm gedacht werden. Er ist wesentlich einig, das Mannigfaltige in ihm, mithin auch der allgemeine Begriff von Räumen überhaupt, beruht lediglich auf Einschränkungen. (Kant 1781, 32, § 25)

In diesem ungeteilten Raum stehen Menschen aus allen vergangenen biographischen Epochen einander gegenüber.

Gegenstand der Psychoanalyse ist das Intrapsychische, die Dynamik der inneren Instanzen, eine Domäne also, die sich als solche der sinnlich-stofflichen Einordnung durch Raum und Zeit zu widersetzen scheint. Doch die Psychoanalyse hat sich längst von einer „Ein-Personen-Psychologie“ (Balint 1969), in der die den einzelnen umgebenden Menschen bestenfalls Objekte der Libido sind, nicht aber als interagierende, handelnde Personen in Erscheinung treten, fortbewegt zu einer „Zwei- und Mehr-Personen-Psychologie“, (John Rickman, vgl. Guderian 2004, Abschnitt King). Biographische Interaktionen, das Gestalten von Beziehungen und pathologische Symptomatik hängen von den realen Beziehungserfahrungen der Vergangenheit ebenso ab wie von dem, was „das Ich daraus gemacht hat“ (A. Freud 1976). Nicht nur Vorstellungen und Phantasien sind Gegenstand von Psychoanalyse, sondern auch ihnen zugrunde liegende reale Erfahrungen mit Objekten und Objektbeziehungen im biographischen Bezugsrahmen von Raum und Zeit. Diese, häufig vergessenen und unbewusst gewordenen, Erfahrungen gilt es in der Psychoanalyse zu erinnern, in ihrer intrapsychischen Dynamik zu erkennen und zu relativieren. Sie kehren zurück in ihren originären Bezugsrahmen: in die Zeit und an den Ort, wo sie sich ursprünglich ereignet haben, doch jetzt unbeeinträchtigt von der Zerrbrille des Kindes, das vor der Dynamik pathologisierender Prozesse kapituliert hatte.

Ist es dabei nun bedeutungslos, in welchem konkreten Raum jene pathologisierenden Prozesse noch einmal in der Regression erfahren werden? Ist es gleichgültig, an welchem Ort ein neuer Raumbezug hergestellt wird? Ist es banal, wo die Psychoanalyse stattfindet? Ist es gleichgültig, bei welchen optischen und atmosphärischen Stimuli, in welcher äußeren räumlichen Ordnung die innere Ordnung wiederhergestellt wird? Kann die Regression in frühere Bewusstseinszustände und die Übertragung von Lebenskonflikten auf den Psychoanalytiker an jedem beliebigen Ort stattfinden?

Kelman (1965) erläutert ausführlich, dass die „Gestalt“ der Praxis-Ausstattung große Bedeutung für den Patienten hat. Stern (1978, 145) berichtet, die Ausstattung der Praxis werde vom Analysanden oft als eine Erweiterung der Analytikerperson angesehen. Hiermit ist impliziert, dass der Analysand den Raum auch sofort metaphorisch wahrnehmen kann, nämlich als Körper, zu dem er in einen direkten Kontakt tritt. Es ist daher anzunehmen, dass der äußere, gestaltete Behandlungsraum des Psychoanalytikers und der seelische Raum des Analysanden wechselseitig aufeinander einwirken, so dass der eine zum Impulsgeber für den anderen wird. Diese wechselseitige Durchdringung gilt es zu erforschen.

1.3.7 Arbeitshypothesen

Denken und Denkumfeld, Regredieren und Regressionsumfeld, das Analysieren und das Liegen auf der Couch im Analyseraum stehen in einem beziehungsreichen Wechselverhältnis zueinander. Und wenn der Analysand im Verlauf der Psychoanalyse immer mehr Aspekte des Psychoanalytikers internalisiert, wenn also jeder Aspekt des Wechselverhältnisses zwischen Analysand und Psychoanalytiker wichtig ist, dann muss anzunehmen sein, dass auch jeder Aspekt des Settings, in dem dieses Wechselverhältnis sich vollzieht, wichtig ist. Nicht nur alle Elemente des internalisierten Prozesses sind also bedeutsam, sondern auch alle Teile des Settings.

Der psychoanalytische Behandlungsraum nimmt in der Literatur einen so geringen Raum ein, dass bereits die Existenz dieser erheblichen Forschungslücke bemerkenswert erscheint, misst doch psychoanalytische Forschung der Strukturierung von Theorien der Bewusstseinsinhalte ansonsten große Bedeutung bei (Rapaport 1960).

So ergeben sich nach der Übersicht über die bestehende wissenschaftliche Literatur sowie der eigenen Exploration zur Bedeutung des Raums in der Psychoanalyse folgende Arbeitshypothesen:

1. Der psychoanalytische Behandlungsraum enthält als Mindestausstattung Couch und Sessel. Der Analysand liegt, vom Analytiker abgewandt, auf der Couch; dieser sitzt am Kopfende in einem Sessel. Der psychoanalytische Arbeitsprozess ist auch dann valide, wenn der Analysand seinen Platz auf der

Couch verlässt, d. h. eine andere räumliche Anordnung vornimmt. Dabei ist zu klären, unter welchen Umständen der Analysand sitzt beziehungsweise liegt.
2. Im Diskurs zwischen Couch und Sessel ist eine reiche Metaphorik anzutreffen, die sich auf den Raum bezieht. Diese soll erfasst und nach noch zu findenden Kriterien systematisiert und inventarisiert werden.
3. Der Analyseraum tritt mit dem Analysanden während des analytischen Prozesses in einen noch nicht näher bekannten Wirkungszusammenhang. Es wird angenommen, dass das schrittweise Gewahrwerden des Analyseraums mit dem schrittweisen Begreifen unbewusster innerer Prozesse einhergeht. Dabei wird ein dreistufiger Prozess vermutet.

1.4 Zusammenfassung

Die psychoanalytische Literatur zur Gestaltung des Behandlungsraums von Psychoanalytikern ist spärlich. Freuds Anweisungen aus den Jahren 1913 und 1925 bilden den Grundbestand dieser Raumtheorie, die etwa 1930 in der analytischen Praxis etabliert war.

Damit war die wissenschaftliche Diskussion über den Raum zunächst kanonisiert und abgeschlossen. In der Praxis der 1930er- bis 1960er-Jahre präzisierten die Analytiker jedoch die Raumgestaltung und definierten den Abstinenzbegriff, indem sie kahle und unpersönliche Räume zum Leitbild psychoanalytischer Raumästhetik machten. Dies wurde fast ausschließlich mündlich tradiert.

Die wissenschaftliche Diskussion zu Couch, Setting und Raum setzte allmählich in den 1950er-Jahren ein; dabei wurde vornehmlich die Indikation des Liegens auf der Couch und die Zulässigkeit des Nicht-Liegens für einen gültigen Analyseprozess diskutiert. Das umfassende Werk H. Sterns (1978), das alle bekannten Aspekte der Couch berücksichtigt, fand keine Nachfolger. Noch immer herrschte also eine Scheu vor dem Thema.

Erst in den 1990er-Jahren setzt eine breitere Debatte ein. Körperliche Aspekte, Meditationshaltungen sowie die Metaphorik der Raumbezüge wurden nun diskutiert. Jedoch fehlt in der gesamten Diskussion der bewusst zusammenfassende Aspekt des Raumes mit all seinen konstitutiven Elementen. Stattdessen wird häufig die Couch als Metapher für den Raum oder das Setting in der Begrifflichkeit substituiert. Wie sich der Raum aus der Warte des Analysanden im Wandel der Analyse präsentiert, war bislang nicht Gegenstand einer Untersuchung.

Es wird daher nach einem kohärenten Erklärungsmodus gesucht, der die einzelnen Aspekte des Raumgeschehens innerhalb des psychoanalytischen Prozesses erfassen und systematisieren kann. So ist nicht erklärt, warum zahlreiche Analysanden den Weg auf die Couch lange nicht gehen können, und auch die sich verändernde Raumwahrnehmung im Verlauf des analytischen Prozesses wurde bislang nicht Gegenstand einer Untersuchung.

Dies soll im Folgenden geschehen. Dazu werden zunächst einzelne Aspekte des Raumerlebens isoliert untersucht. Es gilt herauszufinden, was über Räume, Raumgestaltung, Raumwirkung und Raumerleben bekannt ist. Dabei wird besonders die Dynamik des Raums um den sich bewegenden und ruhenden Körper beachtet.

Sodann werden die wichtigsten Raummetaphern auf ihren affektiven Gehalt hin untersucht und die Dynamik des menschlichen Lebens im Raum an sich betrachtet. Diverse Archetypen von Räumen werden in ihrer Wirkungsästhetik analysiert. Die verschiedenen Daseinsformen des Analysanden innerhalb des Raumes werden einer systematischen Untersuchung unterzogen.

Schließlich soll eine sprachgeschichtliche Untersuchung des Begriffs „Couch" klären, welche sozialen Interaktionsformen mit diesem Möbelstück traditionell verbunden sind.

Abschließend wird versucht, die Symbolik des Raumes anhand literarischer Beispiele zu klären.

Die so gefundenen Kriterien sollen in einem dritten Teil in Bezug zum psychoanalytischen Prozess gesetzt werden. Dazu wurden mit ehemaligen Analysanden 20 Leitfadeninterviews durchgeführt. Deren inhaltsanalytische Auswertung soll dazu dienen herauszufinden, welche der aufgefundenen Raummerkmale im offenen Gespräch genannt werden. Weiterhin ist Aufschluss über die Wechselwirkung von Raum und psychoanalytischem Gespräch zu erwarten.

Da es sich bei der Frage der Wechselwirkung von Raum und analytischem Prozess um ein weitgehend unerforschtes Gebiet handelt, kann auch über die erwarteten Ergebnisse keine genaue Vermutung ausgesprochen werden.

1.5 Erwartete Resultate

Der analytischer Prozess und der Raum, in dem er stattfindet, stehen in einem engen und bislang wenig erforschten Zusammenhang.

Analysanden nehmen ihren psychoanalytischen Behandlungsraum im Verlauf der Psychoanalyse unterschiedlich wahr: Zuerst signalartig, später fragmentarisch, und erst gegen Ende der Behandlung in ihren vollen sozialindikativen Implikationen.

Dem entspricht eine ähnliche dreistufige Wahrnehmung ihrer selbst in diesem Behandlungsraum.

Desgleichen lässt sich eine dreistufige Wahrnehmung der analytischen Funktion festmachen: Erst im Verlauf der Psychoanalyse kann der Analysand längere Phasen der Biographie in ihrer Verknüpfung miteinander erinnern und in ihrer Psychodynamik richtig bewerten. Gegen Ende der Psychoanalyse verinnerlicht er die analysierende Funktion der psychoanalytischen Erfahrung, und diese entwickelt sich zur selbstanalysierenden Funktion.

Dabei stellt das Umfeld des Analytikers einen wichtigen Identifikationsfaktor für den Patienten dar. Wenn es eine stufenweise Entwicklung von der fragmentarischen Wahrnehmung der psychoanalytischen Deutungen bis hin zur sich selbst analysierenden Funktion gibt, wenn der Patient sich mithin über die Identifikation mit dem Analytiker mit der analytischen Funktion identifiziert, so ist die implizite Tatsache anzunehmen, dass es eine ähnliche Entwicklung hinsichtlich des Umfeldes gibt, in dem Psychoanalyse stattfindet. Demnach sind nicht nur alle Elemente des internalisierten Prozesses bedeutsam, sondern auch alle Teile des Umfeldes.

Diesem Umstand schenkt die psychoanalytische Literatur bislang zu wenig Aufmerksamkeit.

Es ist daher mein Ziel, diese Lücke zu schließen und zu erforschen, was sich über bewusste und unbewusste Wahrnehmungsmerkmale in den Behandlungsräumen auffinden lässt.

1 Hier und im Folgenden gilt wertneutrales geschlechtsübergreifendes Maskulin.

2 Auf die Bedeutung der in der Psychoanalyse mitgebrachten Körperfunktionen von Analytiker und Analysand verweist Meissner (1998, 280).

3 Vgl. Aristophanes (1996), Entralgo (1970); Simon (1978), Ehrenberg (1951), Erbse (1954), Erbse (1969), Halpern (1963), Kerényi (1966), Kern (1926), Seel (1960), Grotstein (1995)

4 Mangabeira (1999, 342) arbeitet sorgfältig heraus, dass Freud seine Kanonisierung der Raumgestaltung im Anschluss an die Zerwürfnisse mit Adler und Stekel 1911 und mit Jung 1913 schrieb.

5 Auskunft von Grubrich-Simitis (1999), der Herausgeberin von Freuds Werk.

6 Vgl. Kapitel 2.5.8 über Gelehrtenstuben

7 Diesen Aspekt vernachlässigt die Literatur bislang und geht nur von den beiden bekannten Räumen in Wien und London aus. So sprechen Thomä und Kächele (1996, 326) davon, dass bislang „nur wenig über *den* Behandlungsraum geschrieben wurde", jedoch „das Bild von Freuds Sprechzimmer" aufgrund von Engelmans Photos allen Psychoanalytikern vertraut sei. – Eine ergiebige Quelle für die zahlreichen Behandlungsorte ist der Tagebuchbericht seines amerikanischen Lehranalysanden Smiley Blanton, der Freud über Jahre hinweg, von September 1929 bis 1938, an dessen unterschiedlichen Wohn- und Urlaubsorten aufsuchte, um sich analysieren zu lassen.

8 Mündliche Mitteilung von Carl Nedelmann, Hamburg

9 Heribert Knott, Stuttgart; Auskunft während der Praxisbesichtigung am 18.04.1999

10 Friedrich Roller, Stuttgart; Auskunft während der Praxisbesichtigung am 17.04.1999

11 Ulrich Ehebald, Hamburg; Auskunft während der Praxisbegehung am 30.07.1999

2 Zur Wechselwirkung der Beziehung von Raum und Mensch: Raum, Raumgefühl, Raumbewusstsein, gestalteter Raum und Raumwirkung

2.1 Das psychoanalytische Setting und seine Funktion in der Psychoanalyse

Die Couch ist der feste Platz des Analysanden in der Psychoanalyse. Gemeinsam mit dem Sessel des Analytikers, der hinter dem Kopfende der Couch steht, bildet sie das psychoanalytische Setting. Der Begriff *Setting* hat sich in der deutschen Fachsprache der Psychoanalytiker als Synonym für die Einheit von Couch und Sessel durchgesetzt. Man spricht davon, dass man *im Setting* arbeitet statt *im Sitzen* oder *im face-to-face* und meint damit, dass der Patient während der Analyse liegt. Im englischen Sprachgebrauch ist die Bedeutung von *setting* auf die Lokalisierung von Analytiker und Analysand während der Analyse bezogen. Man spricht im Englischen davon, dass man sich *im Setting* auf der Couch und dem Sessel befindet oder *im Setting* auf zwei Stühlen.

Das Couch-Setting ist zugleich das einzige stoffliche Hilfsmittel, dessen sich die Psychoanalyse bedient.

Die Couch ist schließlich nach außen hin das Symbol für psychoanalytische Behandlung schlechthin. Sie ist *pars pro toto*: In Mosers (1974) Bericht über seine Lehranalyse, *Lehrjahre auf der Couch*, ist sie das Synonym für „Psychoanalyse". In Witzen, auf Karikaturen, in Werbung oder in Spielfilmen signalisiert das Couch-Setting „Psychoanalyse". Die Couch wirkt wie eine Flagge, die als Gegenstand der Achtung und emotionalen Erregung fungiert. Als symbolische Repräsentantin dient sie als Sammelbecken von Einstellungen gegenüber ihrem symbolischen Bezugsgegenstand, der Psychoanalyse.

Die Couch ist also im psychoanalytischen Prozess Raum, Stoff und Symbol zugleich.

Couch und Sessel werden darüber hinaus von einem Dritten zusammengehalten, das sie umgibt und sie zu einer Einheit macht, in der Psychoanalytiker und Analysand ihrer Arbeit nachgehen können: dem Raum, von dem alle miteinander umgeben sind.

2.2 Die Verknüpfung von Psychoanalyse und Raum

Was macht die Besonderheit des psychoanalytischen Raumes aus? Wodurch gewinnt er seine weihevolle oder ehrfurchtgebietende Ausstrahlung? Manche betreten einen Analyseraum ähnlich wie einen Kirchenraum.

Das ist kein Zufall. Auch der Kirchenraum ist ja ein Ort der Besinnung, der inneren Einkehr, der Aussöhnung des Ich mit einer höheren Instanz, und häufig auch ein Ort der Beichte, der wiederum nach dem Sündenbekenntnis die Absolution folgt – Aspekte, die sich auch in der Psychoanalyse wiederfinden lassen.

Zum Kirchenraum gehört ja mehr als nur der Innenraum und sein Altar im Zentrum. Es gibt auf dem Altar die Altardecke, Bibel, Kreuz, Kerzen, Altarbild oder -behang, Paramente und Abendsmahlsgerät. Der Raum selbst enthält außerdem Taufbecken, Kanzel, Bestuhlung, Beichtstuhl und eine Orgel. Die künstlerische Ausgestaltung hat ein breites Spektrum: Fenster, Wände, Decken können gestaltet sein; Heiligenbilder, Skulpturen, Epitaphe können im Innenraum stehen.

Überdies werden bestimmte Sichtachsen berücksichtigt: Die Kirche selbst ist in ihrer Längsachse nach Osten gewandt; vom Eingang ist bereits die Sicht auf den Altar möglich. Dazu treten akustische (Glocken- und Orgelklang) sowie olfaktorische (Weihrauch) Elemente, um den Raumeindruck zu komplettieren.

Auch Couch und Sessel der Psychoanalyse stehen in einem größeren Kontext miteinander. Sie werden umgeben von Raum, und der Raum formt aus beiden ein Ensemble, einen Arbeitsort. Und ebensowenig wie ein Altar allein einen Raum zum christlichen Kirchenraum macht, wird ein begehbarer Kubus allein durch das Vorhandensein von Couch und Sessel zum psychoanalytischen Behandlungsraum.

In einer psychoanalytischen Praxis treten zu Couch und Sessel weitere Raumelemente hinzu: Taschentücher, Papierservietten, Kissen, Decken, Uhren, Bilder und Tische. Deren Benutzung geschieht nach gewissen Raumritualen, die in der Literatur nicht kodifiziert sind. Häufig hat der Analytiker diese Elemente sowie die Rituale ihres Gebrauchs von seinem Lehranalytiker übernommen, oft sind es eigene Gewohnheiten. Ein Analytiker deckt das Kopfkissen mit einer Papierserviette ab; ein anderer legt seinem Patienten sein persönliches Kissen hin, das dieser mitgebracht hat; ein dritter legt dem Patienten das Kissen hin, das er für ihn bestimmt hat. Weitere Rituale sind das Schließen oder Öffnen von Fenstern und Türen, die Art, in der das Honorar gefordert und kassiert wird, die Begrüßung, der Abschied. Erst alle diese Elemente zusammen bewirken, dass das bereitgestellte Mobiliar dieses Zimmer zu einem Analyseraum werden lässt.

2.2.1 Ein mechanischer Zugang zur Psyche ist nicht möglich

Psychoanalytiker brauchen zur Ausübung ihres Berufes in der therapeutischen Praxis keinerlei medizinisches Instrumentarium oder Gerät in dem Sinne, in dem erst das Skalpell dem Chirurgen den Zugang zur Bauchhöhle ermöglicht. Der Zugang zur Psyche, die stofflich nicht manifest ist und deren Beschaffenheit und Funktionalität sich nur an Verhaltensweisen, Denk- und Empfindungsmustern zeigt, erfolgt nicht durch eine mechanisch-technische Operation.

2.2.2 Das Instrumentarium des Psychoanalytikers: Er selbst, Couch, Sessel und Raum

Das Instrumentarium des Psychoanalytikers besteht vielmehr aus drei Komponenten: Aus den beiden beteiligten Personen, Analysand und Analytiker, dem Couch-Sessel-Arrangement und dem Raum. Damit ist sowohl der physikalische wie der seelische Raum gemeint.

Wie aber funktioniert das Instrument „Psychoanalytiker“? Auf die Frage, welche Eigenschaften ein künftiger Psychoanalytiker besitzen solle, antwortete Amati Mehler (1999):

> Ein Analytiker sollte intelligent, sensibel und kultiviert sein, er sollte Kenntnis von weltlichen Dingen besitzen, über Lebenserfahrung verfügen sowie in Zweifel ziehen, was richtig und was falsch sein soll. [...] Außerdem benötigt man eine Ausbildung, in der man lernt, sein Innenleben so auszurichten, dass man sich selbst als Instrument einsetzen kann, denn wir benutzen ja keine mechanischen Apparaturen. Unsere eigene Sensibilität, unsere Persönlichkeit, die darauf eingestimmt ist, wen wir analysieren, ist das Instrumentarium. Man muss natürlich selbst analysiert sein, um diesen Aspekt zu verfeinern.“

Der Analytiker ist also sein eigenes Werkzeug, quasi Chirurg und Skalpell in einer Person. Er ist selbst das Instrumentarium, mit dem er den Patienten untersucht, Anamnesen und Krankheitsprognosen erstellt, Fragen und Deutungen formuliert, aber auch den seelischen Innenraum des Patienten eröffnet. Er ist zugleich das lebendige Instrument, in dem der Patient sich und seine Biographie in der Übertragung spiegelt. So steht der Analytiker sich während der Analyse häufig selbst als Objekt gegenüber und muss versuchen, den inneren psychischen Abstand zwischen Subjekt und Objekt zu wahren.

Zum äußeren Raum tritt in der Psychoanalyse also der innere Distanzraum im Psychoanalytiker, der mehrfach vermittelt ist: einerseits als Distanz zwischen ihm selbst und dem Analysanden, andererseits in sich selbst als erkennendem Subjekt und als Deutendem, also Handelndem. Aber auch innerhalb seiner selbst muss der Analytiker Distanz wahren: ist er doch einerseits genauso ein Mensch mit spontanen Impulsen und Trieben, andererseits das erkennende Subjekt, die Projektionswand für die Phantasien des Analysanden, und damit – für die Dauer der Psychoanalyse – der in seiner Subjektivität stark zurückgenommene Mensch, der seine Gegenübertragungen unter Kontrolle halten kann.

Der Raum als zentrales Element tritt uns also in der Psychoanalyse in mehrfacher Form entgegen.

Auch in der Freudschen Nomenklatur selbst klingt immer wieder an, dass intrapsychische Vorgänge auch räumlich bezogen sind. Wird ein Konflikt aus dem einstigen Lebenszusammenhang des Analysanden herausgelöst und auf den Analytiker „übertragen“, so stellt diese „Übertragung“ die Abstraktion eines räumlichen Vorganges dar: Man stellt etwas in einen anderen Zusammenhang, löst es aus dem einen räumlichen Bezug heraus und überträgt es in einen anderen.

2.2.3 Der gemeinsam erlebte Raum als *conditio sine qua non* der Psychoanalyse

Darüber hinaus findet in der Psychoanalyse eine persönliche Begegnung zwischen Analytiker und Analysand statt, denn man verbringt die gesamte Zeit während der Analyse miteinander. Man befindet sich im selben Raum. Man atmet dieselbe Luft ein. Man hört dieselben Geräusche aus dem eigenen oder aus angrenzenden Räumen. Man hört, außer dem gesprochenen Dialog zwischen Analysand und Analytiker, den mitunter sehr viel lebhafteren Dialog der Peristaltik; man hört feinste Abstufungen zwischen stillem, verhaltenen Leid und nicht mehr verhüllbarem Schmerz. Man riecht dasselbe, hört Außengeräusche, Erschütterungen oder Vibrationen, betrachtet dieselben Wände und dieselben Einrichtungsgegenstände und ist derselben Raumtemperatur, demselben Raumklima ausgesetzt, wenngleich man es zuweilen unterschiedlich empfinden mag. Alle diesen sinnlichen Wahrnehmungen machen Analytiker und Analysand während der Analyse gemeinsam.

Das ist nur deshalb möglich, weil sich beide für die Dauer der Psychoanalyse in demselben Raum befinden. Der Analysand wie Analytiker umgebende gemeinsame Behandlungsraum ist eine essentielle Voraussetzung für die Durchführung einer Psychoanalyse.

2.2.4 Performativität: Psychoanalyse als Abfolge von Sprechakten

Es liegt daher nahe, auf die Psychoanalyse den Terminus der „Performativität" des Ethnologen Tambiah anzuwenden[1]. Dieser Ausdruck stammt eigentlich aus der Linguistik, wo er die Verwendung von Verben bezeichnet, bei denen die Handlung durch die Äußerung vollzogen wird[2]. „Ich gratuliere dir zum Geburtstag!" ist ein solcher Sprechakt (Weigand 1989): das Zusprechen des Glückwunsches ist zugleich die Handlung des Gratulierens. „Ich taufe dich auf den Namen Fritz Müller", ist ebenfalls ein Sprechakt. Das Taufen geschieht in dem Moment, in dem es als solches benannt wird. Eine psychoanalytische Deutung: „Kann es vielleicht sein, dass Sie bei dieser Frau die Gemeinschaft mit Ihrer Großmutter wiedererlebt haben?" hat denselben Charakter: das Handeln des Psychoanalytikers ist ein Handeln durch Sprechakte. Die Wirkung der Worte wird in einem bestimmten raumzeitlichen Zusammenhang eingebettet erlebt.

Anders ist es, wenn Verben einen Sachverhalt nur beschreiben: „Er gratuliert ihr zum Geburtstag." – „Er tauft das Kind." – „Die Psychoanalytikerin spricht eine Deutung aus." Dann liegt kein Sprechakt vor. Zwischen dem eigentlichen Geschehen und den gesprochenen Worten liegt eine raumzeitliche Distanz.

Ein Sprechakt ist ein illukutiver Akt: der Sprecher verspricht etwas mit seiner Äußerung. Er dankt, gratuliert, kondoliert oder, als Psychoanalytiker, er deutet. So definierte Searle 1969 den *speech act.* Charakteristisch am Sprechakt ist, dass ein solcher Satz nicht abgelesen werden kann. Er muss dem Betreffenden zugesprochen werden. Dieses Zusprechen muss aus dem Herzen kommen, es darf auch nicht abgelesen oder auswendig gelernt klingen.

Auch ein Gutenachtkuss, zusammen mit den Worten: „Gute Nacht, schlaf gut" ist ein Sprechakt, nur wirksam in dieser Lebenssituation.

Die psychoanalytische Situation ist ebenfalls eine Abfolge von Sprechakten (vgl. auch Rizzuto 2002). Das gemeinsame Erleben des Sprechens und Zuhörens, das gemeinsame Erleben der Tatsache, dass der Analysand plötzlich einen Einfall hat, der Analytiker ihm eine Deutung zuspricht und beide diesen Einfall gemeinsam bearbeiten: das sind zentrale Elemente jeder Psychoanalyse. Sie bedürfen der Performanz zur selben Zeit, im selben Raum, in der Anwesenheit beider, von Analytiker und Analysand.

Die „Bühne" des performativen Akts ist der psychoanalytische Behandlungsraum, das Couch-Setting.

2.2.5 Telefonanalyse

Die Psychoanalytikerin Sharon Zalusky (2003) befürwortet unter bestimmten behandlungspraktischen Erwägungen eine Psychoanalyse am Telefon: Wenn ein

Analysand eine Filmrolle in Hollywood angeboten bekommt, eine Analysandin wegen Schwangerschaftsproblemen monatelang liegen muss oder eine Analysandin in einem entfernten Ort einen Studienplatz bekommt. Sie hält die Telefonanalyse nicht für das Mittel der Wahl, begründet aber deren Wirksamkeit in einer veränderten Welt: Telefonanalyse habe ihre Funktion als Möglichkeit zur Abwehr von Trennungsangst sowie als praktikable Behandlungsmöglichkeit für einen besser angepassten und bedeutsameren Übergang in eine neue Lebensphase.

Simona Argentieri und Jacqueline Amati Mehler (2003) entgegnen, am Telefon sei bestenfalls Psychotherapie oder postanalytische Nachsorge, Beteiligung oder schlicht Unterstützung möglich. Auf das Setting zu verzichten hieße, keine Analyse zu machen:

> Was bedeutet es für einen Patienten, nur die Stimme des Analytikers zur Verfügung zu haben? Was wird in der Telefon-„Analyse" aus all den nonverbalen Aspekten der Beziehung und Kommunikation? Nicht sehen, nicht riechen, Nebengeräusche hören oder die Raumtemperatur fühlen zu können usw., nicht zu wissen bzw. unter Kontrolle zu haben, was der Analytiker während des Gesprächs tut (Trägt er Pantoffeln? Liegt der Patient – oder der Analytiker – beim Telefonieren im Bett?), ist eine eklatante sensorische Deprivation, die zugleich den Verlust des haltenden Containments bedeutet, das mit der Anwesenheit des anderen gegeben ist und insbesondere während des Schweigens wichtig ist. (2003, 19)

Unter Rekurs auf Anna Maria Rizzuto (2002) führen sie auf, welche affektbeladenen frühkindlichen Erfahrungen der Klang der Sprache auslöst; vieles schwingt mit, das nur schwer in Worte zu fassen ist. Die menschliche Stimme bewirkt Reaktionen im gesamten Körper, und nicht nur ihre semantischen Anteile – die das Telefon sehr wohl zu übermitteln vermag –, sondern auch die prosodischen Aspekte, Tonhöhe und Sprachrhythmus sind von Bedeutung, Intonation und Modulation der Stimme.

Besonders wichtig ist das analytische Geschehen während der Schweigephasen. Die „verräterischen somatischen oder motorischen Manifestationen" (Argentieri und Amati Mehler 2003, 19), welche die Phantasien des Analysanden zu begleiten pflegen, fallen weg:

> Sehen wir am Telefon die leichte Handbewegung, die die Tränen zu verbergen sucht, die Worte nicht verraten? Sehen wir, wenn ein leichtes Zittern durch den Körper läuft oder die Hände unruhig werden bei der Erinnerung an einen Traum, der aber mit ganz unbeteiligten Worten berichtet wird? Unzählige Beispiele solcher sprachbegleitender Vorgänge ließen sich anführen, die für das Verständnis und die Deutung von Phantasien und Abwehrmechanismen (insbesondere der Verleugnung) von unschätzbarem Wert sind. Unbemerkt bliebe am Telefon auch die körperliche Wirkung unserer eigenen Worte.

Argentieri und Amati Mehler halten daher die Umwandlung der Analyse in eine Telefon-„Analyse" für Analysand *und* Analytiker in hohem Maße für traumatisch; der Patient trüge allerdings die Hauptlast, weil die Trennung vom Analytiker verharmlost oder rundweg abgestritten wird, etwa dann, wenn der Analysand sich dankbar und zufrieden äußert.

Die körperliche Trennung vom Analytiker, das Kommunizieren der *disembodied voices,* der körperlosen Stimmen, bedeutet auch einen Verzicht auf den gemeinsamen Analyseraum. Dieses Argument hat die Diskussion bislang noch nicht aufgegriffen, weil die Bedeutung des Raumes für den analytischen Prozess nicht bekannt war. Jedoch gehört zum Setting nicht nur die gleichzeitige körperliche Anwesenheit beider Beteiligten während des analytischen Prozesses, sondern es ist auch unabdingbar, dass beide gleichzeitig im selben Raum miteinander allein sind. Nur dann vermag sich der vielschichtige analytische Dialog auf die ihm eigentümlichen Weise zu vollziehen.

Ohne einen gemeinsamen Performanzraum lässt sich keine psychoanalytische Beziehung aufbauen oder gar eine Psychoanalyse durchführen. Dazu bedarf es der lebendigen Präsenz beider Körper. Bei einer „Analyse am Telefon" geht also nichts weniger verloren als die gesamte Analyse.

2.2.6 Psychoanalyse als *chat* im Internet

Findet schon am Telefon eine durch den Wegfall der nichtsprachlichen – und unter Umständen widersprüchlichen – körperlichen Mitteilungswege erhebliche sensorische Deprivation statt, so bedeutet der *chat* im Internet eine weitere Reduktion der Kommunikationswege.

Ein *chat* besteht darin, dass zwei Personen gleichzeitig mit ihren Computern online arbeiten und abwechselnd einen Satz oder mehrere Sätze mit der Tastatur eingeben, die der andere zeitgleich lesen kann. Die Erwiderung erfolgt prompt, ebenfalls per Tasteneingabe, jedoch immer stumm. Es besteht zusätzlich die Möglichkeit, mit einer Videokamera (webcam), die am Computer angebracht ist, das Gesicht des Gesprächspartners gleichzeitig als bewegtes Bild zu übertragen. Gesprochene sprachliche Botschaften werden jedoch beim *chat* nicht übermittelt.

So fehlen der Sprache nicht nur die prosodischen Elemente, sondern das, was sie als Gattung von der Schriftsprache unterscheidet: ihr Klang selbst. Dieser Unterschied ist enorm. Immerhin trennt im Journalismus ein ganzer Berufszweig die schreibende von der sprechenden Zunft, wobei hier in der Regel Sprachprofis am Werk sind, die mit der Reduktion ihrer Sprache auf eine bestimmte Domäne professionell umzugehen gelernt haben. Analytiker dagegen lernen in ihrer Weiterbildung nicht, ihre Gedanken, Empfindungen oder gar Deutungen Analysanden gegenüber schriftlich in Worte zu fassen; die akademische oder wissenschaftliche Veröffentlichung ist eine andere literarische Gattung als das Beraten oder gar „Analysieren" auf dem Schriftwege.

So gilt also das zur *Telefonanalyse* Vorgebrachte für die Analyse als *chat* im Internet noch in verstärktem Maße. Der wichtigste Mangel an dieser Form zeitgenössischer Kommunikation ist der gemeinsame Raum, die gemeinsame gleichzeitige volle körperliche Präsenz, die auch keine Videokonferenz ersetzen kann.

Denn der psychoanalytische Raum transportiert mehr als nur *messages* oder Interpretationen, Ratschläge oder *stress relief*. Er bezieht die vielfältigen sinnlichen, nicht textgebundenen und nichtsprachlichen Botschaften mit ein, die im psychoanalytischen Behandlungsraum zwischen Analysand und Analytiker ausgetauscht werden. Sie aber sind gerade das stoffliche Material, aus dem eine Übertragungsbeziehung heranwächst, die im Zentrum der psychoanalytischen Arbeit steht.

Der Performanzraum des psychoanalytischen Behandlungszimmers ist also als unverzichtbarer Bestandteil jeder Psychoanalyse anzusehen.

Deshalb ist Psychoanalyse nicht als Korrespondenz und nicht als *chat* im Internet möglich.

2.2.7 Schlussfolgerung: Notwendigkeit des gemeinsamen Raums

Der gemeinsam benutzte Raum, das gemeinsam benutzte Behandlungszimmer ist eine der unabdingbaren Voraussetzung dafür, dass die dort stattfindende Interaktion als Psychoanalyse gelten kann.

Doch auch der psychische Raum ist von Bedeutung: die Distanz zwischen Analytiker und Analysand sowie die innere Distanz des Analytikers zu sich selbst in seiner Eigenschaft als spontan reagierendes Individuum und in seiner Funktion als kontrolliert reagierender analytischer Partner.

2.3 Der Raum

Was aber macht den Raum, was einen Raum aus? Wie orientiert man sich in ihm, wie ist er gestimmt? Wodurch wird ein Raum zu einem psychoanalytischen Raum? Wie gestaltet man ihn so, dass er ein psychoanalytischer Behandlungsraum wird?

Um diese Fragen beantworten zu können, müssen gewisse Grundvoraussetzungen geklärt sein: Welche Affekte kann ein Raum transportieren, und wie kann er bestimmte Affekte fernhalten? Was macht einen Raum etwa zur Weihestätte einer Gottheit? Wodurch wird ein Raum ein sakraler, eine Stätte der Besinnung und des Nachdenkens, ein Ort der Begegnung des Selbst mit biographisch früheren Daseinsformen? Welche Bedeutung hat das Wandeln durch den Raum und die eigene Körperachse im Raum? Was bedeutet es für den denkenden, fühlenden, assoziierenden Analysanden, wenn er seine Körperachse während der analytischen Arbeit in die Horizontale dreht? Welche Erfahrungen und Gedanken werden durch die liegende Position stimuliert und aktiviert? Und schließlich: Was geht von der Gestimmtheit des Raumes auf den Analysanden über?

Diese Fragen nach Raum und Raumwirkung sollen im Folgenden interdisziplinär angegangen werden.

Die philosophische Tradition von Aristoteles über Kant bis zu Bachelard und Bollnow klärt den Raumbegriff und seine Implikationen; soziologische und sozialpsychologische Ansätze differenzieren die Gefühle des Im-Raum-Seins und beleuchten die Wechselwirkung von Raum und Mensch; Piagets Arbeiten zur Entwicklungspsychologie geben Einblick in die Entstehung eines Raumbilds im Menschen in seinen verschiedenen biographischen Etappen. Aus ethnologischer Sicht wird die Bedeutung des eigenen Raumes als Weltenmittelpunkt deutlich, worüber Eliade geschrieben hat, und aus anthropologischer Sicht erhellt sich die symbolische Dimension der Räume. Die Organisation des Raums in den verschiedenen Gesellschaften ist ein integraler aber verborgener Bestandteil der sozialen Ordnung; Anthropologie, Ethnologie, Soziologie und Philosophie liefern je verschiedene Lesarten, sie sichtbar zu machen. Die vergleichende Religionswissenschaft verweist auf sakrale Traditionen der Psychoanalyse. In der Architektur werden die stofflich-prozessualen Veränderungen analysiert, geplant und schließlich vollzogen, durch welche der Raum seine äußere und innere Gestalt erhält. Die Belletristik liefert mit intuitiv beobachtenden und beschreibenden Passagen Einblick in die differenzierte Gefühlswelt des Im-Raum-Seins.

Diese verschiedenen wissenschaftlichen Ansätze dienen dazu, den kognitiv-kontemplativen Prozess zu fassen, der sich im psychoanalytischen Behandlungsraum auf und hinter der psychoanalytischen Couch und in Wechselwirkung mit beidem vollzieht.

2.3.1 Der Raumbegriff

Obwohl die Verknüpfung menschlicher Existenz mit Raum und Zeit, von Aristoteles herrührend und bei Kant exemplarisch untersucht, unbestritten ist, wurde die „Zeit" schon frühzeitig im 20. Jahrhundert einer genaueren Untersuchung unterzogen. Für Heidegger war die Frage der Zeitlichkeit des menschlichen Daseins eine zentrale Fragestellung. Demgegenüber rückte die Frage nach dem Bezug zwischen Mensch und Raum erst in den dreißiger Jahren des 20. Jahrhunderts in das Interesse von Psychologen und Philosophen. Dürckheim (1932) untersuchte die Frage nach dem erlebten Raum, Straus (1930) die Bedeutung der Formen des Räumlichen für die Motorik und die Wahrnehmung, Binswanger (1933a) widmete sich dem Raumproblem in der Psychopathologie, Cassirer (1923–1929) erstellte eine „Philosophie der symbolischen Formen" und Lassen (1939) betonte zum ersten Mal die grundlegende Bedeutung der Räumlichkeit für die Struktur des menschlichen Daseins. Mit Bachelards (1932) *La poétique de l'espace* war auch von philosophischer Seite her der Durchbruch zu dieser Fragestellung gelungen. Das Problem der räumlichen Verfassung des menschlichen Daseins trat mit eigenem Gewicht und eigener Fragestellung neben das der Zeitlichkeit. Doch erst Bollnow (1963) gelang als erstem eine zusammenhängende systematische Darstellung des Verhältnisses von Mensch und Raum. Sein Buch gilt als Standardwerk zur Frage der Raumwirkung.

Mathematischer und erlebter Raum

Ebenso wie man in Bezug auf die Zeit zwischen der messbaren abstrakten Zeit und der von lebendigen Menschen erlebten Zeit unterscheiden kann, kann man auch beim Raum zwischen dem abstrakten, mathematischen Raum und dem konkret erlebten menschlichen Raum unterscheiden. In dem unmittelbar uns umgebenden Umraum leben wir so selbstverständlich, dass er uns in seiner Eigenart gar nicht auffällt und wir nicht weiter über ihn nachdenken. Seine Erforschung stellt daher eine „besondere philosophische Aufgabe" (Bollnow 1963, 16) dar.

> Im mathematischen Raum gilt:
>
> 1. Kein Punkt ist vor dem anderen ausgezeichnet. Dieser Raum hat keinen natürlichen Koordinaten-Mittelpunkt, sondern man kann […] durch eine einfache Koordinaten-Verschiebung jeden beliebigen Punkt zum Koordinaten-Mittelpunkt machen.
> 2. Auch keine Richtung ist vor der anderen ausgezeichnet. Man kann durch eine einfache Drehung jede beliebige Richtung im Raum zur Koordinaten-Achse machen.
>
> Der Raum ist in sich ungegliedert und durch und durch gleichmäßig und erstreckt sich in dieser Weise nach allen Seiten hin in die Unendlichkeit. (Bollnow 1963, 17)

Anders der erlebte Raum. Dort gibt es einen ausgezeichneten Mittelpunkt, der durch den Ort des erlebenden Menschen im Raum gegeben ist. Es gibt auch ein ausgezeichnetes Achsensystem, das mit dem menschlichen Körper und seiner aufrechten, der Schwerkraft entgegengestellten Haltung zusammenhängt.

Der erlebte Raum ist nicht gleichförmig. Übergänge von einem zum anderen Bereich sind mitunter fließend, mitunter hart.

Die Unendlichkeit des Raums wird nicht sofort als solche erlebt. Der erlebte Raum ist zunächst als abgeschlossener endlicher Raum gegeben und erweitert sich erst in späteren Erfahrungen zur unendlichen Weite. „Jeder Ort im erlebten Raum hat seine Bedeutung für den Menschen.“ (Bollnow 1963, 18)

Der erlebte Raum ist also der Raum, wie er sich dem konkreten menschlichen Leben erschließt. „Erlebter Raum“ ist die je subjektive Einheit zwischen Raum und Mensch, zwischen der subjektiven Befindlichkeit des Menschen und dem Raum, der ihn gerade umgibt.

Dieser Raum kann jeweils verschiedene Gesichter haben. Der gelebte Raum kann, je nach Befindlichkeit des Subjekts, vielerlei sein:

> Medium der leibhaftigen Verwirklichung, Gegenform oder Verbreiterung, Bedroher oder Bewahrer, Durchgang oder Bleibe, Fremde oder Heimat, Material, Erfüllungsort und Entfaltungsmöglichkeit, Widerstand und Grenze, Organ und Gegenspieler dieses Selbstes in seiner augenblicklichen Seins- und Lebenswirklichkeit. (Dürckheim 1932, 389)

Das menschliche Dasein braucht den Raum, um sich darin entfalten zu können:

> Das Leben erstreckt sich in den Raum, ohne deshalb im eigentlichen Sinn eine geometrische Ausdehnung zu haben. Um zu leben, haben wir Ausdehnung und Perspektive nötig. Der Raum ist eben so unentbehrlich zur Entfaltung des Lebens wie die Zeit. (Minkowski 1933, 367)

Allerdings wirbelt der Mensch nicht im Raum herum wie ein Gegenstand in einer Schachtel, und er verhält sich auch nicht so zum Raum, als ob „zunächst so etwas wie ein raumloses Subjekt vorhanden wäre, das sich dann hinterher auch zu einem Raum verhielte“ (Bollnow 1963, 23), sondern das Leben besteht ursprünglich in diesem Verhältnis zum Raum und kann nicht davon gelöst werden. Das Im-Raum-Sein ist eine der Voraussetzungen des Seins überhaupt; und umgekehrt existiert der Raum nur deshalb, weil es ein Subjekt gibt, das ihn als solches wahrnimmt (vgl. Kant 1781, 42).

Der Mensch bildet also den Raum in sich; somit hat der Raum seinen Ursprung im Menschen, dem erkennenden Subjekt, selbst. Zugleich ist der Mensch die bleibende Mitte seines persönlichen Raumes. Allerdings trägt er den Raum nicht mit sich herum wie die Schnecke ihr Haus; vielmehr ist *sein* Achsensystem, seine Wahrnehmungshöhe – in Bezug auf die mathematischen Koordinaten des Raumes –, seine Gestimmtheit und seine innere Verfassung – in Bezug auf die Wirkungsästhetik des Raumes – der Dreh- und Angelpunkt der Mensch-Raum-Interrelation.

Raumbegriff bei Aristoteles

Als erster in der Geschichte des abendländischen Denkens differenziert Aristoteles im vierten Buch seiner „Physik“ zwischen Raum und Zeit – topos (τόπος) und chronos (χρόνος) – und hebt sie damit aus einer nur sinnlich empfundenen Selbstverständlichkeit heraus zum Gegenstand logischer Betrachtung. Er stellt sein Konzept von „Raum“ – oder besser: topos (τόπος) – ausführlich vor.

Seine Ausführungen davon, wie „Raum“ aufzufassen ist, gelten bis heute. Sie verweisen auf die Psychodynamik des Raumerlebens und geben Auskunft über die unterschiedlichen Stadien des Bewusstseins im Raum.

Zur Dynamik des topos (τόπος)

Der zentrale Gedanke von Aristoteles ist, dass im Raum alles seinen Platz hat, seinen „natürlichen Ort". So haben die vier Elemente – Feuer, Wasser, Luft und Erde – einen Ort, an den sie immer wieder streben: „Jedes Element drängt an seinen Ort, wenn es nicht gehindert wird, das eine nach oben, das andere nach unten und in die übrigen der sechs Richtungen." (Aristoteles 1854, 208 b) Diese in seine ihm gehörige Richtung strebende Kraft gestaltet den Raum.

In Bezug auf Höhen und Tiefen ist der Raum gegliedert, indem jedes Element seine Stelle hat, an die es gehört und zu der es zurückkehrt, sofern es nicht von anderen Kräften daran gehindert wird. Aristoteles (ebda.) spricht davon, dass es den Raum nicht nur gibt, sondern „dass er eine eigene Kraft hat", „eine gewisse Wirkung ausübt" oder „irgendeine Kraft von ihm ausgeht."

Der aristotelische Raum, „von inneren Kräften durchzogen", ist nicht statisch, sondern dynamisch. Er ist nicht Messlatte oder Raumkoordinate, sondern der zu etwas strebende topos.

Die Bedeutung von *topos* (τόπος) deckt sich mit dem deutschen „Ort" oder „Raum" nicht ganz. *Topos* (τόπος) ist sowohl „Ort", „Stelle", „Platz" als auch „Gegend", „Land", darüber hinaus aber auch „Raum", „Örtlichkeit" und schließlich sogar „Möglichkeit" (Menge 1910, s.v.). Keine der Übersetzungen wird dem dynamischen *topos* (τόπος) ganz gerecht. „Ort" impliziert im Deutschen eher etwas Punktuelles, Statisches. Er ist die Speerspitze. Das deutsche Wort „Raum" wiederum lässt sich am besten als *chora* (χώρα) wiedergeben, von *choreo* (χωρέω): fassen, in sich aufnehmen. Auch diesen Begriff untersucht Aristoteles.

Der Raum als Abfolge von Gefäßen

Ausgehend von der Frage, was geschieht, wenn zwei Körper ihren Platz tauschen, wenn da, wo jetzt Luft ist, Wasser hingelangt, folgert Aristoteles (1854, 209 b), dass der Raum „eine Art Gefäß" zu sein scheint, denn ein Gefäß ist „ein Raum, den man mitnehmen kann". Umgekehrt ist der Raum „eine Art unbewegliches Gefäß" (212 a). Der *topos* (τόπος) hat also eine bestimmte räumliche Ausdehnung, er „umschließt seinen Gegenstand" (211 a). Er ist „die Grenze des umschließenden Körpers", oder „die Hülle des umgebenden Mittels" (211 b und 212 a). So wie das verdrängte Wasser einen inneren *topos* (τόπος) umschließt, so liegen nach Aristoteles alle Körper des Universums in irgendeiner Weise ineinander, kleinere in größeren, und jedes berührt das nächste an irgendeiner Stelle. Diese Abfolge der ineinanderliegenden *topoi* (τόποι) setzt sich im aristotelischen Weltbild fort bis zum Himmelsgewölbe.

Aristoteles' Raumkonzept macht die Verbundenheit aller Körper oder Räume (*topoi*) miteinander deutlich. Und ob ein *topos* (τόπος) nun der Körper eines Menschen ist, der sich bewegt, auf- und abgeht, liegt oder mit einem zweiten *topos* (τόπος) interagiert, oder ob er der ummauerte hohle Kubus selbst ist, in dem sich diese ein oder zwei *topoi* bewegen: keiner dieser Räume existiert ohne den anderen. Folglich haben sie auch eine gewisse Wirkung aufeinander.

Zudem sagt Aristoteles, dass der Raum nicht weiter reicht als die ihn erfüllenden Dinge (vgl. Bollnow 1963, 32). Diese Annahme bestätigt die Wahrnehmungsästhetik: Was ein Mensch nicht wahrnimmt, existiert subjektiv für ihn nicht. Oder umgekehrt: erst wenn er einen sinnhaften inneren Bezug zu etwas findet, existiert es für ihn.

Aber auch der alltägliche Sprachgebrauch gibt Auskunft darüber, was den Raum eigentlich ausmacht.

„Raum" – Etymologie und Semantik

Das neuhochdeutsche Wort „Raum“ stammt von dem mittelhochdeutschen *rūm* oder dem substantivierten Adjektive *rūme*, Althochdeutsch *rūmi* und bedeutet dort „weit, geräumig“ (Drosdowski 1980, s.v., 2104). Es bezeichnet ursprünglich die gerodete Stelle im Urwald, die nun Platz schafft für eine Lagerstätte, ein Bett, einen Sitzplatz. Diese Weite wird im täglichen Sprachgebrauch in unterschiedlicher Weise eingegrenzt: Architekten sprechen von „umbautem Raum“, Physiker vom „luftleeren Raum“, Fußballspieler vom „Strafraum“. Thomas Mann (1924, 205) schreibt im „Zauberberg“: „Nur ein paar Handbreit Raum war gewesen zwischen seinem Gesicht und dem ihren“. Der Raum ist hier etwas Endliches. Er ist auch ein jemandem zur Verfügung stehender, ausreichender Platz, der genügend Bewegungsfreiheit lässt und auf dem man bequem etwas unterbringen kann. In diesem Sinne sprechen wir davon, dass jemand viel oder wenig Raum für sich beansprucht. Wer *aufräumt*, will „Raum schaffen“. Man sagt „Viele Familien leben hier auf engstem Raum miteinander“ und zitiert noch heute Schillers[3] „Raum ist in der kleinsten Hütte für ein glücklich liebend Paar.“

Bei der Geburt Jesu berichtet die Bibel in der Weihnachtsgeschichte (Lukas 2, 7), das Kind hätte in eine Krippe gelegt werden müssen, „denn sie hatten sonst keinen Raum in der Herberge“. Immer ist *Raum* hier in der Bedeutung von „zur Verfügung stehender Platz“, aber auch als „Gelegenheit“ definiert und trifft sich damit wieder mit Aristoteles' Definition von *topos* (τόπος). So auch, wenn wir „Bücher vom Tisch räumen“ oder „eine Wohnung räumen“, wenn eine Firma wegen Geschäftsaufgabe „Räumungsverkauf“ hält, oder weil das Lager „geräumt“ werden muss: „Mehr Raum“ ist zugleich „mehr Gelegenheit“, etwas Neues zu schaffen. Raum ist etwas von Menschen Gemachtes, er ist das Ergebnis von „Aufräumen“. Und wer ständig aufräumt, dem sieht man es auch an. Er sieht *aufgeräumt* aus: aufgeschlossen, mit sich im reinen. Alles hat seinen Platz, und mehr noch: Es ist Platz für etwas Neues da.

Im übertragenen Sinne bedeutet „Raum geben“ nicht nur, dass ausreichend große Örtlichkeiten zur Verfügung stehen, sondern dann kann sogar der „Zeit-Raum“ damit gemeint sein, etwa wenn man sagt: „Dieser Gesichtspunkt nimmt in den Ausführungen einen zu breiten Raum ein.“

Schließlich ist „Raum“ noch etwas, das man in seinem Inneren aufkommen und wovon man sich beeinflussen lässt. So sagt man in einer Diskussion: „Ich will diesem Gedanken jetzt keinen Raum geben.“ Und bei Robert Musil (1930, 1431) heißt es im „Mann ohne Eigenschaften“: „Und so gewann in Walter Raum, was ihr Bruder Siegmund über sie gesagt ... hatte.“

Die Bedeutung von „Raum“ changiert also zwischen „Spielraum“, „Zwischenraum“ und „Freiraum“. Enge und Weite bestimmen ihn. Wird er knapp, fühlt man sich in ihm beengt, ist genug davon vorhanden, kann man ihn großzügig verplanen.

Der Raum unserer Alltagswelten ist also dadurch definiert, dass er ein konkretes Lebensbedürfnis ausfüllt und von einem konkreten Lebensbedürfnis ausgefüllt werden kann. Der Raum reicht nie weiter als die konkret zu erfüllende Reichweite des Lebens. (Bollnow 1963, 31f.)

2.3.2 Raumkoordinaten und dazugehöriges Raumgefühl

Jede der drei Raumkoordinaten oder Achsen wird vom Menschen, der den Raum durchmisst, auf besondere Weise erlebt. Und da wir es bei der Psychoanalyse mit dem sinnfälligen Gegensatz zwischen vertikaler Aufrichtung der Körperachse (beim Eintreten, Begrüßen, Verabschieden und Hinaustreten aus dem analytischen Behandlungsraum) sowie der horizontalen Lage (bei der psychoanalytischen Arbeit auf der Couch) zu tun haben, sei der Frage nachgegangen, wie die Ausrichtung des Menschen in den Raumachsen sein Bewusstsein beeinflusst.

Die Wirkung der Schwerkraft bringt mit sich, dass *oben-unten* das bedeutsamste Richtungspaar ist. Erst der Mensch, der sich gegen den niederdrückenden Einfluss der Schwerkraft dauerhaft aufgerichtet hat, ist ein handlungs- und entscheidungsfähiges Subjekt. Nicht zufällig lautete das Rätsel der Sphinx, das nur Ödipus zu lösen vermochte, was denn das für ein Wesen sei, das am Morgen vier Beine, am Mittag zwei und am Abend drei Beine hätte. Und für Freud war dieser Code für die menschliche Existenz eine wichtige Metapher. „Oben" zu sein ist die höchste Stufe der menschlichen Entwicklung. Wer oben ist, hat den Überblick. Oben ist in vielen Kulturen der Sitz der Gottheit. Oben auf dem Berg Sinai empfing Mose die Gesetzestafeln (Exod. 24, 12[4]). Von „oben" kommt der Segen des Himmels (Gen. 49, 25[5]). Oben auf dem Olymp wohnen Zeus und Hera. Gebäude, die bis hoch in den Himmel hinein ragen, sind seit dem Turmbau zu Babel (Gen. 11, 4[6]) verwendete Metaphern für die Inbesitznahme der Welt. Und auch die Menschen des 21. Jahrhunderts wollen mit der Eroberung des „Oben" ihre Macht konsolidieren, indem sie bis zu fünfhundert Meter hohe Häuser bauen[7]. Solche Ikonen des Oben-Seins sind dann auch die Zielscheiben des Hasses, wie die Zerstörung des World Trade Centers am 11. September 2001 zeigte.

Mit dem physischen „Oben-Sein" geht der übertragene Sprachgebrauch einher. Wer *Hoch-Zeit* hält, feiert einen Moment der Stärke im eigenen Leben. „Oben" zu sein, dem „Untensein" zu entkommen, ist die Lebensaufgabe des sozialen Aufsteigers. „Oben" zu bleiben die Aufgabe einer herrschenden Schicht. Wie weit man die Stufenleiter einer Karriere zu erklimmen vermag, bestimmt, ob man „oben" oder „unten" ist.

Schließlich charakterisiert das Gegensatzpaar von Oben und Unten die psychische Verfasstheit eines Menschen. Und wer sich nicht gut fühlt, charakterisiert diese Gestimmtheit im angelsächsischen Sprachraum mit dem Wort, er sei *down*. Wem es gutgeht, der ist *obenauf*; er *unterwirft* sich andere Menschen, er *sieht* auf andere *hinab* oder *steigert sich in etwas hinein*. Hier grenzt die gute Gestimmtheit an eine Dominanz aus Machtlust. Wer verbiestert *aufsteigen* will, wer *verstiegen* ist, und bei seinem Versuch *nach oben zu kommen* nicht nur nach *Höherem strebt*, den ergreift an der entscheidenden Stelle auch leicht der Schwindel, und er kann *in ein Loch fallen*, *ins Bodenlose* oder gar *in den Abgrund stürzen*.

Oben und Unten sind eindeutig definierte Richtungen. Der Boden liegt unter einem, der Luftraum darüber. Und da der Boden nicht transparent ist, scheint es, als ob die Erde sphärischen Charakter habe: Der Himmel wölbt sich unendlich über einem, nach oben hin also dehnt sich die vertikale Achse scheinbar unendlich aus, während sie nach unten hin uneinsehbar in der Erdkruste versinkt und nicht weiter zu existieren scheint.

Mit dem Erdboden ist aber dem Menschen der Boden unter den Füßen gegeben. Fehlt er, oder droht er zu fehlen, was man im Gebirge sehen kann, wenn man an einem steilen Abhang steht, dann ergreift einen der Schwindel und die Angst vor dem Absturz ins Bodenlose.

Analysanden kennen die Angst vor den unendlichen Möglichkeiten, das Leben zu gestalten, die sich ihnen plötzlich bieten, wenn sie eine Weile in Analyse waren. Auch das kann Schwindel hervorrufen, ebenso wie der Blick einen Abhang hinunter. Deshalb ist es gut, von der horizontalen Couch gehalten zu werden. Sie gewährleistet den *festen Boden unter den Füßen*, und in diesem Fall: unter dem gesamten Körper.

Die deutsche Sprache benutzt viele Metaphern, die sich auf den „festen Boden" beziehen. Wer keinen *Boden unter den Füßen* hat, um den ist es schlecht bestellt. Wer den Boden unter den Füßen verliert, dessen Absturz ist schon vorprogrammiert. Wer krause Phantasien entwickelt, dem empfiehlt man, *auf dem Teppich* oder *auf dem Boden der Tatsachen zu bleiben*, um die Bodenhaftung wieder aufzunehmen.

Wem auf der Couch, während der Psychoanalyse, *schwindelig* ist, der steht meist im Begriff, einen realen *Schwindel* aufzudecken. Das kann ein Börsenschwindel ebenso sein wie jede andere Betrügerei.

Wie dem *Schwindler* oder dem *Schwindeligen* soll auf der Couch dem *Verstiegenen* (Binswanger 1956, 7) geholfen werden, wieder festen Boden unter die Füße zu bekommen. Die Hilfe besteht darin, den Verstiegenen, der sich unlösbare Aufgaben aufgebürdet hat, wieder auf die Erde zurückzuholen und ihm mit der ausgeweiteten Erfahrung zu einem neuen Anfang zu verhelfen. So befreit man den Menschen wieder aus seiner Krisensituation.

Vorn und Hinten sowie Rechts und Links sind im Raum ebenfalls definiert. Sie ergeben sich aus der Arbeit oder der Tätigkeit, der sich ein Mensch zuwendet, und die zumeist auch nicht sprunghaft verändert wird. Sei es, dass man mit Lektüre oder am Computer beschäftigt ist, sei es, dass man lehrt oder sich einem Auditorium zuwendet, sei es, dass man sich als Analytiker im Sessel sitzend seinem Analysanden widmet: Immer ist das Vorn die Richtung, der man sich mit seiner Tätigkeit zuwendet. Die Augen, die tätigen Hände und die ausschreitenden Füße wenden sich zur Arbeit.

Dies ist schon in der ursprünglichen Bedeutung des Raumdurchmessens gegeben: Man *schreitet auf ein Ziel zu*. Man *bewegt sich auf etwas zu*. Man *hat ein Ziel* oder *steuert ein Ziel an*. Man *ist auf einem guten Wege*, man *hat etwas vor sich* und man *legt einen Weg zurück*, im wörtlichen wie im übertragenen Sinne. Immer ist eine Vorwärtsbewegung durch den Raum beschrieben, und das *Ankommen* ist zumeist identisch mit dem Erreichen des Ziels. Wenn die Zen-Philosophie dagegenhält, *der Weg* sei *das Ziel*, so handelt es sich nur um eine Variante derselben Sicht. Auf dem *Weg zum Ziel* kann man *etwas durchmachen*, ja, man kann *viel durchmachen* oder sogar *die Hölle durchmachen* – so wandeln Tamino und Pamina in Schikaneders „Zauberflöte" gemeinsam durch Feuer und Wasser, bevor sie ein Paar werden können.

So bezeichnet das „Vorn" im Raum die vor einem liegende Strecke auf dem (Lebens-)Weg. Man durchläuft *die Stationen des Lebens*, man ist *unterwegs* zum Ziel, man *setzt sich ein Ziel*, vielleicht sogar ein Lebensziel, man *schreitet voran* auf dem *Lebensweg* und macht dann *Fortschritte*; gelegentlich gelangt man an einen *Scheideweg*, wo es schwierig wird, den einem selbst gemäßen, Ich-syntonen *weiteren Lebensweg* zu finden; aber auch sonst muss man immer *die richtige Richtung* einschlagen. Wer den *Weg verloren* hat und *nicht mehr weiß, wo es langgeht,* ist ein klassischer Psychotherapiekandidat. Gelegentlich hat man die Wahl zwischen dem *breiten, bequemen* und dem *steinigen, engen Weg*, und dabei schaut man, mitunter seufzend, auf das, *was vor einem liegt. „Da habe ich etwas Schweres vor mir"*, sagt der Wanderer mit Blick auf einen steilen Anstieg ebenso wie ein anderer Mensch, der eine große Arbeit vor sich hat.

Hat man es dann geschafft, ist die Vorwärtsbewegung zum erwünschten Ziel gekommen, ist man *angekommen.* Die *Ankunft* ist meistens auch ein Erfolg. Nicht selten ist die Vorwärts- auch mit einer Aufwärtsbewegung gekoppelt: Der Erfolgreiche ist nicht nur vorn, er ist auch oben. Das (Lebens-)Ziel wurde erreicht, und nun kann man *zu neuen Ufern aufbrechen* und sich neue, ebenso lohnende Ziele suchen. Man kann auch *zurückkehren* als einer, der es geschafft hat.

Wer dagegen sein *Ziel nicht erreicht* hat, den begleitet ein Gefühl des Versagens. Wer *umkehren musste,* wen auf dem Weg die Kräfte verließen, wer die Widrigkeiten des Weges unterschätzt hatte, kehrt als Verlierer zurück. Altertümelnd sprechen wir von *Verirrten*, die sich *verlaufen* haben.

Die *Rückkehr* ist die Umkehr der Vorwärtsbewegung, oder die Bewegung auf der x-Achse in die umgekehrte Richtung. Tritt man sie nach Erreichen des Ziels an, so kann der Rückkehr sogar etwas Triumphales anhaften: Ihren spektakulärsten Ausdruck findet sie in den legendären Konfettiparaden, mit denen New Yorker die Ihren bei der Rückkehr feiern. Weniger spektakulär ist die tägliche Rückkehr eines Menschen von der Arbeit nach Hause, die jedoch auch in einer kleinen Willkommenszeremonie ihren würdevollen Ausdruck finden kann. Der tägliche Gang vom Psychoanalytiker nach Hause kann als Rückkehr von der Couch gesehen werden; für manchen Analysepatienten verhält es sich möglicherweise sogar umgekehrt. Da wird vorübergehend die Couch zum Zuhause, zu dem er zurückkehrt und von dem er zu neuen Wegen aufbricht.

Aber auch, wer noch nicht zurück*geht, blickt* zwischendrin auf dem Weg nach vorn *zurück*. Er vergewissert sich damit, welche Strecke er bereits zurückgelegt hat. Mancher *blickt* vielleicht auch *im Zorn*[8] zurück. Er misst die Wegstrecke, nach vorn und nach hinten, und vergleicht sie mit den eigenen Kräften. So bekommt er den notwendigen *Überblick über seinen Weg*, und, im übertragenen Sinn, seine Lebensarbeit. Nur mit dem nötigen *Überblick* kann man vorausschauend sein und die *richtigen Weichen stellen,* eine Metapher aus dem Eisenbahnbau, die sich aber auch auf das Bild des *Lebensweges* bezieht.

Das ist die Grundsituation des Lebens. Schon die Geburt kennzeichnet man als *Beginn des Lebenswegs.* Wer *alle Stationen durchlaufen* hat, *kommt am Lebensende an.*[9] Die Raumkoordinaten des Wegs, den der wandernde Mensch zurücklegt, sind zu Zeitkoordinaten geworden und bezeichnen nun den Lebensweg. Aus „vorn" wird die Zukunft, aus „hinten" die Vergangenheit.

So vermittelt bereits die Beschäftigung mit dem Alltagsgebrauch der Sprache ein Sensorium für das Raumgefühl, wie es einem später auf der psychoanalytischen Couch wiederbegegnet. Es wird auch eine unterschiedliche Gewichtung der verschiedenen Achsen deutlich: Ob sich einer *oben* oder *unten* befindet, ob einer *hochkommt* oder *am Boden bleibt,* verrät Grundsätzliches über die Vitalität eines Menschen. Das Oben und Unten gibt Auskunft über die großen Zyklen des Lebens ebenso wie über die Tagesbefindlichkeit. Ob einer *hochkommt* oder nicht ist jedoch etwas anderes als die Auskunft darüber, ob einer *vorankommt* oder nicht. Das *Hochkommen,* so der Sprachgebrauch, ist nicht jedem Menschen gegeben. Nicht jeder vermag sich über seine Mitmenschen dauerhaft zu erheben; nicht jedem ist *das Erhabene* (Schiller 1801) eigen, jene Eigenschaft, die, wenn der Genius von Geselligkeit, Freude und Scherz seine Kraft verloren hat, hinzutritt: „Ernst und schweigend, und mit starkem Arm trägt er uns über die schwindlichte Tiefe", wie Schiller (1801, 609) formulierte. Ob einer jedoch *vorankommt,* ob er *seinen Weg macht,* wie er sich *durch den Raum vorankämpft,* ist die Frage nach dem Lebensschicksal eines jeden Einzelnen.

So beschreibt die Sprache, mit welchen Emotionen ein Mensch seinen Raum durchmisst.

Von allen drei Raumkoordinaten scheint der Rechts-Links-Achse die geringste Bedeutung anzuhaften. Zwar ist nach herkömmlichen Sprachgebrauch das „Rechte" auch das „Richtige", und „Links" hat Anklänge an „linkisch, falsch"; aber auch die gegenteilige Wertung ist in der abendländischen Kultur verankert. So deuteten die Römer in ihren Auspizien die linke Seite des Vogelflugs als die glückbringende. Auch der Volksspruch „Schäfchen zur Linken, Glück tut dir winken" unterstreicht diese Raumwertung.

Bollnow (1963, 55) leitet diese Bedeutungssymmetrie aus der Symmetrie der rechten und linken Körperhälfte ab. Keine Körperseite ist der anderen von Natur aus erheblich überlegen. Daher kann eine nahezu beliebige Bedeutungsgebung stattfinden.

Das natürliche Achsensystem des Raums ist also nach dreierlei Richtungen hin definiert: die y-Achse oder das Oben-Unten markiert den Grad der Auflehnung des Menschen gegen die Schwerkraft, gegen das Liegenmüssen und das Am-Boden-Sein. Daran, wie sehr sich ein Mensch aufgerichtet hat, also auch daran, wie aufgerichtet er ist, sieht man seine momentane und lebensgeschichtliche Gestimmtheit. Die x-Achse oder das Vor und Zurück bestimmt den Grad der Bewegung im Raum, das Vorankommen, Auf-der-Stelle-Treten oder Zurückgehen. Die x-Achse markiert auch die Dynamik des Raumgewinnens, das Tempo der Lebensaneignung. Die z-Achse schließlich markiert Rechts und Links im Zusammenhang mit einer Vorwärts- oder Rückwärtsbewegung.

Diese Bestimmungen kennzeichnen am sinnfälligsten die Erfahrung des konkret erlebten Raums.

Die Mitte des Raums

Wo aber ist der Nullpunkt, an dem die drei Achsen zusammenlaufen? An welchem Punkt „beginnt" subjektiv der Raum? Wo, genau, ist die Mitte?

Bollnow (1963, 56) bestreitet, dass es die Augen des sehenden Ichs sind, die ihre Sehstrahlen in den Raum hineinsenden: Wäre dem so, trüge der Mensch doch „seinen" Raum mit sich herum wie die Schnecke ihr Haus. Der Tänzer, der sich auf der Stelle dreht, kennt am besten die Erfahrung, dass er selbst es ist, der sich dreht, während der Raum um ihn herum fest steht. Der Tänzer bewegt sich *im* Raum, nicht der Raum mit ihm; auch wenn der Raum um die Augen des sich drehenden Tänzers zu kreisen scheint.

Die Frage nach der Mitte des Raums lässt sich weder mit logischen Operationen noch mit geometrischer Präzision zweifelsfrei klären. Fest steht, dass es keine objektive Mitte des Raums gibt, sondern dass die Mitte ein subjektiver, ideeller Punkt ist, der an einer unbestimmten Stelle jedes einzelnen Menschen, im Kern seines Ichs, verankert ist. Darüber hinaus haben kleinere und größere Kollektive, Kleinfamilien, Familienverbände, Orts-, Stadt-, Völker- und Staatengemeinschaften ein diffuses, selten explizites, aber doch im kollektiven Bewusstsein fest verankertes Bewusstsein von der Mitte des Raums – *ihres* Raums.

Dieser Mittelpunkt ist nie bis ins Kleinste genau festzulegen. Dennoch wirkt er im Inneren jedes Einzelnen stabilisierend und selbstverständlich, ohne kaum je die Bewusstseinsschwelle zu durchbrechen. Die Menschen werden sich seiner meist erst gewahr, wenn sie den Mittelpunkt verloren haben. Und aus dieser Negativdefinition heraus lässt sich dann doch eine Spur verfolgen.

Die Mitte, so stellt sich dann heraus, ist der Ort, an den man immer wieder zurückkehren will. Es ist der Ort, den ein Mensch aufgeben musste, der unfreiwillig die Emigration angetreten hat. Nun plötzlich verspürt er den Mangel an etwas, das ihm zuvor selbstverständlich war. Jetzt ist er nicht mehr „da, wo er eigentlich hingehört", er ist „in der Fremde", er empfindet etwas, für das ihm die Vokabel „Heimweh" souffliert wird, obgleich das Gefühl viel diffuser ist. Dieses Gefühl kann so schmerzhaft, so irritierend und im klinischen Sinn störend wirken, dass eine psychische Dysfunktion eintritt.

Weniger pathologisch ausgeprägt empfindet es jeder, der morgens sein Haus verlässt, um einen Arbeitsplatz aufzusuchen. Während der Zeit seiner Abwesenheit fühlt er sich wie von einem unsichtbaren Gummiband an etwas gebunden, das ihm Halt gibt und zu dem er nach getaner Arbeit zurückkehrt: sein Zuhause.

Ein ähnliches Gefühl stellt sich häufig während einer Reise ein. So sehr man die Anwesenheit an einem anderen Ort genießt, sie geschieht doch fast immer in dem unbewussten Bedürfnis, das im „Dort" Erlebte dem „Hier" wieder einverleiben zu können. Mit einem solchen Gefühl trinken wir zu Hause den aus dem Urlaub mitgebrachten Wein, richten uns das Zimmer neu ein mit Details, die wir unterwegs entdeckt haben oder modifizieren unser Sozialverhalten nach einem Muster, das wir gerade gelebt haben. Alle Abwesenheit wird aber nur so lange als beglückend erlebt, wie das Bewusstsein der Rückkehrmöglichkeit, also die Möglichkeit einer erneuten *Anwesenheit,* besteht.

Ist, wie bei Flucht oder Exil, die Möglichkeit einer *Rückkehr* nicht gegeben, beginnt allmählich ein Unbehagen, das immer stärker wird und sich bis zur Depression steigern kann. Das *Hiersein* ist verlorengegangen, und da es ohne *Hier* kein *Dort* geben kann, das *Dort* jedoch kein neues *Hier* wird, gerät etwas im Inneren des Menschen aus dem Lot.

Dieses weder hier noch dort Leben charakterisierte der Schriftsteller Jurek Becker im Jahre 1983. Damals lebte er offiziell als DDR-Bürger in der Bundesrepublik Deutschland und als Bürger der DDR besaß er lediglich ein Visum, das ihn zu einer Reise berechtigte – allerdings zu einer Reise von zehn Jahren Dauer. Becker kommentierte diesen Sachverhalt: „Schließlich ist ein Visum ein Sichtvermerk in einem Pass zum Zweck einer Reise. Aber wann hört eine Reise auf, eine Reise zu sein? Bekäme einer ein Visum für hundert Jahre, würden das alle für lächerlich halten. Bei achtzig Jahren wohl auch. Wo aber ist die Grenze, von der an die Länge eines Visums absurd wird? Mein Visum gestattet mir, meine *Reise* in die Bundesrepublik bis 1989 fortzusetzen." (Guderian 1983)

An diesen Beispielen lässt sich eine Pendelbewegung erkennen. Ob für einen Tag, einige Wochen oder viele Monate oder Jahre, die Richtung ist jedes Mal gleich: Der Mensch *verlässt seinen Raum,* er geht fort, um entweder eine Arbeit zu erledigen oder einen Urlaub zu verleben oder das eigene Leben zu retten, aber alles Fortgehen ist nur dann sinnvoll, wenn die Bewegung dieses Pendels zurückschwingen kann und der Mensch *zurückkehren* kann – in sein Haus, in seine Mitte, in seinen *eigentlichen* Raum.

Diese Mitte wird von den meisten Menschen als ihr *Zuhause* benannt. Das kann ein Zimmer sein, eine Wohnung oder ein Haus, ein großes Anwesen, ein Dorf, aber auch, je nach zurückgelegter Entfernung – bzw. je nach Pendelausschlag – eine Stadt, ein Bundesland, ein Staat, ein Kontinent, sogar eine Hemisphäre: Wie anders verläuft doch das Leben auf Nord- und Südhalbkugel.

Die Mitte ist also *das Zuhause,* jener Punkt, an dem alles *im Lot* ist, im Idealfall sogar jede Verpflichtung zur Betätigung erlischt, und an dem einer *Ich selbst* sein kann, ohne jede Gegenleistung, so wie ein ungeborenes Kind sich dem besinnungslosen Wohlsein *in utero* hingeben kann, für das es nichts tun muss.

Die Mitte ist derjenige Ort, an dem Mensch und Raum eins sind.

So ist für Liebende, ungeachtet ihres Heimatortes, die Mitte in der Person des Anderen. Sie ist der Ort, von dem sie sich vorübergehend entfernen, um ihren Tätigkeiten nachzugehen, bis sie wieder jenen Punkt bedingungsloser Akzeptanz und Ruhe finden, den sie ineinander haben. Die Mitte ist der Ort, an dem man zu sich selbst findet, an dem der Mensch er selbst *ist.*

Diese Definition scheint die ethnologische Konstante zu sein, in der sich jeder Mensch, jedes Volk wiederfindet. So künden noch heute die Ortsangaben auf italienischen Straßenschildern vom Ethnozentrismus Roms, denn im ganzen Land wird die Entfernung *von Rom aus* angezeigt.

In China ist das Schriftzeichen für „Land der Mitte" (= China) ein quergestelltes Rechteck, durch das ein senkrechter Strich mitten hindurchgeht: Die Achse, die aus dem Erdmittelpunkt durch die Oberfläche dringt, durchstößt das „Land der Mitte", das durch einen Kasten symbolisiert ist, seinerseits in der Mitte: China selbst *ist* die Mitte für alle, bei denen diese Schrift gilt.

Die Germanen bezeichneten *Mitgart* als Mitte der Welt. (Grønbech 1954, 183)

Diese Mitte wird dann noch einmal genauer definiert. Jede Kultur definiert sie ethnozentrisch anders, oft in Anlehnung an eine geographische Besonderheit. Ein hoher Fels ist oft die Mitte. Im griechischen Weltbild gruppierten sich alle Inseln um Hellas und wurden von *okeanós* (ὠκεανός) zusammengehalten. In Delphi galt der heilige weiße Stein im Apollontempel als „Nabel der Welt" (*omphalós;* ὀμφαλός),[10] für die Juden ist Jerusalem im „Heiligen Land" der Mittelpunkt der Welt, und dort wiederum der Felsen, auf dem sich der Tempel erhob; für die Chinesen war es der Kaiserpalast in Peking, der „Platz des Himmlischen Friedens"; für die Russen ist Moskau das Zentrum, und darin wiederum der Rote Platz, der sich verjüngt in dem Tor, das Zugang zum Kreml gewährt, in dem die (Zaren-)Paläste stehen.

Eine geographische Mitte zu haben, ist aber nicht allein sesshaften Völkern vorbehalten. Bollnow (1963, 61) berichtet von gewissen Nomadenvölkern, die den Mittelpunkt ihres Stammes immer mit sich führen – in Gestalt eines Stabes, der symbolisch den Austritt der Erdachse an dieser Stelle der Welt markiert. Diesen „heiligen Pfahl" errichten sie an jeder Stelle, wo sie sich niederlassen, als erstes. Vermutlich bezieht er sich dabei auf Altaivölker wie die Tuwa-Nomaden in der Mongolei, die immer einen solchen Stab mitführen und um den sie ihre Jurten errichten.[11] Wie sehr dieses Bedürfnis, vor allen anderen Tätigkeiten den Kontakt zwischen sich selbst und dem Mittelpunkt der Welt herzustellen, im menschlichen Wesen verankert ist, verdeutlicht auch die folgende Beobachtung am Verhalten spielender Kinder.

Wir sind für einen Tag an die Ostsee gefahren, eine Stunde Autofahrt von unserem Hamburger Zuhause entfernt. In Grömitz nehme ich einen Strandkorb, der wenige Meter vom Meer auf dem Sand steht, inmitten einer Gruppe anderer Strandkörbe. Noch während ich den Strandkorb aufschließe, um mich darin niederlassen zu können, beginnt Janus, acht Jahre alt, frenetisch mit der Schaufel zu graben, und er murmelt dazu: „Ich grabe ein Loch nach Neuseeland", das, wie er weiß, Norddeutschland genau gegenüber auf dem Globus liegt, womit er also die Achse zum Erdmittelpunkt herstellen wird. Diese Arbeit verrichtet er als erstes, ohne sich umgezogen zu haben, mit einer gewissen Hast, unablenkbar, getrieben, bis das Loch groß genug ist, ihn aufzunehmen.

Erst danach wechselt er seine Stadtkleidung gegen Strandkleidung: Er hat die Mitte seiner Welt gefunden und kann sich nun den Sekundärtätigkeiten widmen. Als nächstes errichtet er ein „Lager": Er pustet zwei Luftmatratzen auf und deckt mit Tüchern das „Dach". Diese „Stelle" ist im Abstand von ca. zwei bis drei Metern von meinem Strandkorb, der an diesem Tag als „ideelle Gesamtmitte" fungiert. Danach schwärmen die Kinder, Janus und Linda, zehn Jahre alt, aus: sie ziehen Badekleidung an und gehen mit den Luftmatratzen im Meer schwimmen. Anschließend kehren sie „nach Hause zurück" – sie sind also „fortgegangen, um eine Aufgabe zu erfüllen" (Bollnow 1963, 56). Hier „zu Hause" wechseln sie ihre Kleidung und beginnen mit ihrer häuslichen „Lebensaufgabe". Direkt hinter dem Strandkorb schaufeln sie erneut ein Loch, das sie zu einem Graben erweitern. Das nennen sie ihr „Haus". Die Luftmatratzen stellen sie als Wände davor. Sie schwärmen ein zweites Mal aus und holen sich Wolldecken aus dem Auto, mit denen sie „das Dach decken". Dann holen sie sich Geld für ein Eis und fragen vorher ängstlich, wie lange wir noch bleiben, wie lange diese Behausung also für sie da sein wird. Das Eis verspeisen sie sehr zufrieden zusammengekauert in „ihrem Haus": Sie haben einen Reproduktionszyklus eingeleitet.

Dieses Verhalten ähnelt dem eines Nomadenvolks, das nach Ende einer Tagereise als erstes den „Erdmittelpunkt" ausmacht, sich dann an dieser Stelle niederlässt und ihn danach als Angelpunkt für die Pendelbewegung des reproduktiven Ausschwärmens benutzt: Es ordnet seine Welt tagtäglich neu um den je neu zu bestimmenden Mittelpunkt.

Richard Wagner greift im Libretto seiner Oper „Walküre" auf dieselbe Metaphorik zurück, wenn er im ersten Akt einen *starken Eschenstamm* als Mittelpunkt von Hundings Hütte bestimmt. Um diesen Stamm herum gruppieren sich die Ereignisse um Hundings Frau Sieglinde, mit der ihr Zwillingsbruder Siegmund den Helden Siegfried zeugt, den *starken Helden.*

Ein anderes Symbol für das Aufpflanzen der Erdachse am eigenen Aufenthaltsort ist der *Baum des Lebens,* der Erdkrume und Himmel miteinander verbindet (Gen. 2, 9[12]). Der paradiesische Baum, Zeichen der Fruchtbarkeit, der sich aus dem Erdmittelpunkt nährend in den Kosmos hineinstreckt, existiert in vielen Variationen, so in der Aegeis im goldenen Ring von Mochlos, der die Göttin in einem Boot mit einem Altar und einem Baum darstellt, der berühmten Tanzszene vor dem heiligen Baum (Nilsson Bd. 1, Tafel 17,1), in der Gnosis als Weinstock (*gnufna)* (Eliade 1958, 299) und im Gilgamesch-Epos, als Gilgamesch einen Wunderbaum in einem Garten findet, und dabei die Göttliche Siduri antrifft, von der sich Gilgamesch Unsterblichkeit erbittet (Eliade 1958, 299).

Die Ethnologen kennen viele weitere Beispiele einer solchen *axis mundi:* Die Altai-Völker glauben, dass am Nabel der Welt der höchste aller Bäume wächst, eine riesige Fichte, deren Zweige sich bis zur Heimat von Bai-Ulgen [dem Himmel] erheben (Holmberg-Harva 1923, 52). Der Erdmittelpunkt kann durch einen heiligen Pol oder einen Baum symbolisiert sein; beide gelten als kosmische Säule, die im Mittelpunkt des Universums steht und die Welt trägt. Die Altai glauben, dass die Götter ihre Pferde an dieser kosmischen Säule anbinden. (Eliade 1958, 299) Ähnliches findet sich in der skandinavischen Mythologie: Odin bindet sein Pferd an Yggdrasil (wörtlich: „Odins Ross"). Die Sachsen nannten die Weltensäule „Irminsul" – *universalis columna quasi sustinens omnia* sagte Rudolf von Fulda dazu. Auch die Indianer kennen diese kosmische Achse als Säule oder Baum des Lebens, im Zentrum des Universums: den Totempfahl. In der chinesischen Mythologie wächst ein Wunderbaum in der Mitte des Universums, wo die perfekte Hauptstadt ist, und man nennt sie „Stehender Wald" (Kien-Mou). (Eliade 1958, 299)

Eine andere Lesart des kosmischen Baumes – der das Universum versinnbildlicht – ist eine zentrale Säule, welche die Welt trägt. Hierzu gehören die Säulen des Herakles ebenso wie *Nelson's Column* auf dem Trafalgar Square in London.

Die Symbolsprache des 20. Jahrhunderts bedient sich noch immer des archaischen Aufzeigens der *axis mundi* und wird damit überall verstanden. In diesem Sinne war auch die Gewohnheit von „Eroberern" zu verstehen, an signifikanten Stellen, die fortan als Eigentum proklamiert wurden, die Fahne des eigenen Landes *aufzupflanzen,* d. h. einen Fahnenmast in die Erde zu rammen. In diesem Verb verschmilzt die Bedeutung von *Säule des Lebens* mit der Bedeutung von *Baum des Lebens.* Auch die spanischen *conquistadores* hissten als erstes die heimische Flagge, als sie in Mittelamerika an Land gingen. Der Brauch wurde im 20. Jahrhundert in vielen Varianten weitergeführt und demonstrierte Eigentumsansprüche an neu erobertes Territorium, das hiermit zum Zentrum eines „neuen Reiches" erklärt wurde – ein Akt, der nicht selten unter Einsatz des eigenen Lebens durchgeführt wurde. So kämpften im Dezember 1911 bei der „Eroberung" des Südpols Roald Amunsen und Robert F. Scott um das Privileg, als erster den Fahnenmast der eigenen Nation in die südliche Austrittsstelle der Erdachse aus dem Globus pflanzen zu können. Es war ein Wettstreit, den Scott das Leben kostete. Der Anblick der norwegischen Flagge im Januar 1912 an dem Ort, den er als erster zu erreichen gehofft hatte, muss ihm psychisch den Todesstoß versetzt haben, denn sein Lebenswerk war damit vernichtet. Er kehrte nicht mehr lebend von der Expedition zurück.

Die ganze Welt war Zeuge, als am 20. Juli 1969 Neil Armstrong als erster Mensch den Mond betrat und die Apollo-11-Besatzung dort die Fahne der USA in den Staub pflanzte. Mit diesem Ritual proklamierten sie symbolisch das amerikanische Hoheitsrecht auf dem Erdtrabanten; die USA selbst standen nun im Zentrum des lunearen Lebens.

Ein anderes Symbol des Mittelpunkts findet sich in der Bezeichnung „Zentrum", vornehmlich in den europäischen Ortschaften. Ist das „Zentrum" vom Mittelalter an der Mittelpunkt des umfriedeten Gemeinwesens, an dem als *axis mundi* der Kirchturm aufragt, so wird der Kirchturm allmählich durch andere Türme ersetzt: der Eiffelturm in Paris übernimmt diese Funktion ebenso wie Fernsehtürme (Auckland; Toronto) oder Hochhäuser.

Mitunter lässt sich die Bedeutung eines Sachverhalts dann am besten feststellen, wenn er sich gerade geändert hat. Lässt sich also ein Leben *ohne* die x- und y-Koordinaten vorstellen? Ist ein Leben jenseits von Verhältnissen denkbar, in denen ein Mittelpunkt besteht? Seit die Erfahrungen der Menschen mit der Schwerelosigkeit zugenommen haben, besitzen wir auch Berichte über ein Leben jenseits der Erdanziehung. Dies sind freilich Lebensverhältnisse, an die Kant noch gar nicht denken konnte. Zwar findet das Leben dann nicht außerhalb von Raum und Zeit statt, aber der bewohnbare Raum – das Shuttle oder die Weltraumstation – ist einerseits sehr klein, andererseits ist der umgebende Raum unendlich groß. Die Zeit mit ihrem gewohnten Wechsel von Sonnenaufgang und Sonnenuntergang ist nicht mehr der Impulsgeber der Tagesaktivitäten. So beschreibt der deutsche Astronaut Ulrich Walter (2002) seinen Tag im All als einen Aktivitätszyklus, währenddessen „die Sonne dort draußen sechzehnmal auf- und untergegangen ist." Ähnlich drastisch verschwindet der Bezug des Menschen zum Raum.

Was empfindet man im Zustand der Schwerelosigkeit? Zunächst fällt auf, dass etwas wichtiges fehlt. In welchem Bezug zur Umgebung befinde ich mich gerade? Wo ist die Decke mit den Lampen und wo der Boden? Ich weiß es nicht mehr. Ich habe auch kein Gefühl mehr dafür – und ein Oben und Unten gibt es tatsächlich nicht mehr! Diese fehlende Beziehung ändert mein Empfinden radikal. Ich fühle mich *nicht mehr in eine Welt eingebettet* (Hervorhebung: Cl. Guderian), die mich gerade noch umgab, sondern alles Sein reduziert sich nur noch auf mich. Wie kann es etwas anderes geben, zu dem ich keinerlei Beziehung mehr habe? Und selbst wenn es da irgendwo etwas gibt, ist es dann nicht dasselbe als wenn es das nicht gäbe? Ich habe das elementare Gefühl, allein zu *sein*. Ich bin die Welt – sonst Nichts!

Diese Hinwendung auf das Ich läßt einen nur noch mehr in sich hineinhorchen. Was hat sich an mir geändert? Mir fällt auf, dass nichts mehr belastet. Die Kleidung, die einen immer noch wärmt, schwebt wie eine Hülle um den eigenen Körper und liegt fast nirgendwo mehr auf. Auch sie ist schwerelos und liegt weder auf den Schultern noch sonstwo auf. Es ist so eigenartig und ungewöhnlich, dass man mit den Schultern ein wenig wackelt, um zu fühlen, ob die Kleidung noch da ist. Aber nicht nur die Last der Kleidung fehlt, auch die Last des eigenen Körpers ist verschwunden. Kein Körperdruck mehr auf die Fußsohlen beim Stehen oder auf den Allerwertesten beim Sitzen. Die Arme liegen nirgendwo auf wie sonst immer. Es ist schon eigenartig: Erst in dieser Situation, wo man absolut nichts mehr vom Körper verspürt, erkennt man umfassend, welche Belastungen der Körper auf der Erde wirklich hat, obwohl es doch genau umgekehrt sein sollte! Erst nach dieser Erfahrung wird mir heute das kaum spürbare Herunterhängen der Wangen bewußt. Und jetzt dieses leichte Schmetterlingsgefühl in meiner Magengegend, es ist, wie ich heute weiß, das Ziehen der Eingeweide unter dem Einfluß der Erdschwere. In der Schwerelosigkeit ist einfach absolut nichts mehr davon da. Man ist im wahrsten Sinne des Wortes vollkommen unbeschwert. (Walter 1993, 3 f.)

Dieser Erfahrungsbericht zieht seinen Leser in das Leben in der Schwerelosigkeit mit hinein. Keinen Mittelpunkt mehr zu haben, sondern nur noch selbst Mittelpunkt zu sein, als Erdtrabant allein um die Erde zu ziehen, nur durch die unsichtbare Nabelschnur der Bordkommunikation mit der Erde verbunden, erzeugt offenbar ein Lebensgefühl, das zwischen dem freudigen „Schmetterlingsgefühl" völliger Leichtigkeit und der Frage changiert, ob man überhaupt noch da sei, oder ob man sich bereits verloren gegangen sei. Man hat keinen Raum mehr, man *ist* nur noch pures Dasein, das seinen Raum nicht mehr weiß. Walter scheint seiner Schilderung nach mit dem Raum zu verschmelzen, er löst sich auf, er *schwebt*. Ist dies möglicherweise ein Lebensgefühl, das doch an etwas Bekanntes anknüpft, nämlich die intrauterine Verschmelzung mit dem mütterlichen Körper, das Schweben im Fruchtwasser, das Aufheben des eigenen Gewichts im intrauterinen Wasser, in dem jeder Mensch das Schweben schon einmal erfahren hat, ohne Oben und Unten, und ohne Rechts und Links?

Zusammenfassend lässt sich also zunächst einmal festhalten, dass der Mittelpunkt der Raumkoordinaten vielfältig definiert ist, wobei sich ideozentrische, polizentrische und ethnozentrische Definitionen überlagern. „Den Mittelpunkt" zu finden und zu definieren ist offenbar ein elementares menschliches Bedürfnis; am sinnfälligsten geschieht es im „Pflanzen" der y-Koordinate. Doch in welchem Verhältnis steht die „Mitte des Raumes", die „Mitte der Welt" zum Einzelnen?

Zwei Gedanken schließen sich hier an. Wie der ethnologische Exkurs gezeigt hat, ist die definierte Mitte des Raumes vielerorts nicht nur bedeutsam, sondern gewinnt die Qualität eines heiligen Ortes. In diesem Sinne ist Rom das Zentrum der Christenheit, Mekka das Zentrum des Islam, Jerusalem das Zentrum von Judentum und Christentum. Diese heiligen Orte sollen von jedem Gläubigen einmal im Leben aufgesucht werden, mithin wird diese *Mitte* so auch zur Mitte des Individuums. Die Pilgerfahrt, und das ist der zweite Gedanke, spielt also eine zentrale Rolle als vermittelnde Instanz zwischen *Selbst* und *Mitte*. Das herausragende Kennzeichen einer Pilgerfahrt ist traditionell ihre Beschwerlichkeit; ist das Ziel einfach zu erreichen, wie etwa im Fall von Santiago de Compostella, so werden zusätzliche Barrieren eingebaut wie das Gebot, einen Teil der Strecke auf Knien rutschend oder/und sich geißelnd zurückzulegen.

Da solche heiligen Stätten häufig an erhöhter Stelle errichtet worden sind, ist das Pilgern nicht nur eine Vorwärtsbewegung im Raum, sondern auch ein Ansteigen nach Oben, eine allmähliche Elevation. Jerusalem wurde aufgrund seiner erhöhten Position kein Opfer der großen Flut. Und in islamischer Tradition ist der höchste Punkt der Erde die Ka'aba, weil der Polarstern anzeigt, dass es der Himmelsmitte genau gegenüberliegt.[13] Auch das Parthenon in Athen liegt erhöht.

Eine gelungene Pilgerfahrt ist demnach nicht nur das Erreichen eines Ortes, also Ausdruck der horizontalen Bewegung im Raum, sondern auch ein Erheben seiner selbst über sich, ein Über-Sich-Hinauswachsen in der vertikalen Ebene.

Eine Pilgerfahrt kann aber auch im symbolischen Raum stattfinden: Eliade (1958, 382) verweist auf den Asketen, der sich auf „Pilgerfahrt zu sich selbst" befindet, zu seiner „Mitte". In jedem Fall ist die Reise beschwerlich und gefahrenbeladen,

> denn in Wirklichkeit ist sie ein Ritus, in dem man vom Profanen zum Heiligen vordringt, vom Flüchtigen, Trügerischen zu Realität und Ewigkeit, vom Tod zum Leben, vom Menschsein zum Gottsein. Diese „Mitte" zu erreichen bedeutet, die Weihen zu bekommen, es ist eine Initiation. Auf die profane und trügerische Existenz des Heute folgt eine neue Existenz, wirklich, dauerhaft und kräftig.

Ein solcher Ritus ist auch die Psychoanalyse. Auf sie treffen die Beschreibungselemente der „inneren Pilgerfahrt" zu. Der Psychoanalytiker Kelman (1965, 65) denkt ähnlich, wenn er feststellt, dass die Menschen seit Jahrtausenden versuchen, ihr Inneres, ihr geistiges Zentrum zu erreichen, und als weitere Beispiele anführt, dass Jesus in die Wüste ging, der Prophet Mohammed in die Berge, und Buddha sieben Tage und Nächte unter dem Bodhibaum, dem Baum der Erkenntnis, saß.

Die Diskussion um die „Mitte" und ihre Beziehung zum Einzelnen sei mit einem Gedanken von Eliade abgeschlossen, der auch in Hinblick auf die Psychoanalyse bedeutsam scheint. Eliade (1958, 382) beleuchtet eine eigenartige Doppelwirkung dieser Pilgerfahrt, die er auch als „Dialektik der heiligen Orte und vor allem der Mitte" bezeichnet. Hier scheint ein Widerspruch zu liegen.

> Die einen Mythen, Symbole und Rituale betonen, es sei problematisch, eine „Mitte" zu erreichen, ohne sich dabei gewissen Gefahren auszusetzen; daneben existieren zahlreiche weitere Mythen, Symbole und Rituale, die keinen Zweifel daran lassen, dass diese Mitte recht einfach zu erreichen ist. Das Pilgern zu den heiligen Stätten mag schwierig sein, andererseits ist jeder Kirchenbesuch eine Pilgerreise. [...] Die Reise zum „Mittelpunkt" ist mit Hindernissen übersät, und doch ist jede Stadt, jeder Tempel, jedes Haus selbst im Mittelpunkt des Universums. Der schwierigste Initiationsritus ist, ein Labyrinth zu betreten und aus ihm zurückzukehren, und doch kann jedes Leben, auch das, in dem sich am wenigsten ereignet, als Reise durch ein solches Labyrinth gesehen werden.

Die eigene Mitte ist also zugleich sehr leicht und sehr schwer zu erreichen. Aus seinen Untersuchungen sieht Eliade es als erwiesen an, dass der Mensch nicht außerhalb dieses heiligen Ortes leben kann, wie sehr sich der heilige Ort auch vom profanen unterscheidet. Und wenn sich keine Hierophanie vor ihm zeigt, konstruiert er sich nach den Gesetzen der Kosmologie und der Geomantik eine eigene – etwa in Gestalt von Einkaufszentren oder Vergnügungszentren. Denn die Sehnsucht nach paradiesischen Zuständen ist überstark.

So ist auch die Couch als Mitte oder als Mittel zum Erreichen der Mitte zugleich ein schwer zu erobernder Ort und ebensosehr der alltägliche Ort; diese Erfahrung hat jeder Analysand gemacht.

Aber was geschieht, wenn der Mensch den Zugang zur eigenen Mitte nicht mehr findet? Welche Folgen hat es, wenn er seiner Mitte dauerhaft entfremdet ist? Zu Beginn dieses Abschnitts war die Rede davon gewesen, dass der Mensch um seine Mitte pendelt, dass er von ihr aufbricht, um etwa eine Arbeit zu verrichten oder eine Reise zu tun, und dann später zu ihr zurückkehrt. Was aber geschieht, wenn er keine Mitte mehr finden kann?

Wir konstruieren hier also den Fall, dass ein Mensch *nicht mehr* im Raum ist, obgleich er physisch anwesend ist. Nach allem, was Kant und Heidegger ausgeführt haben, ist dieser Zustand physikalisch wie philosophisch unmöglich. Ein Mensch kann nicht außerhalb des Raumes existieren.

Und doch unterstellen viele Ausdrücke in unserer Alltagssprache genau diesen Sachverhalt. So entsinne ich mich selbst an Ohnmachtzustände, unter denen ich als Kind litt. Wenn ich begann, das Bewusstsein zu verlieren, pflegte meine Mutter entsetzt auszurufen: „Die Claudia ist weg!" Das Ohnmächtigsein wurde also als „Wegsein", als Abwesenheit, bezeichnet, obgleich ich körperlich anwesend war. In der gleichen Bedeutung sagen wir, jemand sei *weggetreten,* wenn er offensichtlich mit seinen Gedanken und Empfindungen nicht dem folgt, was ansonsten Thema des sozialen Geschehens um ihn herum ist. Jemand, der verträumt vor sich hinstarrt, wird vielleicht von einem anderen mit einer Geste aufgescheucht, die den Blickstrahl zu durchkreuzen versucht. Dabei fragt man: „Bist du noch da?" Oder man stellt fest: „Der ist ja gar nicht da!"

Wir behaupten: „Der ist abwesend" oder sagen es genauer: „Der ist geistig abwesend", wenn ein Mensch vorübergehend nicht ansprechbar ist. Oder wir formulieren „Er ist nicht ganz da."

Diese Zustände vorübergehender geistiger Abwesenheit bezeichnen einen Rückzug des Ichs in seine Mitte, zu der die Umwelt in diesem Moment keinen Zugang hat, vergleichbar der geistigen Abwesenheit beim Schlaf. Dieser innere Rückzug erfolgt in der Regel mit höchster Konzentration, so dass das Erleben der inneren Welt Priorität vor dem Erleben der äußeren Welt genießt.

Vielleicht hat der Betreffende *eine Absence*, also eine vorübergehende Bewusstseinstrübung. Dieser Ausdruck ist besonders bemerkenswert, weil er impliziert, dass der Betreffende bei körperlicher Anwesenheit trotzdem abwesend ist, also *nicht im Raum.*

Verstorbene bezeichnet man als dauerhaft *abwesend.* So sagt man etwa *Die Großmutter ist von uns gegangen,* selbst wenn ihr Leichnam aufgebahrt vor einem liegt. Hier ist die Trennung von körperlicher Anwesenheit und seelischer Abwesenheit am Eklatantesten. Hat die Seele den Körper erst ganz verlassen, so ist auch der Körper nicht mehr funktionstüchtig; der Mensch ist gestorben. Die Trennung von der eigenen Mitte ist nicht mehr reversibel.

Anders nach einer vorübergehenden Abwesenheit wie einer Ohnmacht. Röten sich nach einer Ohnmacht allmählich wieder die Wangen, so sagen die Umstehenden erleichtert: *Sie ist wieder da* oder *Sie ist wieder zu sich gekommen.*

Eine letzte Variante der Trennung des Menschen von seiner Mitte zeigt sich in der oft verzweifelt vorgetragenen Feststellung *Ich bin nicht mehr ich selbst!* oder *Ich bin gar nicht ganz bei mir*; zu letzterem die gelindere Variante: *Ich habe meine Gedanken nicht ganz bei mir.* Mit dieser Feststellung bekundet ein Mensch offenkundiges Unwohlsein; er bezeichnet den misslungenen Versuch, mit seiner eigenen Mitte in Kontakt zu treten, wobei diesem Kontakt die Funktion des Ich-Selbst-Seins zugesprochen wird.

Seine Mitte zu finden, stellt sich also als elementare Lebensaufgabe des Einzelnen an sich selbst dar. Dies wird offenbar vom menschlichen Instinkt als vorrangige Aufgabe eingestuft. Nomadenvölker wie die Tuwa tun dies in einem rituellen Akt ebenso wie westeuropäische Kinder, die an einen fremden Ort versetzt werden. Der rituelle Gang zur Messe, wie ihn die katholische Kirche vorschreibt, erfüllt dieselbe Funktion, indem er den Tag mit einer Früh- und einer Spätmesse einfasst. Der rituelle Gang zum Psychoanalytiker, nach Freuds Vorstellung fünf- bis sechsmal pro Woche, stellt die Mitte genauso her. Erst wer seine Mitte gefunden hat, kann weitere Lebensaufgaben bearbeiten. An dieser Stelle werden die Raumkoordinaten gespannt, die ein subjektives Gefühl von *Im-Raum-Sein* und damit von Sicherheit und Geborgenheit für weitere Tätigkeiten vermitteln. Diese Beobachtungen unterstützen also Eliades Behauptung, der Mensch könnte auf Dauer nicht von seiner Mitte getrennt leben.

Die Orientierung im Raum

Dass der Einzelne stets vorrangig seine Mitte im Raum sucht, von der aus er sich weiter orientiert, dürfen wir mithin als Konstante des menschlichen Verhaltens ansehen. Von hier aus tut er seine weiteren Schritte in den Raum hinein. Sobald er sich erhebt und eine Richtung einschlägt, sobald er aufbricht, um etwas zu erledigen, muss er sich zurechtfinden, sein Ziel erreichen und nach Hause zurückfinden. In der heimischen Umgebung ist das einfach. Da kennt er die Richtung. In fremder Umgebung muss er die Richtung bestimmen. Er muss sich *orientieren*, damit beides gelingt, das Ausgehen und das Zurückkehren. (vgl. Bollnow 1963, 63)

Das geschieht in diversen Kulturen auf unterschiedliche Art.

Geographische und mythische Richtungsschemata

Das Verb *sich orientieren* setzt bereits eine geographische Präferenz: *ex oriente lux*, die Morgensonne, die im griechischen Tempel die sitzende Gottesstatue aufleuchten lässt, gibt der abendländischen Kultur noch heute ihre Richtung vor.

Gleichzeitig benutzen wir aber auch das Verb *einnorden*. Bei diesem Ausdruck wird der magnetische Nordpol zur Richtung, auf die sich alle weitere Aktivität bezieht. Der Wanderer *nordet* sich *ein,* wenn er mit Hilfe von Karte und Kompass den weiteren Weg sucht: er bringt sich „auf Linie". Aber wir sprechen auch von *einnorden*, wenn wir jemandem im übertragenen Sinne eine Richtung geben wollen: wenn etwa ein neues Parteimitglied auf die Generallinie eingeschworen wird oder der Kandidat für die Mitgliedschaft in einer wissenschaftlichen Fachgesellschaft die gebräuchliche Nomenklatur, Denk- und Arbeitsweise erlernt.

Die verschiedenen Himmelsrichtungen werden also keineswegs gleich bewertet. Mit dem *sonnigen Süden* verbinden wir Gedanken an Wärme, Gedeihen, Ausgelassenheit, Blumenpracht und Wohlergehen. In der nördlichen Hemisphäre ist der Süden die Seite im Haus, an der Gärten und Veranden angelegt werden; es ist der Ort der Entspannung, der Freizeit, der Feste und des Spiels.

Wer demgegenüber in ein Nordzimmer verbannt wird, weiß, dass er keine Sonne zu Gesicht bekommen wird; Kälte und Dunkelheit prägen die Atmosphäre in einem nach Norden gelegenen Raum.

Mit dem Osten verbindet sich auch heute noch die belebende Kraft der aufgehenden Sonne. Das heller werdende Licht ruft den Schläfer allmählich in seine Tagesaktivitäten zurück. Daher plädiert auch Alexander (1977; Pattern 138; 657f.) dafür, in einem Ostzimmer zu schlafen und begründet es mit dem circadianen Rhythmus:

> In unserem menschlichen Organismus sind eine Anzahl sehr empfindlicher biologischer Uhren enthalten. Wir sind Geschöpfe mit Rhythmen und Zyklen. Immer dann, wenn wir uns so verhalten, dass wir mit unseren natürlichen Rhythmen und Zyklen nicht im Einklang sind, riskieren wir, dass wir unsere natürliche physiologische und emotionale Funktionsleistung angreifen.
>
> Diese Zyklen haben sehr viel mit Schlaf zu tun. Und der Sonnenzyklus beeinflusst unsere Körperfunktionen in einem solchen Ausmaß, dass wir uns nicht leisten können, außerhalb dieses Zyklus zu schlafen. [...] Man kann nur dann natürlich aufwachen und im Einklang mit dem anderen, größeren Zyklus der körperlichen Aktivität sein, wenn man mit der Sonne aufwacht. Die Sonne wärmt einen, erhellt den Raum und stößt einen sanft an, dass man erwachen möge – aber das ist so zart, dass man trotzdem noch in dem Moment aufwacht, der einem am besten behagt – nämlich genau nach einem Traum.
>
> Kurz, wir meinen, dass dieses Muster wesentlich zu einem gesunden, aktiven, energiegeladenen Tag beiträgt – und dass jeder, der dieses Muster nicht beachtet, weil er nicht von der Sonne geweckt werden will, einen großen Fehler begeht, was das Funktionieren seines oder ihres Körpers anbelangt. (Übs.: Cl. Guderian)

Mit dem Westen verbinden wir rauhe atlantische Winde, moosbewachsene Bäume und einen erhöhten Witterungsschutz am Haus (Wetterseite).

Solche Zuordnungen sind archaische Empfindungen, die selten ausdrücklich benannt werden, jedoch tief in der abendländischen Kultur verankert sind. Sie spielen daher auch in die emotionale Bewertung psychoanalytischer Behandlungsräume hinein. Es ist daher für einen Psychoanalytiker nicht unwichtig, sich in Bezug auf seinen Raum zu fragen: In welcher Himmelsrichtung liegen die Fenster? Von woher dringt Tageslicht in den Raum? Liegt mein Patient im Hellen oder im Dunklen? Ist er im Keller abgestellt, vielleicht noch in nördlicher Richtung, Kälte und Dunkel preisgegeben, den Metaphern für Tod und Verderben? Oder darf er sich in der Sonne des Südens räkeln, gedeihen und aus sich herausgehen? Wo liegt die Praxis selbst: Im Souterrain, im ersten, zweiten oder dritten Stockwerk?

Bei der Beantwortung dieser Fragen geht es um nichts Geringeres als das Festlegen des Orientierungspunktes im Raum. Hier steht die Couch. Von hier aus tritt der Analysand seine große Reise zu sich selbst an. Dies ist der Schnittpunkt seiner Raumkoordinaten, der Ort des Aufbruchs.

Andere Kulturen weisen den Himmelsrichtungen unterschiedliche Qualitäten zu. So gibt es zusätzlich zu den geographischen auch mythische Richtungsschemata (Bollnow 1963, 66f.).

Parin (1963, 35) charakterisiert die Region des Dogon-Volkes in Mali:

> Das Wohngebiet der Dogon liegt südwestlich des Nigerknies von Timbuktu. Es ist nicht ganz geschlossen, aber zentriert um die „Falaise“ von Bandiagara, einen steilen Felsabfall, der sich über zweihundert Kilometer etwa von Nordosten gegen Südwesten hinzieht. Dieser beinahe senkrechte Absturz einer felsigen Hochebene ragt gleich einer Steilküste zweihundert bis dreihundert Meter hoch über die wasserarme Ebene von Gondo empor, die von sandigen Hügeln gekräuselt ist, wie ein Meer. Auf den Terrassen des Abfalls, den Geröllhalden an seinem Fuße, bis weit nach Süden in die Ebene hinein, in den Schründen und Tälern der Hochebene liegen vereinzelt oder in Gruppen die eng geschlossenen Dörfer der Dogon.

Auch für die Dogon spielt sich das Leben in südwestlicher Richtung ab, in der dem Sandsturm abgewandten Seite, die durch die Hochebene geschützt ist. Hier sind die Häuser und Dörfer gebaut. Hier, zu Füßen der Steilküste, saß Paul Parin mit seinen Analysanden, Angehörigen des Dogon-Volkes, und blickte auf die Ebene hinab.

So finden sich in vielen Kulturen unterschiedliche Richtungsschemata, und doch ist fast immer eine Richtung vor den anderen als besonders günstig ausgezeichnet. Warum sollte also, was überall gilt, nicht auch in der Psychoanalyse gelten? Auf der Couch beginnt die Orientierung für ein „neues Leben“, eine neue Daseinsform, eine Konfrontation mit den unbewussten Anteilen des Selbst. Daher muss der Ort der Analyse, die Couch, ein besonderer Ort im Raum sein.

Parin wählte als psychoanalytischen Behandlungsraum bei den Dogon jene oben erwähnte felsige Hochebene aus, die ihm und dem Analysanden Schutz vor heranwehendem Sand gewähren würde. Dort saß er neben seinem Analysanden, ohne ihn anzusehen, und man schaute gemeinsam in die Ebene hinaus.

Dies ist ein Behandlungsort von hoher Symbolkraft: Mit der schützenden Rückendeckung des zweihundert Meter hohen steilen Felsens hinauszusehen in das Leben, das sich vor einem ausbreitete, begleitet von dem aufmerksamen Zuhörer, dem Analytiker: so breiteten die Analysanden ihre Lebensschicksale vor Parin aus.

Aus seiner Schilderung ist zu spüren, dass auch er dem Ort große Bedeutung beimisst. So achtet er auf die Kontinuität seiner Analysen, die immer am selben Ort zur selben Zeit stattfinden. Er achtet auf die analytische Abstinenz, indem er nicht viel von sich preisgibt und Privatgespräche mit den Dogon meidet. „Alles,

Abb. 1: Dr. Paul Parin bei der Psychonanalyse in Sanga, Mali, mit seinem Analysanden, Herrn Abinu, ca. 1961 (Photo im Privatbesitz von P. Parin)

was wir redeten und was wir taten, sollte geeignet sein, bei ihnen eine Art psychischen Vakuums zu erzeugen, ein Bedürfnis, sich mit uns im Gespräch auseinanderzusetzen.“ (Parin 1963, 27) „Jeder Analysand hatte seinen Analysenplatz, meist nahe seinem Dorf.“ (Parin 1963, 28)

Subjektive Faktoren des Raumerlebens

Der Raum ist also nicht homogen. Zusätzlich zu der Ausrichtung in eine bestimmte Himmelsrichtung oder eine bestimmte mythisch bedeutsame Richtung bekommt jeder Raum für die Menschen eine subjektiv gefärbte Qualität, die sich aus den mit dem spezifischen Raum verknüpften Erinnerungen herleitet.

Auch das ist mit allgemein bekannten Kategorien zu erläutern.

Ein Paar ist mehrmals in einem bestimmten Restaurant gewesen und hat dort sehr zufriedene Stunden verlebt. Nach Ende der Beziehung kehrt der Mann mit einer anderen Gesellschaft in dasselbe Restaurant zurück. Eigentümlicherweise schmeckt ihm jetzt das Essen nicht, der Raum gefällt ihm nicht, kurz: etwas Entscheidendes fehlt. Der Raum hatte für ihn erst durch die Anwesenheit der Partnerin die ausschlaggebende Prägung oder Würze erfahren. Ohne diese Qualität verlor der Restaurantbesuch seine Attraktivität.

„For I am in the street where you live“, singt der verliebte Freddy in „My Fair Lady“ und wandert Tag und Nacht unter Eliza Doolittles Fenster auf und ab. Jeder kennt Beispiele für eine solche subjektiv gefärbte Qualität eines Raumes.

> Auch für den heute lebenden Menschen ist der Raum keineswegs homogen, sondern jeder Ort in ihm ist mit besonderen Bedeutungen behaftet. Es sondern sich bevorzugte und gemiedene Bezirke. Erinnerungen angenehmer wie unangenehmer Art verbinden sich mit den einzelnen Orten. Und wenn sich auch manche mit einer so gesteigerten Bedeutung herausheben, dass wir an ihnen einen fast religiösen Schauder empfinden, so ist das meiste doch nur dunkel gefühlsmäßig empfunden und wird selten zu klarem Bewusstsein erhoben, so dass es meistens unserer Aufmerksamkeit entgeht. (Bollnow 1963, 69 f.)

Auch neuen Orten weisen wir eine subjektive Bedeutsamkeit zu, so dass sie nicht lange bedeutungsfreier Raum bleiben. Durch unseren Aufenthalt und die dort erlebten Gefühle und Bedeutungen bekommen die einzelnen Plätze innerhalb kürzester Zeit subjektiv gewichtete Bedeutsamkeit.

Lernt man etwa im Urlaub einen neuen Ort kennen, so tut sich damit ein Raum auf, der zunächst ziemlich einheitlich und gleichwertig ist. Aber schon bald gliedert sich der Raum nach gewohnten, bevorzugten und gemiedenen Orten und Wegen. Oft gibt es einen bevorzugten Ort, der damit zum Angelpunkt für das ganze Erleben des Ferienraums wird. Die Sandburg am Meer, eine windgeschützte Stelle mit einer schönen Aussicht, ein bestimmter Bergpfad werden zu solchen bevorzugten Orten. Da ist es dann besonders ärgerlich, wenn man eines Tages feststellen muss, dass jemand anders diesen Ort bereits besetzt hat, und man kann nicht umhin, den anderen als Eindringling zu empfinden. (vgl. Bollnow 1963, 70)

Die Couch des Psychoanalytikers und der Behandlungsraum sind ebensolche besonderen Orte im Raum. Werden sie das erste Mal aufgesucht, sind sie durch nichts gefärbt als durch die Erwartung, dort Hilfe zu bekommen. Sie sind noch bedeutungsfreier Raum. Aber schon das Erstinterview, in dem häufig zum ersten Mal im Leben eine belastende Situation komplex und zusammenhängend geschildert wird, haftet beim nächsten Besuch noch subjektiv im Raum. Der Behandlungsraum wird nun für den Analysanden zum „Ort, an dem ich mich artikulieren kann“ und zum „Ort, an dem mir zugehört wird“. Nach und nach, und mit dem Überwechseln zur Couch als Behandlungsort ohnehin, häufen sich die subjektiven Erfahrungen mit der Couch und mit dem Raum. Lange verdrängt gewesene Ereignisse, die zum ersten Mal auf der Couch zur Sprache gekommen sind, verweben sich mit dem Möbel und mit dem Raum zu einer nicht mehr isolierbaren Textur. Erkenntnisse, die der Analysand auf der Couch gemacht hat, werden der Couch selbst als erkenntnisförderndem Subjekt zugesprochen, etwa, wenn man von der *Couch der Erkenntnis* redet. Der Behandlungsraum wird zu einem Ort, an dem man das Ungeheuerliche beim Namen nennt, ohne dass es verhängnisvolle Folgen hätte.

Es bleibt also festzuhalten, dass ein zunächst neutraler Raum, auch ein psychoanalytischer Behandlungsraum, durch die in ihm erlebten gemeinsamen Handlungen zum subjektiv bedeutsamen Raum wird. Starke Gefühle, die ein Analysand möglicherweise zum ersten Mal in diesem Raum hat zeigen können, scheinen nun dem Raum selbst als dessen eigene Qualität anzuhaften.

Bevorzugte Richtungen im Raum

Wer morgens aus der Haustür tritt, dem bieten sich in der Regel zwei Richtungen an, die er für seinen Weg einschlagen kann. Er kann die Straße nach rechts oder nach links hinuntergehen bzw. -fahren. Die eine Richtung ist dabei zumeist diejenige *in die Stadt* oder *in den Ort hinein*, und man schlägt sie, ohne viel darüber nachzudenken, ein, um seiner täglichen Arbeit, seinen Geschäften und Verrichtungen nachzugehen. Die andere Richtung ist nicht selten *aus der Stadt heraus* oder *ins Grüne,* eine Richtung, die man einschlägt, um spazieren zu gehen, sich zu erholen und von den üblichen Tagesaktivitäten abzuschalten.

Ist der eine oder andere Weg erst eingeschlagen, so führt er einen unweigerlich zu einer bestimmten Aktivität. Ein Übergang von der einen zur anderen Tätigkeit ist meist nicht möglich.

Die Richtung hat also einen bedeutungsgebenden Eigencharakter. Mit der Richtung, die man einschlägt, tritt man in eine bestimmte Lebenssphäre ein, und der Lebensrhythmus von Arbeit und Erholung zeichnet sich schon im räumlichen Schema der beginnenden Wege ab.

Marcel Proust hat in seinem Romanwerk *À la recherche du temps perdu* gezeigt, wie die beiden gegensätzlichen Richtungen die Polarität der Lebensrichtungen seines Helden geprägt haben. Bei ihm gab es eine Seite, die den „idealen Blick auf den Fluss" – der Weg nach Guermantes – freigab, und eine zweite, die den „idealen Blick auf die Ebene" erlaubte: der Weg nach Méséglise. Proust war frühzeitig an Freud geschult und mit Bergsons Philosophie der gelebten Zeit vertraut[14]; seine Beobachtungen gehen daher weit über den autobiographischen oder bloß erzählenden Romangehalt hinaus und stellen allgemein gültige Prägevorgänge dar. Seine Schilderungen erlauben uns nachzuvollziehen, wie aus Schlüsselerlebnissen der *mémoire involontaire,* aus zufälligen Analogien, die Vergangenheit in ihrer Totalität wiedererweckt wird.

Ein kurzer Ausschnitt aus *Du côté de chez Swann* führt uns in diese prägenden Richtungen der Jugendzeit hinein.

> Wie an tiefe Schichtungen meines geistigen Heimatbodens, wie an festgegründete Bezirke, auf denen ich noch heute sicher schreiten kann, denke ich besonders an die beiden Wege nach Méséglise zu und nach Guermantes zurück […] Die Gegend um Méséglise mit ihren Fliederbüschen, den Weißdornhecken, […] die Gegend von Guermantes mit dem Fluß […] haben für alle Zeiten das Antlitz des Landes geprägt, in dem ich leben […] möchte. (Proust 1913, 202)

Die beiden Richtungen im Raum sind für das ganze Leben das sichere Fundament für den Aufbau der geistigen Welten geworden.

Auch der Analysand, der den Weg „zum Analytiker" einschlägt, verbindet bereits an der Haustür mit der Wahl des Weges Gedanken und Assoziationen an die kommende Stunde. So werden Interesse und Wünsche, Hoffnungen und Arbeitsvorhaben für die psychoanalytische Stunde bereits in dem Moment lebendig, wo der Analysand die Richtung „zum Analytiker" einschlägt, und der begonnene Weg nicht anders enden kann als, in letzter Instanz, auf der Couch.

Dieser nach vorn verlängerte Teil der Stunde ist ein wichtiger Aspekt. So, wie der Analysand die *richtige Richtung* einschlägt, *richtet* sich mit Beginn des Weges in ihm alles auf die Psychoanalyse ein, konzentriert und fokussiert sich seine Aufmerksamkeit, seine unbewussten Handlungen und Gedanken auf das Geschehen in der Analyse. Daher beginnt der analytische Prozess auch nicht erst mit dem Liegen auf der Couch, sondern beim Verlassen des eigenen Hauses; sie beginnt beim Einschlagen der Richtung „zum Analytiker hin". Wird der Weg mit einem Fahrzeug zurückgelegt, beginnt der Strom der für die Analyse bedeutsamen Assoziationen mit dem Gang zum Auto, zum Fahrrad, zu Bus oder Bahn.

Horizont und Perspektive

Die Endlichkeit des Raums unterscheidet, wie anfangs ausgeführt, den erlebten vom mathematischen Raum. Welche Grenzen lassen sich da ausmachen?

Einerseits ist es die stoffliche Begrenzung: die Mauern eines Hauses, die einen Raum eingrenzen, oder auch nur ein Wandschirm. In der freien Natur ist der erlebte Raum jedoch offen, nur der Horizont umgrenzt ihn. Das griechische Wort *horizon kyklos* (ὁρίζων κύκλος) bedeutet Grenze, Grenzkreis, aber auch Gesichtskreis. Diese Grenze ist schwer zu fassen. Ihre seltsamste Eigenart ist, dass sie nie erreicht wird, sondern als Grenze stets bestehen bleibt: Der Horizont wandert immer mit. Er mag sich verändern, mag weiter oder enger werden, aber an irgendeiner Stelle begrenzt er den Blick in die Unendlichkeit. Das wirkt auf viele Menschen beängstigend; bei stunden- und tagelangen Fahrten durch einförmige Landschaften ist die scheinbare Unveränderlichkeit des Horizonts ebenso beunruhigend wie bei langen Seereisen, wo er in einer konstanten Entfernung von zwölf Seemeilen immer mitwandert. Der Horizont umgrenzt innerhalb der Landschaft unser natürliches Blickfeld nach allen Seiten.

Andererseits ist der Horizont zwar eine Grenze, schränkt aber die Beweglichkeit des Menschen nicht ein. Er lockt in die Ferne. Er bezeichnet die Grenze, zu der ein Mensch gelangen kann, den Bereich, in den sich der Mensch durch seinen Blick, seine Wünsche ausdehnt. Der Horizont ist damit unerreichbare Grenze und Raum zum Vordringen.

Der Horizont selbst ist nichts innerhalb des Raums, aber er gehört unablösbar zur Räumlichkeit des menschlichen Daseins.

> Der Mensch spannt seinen Raum von der Mitte, in der er steht, jeweils im Rahmen eines begrenzenden und einheitsbildenden Horizonts auf, und dass der Mensch seinen Horizont nie erreicht, sondern dieser mit ihm fortwandert, zeigt nur, dass der Horizont untrennbar zum Menschen gehört [...] und der Mensch so jeweils die Mitte seines vom Horizont umschlossenen Raums bleibt. (Bollnow 1963, 77)

Auch die Glocke des Himmelsgewölbes umschließt beschützend den menschlichen Raum und erweitert ihn so zur Hülle. Durch den Horizont erst können wir in der Welt heimisch werden. Das unendliche Blickfeld, das sich den Weltraumfahrern aus Kapseln und Raumstationen darbietet, ist beängstigend, weil das Element von Schutz fehlt, das der Horizont gewährt. Am Horizont offenbart sich der ursprüngliche, bergende Charakter des Raums. Der Raum ist kein fremdes Medium für den Menschen. Er fühlt sich in ihm zu Hause, ja, er fühlt sich eins mit dem Raum.

Demgegenüber ist die Perspektive derjenige Standort, von dem aus alle weiteren Bestimmungen des Ortes getroffen werden. Mit Kant gesprochen stellt er die Bedingung der Möglichkeit von Erkenntnis von Raumgebundenheit dar. Horizont und Perspektive binden den Menschen gemeinsam in die Endlichkeit seines Daseins im Raum ein, aber sie ermöglichen ihm zugleich das Handeln im Raum. Sie stellen den Menschen in eine bestimmte Situation im Raum, ermöglichen ihm aber auch, diese Situation zu erkennen und dadurch in seinem Raum einen festen Stand und eine Übersicht zu gewinnen.

Auch im übertragenen Sinne kann sich kein Mensch der Bindung an seinen Horizont entziehen. Der Horizont mag enger oder weiter sein; aber die Tatsache bleibt bestehen, dass jeder Mensch einen hat. Dasselbe trifft für die Perspektive zu: alle Urteile werden aus einer bestimmten Perspektive heraus gefällt, mag diese niedrig sein und wenig übersehen, oder mag sie von einem hohen Standort aus sehr viele Einzeltatbestände erfassen.

Auch diese beiden räumlichen Kategorien finden bei der Arbeit auf der Couch ihre Entsprechung. So mag es für viele ein erklärtes Ziel sein, auf der Couch ihren Horizont zu erweitern – nicht im Sinne der Erweiterung eines auf Faktenwissen beruhenden Bildungskanons, sondern im Sinne der Wahrnehmung von Zusammenhängen der Lebensepisoden und ihrer Einbettung in jeweils weitere spezifische Lebenssituationen.

Indem so ein klarer Blick auf Zurückliegendes den Analysanden von der großen Aufgabe entlastet, Verdrängtes, Unbewusstes ständig abzuwehren und unter Kontrolle halten zu müssen, entsteht die Bedingung der Möglichkeit, Neues, vor ihm Liegendes, wahrzunehmen, und dadurch seinen Wahrnehmungshorizont beträchtlich zu erweitern.

Auch die Perspektive spielt bei der Arbeit auf der Couch eine wichtige Rolle. Der Depressive, der sein Lebensschicksal aus der stets gleichen, hoffnungslosen Perspektive wahrnimmt, verfügt über einen sehr geringen Handlungsspielraum. Gelingt es ihm aber, die Perspektive mühelos zu wechseln, von der aus er das eigene Lebensschicksal betrachtet, indem er etwa dieses selbe Schicksal auch mit den Augen anderer Beteiligter wahrnimmt, so kann diese Verschiebung den Blick freigeben auf Zusammenhänge, die in ihrer Gesamtheit weniger deprimierend sind als er zuvor angenommen hatte.

Hin- und Zurückbewegung im Raum

Eine grundlegende Dynamik beim Verhalten des Menschen im Raum ist die Bewegung des Hin und Zurück im Raum. Es ist der Grundgegensatz von Fortgehen und Zurückkehren, von dem auch die Heldenepen und die Entwicklungsromane leben. Homers Odysseus, Parzival, Grimmelshausens Simplizissimus, Eichendorffs Taugenichts oder Tolkiens Frodo – sie alle gehen fort, um „ein anderer" zu werden; sie nehmen in der Ferne (in der Fremde) etwas in sich auf, das sie zum Kern ihrer selbst finden lässt, und kehren dann, geläutert, nach Hause zurück. Auch die Eroberer und Gipfelstürmer bleiben nicht in ihren eroberten Domänen oder in den Bergen; ein Held wurde Reinhold Messner erst, nachdem er zu Hause seine Gipfelsturmerlebnisse veröffentlicht hatte.

Vom „Nullpunkt" oder der Mitte ausgehend, kehrt der Mensch dorthin zurück, und diese Rückkehr erscheint als seine tiefste Wesenserfüllung. Möglicherweise ist sie mit neuen Perspektiven und einem erweiterten Horizont erfüllt, aber erst in der Rückkehr rundet sich das Empfinden, es „geschafft" zu haben.

Diese Dynamik ist seit dem Jahr 1336 im Bewusstsein der Menschheitsgeschichte verankert, dem Jahr, in dem Petrarca den Mount Ventoux erstieg. Auf dem Berggipfel hatte er das bewusste Erlebnis einer neuen Weite; typischerweise überkommt den Menschen beim Blick von der Höhe des Berges am unmittelbarsten das Gefühl der Weite. Der Bericht, den Petrarca anschließend darüber verfasste, spiegelt aber eigentümlicherweise nicht das eidetische Moment, den Anblick der Landschaft, wider, sondern wendet sich gleich von der Größe der Berge zur Größe der Seele zurück: „Neben ihr ist nichts groß" (Petrarca 1956, 87). Die durch die räumliche Weite bedingte Gestimmtheit der Seele setzt sich unmittelbar auch in eine neue Weite der Seele selbst um.

Der Wanderer erlebt auf dem Berggipfel eine Weite des Blicks, die sich nun auch psychisch spiegelt. Das erschütternde Gefühl der Unermesslichkeit des Raums offenbart sich ihm als grenzenlose innere Welt, als „Unermesslichkeit der Seele" (Bollnow 1963, 83).

Wenngleich der Psychoanalytiker dem Patienten in seiner Praxis auch nicht tatsächlich[15] zu einer solchen Raumerfahrung verhelfen kann, so kann er doch die weitende und entlastende Funktion des erfolgreichen Gipfelstürmens in seine Arbeit mit einbeziehen; nichts weitet und stützt das Bewusstsein so sehr wie eine erfolgreich erklommene Höhe.

Der Vorstoß der Menschen in die Weite über die Weltmeere seit dem 15. Jahrhundert führte zunächst zu dem Verlust des ethnozentrischen Weltbildes und in der Folge zu einem Verlust der Mitte. Noch einen Schritt weiter ging Galileo Galilei, als er am 10. Januar 1610 „sah, dass kein Himmel war“ (Brecht 1939, 1249). Diese Entdeckung bedeutete das Ende des geozentrischen Weltbildes, dessen Aufgabe bereits Giordano Bruno gefordert hatte. Er hatte seine Erkenntnis noch mit dem Tod durch Verbrennen büßen müssen; doch auch Galilei musste seine Erkenntnisse widerrufen. Die katholische Kirche als Definitionsbevollmächtigte in Sachen Weltbild konnte diese narzisstische Kränkung nicht akzeptieren und erklärte Galileis Forschungsresultate zur Ketzerei.

Diese Episode zeigt, wie weitreichend die Kränkung sein kann, die nach dem Vorstoß in die Weite zu einer Revision des Mittelpunktstandorts führt. In der psychoanalytischen Praxis erklärt sie die Angst des Analysanden vor der Weite, in die ihn seine (Phantasie-)Reisen und Erfahrungen führen können, und die verbunden ist mit dem unbewussten Wissen darum, dass dann die eigene Mitte nicht mehr dort sein wird, wo sie jahrzehntelang gewesen ist.[16]

Der Raum breitet sich in die Unendlichkeit aus. Dabei entsteht ein Gefühl der Weite, der Ferne und der Fremde. Der eng-weit-Dualismus ist jedem bestens vertraut; Kleider, die zu eng geworden sind, drücken und behindern einen in der Bewegung. Zu weite Kleider wiederum behindern ebenfalls. Es geht also darum, die richtige, die passende Weite zu finden.

Auch Wohnraum kann zu eng oder zu weit sein. Wer in beengten Wohnverhältnissen groß wird, wünscht sich oft nichts sehnlicher als eine Erweiterung des Wohnraums.

Wer bei einer Wanderung aus einem engen Tal tritt, vor dem öffnet sich die Weite der Ebene oder die Weite einer neuen Landschaft – dies ist der Moment, an dem man unweigerlich zur Kamera greift, weil man diesen besonderen Anblick, ohne zu wissen warum, festhalten will. Es ist vermutlich das berauschende Gefühl der Weite, die in diesem Moment, in diesem Bild so unnachahmlich ausgedrückt ist und dessen Reproduzierbarkeit man sich beim Anblick des Photos jederzeit wünscht.

Die eng-weit-Dynamik hat auch eine unübersehbare psychische Qualität. Wer an einer *Stenose*, an einer *Gefäßverengung*, leidet, läuft Gefahr, an einem Infarkt oder Apoplex zu sterben. Wer dauerhaft unter Angst leidet, dem *krampft* sich „alles“ zusammen: Muskeln und Gefäße kontrahieren und verhindern eine gesunde Durchblutung.

Geistig *verengte* oder *eingeengte* Menschen sind sozial unangenehm; sie fallen durch *engherzige* Auslegung von Vorschriften auf, haben einen *eingeengten* Wahrnehmungshorizont und wirken dadurch *beengend*. Mit *engstirnigen* Menschen möchte niemand zu tun haben. Sie setzen einen unter Druck und wirken so *bedrückend*.

Demgegenüber schätzen wir *weitblickende* Menschen, *weitherzige* Auffassungen und *weitgespannte* Wünsche; wir mögen *weitläufige* Gärten und sagen von einem Menschen, sein Blick habe sich durch zahlreiche Reisen *geweitet*. Handwerksgesellen gehen in die *weite Welt* hinaus, um den beruflichen Horizont zu *erweitern*.

Weite bedarf der menschlichen Aktivität, sie kommt nicht von selbst zu einem. Sie hat auch keine konkrete Zielangabe, sondern dehnt sich unbestimmt vor einem aus.

Auch die Psychoanalyse bezieht in diesem eng-weit-Dualismus eindeutig Position: Sie will Weite vermitteln, nicht Enge, und sie will dazu Weite geben. Der Analysand soll nicht auf einen engen Glaubenskanon eingeschworen werden, sondern er darf innerlich weit werden; er soll in Hinblick auf seine Disponibilität nicht eingeengt werden, aus der Fülle der Entscheidungsmöglichkeiten, die Weite vermittelt, seine optimale Wahl treffen. Psychoanalyse betreiben heißt auch, die Perspektive des eigenen Lebens zu weiten und das zu sehen, was man vorher nicht sehen konnte.

Diesen Aspekt gilt es bei der atmosphärischen und der Raumgestaltung auch mit zu berücksichtigen. Einerseits will der Analytiker den Analysanden nicht einengen und festklemmen, andererseits will er ihn auch nicht der Ödnis unendlicher Weite ausliefern, die *weit und breit* keine schützende Unterkunft bietet und in der keine Orientierung möglich ist. Analyse will befreiend, öffnend und weitend und nicht drückend, beengend und belastend wirken.

Anders als die Weite, die der Mensch sich aktiv aneignen muss, kann die Fremde von sich aus in den Menschen eindringen. Während die Weite lockt, beängstigt das Fremde. Ein Dreimonatskind *fremdelt,* zeigt angesichts von Fremden Zeichen der Beunruhigung. „*Fremd* bin ich eingezogen, *fremd* zieh' ich wieder aus" singt der fahrende Geselle in Wilhelm Müllers bewegend düsterer, von Franz Schubert vertonter „Winterreise"[17]. Fremde, die ins Haus kommen, sind etwas anderes als Freunde; das Unbekannte weckt hier eher Misstrauen. Am deutlichsten drückte das die Vokabel „Überfremdung" aus, die von den Nationalsozialisten für den Verlust der ethnischen Identität gefunden, aber auch gut angenommen wurde: er war getragen von dem Bewusstsein, dass fremdes Leben das eigene erstickte. Wer sich selbst *entfremdet* ist, wird handlungsunfähig.

Das Fremde hat, anders als die Ferne, immer eine Zielrichtung: Man geht an einen bestimmten Ort in der Fremde und kehrt anschließend nach Hause zurück. Die Fremde ist vorübergehender Aufenthaltsort, den man verlässt, sobald die Aufgabe gelöst und der Zweck erfüllt wurde.

Außer *Weite* und *Fremde* kennzeichnet schließlich ein dritter Begriff die Dynamik des Vor und Zurück: die *Ferne.* Wie die Fremde hat auch sie eine positive und eine negative Konnotation. Ferne ist eine Gegend, die man sucht, sie kommt nicht, wie das Fremde, zu einem. Nach der Ferne hat der Mensch der Romantik traditionell Sehnsucht, weshalb das Reimpaar *Ferne-Sterne* sich in der romantischen Dichtung großer Beliebtheit erfreut. Die Ferne ist, anders als die Fremde, unerreichbar; sie lockt, ohne Erfüllung gewähren zu können, sie ist ein imaginäres Ziel, bloßes Objekt der Sehnsucht, die ja auch in ihrem Wesen als Sucht nicht erfüllbar ist.

Der Wunsch nach dem Verschmelzen mit der Ferne ist ähnlich mit dessen Gegenteil: dem Wunsch nach Nähe. Bollnow vermutet sogar, dass beide ihrem Wesen nach identisch sind[18]:

> Erst wenn [der Mensch] sich im Getriebe des Alltags verloren hat, wenn er in seinem Hause nicht mehr „zu Hause" ist, wenn ihm die Heimat zur Fremde geworden ist, scheint in diesem unbefriedigenden Zustand der Selbstentfremdung der direkte Weg zur Erneuerung seines eignen Wesens verwehrt zu sein, und dann erscheint ihm in der dämmernden Ferne das Bild seiner verlorenen Heimat. Die Sehnsucht in die Ferne ist in der Tat das Verlangen nach dem verloren gegangenen Ursprung, in dem das Leben noch echt war. (Bollnow 1963, 94)

So zeigt sich eine enge Verknüpfung der im Raum erfahrenen Entfernung zum innersten Wesen des Menschen selbst. Als *Weite* fordert sie den Menschen zu aktiver Inbesitznahme heraus; als *Fremde* changiert sie zwischen beängstigenden und horizonterweiternden Erfahrungen, und als *Ferne* lockt sie und verspricht zugleich ihr Gegenteil: die Nähe zu sich selbst.

Erschließen des Raums durch Straßen und Wege

Wie gelangt der Mensch nun in die Fremde, die Weite, die Ferne? Fast überall in unserem Kulturraum sind bereits gebahnte Wege vorhanden: öffentliche Straßen, mit Hilfe derer man sich im Gelände fortbewegt; Fußwege, Brücken, Straßen, Autobahnen und Luftwege, die den Verkehr kanalisieren. Die Bewegung durch den Raum findet also in der Regel über bereits bestehende Wege statt; einen Wald abseits der Wege zu durchqueren finden nur spielende Kinder reizvoll. Und ist irgendwo ein großer Platz mit markanten Punkten an seinen Enden, so entsteht quer über diesen Platz nach kurzer Zeit ein festes System an Wegen, die später gepflastert, also offiziell und verbindlich gefasst werden.[19] Sie durchziehen in „Kraftlinien“ die Ortsstruktur (Spengemann 1993, 104).

Beim Kennenlernen des Raums, etwa nach einem Umzug in eine neue Stadt oder bei einer Reise, lernt man zunächst den geographischen oder topologischen Verlauf dieser Kraftlinien kennen. Man orientiert sich an *landmarks* – etwa Kirchen, Türmen, besonderen Gebäuden oder großen Plätzen – und zieht von da ausgehend Verbindungslinien, bis im Kopf eine mentale Karte entsteht[20]. Sie enthält neben den Verkehrswegen (Straßen, Alleen, Bürgersteige, Kanäle, Eisenbahnschienen) auch Schranken im Sinne von Grenzen zwischen zwei Raumteilen (Bäche, Mauern, Bahngleise), einzelne Stadtteile, Knotenpunkte und Orientierungspunkte. So entsteht eine kognitive Karte, die eine innere Vorstellung von der räumlichen Organisation der Außenwelt vermittelt, so wie sie zum jeweiligen Zeitpunkt verinnerlicht wurde (vgl. Fischer 1999, 63f.) Zu den geographischen Informationen treten Affekte, die im Moment der Raumerkundung wirksam gewesen sind und dem Raum fortan anzuhaften scheinen. Die Vorstellung eines Raumes ist also kein konstanter Zustand, sondern ein kognitiver Prozess, der über das, was uns an räumlicher Information vorliegt, hinausgeht, indem er sie mit Hilfe unserer eigenen mentalen Konstruktion reorganisiert.

Und wie eignen wir uns die Kenntnis der Topographie an?

Wir sind daran gewöhnt, in hohem Tempo durch Orte und Regionen hindurchzufahren, meist ohne uns des Verlusts an Wahrnehmungsqualität gewahr zu sein, durch den diese schnelle Bewegung erkauft ist. Bollnow und Spengemann verweisen auf die verringerte Wahrnehmungsintensität, die damit verbunden ist. Das Abtasten der Landschaft mit den Augen ist nur an Fixpunkten möglich, etwa an Ampeln oder an trichterartigen Einmündungen von Straßen in Waldgebieten. Sehen als „eine genauere Form des Berührens“ (Kahn 1898, 1795) wird desto schwieriger, je schneller man sich durch den Raum bewegt, denn die Augen tasten Flächen und Oberflächen mit winzigen, schnellen Bewegungen entlang von Gelenkpunkten (Spengemann 1993, 28) ab. Ob dabei Mikro- oder Makrostrukturen wahrgenommen werden, hängt davon ab, wie lange der tastende Blick auf der Fläche verweilen kann. Bebaute Orte werden etwa mit dem Zehnfachen der Gehbewegung durchfahren; dadurch ist die Wahrnehmung der Umgebung bereits ab 50 km/h stark eingeschränkt, weil die Beachtung der Verkehrsnotwendigkeiten Priorität besitzt. Je nach Bauabstand und Steigerung der Geschwindigkeit setzt visuell eine Horizontalisierung von Architekturelementen ein und die Suche nach Verkehrsfixpunkten, meist in Fahrtrichtung, nimmt zu: Man fährt hauptsächlich von Ampel zu Ampel (Spengemann 1999, 44), die restliche Stadtlandschaft erscheint als seitlich vorbeihuschende Häuserflucht. Die Zahl der wahrnehmbaren Gelenkpunkte bei avisierten Objekten nimmt ab und der Raum verengt sich seitlich; es entsteht der „Tunnelblick".

In seiner Analyse der Bildermappe „Hier fällt ein Haus, dort steht ein Kran und ewig droht der Baggerzahn" (Möller und Ledergerber 1976) stellt Spengemann zudem fest, dass auch die städtebauliche Veränderung seit der Mitte des vorigen Jahrhunderts der Horizontalisierung Vorschub geleistet hat: Das bauliche Umfeld mit kleinteiliger, vielseitiger und räumlicher Gliederung ist innerhalb von 25 Jahren in großflächige, gradwinklige und additiv wirkende Horzontalebenen umgeformt. (Spengemann 1993, 25) Die ständige Zunahme unserer meist eiligen Hin- und Herbewegungen zwingt außerdem zu immer mehr ober- und unterirdisch geführten Verkehrskanälen. (Spengemann 1999, 46)

Schnelligkeit beim Zurücklegen von Wegen bedeutet also einen Verlust an Wahrnehmungsqualität. Der „Kilometerfresser" empfindet wenig Freude bei der Reise an sich. Er verliert die Breitendimension der Landschaft: Seine Wahrnehmung endet wenige Meter hinter der Leitplanke, die dahinterliegende Welt ist nicht mehr von Interesse, ja, sie gehört nicht mehr zu seinem Raum.

Natürlich ist es illusorisch, bei der gegenwärtigen Verkehrsorganisation auf schnelle Verkehrsadern mit hoher Transportkapazität verzichten zu wollen. Stadt- und Landschaftsplaner können nur versuchen, mit dem Straßensystem so wenig Belästigung wie möglich für das Wohnen zu verbinden.[21]

Darüber hinaus muss man offenbar auch in Kauf nehmen, dass dieses Straßensystem zudem eine bestimmte soziale Interaktion mit sich bringt: Es bilden sich höfliche, schnell und präzis aufeinander reagierende Interaktionsformen heraus, die jedoch unverbindlich bleiben und keine Gemeinsamkeit aufbauen. Alle Kontakte sind einmalig. Sie haben keine Geschichte und keine Zukunft. Auf sie trifft immer noch zu, was Schiller (1804, IV, 3), wenn auch unter vergleichsweise sehr viel geruhsameren Verkehrsbedingungen, in erstaunlich zeitlose Worte fasste:

> Denn hier ist keine Heimat – jeder treibt
> sich an dem andern rasch und fremd vorüber
> und fraget nicht nach seinem Schmerz ...
> Sie alle ziehen ihres Weges fort
> an ihr Geschäft.

Als Alexander Mitscherlich (1971, 136) sich in der Mitte des 20. Jahrhunderts über die Unwirtlichkeit unserer Städte äußerte, drückte er das Schiller'sche Nicht-nach-dem-Schmerz-Fragen so aus: „Lieblosigkeit ist die innere Unfähigkeit, sich ins Detail zu versenken [...] Lieblosigkeit ist Achtlosigkeit vor Einzelheiten."

Diese Beobachtungen lassen also den Schluss zu, dass die schnellen, rational sinnvollen Verkehrswege in mehrfacher Hinsicht ihren Preis haben:

- Sie führen zu einer Einschränkung des wahrgenommenen und mithin subjektiv existierenden Raums
- Sie minimieren die Wahrnehmung von detaillierten Oberflächenstrukturen
- Sie stellen eine (Lärm-)Belästigung für das Umfeld dar
- Sie führen zum Verlust der sozialen Qualitäten des Miteinander-Reisens

- Sie reduzieren soziale Interaktionsformen auf minimale, technizistische Ablauf- und Reiz-Reaktions-Schemata
- Sie machen soziale Anteilnahme in den Beziehungen obsolet
- Sie spiegeln die falsche Auffassung vor, Detailversunkenheit und Achtung vor Einzelheiten seien überflüssig

Wollte man eine gegensätzliche Form der Fortbewegung nahezu idealistisch überhöhen, so polarisiert sich das Wandern am anderen Ende der Skala. Das Wandern, von der Romantik[22] als zweckfreie Fortbewegung um ihrer selbst willen entdeckt, erfreute sich zu Beginn des 20. Jahrhunderts mit der *Wandervogelbewegung* großer Beliebtheit. Wanderer wählten besondere Routen, andere Verkehrswege, und entwickelten ein anderes Verhältnis zum Weg, zur Landschaft und zum Raum. Sie korrigierten als kulturkritische Antibewegung erstmalig die negativen Effekte des Geschwindigkeitsfetischs und machten damit als erste die *Entdeckung der Langsamkeit*, die Peter Sloterdijk in den 1990er-Jahren einer erneuten Verweigerung der sich im Tempo überschlagenden Arbeits- und Fortbewegungsformen als Motto voransetzte. Diese Wanderbewegung hatte weitreichende Auswirkungen. Ein komplettes System von Verkehrsadern wurde unter dem Aspekt geschaffen, schöne Wege zu finden; so entstanden mit Hilfe von Wandervereinen um das Jahr 1900 zahlreiche Strecken auf erschlossenen Waldwegen (Rennweg, Westweg). Wandern in landschaftlich reizvollen Gegenden wurde als Selbstzweck entdeckt, der Weg war das Ziel.

Der Wanderer bewegt sich mit einer völlig anderen Absicht durch den Raum. Er hat keine Eile. Er benutzt Pfade, die oft Jahrhunderte alt und den geographischen Gegebenheiten eng angepasst sind. Er umgeht Hindernisse und erwartet nicht, dass sie mit Hilfe von Großgerät geräumt werden; er rechnet im Gebirge mit keinen aufwendigen Tunnel- und Brückenkonstruktionen, die auch unter ungünstigen Bedingungen Wege mit minimalen Steigungen ermöglichen, sondern er passt umgekehrt seine Schritte der Landschaft an: so gleicht kein Schritt dem nächsten in Länge und Gefälle: „Das Wandern fließt unregelmäßig wie ein Bach über das unebene Flussbett hin.“ (Heidegger 1927, 254)

Dadurch ist der Wanderer nicht von der Landschaft getrennt, sondern wird ein Teil von ihr und ist ganz in sie aufgenommen. Er kann verweilen, etwas explorieren, Anblicke vertiefen oder eine Aussicht genießen, wann und wo er will. Er ist seelisch auf „Freizeit“ und Freiheit gestimmt. Das Wandern bringt ihn aus der Tretmühle des Alltags heraus. Während er die Landschaft zu seinem Vergnügen durchmisst, müssen andere in ihr gehetzt ein ungeliebtes Ziel verfolgen, was beim Wanderer, vielleicht durchmischt mit leichten Schuld- oder Triumphgefühlen, insgesamt aber eine Feiertagsstimmung hervorruft, auf die immer noch die Worte Eichendorffs (1826, 8) zutreffen:

> Ich hatte recht meine heimliche Freude, als ich da alle meine alten Bekannten und Kameraden rechts und links, wie gestern und vorgestern und immerdar, zur Arbeit hinausziehen, graben und pflügen sah, während ich so in die freie Welt hinausstrich. ... Mir war es wie ein ewiger Sonntag im Gemüte.

Wandern führt einen nicht auf kürzestem Weg zum Ziel. „Vernünftiger“ ist dagegen die Hauptstraße; wer sie einschlägt, hat die Gewährleistung, dass er sein Ziel erreichen wird. Aber dem Wanderer macht es nichts aus, sich auch einmal zu verirren. Mit den Worten „Umwege erhöhen die Ortskenntnis“ pflegte die Psychotherapeutin Sonja Reitz ihre Analysanden zu trösten, wenn sie fürchteten, sich zu lange auf Nebenwegen aufgehalten und den „eigentlichen Weg“ nicht gefunden zu haben. „Hauptweg und Nebenwege“ nennt, beides gleich gewichtend, Heinz Berggruen seine Autobiographie, den Titel eines Bildes von Paul Klee aus dem Besitz des Museums Ludwig in Köln zitierend. Er benutzt ihn als Chiffre für seinen eigenen verschlungenen Lebensweg[23]. Und wie der Kunstsammler durch sein Leben, so wandert der Analysand auf der Couch mit seinen Assoziationen und Einfällen ebenfalls durch die eigene Vita. Er lässt sich auf Nebenwege ein und erkundet damit jene Ecken, Winkel und Gegenden seines Lebens, die sich nur dem sorgsam nachspürenden Wanderer auftun.

Die Darstellung des *Lebenswegs* und anderer lebensgeschichtlicher *Stationen* in der Metapher des raumdurchschreitenden Wanderers selbst ist Jahrhunderte, wenn nicht Jahrtausende alt. Sie lebt in diversen Alltagsredewendungen weiter: *seinen eigenen Weg gehen* bedeutet, sich selbst in seiner Individualität zu finden und zu verwirklichen; wenn jemand *seinen Weg macht,* kommt er im Leben vorwärts; wer dagegen *den Weg des geringsten Widerstands* geht, versucht allen Schwierigkeiten im Leben auszuweichen. Sich *auf halbem Wege entgegenkommen* oder sich *auf halbem Weg zu treffen* bedeutet, dass zwei Parteien aufeinander zugehen, um einen Kompromiss zu schließen; und wer *auf halbem Wege steckenbleibt* – hier lebt die Metaphernsprache der im Schlamm steckengebliebenen Pferdekutsche wieder auf –, der hat sein Lebenswerk nicht vollendet. Ein Mörder räumt einen Störenfried *aus dem Weg* oder erledigt die Angelegenheit *auf kaltem Wege*, setzt sich also über Vorschriften skrupellos hinweg. Der Bürger hingegen *macht sich* nach Ende seiner Jugendzeit *auf den Weg;* er mag *einen langen* oder einen *schweren Weg vor sich haben*, und wenn ihm jemand gute Ratschläge *mit auf den Weg gegeben* hat, so wird er sicherlich leichter *durchkommen* oder *vorwärtskommen.* Hat er seinen *Weg vollendet,* tritt er schließlich im Sarg *seinen letzten Weg* oder *seine letzte Reise an.*

Und weil der Wanderer im Gegensatz zum Vagabund „geerdet“ ist, weil er Mitte und Ziel besitzt, ist er mitunter sogar mit mythischer Weisheit ausgestattet. So lässt Richard Wagner in seiner Oper *Siegfried* den Göttervater Wotan als „Wanderer“ auftreten, der mit ein paar gezielten Fragen über Leben und Tod entscheidet und damit dem erstaunten Mime zeigt, wer die Fäden des (Welt-)Geschehens in der Hand hält.

„Wandern“ und „Glück“ sind seit Novalis nahezu Synonyme. Die romantische und neoromantische Literatur verweist auf ein bestimmtes Verhalten im Raum und zum Raum, nämlich dem Wandern auf einem stillen Pfad, das sich auf die Gesamtverfassung des Menschen auswirkt, „so dass wir auch hier wieder die enge Verbindung zwischen innerem Wesen und räumlicher Befindlichkeit des Menschen finden, ein neuer Hinweis darauf, wie raumbezogen von vorn herein das Wesen der Menschen ist.“ (Bollnow 1963, 121)

Er „findet zu sich selbst“, gerät in Kontakt zu seinem Innersten und findet, ein zentraler Gedanke der Romantik, den Weg *zurück* zu seinem uralten innigen Glück, eine Rückkehr also, die nicht so sehr räumlich zu verstehen ist als vielmehr als eine Rückbesinnung des Menschen zum „Grund aller Dinge“, wo „der Mensch noch vor der technischen Weltbewältigung und der in ihr vollzogenen Trennung zwischen Subjekt und Objekt, [...], der Selbstentfremdung, war.“ (Bollnow 1963, 119)

In diesem Sinne sind auch psychoanalytische Sitzungen wie Wanderungen zu sich selbst, durch die Stadien verschiedener Daseinsformen, hin zu einer noch unbekannten Mitte, einem Zuhause, einem festen Kern, einer Erdung mit dem Erdmittelpunkt. Das Wandern ist hier das verbale Wandern auf dem biographischen Terrain, das Assoziieren auf unbekannten Pfaden, die nicht ausgetreten sind, sondern die man sich erst selbst sucht.

Vielleicht war es kein Zufall, der um die Wende zum 20. Jahrhunderts gerade in der Enge der Großstadt Berlin den Gedanken hervortrieb, durch Wandern den Durchbruch ins Freie zu finden. Von dort aus schüttelten die Wanderer „ihre Fesseln ab" und brachen mit Eichendorffs (1826, 8) Worten auf den Lippen auf:

Wem Gott will rechte Gunst erweisen,
den schickt er in die weite Welt

Damit gewannen sie wieder ein neues Raumgefühl; sie erfuhren die Weite des Raumes, der sich am Morgen vor einem öffnet und die Lust vermittelt, „im Bewusstsein der überquellenden Kraft in diese Weite vorzustoßen." (Bollnow 1963, 117)

Und vielleicht war es ebenfalls kein Zufall, der um dieselbe Zeit in einer anderen Metropole, nämlich Wien, Sigmund Freud dazu trieb, aus einer anderen Art von Enge (*Engstirnigkeit*) den Durchbruch ins Freie zu finden und mit den Worten „Wo Es war, soll Ich werden" den Weg zu psychischer Weite zu bahnen.

So wäre auch entstehungsgeschichtlich eine augenfällige Verzahnung zwischen Raum und Raumempfinden einerseits und zwischen Psychoanalyse und der Erfahrung der seelischen Entgrenzung andererseits hergestellt: Beide sind als Bewegungen zu verstehen, die nur als Rekurs auf die tiefgreifenden Veränderungen der Industriegesellschaft möglich sind. Der Verlust ungehinderter Beweglichkeit in der Natur, ohne den die industrielle Produktion keine disziplinierte Arbeiterschaft vorfindet, hatte schließlich zu einer Rückbesinnung auf die Naturschönheiten und die Bewegung im Raum geführt; und die Notwendigkeit gesellschaftlich hochnormierter Verhaltensweisen, die spontanen seelischen Regungen und libidinösen Bedürfnissen wenig Raum boten, ja, selbst den Wunsch danach scharf sanktionierten, die aber ebenfalls eine Voraussetzung zuverlässig funktionierender Menschen innerhalb eines industriellen Produktionsprozesses samt der damit zusammenhängenden Rand- und Zulieferungsprozesse darstellten, hatte schließlich zu den Fragen geführt, die Freud sich stellte und beantwortete: welche Ich-Instanzen die lebensgeschichtlich virulenten Entscheidungen treffen, wie sie entwicklungsgeschichtlich in eine Biographie hineinwachsen und welche Pathologie daraus erwächst. Dass nach dieser Ätiologie der Wunsch nach einer Therapie der vorgefundenen Verhältnisse entstand, war der konsequente nächste Schritt.

2.3.3 Emotionen und kognitive Prozesse beim Durchmessen des Raumes

Räume können also auf vorgefundenen Straßen und Wegen, auf Pfaden oder selbstgefundenen Wegen auf verschiedene Weise durchmessen werden. Je feiner man seine „innere Landkarte" ausgearbeitet hat, desto sicherer und gewisser bewegt man sich im Raum.[24]

Der Raum scheint also immer die aktive Bewegung des Menschen in ihm herauszufordern; und je intensiver diese Bewegung stattfindet, desto stärker fühlt sich der Mensch seinem Raum verbunden.

In erster Linie ist das Fortbewegungsmedium ausschlaggebend für die Emotionen, die sich bei der Bewegung einstellen.

Es steht einem frei, sich überhaupt im Raum zu bewegen, denn auch ohne Bewegung findet eine Raumwahrnehmung statt. Entschließt man sich zur Bewegung, so hat man die Wahl, ob man zu Fuß geht, ob man dabei schlendert, geht, wandert, rennt oder zügig läuft; man kann einen Weg mit dem Fahrrad oder mit dem Auto, mit öffentlichen Verkehrsmitteln wie Straßenbahn, Bus, Untergrund- oder Stadtbahn oder verschiedenen Typen von Eisenbahn zurücklegen oder schließlich den festen Grund unter den Füßen verlassen und mit Schiffen, Flugzeugen oder gar Raumfähren den Raum durchmessen.

Ausschlaggebend für die Wahrnehmungsdichte ist dabei in erster Linie das Fortbewegungstempo. Wer sich langsam zu Fuß bewegt, dem steht es prinzipiell frei, bei jedem Schritt die Richtung zu ändern und den Raum auf sich wirken zu lassen. Mit steigendem Tempo ist die eingeschlagene Richtung immer weniger spontan zu verändern.

In zweiter Linie spielt das „Feiertagsgefühl“ eine große Rolle. Das Wanderglück von Eichendorffs Taugenichts bezieht sich nicht nur aus der Tatsache, dass die Welt ihm in ihrer Weite frei und offen zu Füßen liegt – dies trifft für seine „alten Bekannten und Kameraden rechts und links“ (Eichendorff 1826, 8) ja im Prinzip genauso zu –, sondern auch daraus, dass er in ihre Arbeitsprozesse nicht mehr eingebunden ist. Erst aus dieser doppelten Freisetzung, einerseits von der Notwendigkeit zu arbeiten, andererseits von der damit verbundenen Notwendigkeit, bestimmte Wege gehen zu müssen und sich nur in bestimmten Räumen aufhalten zu dürfen, erwächst das Gefühl innerer Weite, das „in der Welt-Sein“.

Wer sich jedoch „im Raum“ befindet, wer das Gefühl hat, in jeder Hinsicht angenommen zu werden, bei dem finden andere kognitiven Prozesse statt.

Eine bemerkenswerte Verzahnung zwischen *Weg* und *Begreifen* lässt sich bei einem Bestattungsritual beobachten: Wenn ein Verstorbener beerdigt wird, sieht der Ritus zunächst einen Trauergottesdienst in der Friedhofskapelle oder dem Krematorium vor. Anschließend wird entweder der Sarg zum Grab geleitet, oder, an einem späteren Tag, die Urne mit der Asche des Verstorbenen darin. Manche Bestattungsunternehmen schlagen den Angehörigen aus Bequemlichkeitsgründen vor, sich zur Urnenbestattung direkt am Grab einzufinden. So ersparen sie sich die Mühe des Weges. Mit dieser Situation sind Angehörige jedoch überfordert: In ihrer vom Schmerz des Verlustes eingeschränkten Wahrnehmungsfähigkeit können sie den Anblick der Urne und ihre Bedeutung nicht so schnell erfassen, und eine sofortige Beisetzung nimmt für sie den Charakter des Verscharrens an. Nur beim gemeinsamen Zurücklegen des *letzten Weges* von der Kapelle zur Beisetzungsstelle haben die Hinterbliebenen Gelegenheit, sich mit der Tatsache des eingetretenen Todes und der vollzogenen Kremation auszusöhnen; Schritt für Schritt gehen sie nun, hochsymbolisch, allein ihren Weg weiter, den Verstorbenen ein letztes Mal begleitend, und erfahren im Beisein der anderen, dass sie ihren Weg auch allein fortsetzen können. Der Tod hat sie nicht völlig aus dem Raum gerissen, sondern sie haben den Boden unter den Füßen behalten.

Das im-Raum-Sein und damit verbundene kognitive Prozesse können auch durch einen zweiten Menschen beeinflusst werden, wie die Entwicklungspsychologie festgestellt hat.

So hat Piaget (1975) in seinen Arbeiten über das Kennenlernen des Raums beim Kind unterschiedliche Entwicklungsniveaus der Raumvorstellung herausgearbeitet. In den ersten Lebensabschnitten werden Räume rein qualitativ in Form von Gefühlen der Vertrautheit oder der Fremdheit, der Zusammengehörigkeit oder des Getrenntseins erlebt. Der affektiven Bewertung des Raums entspricht seine Topologie; in diesem Stadium der Realitätskonstruktion wird noch keine wirkliche Unterscheidung zwischen dem Raum und den darin befindlichen Objekten getroffen; der Raum ist in erster Linie erlebter Raum.

Erst im Alter von etwa achtzehn Monaten differenziert das Kind stark zwischen dem perspektivischen Raum und den darin befindlichen Objekten. Zugleich mit der repräsentativen Raumvorstellung entwickelt das Kind seine Feinmotorik und seine allgemeine Intelligenz; dieser Abschnitt dauert etwa zehn Jahre.

Für die Psychoanalyse erklärt sich daraus die herabgesetzte Raumwahrnehmung zu Beginn der Behandlung: Der Patient regrediert in diese frühe Phase der Realitätskonstruktion, und der Raum wird mit dem Analytiker nahezu identifiziert: die „gute Stimme“ und der „gute Zuhörer“, der „Mensch, bei dem man sich geborgen und angenommen fühlt“, repräsentiert den Raum in viel stärkerem Maße als Farben und Formen, Gerüche und Texturen.

Dass uns Gesprächspartner in unseren kognitiven Fähigkeiten beeinflussen, auch wenn wir uns nicht auf der Couch befinden, ist darüber hinaus eine bekannte Alltagserfahrung. Jeder kennt das Gefühl, in Gegenwart bestimmter Menschen „blockiert“ zu sein, ebenso wie das Gegenteil: Es scheinen geheimnisvolle Mechanismen zu sein, aufgrund derer einem in Gegenwart eines bestimmten Menschen plötzlich Einfälle „kommen“, die einem selbst bis dahin nicht bewusst waren. So kann es geschehen, dass man sich, ohne über etwas bewusst nachgedacht zu haben, quasi selbst reden hört; und wie sein eigener Zuhörer wundert man sich dann über die hergestellten Zusammenhänge, während man in Gegenwart anderer Menschen „nicht auf die selbstverständlichsten Dinge kommt“. Solche blockierenden Menschen haben etwas ebenso Unbenennbares an sich: eine bestimmte Aura, die Einschränkung verlangt, oder eine Kälte, die nicht nur gewisse mentale Aktivitäten lähmt, sondern auch das Bewusstsein davon, dass sie nicht stattfinden. In deren Gegenwart vergisst man Namen oder Nummern, Orts- oder Sachbezeichnungen, aber man verliert auch Fähigkeiten und Fertigkeiten, die einem einmal geläufig gewesen sind, sowie das Bewusstsein davon, bestimmte Aufgaben bewältigen zu können. Oder man begeht andere Fehlleistungen: man verursacht Unfälle, führt fehlerhafte Arbeitsgänge aus oder kann einzelne Arbeitsgänge nicht zügig abschließen. Neurophysiologisch wird im letztgenannten Fall der Botenstoff Melantonin vermindert ausgeschüttet, die Synapsen stellen keinen ausreichenden Kontakt zwischen zwei Neuronen oder zwischen Neuron und Muskel her, und die Nervenbahnen leiten Informationen nicht mehr zuverlässig weiter. Besteht dagegen eine anregende Gesprächssituation, führt das zu einer Ausschüttung von Serotonin, jenem „Glückshormon“, das auch die Melantonin-Produktion anregt.

In der psychoanalytischen Praxis erleben Analytiker wie Analysand nicht selten, wie durch die Analayse dem Analysanden plötzlich Dinge einfallen und Sinnzusammenhänge einsichtig werden, die ihm zuvor verborgen waren: Er hat auf seiner „Reise in die Domäne des Unbewussten" plötzlich eine Entdeckung gemacht und die *terra incognita* besiedelt. Diese spontan erfahrene innere Weite in der Selbstwahrnehmung ähnelt dem in-der-Welt-Sein des Romantikers, der sich plötzlich nicht mehr den überkommenen Wahrnehmungs- und Anwesenheitstraditionen verpflichtet sieht.

Der psychoanalytische Behandlungsraum, die soziale Konstellation und die Arbeit im Couch-Setting verschmelzen dabei zu einer Einheit, die kognitive Prozesse erheblich beschleunigen kann. Die ist eine der Eigenschaften des Interaktions- oder Symbioseraums (Raum 2).

Auch hier gibt es eine Entsprechung beim Durchmessen des realen Raums und beim Durchmessen des psychischen Raums. Wem es durch die entlastende Gegenwart eines geeigneten Partners freigestellt ist, sich mit seinen Assoziationen so langsam durch seinen gedanklichen Raum zu bewegen, dass eine Richtungsänderung quasi jederzeit möglich ist, kann sich den psychischen Raum auch anders aneignen und *seinen Weg finden.* Wer hingegen unter dem Druck steht, seine Gedanken ausschließlich auf bestimmte, bereits „vorgedachte" Bahnen zu lenken, wird sich möglicherweise immer fremd bleiben, wenn er sich selbst in den vorgesehenen Strukturen nicht wiederfinden kann.

Es lassen sich also drei Faktoren ausmachen, die für die emotionalen und kognitiven Prozesse beim Durchmessen des Raumes ausschlaggebend sind: Einerseits die Form der Fortbewegung und das damit gewählte Fortbewegungstempo; zweitens das Gefühl, in seinem ganzen Wesen in den Raum eingebunden zu sein („Feiertagsgefühl"), und drittens die Art des Geleits, das man auf dem Weg erhält, die soziale Interaktion.

An jedem der drei Faktoren polarisieren sich zwei Extreme: Bei niedrigem Fortbewegungstempo ist man eher „im Raum" als bei hohem, und man erlebt eher das Gefühl von Weite, Offenheit und innerer Zufriedenheit, die als „bei sich selbst-Sein" beschrieben wird, sogar wenn man in die *Fremde* zieht.

Ein entsprechendes Gefühl stellt sich ein, wenn man sich aufgrund seines eigenen So-Seins in den Raum eingebunden fühlt und nicht, weil man Leistungen erbringt, die einem im Grunde zuwider sind. Dieses Gefühl erlebt das Kind im Spiel und der Erwachsene an Feier- oder Urlaubstagen, die ihm eine Freistellung von den gewohnten Bindungen an Ort und Zeit ermöglichen: innere Weite, Einssein mit dem Raum oder der Landschaft, und eine Offenheit für Gedanken, die außerhalb der sonst beschrittenen Wege liegen.

Mitunter reichen aber weder der frei vor einem liegende Weg noch die Freistellung von Einbindungen aus, um diese innere Weite erleben zu können. Dann muss erst (mindestens) eine Person hinzutreten, die eine entlastende Über-Ich-Funktion übernimmt und durch ihr Verhalten ausdrückt, dass der Betreffende diesen Weg wirklich gehen *darf.* Beim Geleit von trauernden Hinterbliebenen erfüllt die dritte Person stützende Funktion, indem sie den *schweren Weg* gemeinsam symbolisch zurücklegt. In der psychoanalytischen Arbeitssituation entlastet der Psychoanalytiker den Analysanden von gedanklicher Ein*engung* oder sogar dem lebenslang gültig gewesenen Verbot, sich auf bestimmte Wege überhaupt einzulassen.

2.4 Raumwirkung

„Raumwirkung" ist ein sich wechselseitig durchdringender Zustand zwischen Mensch und Raum. Man kann keine Gleichung aufstellen, derzufolge ein bestimmter Raum jeden Menschen unfehlbar in eine bestimmte Stimmung bringen wird, etwa mit dem Dictum *Düstere, enge und klamme Räume machen Angst.* So kann eine düstere Höhle für den einen ein Ort des Schreckens sein, während vielleicht ein anderer in einer Trauerstimmung gerade dort Trost findet, und ein dritter in einer Grusellaune seine Abenteuerfestigkeit in derselben Höhle erprobt.

Verschiedene Räume können auf denselben Menschen in der gleichen Gestimmtheit gleich wirken; umgekehrt kann derselbe Raum auf verschiedene Menschen eine völlig unterschiedliche Wirkung entfalten.

Dies ist mit zu bedenken, bevor man kritiklos die Ergebnisse der Wirkungsästhetikforschung übernimmt, die innerhalb der Sozialpsychologie als Raumpsychologie seit knapp dreißig Jahren einen eigenen Forschungszweig bildet. Diesem Forschungszweig kommt in erster Linie leistungsoptimierende Funktion im Bereich der Arbeitspsychologie zu und ist somit dem Taylorismus im weiteren Sinne zuzuordnen.

Das Erkenntnisinteresse liegt jedoch in der Psychoanalyse anders; es ist in größeren Bögen gespannt als im unmittelbaren Verwertungsinteresse der Leistung des *Raumbewohners*. Daher wird auch die Erforschung der Raumwirkung anderen Parametern folgen müssen als es etwa Fischer (1999) tut. Uns interessiert nicht die Frage, ob die Menschen lieber in Einzel- oder Großraumbüros arbeiten, ebenso wenig wie die Frage, ob Türen zu Gang und Nachbarräumen grundsätzlich offen oder geschlossen sein sollten, ob der Mensch Sonne und Grünpflanzen braucht, und bei welchen circadianen Kurven die Leistungskurve absinkt oder ansteigt.

Denn die zu erbringende „Leistung" ist nicht im ökonomischen Sinne quantifizierbar. Wird im kapitalistischen Arbeitsprozess eine Anstrengung gefordert, die im Wesentlichen an schnellen und reibungslosen Produktionsabläufen interessiert ist – sowie an Wissenschafts- und Forschungsprozessen, die diesen Produktionsabläufen zuarbeiten –, so folgt die Anstrengung im psychoanalytischen Prozess anderen Gesetzen. Es ist keine Anstrengung des *schneller, besser, billiger,* sondern eine Anstrengung der Selbstversenkung, der Überwindung jahre- und jahrzehntealter innerer Barrieren, ein Aufweichen neurotischer Gewohnheiten.

In Bezug auf die Psychoanalyse interessiert uns daher auf andere Weise, wie Mensch und Raum sich wechselseitig durchdringen. Auch hier, nicht nur bei den Sozialpsychologen, dient dieses Interesse keinem Selbstzweck, aber wir wollen herausfinden, wodurch Erkenntnisprozesse auf der Couch begünstigt und wodurch sie möglicherweise behindert werden. Hierzu steht uns kein fertiges begriffliches Instrumentarium abrufbar zur Verfügung. Es muss erst, von verschiedenen Richtungen herkommend, erarbeitet werden.

Beschäftigte uns im vorangegangenen Kapitel die Frage, wie Raum beschaffen ist und wie eng der Mensch in den Raum hineingedacht werden muss, und haben wir dabei die vielfältigen Interdependenzen der Bewegung und der Wege im Raum und durch den Raum, der Souveränität über den Raum in Abhängigkeit von der Souveränität des eigenen Denkens und Handelns ausgeleuchtet, so soll jetzt noch einmal die Ausgangsproblematik ins Auge gefasst werden: Wie kann ein Behandlungsraum gestaltet werden? „Gestaltung“ ist der Begriff, der in der folgenden Untersuchung an Schärfe hinzugewinnen muss.

Jeder Raum bietet eine gewisse Stimmung an. Er begünstigt bestimmte Affekte und verhindert eher das Aufkommen anderer Affekte. Natürlich hängt die Wirkung auch von der Person selbst ab, die sich darin befindet. Sie hängt außerdem von der traditionellen Verwendungsweise des Raumes ab. Für die Psychoanalyse interessiert uns aber nicht nur, was ein Raum vorstellt, was er *ist*, sondern auch, welche Assoziationsmöglichkeiten sich in diesem Raum anbieten; denn schließlich sollen auf der Couch assoziative Prozesse in Gang gesetzt werden, die eine progressive Selbsterkenntnis ermöglichen.

Doch welche Palette von „Raumaffekten“ steht einem Psychoanalytiker überhaupt zu Gebote? Über welche Gestaltungsmasse verfügt er?

Dazu seien im nächsten Schritt auf einer allgemeinen Ebene einige grundlegende Stimmungsvarianten von Räumen geschildert. Sie alle können auf der Couch wiederkehren.

2.4.1 Der gestimmte Raum

Grundsätzlich haftet jedem Raum eine eigentümliche Stimmung[25] an, wenngleich sie unterschiedlich stark in Erscheinung treten mag. Die Stimmung ist „selber nichts Subjektives *im* Menschen und nichts Objektives, was *draußen* in seiner Umgebung vorfindbar wäre, sondern sie betrifft den Menschen in seiner noch ungeteilten Einheit mit seiner Umwelt. Eben darum aber wird die Stimmung zum Schlüsselphänomen für das Verständnis des erlebten Raums.“ (Bollnow 1963, 213)

Die Stimmung eines Raumes kann heiter, leicht, düster, nüchtern oder feierlich sein, und sie überträgt sich auf den Menschen, der sich darin aufhält. Sie kann geheimnisvoll und verlockend sein, sie kann zu bestimmten praktischen Tätigkeiten beflügeln oder künstlerische Inspiration wecken. Ebenso kann sie auch Angst und Schrecken transportieren. Der Raum hat also die Tendenz, seine Eigenart dem Menschen überzustülpen.

Um den analytischen Raum zu bestimmen, sei der Begriff des „Raums“ noch weiter eingegrenzt. Unwin (1997, 17) definiert ihn als *place*, der sich durch einen praktischen Zweck auszeichnet, an dem eine bestimmte Tätigkeit verrichtet wird. In diesem Sinne lässt sich auch der analytische Raum definieren:

> Die Menschen schaffen sich Räume, in denen sie Dinge des täglichen Lebens verrichten – Räume, in denen sie essen, schlafen, anbeten, … lernen … und so fort.

Der analytische Raum als zweckbestimmter Raum zum Meditieren wird auch in einer ihm eigentümlichen Gestimmtheit erwartet.

2.4.2 Enge und Weite

Enge und Weite stimmen einen Raum ganz maßgeblich. Sie sind nicht identisch mit Größe. Ein winziges, aber aufgeräumtes Zimmer kann einen Eindruck von Weite vermitteln, wohingegen ein vollgekramter großer Raum, etwa ein Lagerhaus, ein Gefühl von Beengtsein verbreitet.

So bestimmt einerseits die Art des *Einräumens*, ob ein Raum groß oder klein wirkt. Einräumen heißt, jedem Ding im Raum oder in einem Behälter seinen Platz zuzuweisen. Es muss zweckmäßig geschehen, damit der verfügbare Raum optimal ausgenutzt wird: Bücher „kommen" in die Regale, zum Drucken bestimmtes Papier in Schubladen, Schreibpapier in den Schreibtisch, Geschirr in den Küchenschrank, Milch in den Kühlschrank; das Zusammengehörige muss zusammen abgelegt werden, also nicht der „Kamm bei der Butter". Ist alles so zweckmäßig angeordnet, dass es schnell zum Gebrauch bereitsteht, empfinden wir einen Raum als *aufgeräumt*.

So gewährt das Einräumen dem Menschen jedes Mal eine eigentümliche Befriedigung, weil hier die Welt im Bereich des Aufgeräumten durch sein Tun klar und übersichtlich und beherrschbar geworden ist. Wir können von diesem Beispiel den Begriff des Einräumens zugleich auf die Weise übertragen, wie überhaupt die Menschen ihre räumliche Umwelt durch ihr zweckmäßiges Tun aufgebaut haben. Das System der Plätze und Stellen, in dem wir leben, ist in dieser Weise eine eingeräumt Welt. (Bollnow 1963, 208)

Andererseits bestimmen subjektive Gewohnheit und soziokulturelle Einbindung über das Gefühl von Enge und Weite. Derselbe Raum im Studentenwohnheim, der einem deutschen Musikstudenten so eng erschien, dass er das Gefühl hatte, sich kaum um die eigene Achse drehen zu können, erschien einem japanischen Kommilitonen so groß oder *weit*, dass er sich einen Konzertflügel hineinstellte und nachts unter dessen drei Beinen sein Futon aufschlug. In den beengten Wohnverhältnissen in Japan hätte er nicht im Traum an die Möglichkeit denken können, einen Flügel ins eigene Haus zu stellen, sagte er.

Eng ist, was die Entfaltung des Lebens behindert, weit ist, was diesem einen hinreichenden Entfaltungsbereich freigibt. [...] Was (aber) dem einen als weit erscheint, das empfindet der andre als eben noch ausreichend oder schon beengend. Wo der eine sich zur Arbeit in eine enge Klause zurückzieht, da braucht der andre einen ganzen Saal, um sich entfalten zu können. (Bollnow 1963, 229)

Dämmerige Kirchenräume stimmen feierlich; die frühen Basiliken vermitteln den Eindruck einer getragenen, dunklen und geheimnisvollen Feierlichkeit, die gotischen Kathedralen dagegen den einer inneren Weite, in der das Ich in den Raum hineingezogen wird und in der großen, aufwärtsführenden Bewegung gleichsam mitschwingt.

Dunkle Gewölbe haben, wie schwarze Regenwolken, etwas Niederdrückendes; ihre *Enge* vermittelt *Angst*. Durch den Verlust der räumlichen Tiefendimension erscheint die Umwelt flächig. Ein Patient schildert es so:

Man hat alle Zusammenhänge verloren. Man ist oder fühlt sich wie ein einzelner kleiner Stein verloren in endloses Grau zerfließender Landschaft. Das Gefühl der Kleinheit, Unsicherheit und Verlorenheit kann so groß werden, dass man ein Weltraumgefühl hat, in dem man selbst ein preisgegebener Punkt ist, wie ein letztes dürres umhergetriebenes Blatt in einer herbstlich erstorbenen Welt. (Tellenbach 1956, 290 f.)

Enge wird oft zusammen mit Bedeutungslosigkeit empfunden. Während des Niedergangs des römischen Imperiums zur Zeit Constantins des Großen kam es den Bewohnern des römischen Reiches vor, als seien die Flüsse seichter, die Berge niedriger, und Ätna, Parnass und Olymp nicht mehr aus so weiter Ferne zu sehen wie früher. Allgemein verbreitet war das Gefühl, dass alles, was jetzt geschehe, klein sei im Verhältnis zu einer immer glanzvoller ausgemalten Vorzeit. (Burckhardt 1955, 198)

Der Flachheit der eigenen Existenz entsprach die Flachheit der von ihr wahrgenommenen Welt.

2.4.3 Sinnliche Wirkung von Farbe

Licht hat eine wesentlich modifizierende Wirkung für einem Raum. *Hell* und *Dunkel* stehen als uralte Metaphern für die Anmutung von Räumen und gleichermaßen von menschlichen Stimmungen. Über den gezielten Einsatz von Licht, den Kontrast zwischen Hell und Dunkel, das Ausleuchten wichtiger Orte und den Unterschied in der Wirkung von Kunst- und Naturlicht geben Alexander (1977) und Unwin (1997) ausführlich Auskunft.

Eine Modifikation von Licht sind die Farben. Sie lassen einen Raum enger oder weiter erscheinen: in hellen Farben erscheint ein Raum größer, in dunklen beengter. Eine schwarze Decke hat etwas Belastendes. Einzelne Farbqualitäten verändern die Stimmung eines Raums nachhaltig. Schon Goethe stellte in seiner „Farbenlehre" die sinnliche-sittliche Wirkung der Farben systematisch zusammen. Gelb schafft einen „durchaus warmen und behaglichen Eindruck"[26] – man betrachte nur die Welt an einem grauen Wintertag durch ein gelbes Glas –, Rot vermittelt das „Gefühl von Wärme und Wonne", das Gelbrote (etwa Zinnoberfarben) steigert die Wirkung bis zum „unerträglich Gewaltsamen". Gelbrot verengt den Raum und wirkt aufreizend. Blau hingegen scheint, wie das Blau eines klaren Himmels, vor unseren Augen zurückzuweichen. Es weitet einen Raum, kann aber auch ein Gefühl von Kälte vermitteln. Der entleerte Raum wirkt dann leicht starr. Grün nimmt in diesem Spektrum eine Mittelstellung ein, es weitet nicht und verengt auch nicht, sondern wirkt besonders beruhigend.

Man will nicht weiter und kann nicht weiter. Deswegen für Zimmer, in denen man sich immer befindet, die grüne Farbe zur Tapete meist gewählt wird.

2.4.4 Euphorische, dämpfende Wirkung

Ein wolkenloser Himmel, an dem eine warme Sonne scheint, hat eher euphorische, ein verhangener, grauer Himmel an einem trüben Tag eher dämpfende Wirkung. Diese Stimmung strahlt auch in die geschlossenen Räume hinein, weshalb Architekten beim Entwurf von Häusern die Himmelsrichtung der einzelnen Räume sehr genau planen.[27] In hellen, weiten Räumen entfaltet sich ein anderer Bewusstseinszustand als in düsteren. Binswanger (1933 b, 19) stellt fest, dass euphorische Menschen auch ihren Bewegungsmodus entsprechend ihrer Stimmung modifizieren: sie tanzen oder springen eher. Dies rühre daher, dass euphorisch gestimmten Menschen „alles, Gedanken, Menschen, Dinge im Raum näher gerückt sind, so dass sie alles viel leichter ‚bei der Hand'" haben.

Das „Springen" von Gedanken, das leichte Hüpfen von Assoziation zu Assoziation durch die eigene Biographie, ist in der Psychoanalyse ein durchaus erwünschtes geistiges Fortbewegungsmittel, weshalb das Gestalten von Räumen, die zu solcher euphoriegetragener geistiger Bewegung anregen, Psychoanalytikern ans Herz gelegt werden könnte.

Binswangers Beobachtungen zur Korrelation von hochgestimmter Raumstruktur und Sprache sind so einleuchtend, dass noch einige davon aufgeführt seien. „Optimisten", wie er sie nennt, „gehen leicht durchs Leben", da sie „keine Hindernisse kennen." Die Sprache bezeichnet ihre Welt als

> rosig oder wolkenlos, das heißt jedenfalls als licht, leuchtend oder hell. Da der Optimist „keine Schwierigkeiten kennt", wird auch seine Welt als leicht bezeichnet; da er sich nicht an ihr reibt und aufreibt, ist sie offenbar glatt; da er „leicht durchs Leben geht", ist sie überdies eben; da er „keine Hindernisse kennt", räumlich geweitet oder weit, da er „stets einen Ausweg sieht" gelichtet, da er auch auf einem harten Lager sich „wie auf Rosen gebettet" fühlt, weich. (Binswanger 1933 b, 59)

In den hier zitierten Adjektiven – denn es handelt sich ja um alltägliche Redewendungen – sind zahlreiche Merkmale aufgeführt, die euphorisch stimmende Räume und ihr Mobiliar auszeichnen: rosig, licht, leuchtend, hell, leicht, glatt, eben, weit, gelichtet, weich und, man darf, der Rosen wegen, hinzufügen: wohlduftend.

2.4.5 Anthropomorphe Abstimmung

Tòv ἄνθρωπον μέτρον πάντων – der Mensch ist das Maß aller Dinge. Diese Sentenz des griechischen Sophisten Protagoras ist für zwei Berufszweige nach wie vor richtungsweisend: die Philosophen und die Architekten. Anthropomorphe Gestaltung von Bauwerken ist seit der Renaissance ein bewusstes Anliegen der Architekten; man setzt seine eigene Körpergröße zur Raumgröße in Beziehung und schätzt ab – überwiegend unbewusst –, wie groß der Raum ist, den man im Begriff ist, zu betreten, wie hoch Öffnungen und Türen sind, wie lang vor einem liegende Wege sind, und ob ein Sitz- oder Liegemöbel groß genug sein wird, um einen darin aufzunehmen. Als technische Maßeinheit der Mensch-Raum-Relation

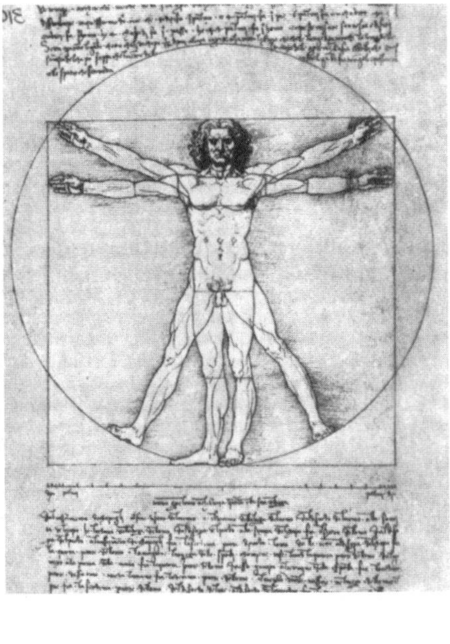

Abb. 2: Leonardo da Vinci, Proportionen eines idealen menschlichen Körpers

dienen seit Ende des 15. Jahrhunderts Leonardo da Vincis relative Proportionen eines idealen menschlichen Rahmens, den er in seiner berühmten Illustration zu Luca Paciòlis *De divina proportione* 1496 zeichnete (der Mensch im Kreis und Quadrat), wie sie bereits der römische Architekturschriftsteller Vitruvius überliefert hatte.

Von Le Corbusier (1961) stammt ein noch heute verwendetes Proportionsschema, das er auf der Grundlage der menschlichen Gestalt und des Goldenen Schnitts entwickelte und „Modulor" nannte. Ausgangspunkt ist dabei das Maß 2,26 m, das ein 1,83 m großer Mensch mit erhobenen Armen erreicht. Der Modu-

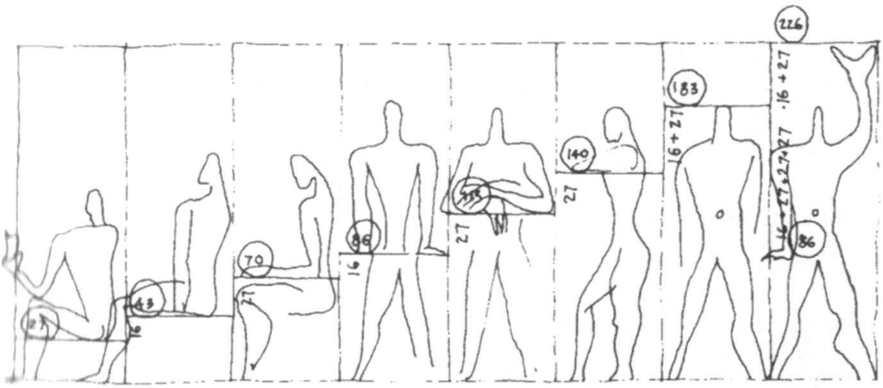

Abb. 3: Le Corbusier, Modulor (© FLC/VG Bild-Kunst, Bonn 2004)

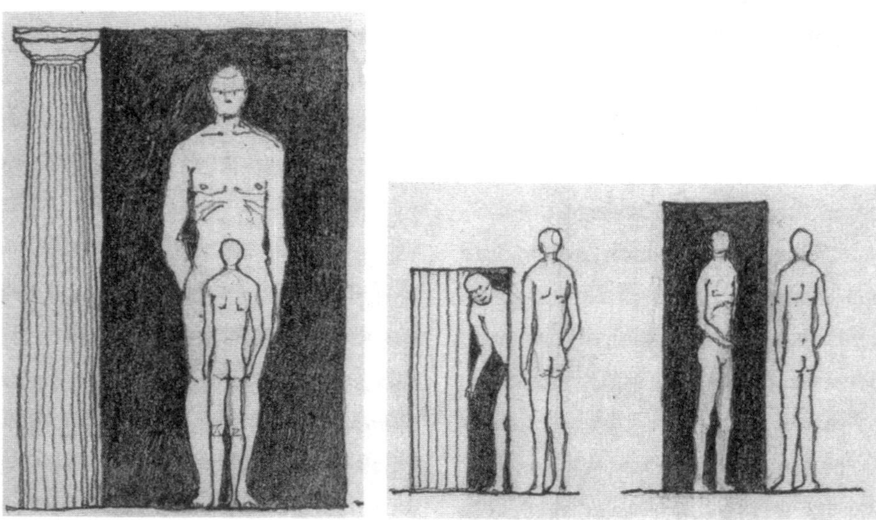

Abb. 4: Proportionen bestimmen die Wirkung: Eine große Tür unterstreicht den Status des Besitzers und verkleinert den Status des Besuchers. Eine kleine Tür verkleinert die Wirkung des Bewohners und steigert die Wirkung des Besuchers. Eine Tür im menschlichen Maßstab stellt Besucher und Bewohner auf gleiche Stufe. (Abbildung aus: Analysing Architecture, Simon Unwin, 1997, © Routledge)

lor ist Ausdruck des Versuchs, mit der Abstimmung der Architektur auf menschliche Maßverhältnisse eine harmonische Wohnumwelt zu schaffen. Darin sind u. a. folgende Höhen zugrunde gelegt: Sitzhöhe: 43 cm; Schreibtischhöhe: 70 cm; Höhe einer Arbeitsplatte bei stehender Tätigkeit: 86 cm; Türzargenhöhe: 2,26 m.

In den Proportionen spiegelt sich der Bewohner eines Gebäudes wieder mitsamt der Machtdynamik, die er über andere, die sich ihm und seinem Gebäude nähern, ausüben möchte. Das beginnt bei der Türgröße. Ist die Tür sehr hoch, so erscheint auch der darin Wohnende als Riese; ein Besucher wird in der Begrüßungsszene automatisch zum Zwerg oder Bittsteller degradiert. Ist umgekehrt die Eingangstür kleiner als der Bewohner, so erschient dieser als Zwerg, der Besucher hingegen als Riese, dem übergroße Reverenz erwiesen wird. Hat die Tür etwa die von Le Corbusier errechnete Normhöhe, so begegnen sich Bewohner und Besucher als Gleichberechtigte.

Ein Mensch vor dem gewaltigen Säulenportikus eines griechischen Tempels erscheint winzig und unbedeutend; in einer gotischen Kathedrale, aber auch noch in einem Renaissancedom wie St. Peter im Vatikan ist der Mensch als Individuum kaum wahrzunehmen. Dem entspricht die zur Erbauungszeit vorherrschende Auffassung aus dem Mittelalter, dass der Mensch als einzelner keine Bedeutung habe. Die Architektur des Plattenbaus, aber auch jegliche andere bombastische Herrschaftsarchitektur griff diesen diminuierenden anthropomorphen Kunstgriff wieder auf – sei es bei der Gestaltung riesiger Aufmarschplätze wie auf dem Gelände des Nürnberger Parteitags der NSdAP, sei es bei der Gestaltung des Berliner Alexanderplatzes, auf dem Menschen, vom Funkturm aus gesehen, zur Größe und vermuteten Bedeutsamkeit kleiner Insekten schrumpfen, sei es vor „Zuckerbäckerpalästen“ wie dem Regierungspalast des rumänischen Herrschers Ceaucescu in Bukarest oder der Lomonossow-Universität in Moskau; von verschwin-

Abb. 5: Der Mensch ist das Maß aller Dinge:
Vor Gebäuden wie der Lomonossow-Universität in Moskau verschwindet der Mensch zur Bedeutungslosigkeit.
Ein Individuum ist nicht mehr auszumachen.

Abb. 6: Anthropomorphe Minimierung vor der Sibirischen Abteilung der Akademie der Wissenschaften in Nowosibirsk, Russland

dender Bedeutung ist der Mensch auch auf den Stufen des Gebäudes der Akademie der Wissenschaften in Nowosibirsk.

Dagegen sind kleine Hütten, wie sie etwa in Wales, aber auch in ländlicher Gegend in ganz England heute noch in großer Zahl zu sehen sind, nach den Maßen des Menschen so gestaltet, dass sie wie eine Verlängerung des menschlichen Daseins wirken. Die Proportionen entsprechen denen des Menschen, die Raumhöhe erreicht nicht im Entferntesten die doppelte Menschenhöhe. Eintretende können sich eines überwältigenden Wohlgefühls beim Betreten solcher Räume nicht erwehren, wenngleich dieser Eindruck nicht sprachlich, sondern nur in der Wirkung des Bauwerks, als unbestimmtes Gefühl des eigenen Körpers, des „eigenen Daseins", erlebt wird.

2.5 Raum-Metaphern: Affekte in ausgewählten Räumen und ihr Bezug zur Psychoanalyse

Der Typ „psychoanalytischer Behandlungsraum" ist gut hundert Jahre alt und speist sich vermutlich aus einer ganzen Reihe von älteren Raumtypen, deren Raumerfahrung in jeden psychoanalytischen Behandlungsraum, bewusst oder unbewusst, symbolisch als Gestaltungsmerkmal oder metaphorisch als Assoziation des Analysanden, hineinwirken kann. Um das ganze Spektrum von *Gefühlen in Räumen* auszuloten und die Formensprache entschlüsseln zu können, seien im Folgenden einige extreme Beispiele von Raumerfahrung skizziert.

Psychoanalytische Behandlungsräume tragen Merkmale der hier aufgeführten Räume. Mitunter prägt auch ein „Raum im Raum", ein *Ort* im Raum, bereits das Daseinsgefühl. So sind Gefängnis, Untersuchungsraum, Kirche und Audienzraum *Räume*, in denen sich mehrere Personen aufhalten können. Doch die Liege im Untersuchungsraum ist der *Ort*, der allein für den Patienten bestimmt ist, ebenso wie das Bett im Schlafzimmer, das Krankenbett im Krankenhaus und der Beichtstuhl in der Kirche; auch der Opfertisch oder die Schlachtbank, jedes in dem dafür vorgesehenen Raum, ist der für das Opfer bestimmte Ort. Auf dem *Ort* Katafalk und der Bahre liegt jeder für sich, doch bereits das Mausoleum ist ein *Raum* für mehrere Tote. Der Grab*raum* ist nur um ein geringes größer als der darin enthaltene Sarg, jener *Ort*, an dem der Verstorbene ruht. Der Sarg ist *Ort und Raum* in einem, er ist Hülle und Unterlage zugleich; und die Gelehrtenstube schließlich ist beides zusammen: Der bergende *Raum, der Orte enthält*, an dem der Gelehrte die Welt durchdringt, zum einen den Schreibtisch oder das Schreibpult, an dem er liest und schreibt, und zum anderen das Ruhemöbel, auf dem er liest, das Aufgenommene in sich wirken lässt oder seine originären Schlüsse aus dem Erfahrenen zieht.

Folgende Räume und Orte erscheinen in dieser Hinsicht ergiebig:
1. Gefängnis
2. Untersuchungsraum
3. Kirche, Andachtsraum
4. Opfertisch, Schlachtbank
5. Beichtstuhl
6. Krankenbett
7. Studierstube
8. Bett
9. Grab, Gruft, Mausoleum oder Katafalk

2.5.1 Gefängnis

Wer im Gefängnis „sitzt“, ist allein. Der ihn gefangen gesetzt hat, ist nicht bei ihm und überwacht auch das Gefängnis nicht. Er ist frei. In seinem mittelbaren Auftrag überwacht der Gefängniswärter die Situation im Gefängnis und überprüft, ob der Gefangene lebt, aber schlecht lebt. Zur Situation im Gefängnis gehören also drei Beteiligte. Doch der Gefangene verbringt im Extremfall die gesamte Zeit allein. Er muss seinen Wärter nicht sehen, wird aber von ihm gesehen.

Ein Gefängnis kann man nicht nach freiem Willen verlassen. Man ist darin eingeschlossen. Nicht einmal der Blick kann *nach draußen* wandern. Dafür sorgen kleine, oberhalb der Sichtlinie liegende Fenster, die überdies vergittert sind. Auch die Türen sind vergittert und stets von außen abgeschlossen. Über einen Spion oder eine Video-Überwachungsanlage kann zwar der Gefängniswärter den Gefängnisinsassen betrachten, nicht aber umgekehrt der Gefängnisinsasse seinen Wärter sehen. Kommunikationsmittel wie Radio, Fernsehen oder Telefon, die im liberalen Strafvollzug anzutreffen sind, gehören nicht zum Archetyp „Gefängnis“. Das klassische Gefängnis ist ein Verlies – das Wort „Verlassen“ hat ihm seinen Namen gegeben. Dort ist jegliche Kommunikation des Gefangenen mit früheren sozialen Sphären erloschen, er ist gänzlich von aller Welt verlassen. Nur der Gefängniswärter wartet auf ihn, und, in letzter Instanz, der Henker – oder die Freiheit.

In einem solchen Verlies schmachtet der Gefangene, in früheren Zeiten häufig an die Wand gekettet wie Florestan in Beethovens Oper „Fidelio“, beim sprichwörtlichen „Wasser und Brot“. Er kann sich nicht reinigen und ist Ungeziefer, Kälte und Gestank schutzlos ausgeliefert. In seinen Fieberphantasien sieht er einen erlösenden Engel vor sich, mit dessen Hilfe er bald dem Kerker entrinnen wird. Schmerzen fühlt er schon nicht mehr. Die Florestan-Arie lässt mitfühlen, wie sich die Seele immer wieder gegen das Gefängnis aufbäumt und schließlich euphorisch die Zelle zu verlassen glaubt, und wie dann der Gefangene seinen Irrtum erkennt und ermattet die innere Auflehnung einstellt.

Mit einem klassischen Verlies, wie es die Kasematten in Schloss Helsingör oder im Tower von London noch heute zeigen, verbindet man Dunkelheit und Feuchtigkeit, eine Decke, deren Niedrigkeit nur zu fühlen, nicht aber zu sehen ist, nasskalte Wände und das Echo eines nackten, unbewohnten Raumes. Das Stöhnen der Mitgefangenen und die Trippelgeräusche von Ratten sowie gelegentlich fallende Tropfen bilden die einzige akustische Begleitung. Rilke (1906, 504) hat in zwei Gedichten die Gefühlswelt eines darin Eingeschlossenen nachgezeichnet. Das Leben ist auf ein Minimum reduziert. Die Hand hat nur noch eine Gebärde: Ungeziefer zu verscheuchen.

Der Gefangene

I

Meine Hand hat nur noch eine
Gebärde, mit der sie verscheucht;
auf die alten Steine
fällt es aus Felsen feucht.

Ich höre nur dieses Klopfen
und mein Herz hält Schritt
mit dem Gehen der Tropfen
und vergeht damit.

Tropften sie doch schneller,
käme doch wieder ein Tier.
Irgendwo war es heller –.
Aber was wissen wir.

Aus der Literatur sind uns eine ganze Reihe Schreckensschilderungen von Gefangenen überliefert, die den Tod vor Augen haben. In Georg Büchners Drama „Dantons Tod“ treffen wir die jungen Revolutionäre, die ihr Leben gerade erst beginnen wollten, am Vorabend ihrer Hinrichtung. Von dem historischen Camille Desmoulins (1980, 134) ist ein Abschiedsbrief erhalten, in dem er schreibt:

Aus dem Luxemburg-Gefängnis, am zweiten Tag des Germinal, 5 Uhr morgens
Ein wohltätiger Schlaf hat meine Leiden unterbrochen. Wenn man schläft, ist man frei; man hat nicht mehr das Gefühl, gefangen zu sein: der Himmel hat Erbarmen mit mir gehabt. Es ist erst einen Augenblick her, dass ich Dich im Traum sah, ich umarmte euch nacheinander, Dich, Horace und Daronne, der zu Hause war; aber unser Kleiner hatte ein Auge verloren durch eine Krankheit, [...] und der Schmerz über dieses Unglück weckte mich. Ich fand mich wieder in meiner Zelle. Es war schon ein wenig hell. Als ich aber das Fenster öffnete, hat der Gedanke an meine Einsamkeit, haben die scheußlichen Gitterstangen und die Riegel, die mich von Dir trennen, meine ganze Widerstandskraft zunichte gemacht. Ich bin in Tränen ausgebrochen oder vielmehr, ich habe geschluchzt und habe in meinem Grabe geschrieen: Lucile! Lucile! Ach, meine liebe Lucile, wo bist Du! *[an dieser Stelle ist die Schrift von Tränen verwischt]*

E. A. Poe (1843) beschreibt in *The Pit and the Pendulum* einen Gefängnisraum der spanischen Inquisition in Toledo, der mit einigen besonders perfiden Attributen ausgestattet ist: Glühend heiße, schwefelig riechende Wände bewegen sich in Form eines Rhombus in nicht wahrnehmbarer Langsamkeit parallel aufeinander zu, so dass der Gefangene lange Zeit seinen bevorstehenden Tod erwartet. Er hat nur die Wahl, sich zu Tode drücken zu lassen oder sich durch ein Loch in der Mitte des Raums zu Tode zu springen.

Poe lotet darin als Ich-Erzähler die Schattierungen der Angst- und Schreckensgefühle aus, die ein Mensch kurz vor dem Tod empfinden kann; er lässt sie den Leser selbst durchleben. Seine knappe Geschichte ist ein Beispiel dafür, wie simple architektonische Maßnahmen (und das Wissen um ihren zerstörerischen Endzweck) das Raumerleben des darin befindlichen Menschen so verändern können, dass dieser in seelische Abgründe stürzt, von deren Existenz er zuvor keine Vorstellung hatte.

Rilke (1906, 504f.) schildert in einem Sonett einen völlig resignierten Inhaftierten, der allmählich mit dem ihn umgebenden Stein eins wird.

Der Gefangene

II

[...]
Und das was Gott war, wäre nur dein Wächter
und stopfte boshaft in das letzte Loch
ein schmutziges Auge. Und du lebtest doch.

Moderne Gefängnisse sehen anders aus und rufen andere Qualen hervor. Die Mitglieder der Rote-Armee-Fraktion um Andreas Baader und Ulrike Meinhof wurden 1974 in einem eigens für sie errichteten Hochsicherheitstrakt im Gefängnis von Stuttgart-Stammheim inhaftiert. Sie saßen in Betonzellen ohne Anbindung an Tageslicht, in denen vierundzwanzig Stunden am Tag Neonlicht brannte. Der Wechsel von Tag und Nacht war nicht mehr zu spüren; der Biorhythmus wurde zerstört. Die Gefangenen lebten in schalldichten Räumen, in denen auch ihre Rufe nicht mehr gehört werden konnten. Sie waren sozial isoliert und konnten keinen Kontakt zu ihren Mitgefangenen aufnehmen. Diese weitgehende sensorische Deprivation bezeichnete die Verteidigung als „Isolationsfolter". Christine Brückner (1992, 109) hat Gudrun Ensslin einen fiktiven Monolog, eine „Rede gegen die Wände der Stammheimer Zelle", postum in den Mund gelegt, der in der Metaphorik an Rilkes Gedicht „Der Panther" anknüpft und mit den Worten beginnt:

Ich will reden, wenn ich reden will, und nicht, wenn ihr wollt, ihr Scheißer! Und wenn ich gegen die Wände rede! Alle reden immer nur gegen Wände!

Warum ich auf Socken laufe? Weil ich meine Schritte nicht mehr hören kann: tapp-tapp, tapp-tapp. Wie eine Katze schleiche ich mich an, und dann mache ich einen Satz.

Ich mache einen Satz!

Undressierte Raubtiere hinter Gittern. Wir beißen und kratzen, und wir scheißen auf euch.

Ein reflektierter Rekurs auf das seelische Erleben eines Gefangenen unter heutigen Bedingungen, der, anders als im Regelvollzug, die ständige Möglichkeit der Exekution vor Augen hatte, findet sich in Jan Philipp Reemtsmas Entführungsbericht „Im Keller". Reemtsma wurde am 25. März 1996 vor der Tür seines Hauses in Hamburg-Blankenese niedergeschlagen und verschleppt. 33 Tage lang hielten ihn seine Entführer im Kellerraum eines angemieteten Hauses bei Bremen angekettet gefangen; erst nach Zahlung eines Lösegeldes von 30 Millionen Mark kam er frei.

Dieser Kellerraum war ein weißgetünchter Raum ohne Fenster. Reemtsma musste sich, wenn ein Entführer an die einzige Tür klopfte, mit dem Gesicht nach unten auf eine Matratze legen und wusste nie, ob sie ihn in dieser Haltung erschießen würden. Er konnte seine Entführer nie sehen.

In seinem wenige Monate nach der Entführung erschienenen Buch schildert Reemtsma den allmählichen Verlust seines Gefühlslebens während der Zeit im Keller. Dazu benutzt er die Metapher des „leeren Raumes" für seinen Leib, in dem keine Emotionen mehr haften bleiben konnten. Dass er sich als Gefangenen in der dritten Person schildert, zeigt seine Selbstentfremdung, bedingt durch die Gefangenschaft.

> Vielleicht, dachte er sich, bin ich dabei, verrückt zu werden. Na und. Das würde zählen, wenn er wieder draußen wäre, und dass er jemals diesen Keller verlassen würde, war eben alles andere als sicher. Das Bild vom Kern der Person hatte nicht mit dem zu tun, was er empfand. Viel eher traf das Bild eines leeren Raumes zu, durch den die Gefühle zogen. Sie kamen, blieben, gingen, wurden durch andere abgelöst. Es gab keinen Ort der Resistenz, von dem aus etwas hätte bewahrt oder unberührt gehalten werden können. (Reemtsma 1997, 201)

Die Enge des Gefängnisses wird also nicht als solche erlebt, sondern die Weitung findet intrapsychisch statt: Das Ich des Insassen hat quasi allein den Raum verlassen, vom Körper getrennt. Diese Spaltung bleibt nach Ende der Gefängnissituation erhalten.

Reemtsma schildert auch, wie ihn eine Situation, die vor der Entführung zu seinem Alltagserleben gehört hatte, nun im Bruchteil einer Sekunde als *flashback* wieder in seine Gefangenensituation zurückversetzte und er alle traumatischen Begleiterscheinungen wie Herzrasen, Schweißausbrüche und Todesangst wieder real durchlebte: Der *flashback* wurde dadurch ausgelöst, dass in einem Hotelzimmer der Etagenkellner klopfte. Das Klopfen an die Tür in fremder Umgebung reichte aus, um Reemtsma in die psychische Realität der Entführungssituation zurückzuversetzen.

Der Gefangene, Reemtsma wie Ensslin, versucht, seine Situation des Eingesperrtseins im Gefängnis dadurch zu bewältigen, dass er, gleich dem Rilke'schen Panther, in immer gleichen Bewegungen an den Außenwänden ihres Gelasses entlanggeht, also mit Schritten den Raum abmisst. Die psychische Verfassung aller drei Gefangener wird von Rilke (SW 2, 505) in der dritten Strophe seines Gedichts „Der Panther" bestechend genau beschrieben:

> Der Panther
> Im Jardin des Plantes, Paris
>
> Sein Blick ist vom Vorübergehn der Stäbe
> so müd geworden, dass er nichts mehr hält.
> Ihm ist, als ob es tausend Stäbe gäbe
> und hinter tausend Stäben keine Welt.
>
> Der weiche Gang geschmeidig starker Schritte,
> der sich im allerkleinsten Kreise dreht,
> ist wie ein Tanz von Kraft um eine Mitte,
> in der betäubt ein großer Wille steht.
>
> Nur manchmal schiebt der Vorhang der Pupille
> sich lautlos auf – Dann geht ein Bild hinein,
> geht durch der Glieder angespannte Stille –
> und hört im Herzen auf zu sein.

Der von Rilke beschriebene betäubte große Wille in der Mitte findet seine Entsprechung in Reemtsmas Feststellung, dass es in seinem Inneren keinen Ort mehr gab, der Empfindungen hätte festhalten können.

Schließlich findet sich auch das Lebensgefühl, dass jedes Bild im Herzen aufhört „zu sein", bei Rilke wie bei Reemtsma (1997, 220f.):

> Der Depressive geht an oder in der Welt zugrunde. Aber wenn die Welt und ich nicht mehr zusammenpassen, dann bedeutet „unwichtig werden" nichts mehr, das sich durch ein besonderes Gefühl grundieren ließe, sondern ist die bloße Tatsache, daß alles, was wichtig ist, in der Welt ist, und ich bin eben nicht darin.
>
> So ist das also. So ist das. Der Keller bleibt im Leben und ist doch nicht zu einem Teil des Lebens zu machen.

Haben wir bei Camille Desmoulins (1980, 134) gelesen:

> ... meine ganze Widerstandskraft zunichte gemacht. Ich bin in Tränen ausgebrochen oder vielmehr, ich habe geschluchzt und habe in meinem Grabe geschrieen: Lucile! Lucile! Ach, meine liebe Lucile, wo bist Du!

so heißt es analog bei Jan Philipp Reemtsma (1997, 212):

> Versteht mich jemand? Seine Frau verstand ihn. Er hörte die Tür, hörte auf, hin- und herzulaufen. Erklären konnte er nichts, er hoffte, sie sehe ihm an, daß es ihm schlechtging. Sie sah es ihm an, sie verstand. Er merkte das, als er hilflos anfing zu weinen und endlich ebenso hilflos sagte, was er eigentlich jedem und jeder und aller Welt sagen wollte, damit man es endlich zur Kenntnis nähme: „Es war so schrecklich, so schrecklich."

Die sprachlose Verzweiflung eines zutiefst gedemütigten, auf seine Kreatürlichkeit zurückgeworfenen Mannes gehört in die Situationen des Gefangenenseins wie das ständige Abschreiten des Raumes, das Gefühl von, ja: das Dasein *in* völliger innerer Leere, die Vision, nicht mehr dort zu sein, sondern an einem schönen Ort, an dem man getröstet ist, das Schreien und das Fluchen auf seine Peiniger, und immer wieder jene herabwürdigende Einsicht, dass man selbst keinerlei Einfluss auf den Verlauf, ja: die Dauer seines Lebens mehr hat.

Und das Gefängnis selbst ist über die Jahrtausende hinweg immer wieder ein Raum, in dem die eigene Stimme ungehört verhallt, in dem der Blick den Weg nach einem Gegenblick *draußen* nicht mehr finden kann, in dem der Mensch wie ein Tier im Käfig hinter starken Stäben an einem unentrinnbaren Ort so lange die Einsicht in seine vollkommene, fundamentale physische und psychische Unterlegenheit vertiefen soll, bis er sich selbst von dieser Erde vertilgt – oder sich, wie im Falle von Reemtsma, durch einen irrwitzig hohen Preis selbst auslöst.

Doch das Gefängnis ist nicht nur der Ort der Demütigung, der Traumatisierung und des Endes aller kreativen Betätigung. Das Gefängnis kann auch ein Ort der Resozialisierung sein. Hier ist der Ort, an dem der Gefangene sein Unrecht bedenken kann. Er kann die Strafe auch als Sühne auffassen und die Zeit der Gefangenschaft als Zeit des zu-Sich-Findens. Es kann ein Raum sein, in dem ein aus den Fugen geratener Mensch wieder auf die wesentliche Bestimmung seiner Person geworfen wird. Wer aus einem unkontrollierten Impuls heraus eine Straftat begangen hat, erhält Gelegenheit, seine Tat zu bereuen und sich die Konsequenzen seiner Handlung vor Augen zu halten. Dostojewskis Raskolnikow in *Schuld und Söhne* verkörpert das. So kann durch die Gefängnisstrafe – oder das Arbeitslager

– auch eine verletzte Ordnung innerlich wiederhergestellt werden. Es entstehen Vorstellungen einer Wiedergutmachung. Für manch einen ist die künstlich induzierte Abschirmung von allen bisherigen sozialen Kontakten auch ein Segen: Dadurch, dass die frühere Ablenkung fehlt, denken sie an das, was sie selbst sind und können. Dann kann eine Zeit im Gefängnis sogar eine Zeit der Hoffnung und des Aufbruchs werden.

Zahlreiche Schriftstellerkarrieren haben ihren Anfang in einem Gefängnisaufenthalt genommen. So begann der amerikanische Autor O. Henry während des Verbüßens einer Gefängnisstrafe 1897–1901 zu schreiben. Auch Arno Schmidt begann in der Gefangenschaft seine Karriere: Er war mehrere Jahre hindurch als Kriegsgefangener in den Vereinigten Staaten von Amerika und behauptete später, die Lehrzeit in der Gefangenschaft sei für ihn entscheidend gewesen. Walter Kempowski, der wegen angeblicher Spionage von 1948 bis 1956 in dem berüchtigten „Gelben Elend“ in Bautzen einsitzen musste, schrieb darüber den Roman „Im Block. Ein Haftbericht“ (1969). Es war der Beginn seiner Schriftstellerkarriere. Und Alexander Solschenizyn verbrachte acht Jahre, von 1945 bis 1963, in sowjetischen Straflagern und wurde anschließend nach Mittelasien verbannt. Seine erste Erzählung, Один день Ивана Денисовича (dt. *Ein Tag im Leben des Iwan Denissowitsch*), 1962 gedruckt, erregte als erste Darstellung eines sowjetischen Zwangsarbeiterlagers großes Aufsehen. Seine beiden Romane Раковый корпус (dt. *Krebsstation*, 1968) und В круге первом (dt. *Der erste Kreis der Hölle*, 1968) thematisieren ebenfalls die Gefängnissituation; sie brachten Solschenizyn weltweite Anerkennung; 1970 erhielt er den Literaturnobelpreis.

Die Zeit im Gefängnis war für diese Schriftsteller eine Zeit des notwendigen Stillstandes äußerer Bewegung und äußeren Einflusses. Erst durch sie konnte in der Persönlichkeit genügend Tiefe ausgelotet werden, damit ein so bedeutsames Werk überhaupt entstehen konnte.

Auch in anderer Hinsicht kann ein Gefängnisaufenthalt eine Zeit der Hoffnung und des Aufbruchs sein. Wie viele Briefe sind im Gefängnis geschrieben worden mit dem Tenor „Wenn ich wieder draußen bin, dann …“ Im Gefängnis reift der Entschluss zur Besserung, zum Leben des *eigentlichen Lebens*. Reemtsma plant während seiner Entführung eine Weltreise, die er mit seinem Sohn zusammen unternehmen will. Ihm wird bewusst, dass er mit seinem Sohn zu wenig Zeit zubringt. Diese Fehlentwicklung beschließt er zu korrigieren, sobald er eine Chance dazu hat. Auch das ist eine typische Gefühlslage im Gefängnis.

Alltagsräume können ebenfalls die Qualität eines Gefängnisses annehmen.

Ein Gefängnis kann auch das luxuriös ausgestattete Kinderzimmer sein, in dem ein Kind gegen seinen Willen von der Gemeinschaft mit der Familie oder mit Gleichaltrigen isoliert wird, und das ihm lebenslang ein Gefühl vermittelt, seinem – möglicherweise unsichtbaren – Peiniger ausgeliefert (gewesen) zu sein.

Wir sprechen von einem *goldenen Käfig*, wenn wir eine sozial privilegierte Situation meinen, die es dem Inhaber dieser Position aber verweigert, trotz äußerlichen Wohlstandes bestimmte soziale Kontakte zu unterhalten.

Ein Gefängnis kann auch die Wohnung sein, die ihren Bewohnern im längst erloschenen Liebesbund *Ehegefängnis* dient, aus der sie aber nicht mehr ausbrechen können, weil sie miteinander in einer fatalen neurotischen Umklammerung leben.

Im psychoanalytischen Setting sind also gewisse Merkmale der Gefangenensituation angelegt, die für den Analysanden mehr oder weniger stark hervortreten können und je nach Praxisgestaltung auch vom Raumerleben her besonders unterstützt werden. Diese Raummerkmale sind:

Einerseits
- Raumgestaltung: niedrige Decke, düsterer Raum;
- vergitterte Fenster (Souterrainwohnungen);
- Fußgängergeräusche und Schritte Vorübergehender, die in Deckenhöhe „über die Praxis hinweglaufen": soziale Isolation; das eigene Leid wird von anderen nicht bemerkt;
- hochliegende Fenster, die weder Aus- noch Einblick erlauben;
- Schallisolation des Raumes;
- die lange Verweildauer;
- die Zahl der Beteiligten im Setting: ein „Gefangener", ein „Wächter";
- das Nicht-Wegkönnen: obgleich sich der Patient freiwillig in Psychoanalyse begeben hat, möchte er sie oft gern verlassen, darf es aber nicht, um seine Heilung nicht zu gefährden;
- das Gefühl, eine Strafe verbüßen zu müssen;
- das Gefühl des Alleinseins, obgleich eine zweite Person bei einem ist;
- der Patient, wie der Gefangene, schickt seine flehenden Rufe in den Raum hinein;
- die soziale Isolation: auch der Patient ist in der Praxis allein, ohne Familienangehörige;
- das Verlassensein – das Gefühl, in einem Verlies zu sein;
- der Analytiker beherrscht die ungeschriebenen Regeln eines „Spiels", das der Analysand erst allmählich erlernen muss;
- die Tränen: Tränen der Hilflosigkeit, der Verzweiflung, der Erinnerung, Tränen angesichts der Unabänderlichkeit eines einmal eingeschlagenen Weges;
- Tränen von Männern und Frauen, die oft jahrzehntelang nicht mehr geweint haben;
- Schmerz der Isolation in der Psychoanalyse, der sich zum Schmerz über eine tatsächlich existierende soziale Isolation hinzugesellen mag;
- Todesangst oder Erinnerung an früher erlebte Todesangst, oder unbewusstes Wiederaufleben früherer Situationen, in denen Todesangst gefühlt wurde;
- die Enge des Gefängnisses, die eine intrapsychische Weitung, möglicherweise auch Spaltung, auslösen kann;
- Gefühl von Ohnmacht;
- Gefühl von Betäubung im Raum, in dem „wirkliches Leben" aufgehört hat;
- Bedürftigkeit und Wunsch nach körperlicher Berührung;
- Wut auf den Peiniger, der auch körperlich abwesend sein kann, aber psychisch präsent ist;
- das Gefühl von Machtlosigkeit und das Wissen, dem Setting schutzlos ausgeliefert zu sein.

Andererseits
- das *behütete Alleinsein*, in dem man sich auf sich selbst zurückbesinnt und zu sich findet;
- die Erfahrung von Einsamkeit und Alleinsein als meditative Leistung, in der eine tiefe Selbsterkenntnis erst möglich wird;
- das Abgeschirmtsein von allen äußeren Einflüssen, auch störenden oder destruktiven;

- der Ort der Resozialisierung: aus einem unangepassten, triebhaften Menschen wird ein Mensch, der sich an seinen Trieben abarbeitet;
- Ort, an dem Strafe als Sühne für begangenes Unrecht hingenommen wird;
- Ort, an dem eine Wiedergutmachung erwogen wird;
- der Ort, an dem der eigentliche Lebenszweck ins Auge gefasst wird;
- Ort der Hoffnung und des Aufbruchs zu neuen Lebenszielen;
- Ort, an dem Ausdauer und Beharrlichkeit gelernt werden;
- der Ort der Kreativität: in der erzwungenen Ruhe und Isolation des Kerkers treten innere Stimmen, unausgesprochene Geschichten und Ereignisse plötzlich so klar vor Augen, dass sie niedergeschrieben und veröffentlicht werden können. Manch einer entdeckt, dass er vieles kann.

Diese zahlreichen Raumgefühle können alle in psychoanalytischen Behandlungsräumen auftreten und erlebt werden, sie können parallel oder nacheinander, von verschiedenen Menschen, in verschiedenen Praxen oder in verschiedenen Analysen erlebt werden. So kann die These als gesichert gelten, dass psychoanalytische Praxen Elemente von einem Gefängnisraum enthalten.

2.5.2 Untersuchungsraum

Weniger dramatisch ist die Situation in einem medizinischen Untersuchungsraum. Auch hier sind zwei Personen beteiligt, die, anders als im Gefängnis, auch beisammen sind; zwischen ihnen besteht jedoch ein erhebliches Gefälle.

Der *Patient* kommt aus einem von zwei Gründen in den Untersuchungsraum *(consulting room):*

- entweder es geht ihm gut, und er möchte seine gesundheitliche Situation vom Gesundheitsexperten auf „versteckte Mängel“ überprüfen lassen;
- oder er hat Beschwerden: Schmerzen, Einschränkungen seines Wohlbefindens, so genannte Funktionsstörungen: sein Körper reagiert nicht in der ihm vertrauten Weise. Möglicherweise hat er bereits eine Diagnose seiner Erkrankung und möchte diese verifiziert, falsifiziert oder differenziert bekommen. Er handelt in Unkenntnis der genauen psycho-neuro-physiologischen Vorgänge in seinem Körper und sucht die Expertise des Fachmanns.

Der *Fachmann* ist Arzt und möglicherweise auf einem Gebiet spezialisiert, das ihn als Experten ausweist. Er gilt als der Wissende der beiden Beteiligten. Er kann sich aus einer Anhäufung von Symptomen ein Krankheitsbild machen, auch wo der Laie keine Symptome sieht oder keine Krankheit vermutet. Seine Beurteilung des Gesundheitsstatus gilt als maßgeblich, nicht nur gegenüber dem betroffenen Patienten selbst, sondern auch gegenüber dem Kostenträger.

Die Situation im ärztlichen Untersuchungsraum ist geradezu die chiastische Umkehrung des Arrangements im psychoanalytischen Setting: dort hält der Patient seinen Körper bedeckt und entblößt das seelische Erleben; beim Arzt bedeckt er Seelisches und entblößt seinen Körper.

Da sich in der Psychoanalyse auch nur einer der beiden Beteiligten entblößt, während der andere zuschaut, urteilt, den Überblick behält, schwebt hier wie dort ein Element von potentieller Demütigung und Voyeurtum sowie das Changieren zwischen Herabsetzen und Expertise mit im Raum.

Trotz dieses Gegensatzes enthält das Raumerleben und das Erleben der Situation beim Arzt und beim Psychoanalytiker manche Gemeinsamkeit. Diese treten nun klarer zutage.

- Es beginnt bei der Untersuchungsliege. Diese ist häufig ein hartgepolstertes Möbel auf hohen Beinen, ohne Kopferhöhung, ohne seitliche Begrenzung – um dem Untersuchenden von allen Seiten freien Zugang zu gewähren. Ein weißes Laken auf dem Lederuntergrund verhindert, dass der entblößte Körper direkt auf dem Polster aufliegen muss, wo vorher schon viele anderen Patienten gelegen haben könnten. Der Patient liegt da, den forschenden Blicken des Arztes präsentiert, ein regloses Untersuchungsobjekt, das ebenso gut in einem Pathologischen Institut aufgebahrt sein könnte.
- So kann es also geschehen, dass sich Patienten auf der Untersuchungsliege oder auf der Couch *tot fühlen*, dass sie sich als lebloses, regloses Objekt vorkommen, das ohne Wissen um die Vorgänge in sich selbst auf die Sachkenntnis des Experten angewiesen ist.

Folgende Elemente im Couch-Setting haben Ähnlichkeit mit der Situation im ärztlichen Untersuchungszimmer:

- die ambulante Visite,
- die ungefähre Größe des Konsultationsraums,
- das Möbelstück, auf dem der Patient gelagert ist,
- das Liegen des Patienten,
- die (körperliche bzw. seelische) Entblößung des Patienten während der Konsultation,
- das Gefälle im Fachwissen zwischen Arzt und Patient,
- das Postulat an den Patienten, sich zu entblößen, während sich der Arzt bedeckt hält.

Diese Elemente aus dem ärztlichen oder neurologischen Untersuchungszimmer sowie der darin stattfindenden Situation können in der psychoanalytischen Situation wiedererlebt werden.

2.5.3 Kirche, Andachtsraum

Wer ein Kirchenportal öffnet, verstummt. Schon vom Portal aus kann er den Blick auf den Altar richten, dem Zentrum der religiösen Weihestätte. Überschreitet er die vom Altar ausgehenden Sichtlinien in horizontaler Richtung, kniet der katholische oder orthodoxe Christ nieder und bekreuzigt sich. Am Kircheneingang hat er zuvor mit der Spitze zweier Finger der rechten Hand Weihwasser aus einem in die Wand eingelassenen Behälter entnommen und sich damit an der Stirn, der Brust, der linken und der rechten Schulter berührt und so *das Kreuz geschlagen:* das Symbol der Regentschaft des gekreuzigten Jesus Christus über Kopf (Intellekt) und Herz (Gefühlsleben).

Vom Portal aus zieht es ihn nach vorn, zum Altar. Bis er den erreicht hat, muss er eine Reihe von Hürden überwinden. In heutigen Kirchenräumen sind sie oft nicht mehr klar erkennbar. Gotische Kirchen hatten einen Vorraum, über den Ungetaufte nicht hinausdurften. An der Schwelle zum Kirchenraum stand der Taufstein. Nur Getaufte durften den passieren und das Kirchenschiff betreten. Von jeder Stelle aus war der Hochaltar im Blickfeld. Dieser „schwebte“, auch optisch erhöht, in etwa fünf Metern Höhe über der restlichen Gemeinde.

Der Altar bildet den Mittelpunkt der Kirche. Er steht in der Kreuzung von Quer- und Längsschiff, und über ihn erhebt sich eine Kuppel (Petersdom, Rom; St. Paul's Cathedral, London; Frauenkirche, Dresden) oder ein Turm, um die heilige Stätte auch nach außen hin in der Höhe optisch und akustisch (durch den Klang der Glocken) zu manifestieren.

Als heilig (und begehrenswert) gilt, was schwer erreichbar ist. Folglich sind Kirchen so gebaut, dass man einen langen Weg und zahlreiche Hindernisse zurücklegen muss, um den Altar zu erreichen.

Ein fundamentales Charakteristikum ist von Kultur zu Kultur unverändert. In allen Kulturen wird das Heilige offenbar nur dann als heilig erlebt, wenn es schwer erreichbar ist, wenn es eine Abstufung im Zugang, im Warten und in der Annäherung gibt, ein allmähliches Schälen, eine allmähliche Offenbarung, einen Gang durch eine Reihe von Toren. Dafür gibt es viele Beispiele: Die Verbotene Stadt von Peking; die Tatsache, dass man vor einer Papstaudienz nacheinander in sieben verschiedenen Wartezimmern warten muss; die aztekischen Opferrituale fanden auf Stufenpyramiden statt, wobei jede Stufe dem Opfer eine Stufe näher stand; der Ise-Schrein, der berühmteste Schrein in Japan, ist ein Ineinander von Umgebungen, wobei die Außenseite eines jeden die Innenseite des nächsten berührt. (Alexander 1977, pattern 66: Holy Ground; 333)

Wer diesen Weg beschreitet, fühlt sich „erhaben", fromm, einer höheren Macht untergeordnet. Dieses Gefühl ist mehreren Faktoren geschuldet, vor allem der großen Raumhöhe von Kirchenschiffen. Am ausgeprägtesten wirkt die Raumhöhe in gotischen Kirchen. Olfaktorische Elemente (Weihrauchduft, Kerzengeruch, der Duft alten Eichenholzgestühls), die nur an sakralen Orten anzutreffen sind, verfestigen unbewusst das erhabene Gefühl. Architektur und Altarbilder, Skulpturen und Raumgestaltung einschließlich der Lichtführung gehören zu den besten Werken ihrer Epoche. Der Klang einer großen Orgel und der eines Knabenchors, dessen Echo aus der Höhe des Kirchenschiffs herabzusteigen scheint wie ein Bote aus einer überirdisch schönen Welt, runden das multimediale Bild ab. An allen Sinnen angesprochen, hat der einzelne das Gefühl, mit dem Kirchenraum und dem ihm geweihten Gott zu verschmelzen.

Während der Immersion in den Kirchenraum findet eine völlige Trennung vom regulären Tagesablauf statt. Man ist abgelöst von den üblichen Verpflichtungen, Erwartungen und Anspannungen. Gemeinsam mit einer großen Gruppe Gleichgesinnter verschmilzt der Gottesdienstbesucher auch mit seinem unmittelbaren sozialen Umfeld; unisono rezitierte Liturgien und Lieder verstärken dieses Gefühl.

Während der sakralen Handlung, während der Gebete, Gesänge, Liturgien und Predigten entsteht eine Zeit der Rückbesinnung, in dem man sich auch mit sich selbst einsfühlt. Man hat während des etwa einstündigen Gottesdienstes Gelegenheit, sich und seine Lebenssituation, seine Vergangenheit und seine Zukunftspläne in Ruhe zu überdenken. In gemeinsamen Gebeten werden Vergangenheit und Zukunft, Mitmenschen, Volk, Staat und Kosmos unter den Schutz der Gottheit gestellt.

So entsteht ein Bezug zwischen dem planenden Ich, dem triebhaften Es und dem göttlichen Über-Ich mit seinen Geboten, dessen ständige Anwesenheit die christliche Botschaft suggeriert und wodurch Trost und Verlässlichkeit immer wieder in das Ich stärkend eindringen.

Die Erhabenheit des Kirchenraumes findet ihren Widerhall in einem erhabenen Daseinsgefühl des Kirchen- oder Gottesdienstbesuchers.

Auch von diesem Raumerleben findet sich einiges im psychoanalytischen Setting wieder:

- Beide sind bedeutsame Orte, was schon durch die verschachtelte Wegeführung bei ihrer Annäherung symbolisiert wird.
- Einen Kirchenraum betritt man so wenig ungestüm wie einen psychoanalytischen Behandlungsraum; der Schritt über die Schwelle in den Raum hinein ist bereits mit großer Bedeutsamkeit erfüllt.
- Der Weg zum Altar wird zunächst mit dem Strahl der Sichtlinie gebahnt und erst dann gegangen;
- In beiden Räumen herrscht eine kontrollierte Atmosphäre: Klänge von außen werden abgeschirmt, nur die definierten Klänge von innen sollen sich entfalten.
- Das Licht hat eine bestimmte Qualität: Es dringt indirekt und gefiltert in den Raum ein.
- Die Farben sind kontrolliert und nicht übermäßig grell.
- Der unter den Füßen gefühlte Weg ist von anderer Textur als der Belag außerhalb des Raumes.
- Oft ist ein Kirchenraum kühler als seine Umgebung; auch in einer psychoanalytischen Praxis scheint sich an der Schwelle die Temperatur zu ändern.
- Olfaktorische Elemente spielen eine wichtige, selten registrierte Rolle: Wie der Weihrauchduft in einer katholischen Kirche erhabene Gefühle hervorruft, so kann kostbares Parfüm, der Geruch alter Lederfolianten, die Ausdünstung des Kissens, in das der Analysand seinen Kopf legt, einer Ledercouch oder einer Wollauflage auf der Couch in das psychoanalytische Setting einstimmen.
- An beiden Orten findet eine meditative Einkehr zu sich selbst statt, welche die Alltagserfahrung unterbricht, von ihr ausgeht und, assoziativ eintauchend, zu tieferen Sphären der eigenen Persönlichkeit vordringt.
- Selbst die Verweildauer ist ähnlich lang: Dauert ein Gottesdienstbesuch etwa sechzig Minuten, so bleibt ein Analysand fünfzig Minuten im Behandlungsraum eines Psychoanalytikers. Dadurch bekommt das Geschehen dort den eigentümlichen Pulsschlag einer Stundenveranstaltung; es ist ausreichend viel Zeit, um eine deutliche Barriere zwischen dem Alltag und der besonderen Situation an diesem Ort zu schaffen, und es ist wenig genug, dass man sich schnell wieder von der meditativen Situation lösen und seine Alltagstätigkeiten weiterführen kann.

Psychoanalytische Behandlungsräume tragen so viele gemeinsame Züge mit Kirchen- oder Andachtsräumen, dass man angesichts der getragenen Atmosphäre in einem psychoanalytischen Behandlungsraum von einem „heiligen Ort“ sprechen kann.

2.5.4 Opfertisch, Schlachtbank

Auch ein „Tisch“ kann ein „Raum“ sein, denn er ist auch ein Ort (Unwin 1977, 17), an dem eine definierte Lebensäußerung ausgeübt wird.

Seit Jahrtausenden ist der Opfertisch ein Ort für die Opfer und die Anbetung. Sinngemäß ist er immer eine Schlachtbank. Dort wird zumeist ein Tier, seltener auch ein Mensch, getötet, um durch die Gottesgabe (so die Etymologie des mittelhochdeutschen Wortes *opfaron,* Drosdowski 1963, 480) übermächtige Instanzen günstig und gnädig zu stimmen.

Im alten Ägypten waren Altäre Tische, auf die Nahrungsmittel für die verstorbenen Pharaonen gestellt wurden. Sie wurden in die hinterste Ecke der Leichentempel gestellt, ganz in die Nähe der Grundmauern der Pyramiden. Obgleich sie so nicht jedermann sehen konnte und sie nur von Priestern bedient wurden, waren sie meistens entlang der Ost-West-Achse der Pyramiden und der Längsachse des Tempels aufgestellt, also im bedeutungstragenden „Rückgrad".

In Stonehenge ist der Altarplatz durch einen Kreis und ein darinliegendes Hufeisen definiert. Im Inneren des Hufeisens, etwas außerhalb des Brennpunktes, steht ein Altar (Unwin 1997, 66): er ist also im bedeutungstragenden Innersten positioniert.

Im antiken Griechenland standen Altäre außerhalb der Tempel. Dies mag einen praktischen Grund gehabt haben. Im dunklen Tempelinneren stand oder saß auf einem Thron nur der Gott. Zum Tempel führten Stufen aus kostbarem Marmor, und auch das Tempelinnere war aus Marmorsteinen erbaut. Während der Opferhandlung floss viel Ochsen- oder Schafsblut. Hätte man die Tiere im Tempelinneren geschlachtet, so wären die *cella* und die hinausführenden Marmortreppen dauerhaft von dem Tierblut verunreinigt worden. Daher stellte man den Altar außerhalb des Tempels auf, häufig in einer Achse mit Gottheit und Tempelöffnung. Wie in ägyptischen Pyramiden war dies oft die Ost-West-Achse. Auf diese Weise konnte das Opfertier unter den Augen des Gottes geschlachtet werden, ohne dass der Tempel verunreinigt wurde (Seward 2002).

Auch die jüdische Hochkultur kennt das Tieropfer auf einem Altar. Dies wird häufig als Brandopfer an einer heiligen Stätte verrichtet; heilige Stätten werden durch einen besonderen Ausblick oder Anblick gekennzeichnet, oft in Verbindung mit einem besonderen Berg.

Nur an einer Stelle im Pentateuch ist uns ein Bericht über ein intendiertes Menschenopfer überliefert, das allerdings im letzten Augenblick unterlassen wurde. Er vermittelt einen Eindruck vom Raumerleben des Opfers kurz vor dem Geopfertwerden und ist geprägt von Urvertrauen zum Vater, der im nächsten Moment seinen Sohn töten will, analog zum Vertrauen des Vaters in die Anweisung seines Gottes.

> Und Abraham nahm das Holz zum Brandopfer und legte es auf seinen Sohn Isaak; er aber nahm das Feuer und Messer in seine Hand, und die beiden gingen miteinander. Da sprach Isaak zu seinem Vater Abraham: Mein Vater! Abraham antwortete: Hier bin ich, mein Sohn. Und er sprach: Siehe, hier ist Feuer und Holz; wo ist aber das Schaf zum Brandopfer? Abraham antwortete: Mein Sohn, Gott wird sich ein Schaf zum Brandopfer ersehen. Und die beiden gingen miteinander. Und als sie an die Stätte kamen, die Gott gesagt hatte, baute Abraham daselbst einen Altar und legte das Holz darauf und band seinen Sohn Isaak, legte ihn auf den Altar oben auf das Holz und reckte seine Hand aus und fasste das Messer, dass er seinen Sohn schlachtete. (Gen. 22, 6–10)

Man kann beim Lesen dieser Stelle die Todesangst des Knaben Isaak mitfühlen. Man spürt sein tödliches Erschrecken, als er merkt, ohne zu begreifen warum, dass der geliebte Vater ihm und nicht einem Schaf das Leben nehmen will. Gerade beim Vater hatte er sich immer besonders sicher gefühlt. Und nun will eben dieser Vater seinem Leben ein Ende setzen.

Isaaks Opferung war als Brandopfer vorgesehen. Feuer ist auch ein konstitutives Element des Altargeschehens. Im frühen Mykene wurde die Feuerstelle durch einen Kreis auf dem Boden markiert und durch vier Säulen, die das Dach darüber hielten, auch durch die rechteckige Dachform selbst, die ihrerseits wiederum auf den Platz des Königsthrons verwies. Im Megaron des Palasts von Mykene (ca. 1500 v. Chr.) existiert ein klarer Bezug zwischen Feuerstelle und Thron, Eingang und Raumstruktur. Agamemnon, der König von Mykene, thronte dort bei seiner eigenen „Feuerstelle“ (Unwin 1997, 57) Im Apollotempel in Delphi war das Feuer in Gestalt von Rauch vorhanden, der aus der Erdspalte aufstieg, auf der Pythia ihren Schemel stehen hatte; wir wissen heute, dass dieser Rauch das Resultat subterraner Eruptionen war.

In christlichen Kirchen und Kathedralen ist der Altar die Plattform für ein symbolisches Opfer. Das Opferfeuer kehrt als symbolisches Feuer der Altarkerzen wieder. Abgeleitet von der ägyptisch-hellenistisch-jüdischen Tradition des Tieropfers erinnert der christliche Altar an die Funktion Christi als „Sündenlamm der Welt“, das stellvertretend für die gesamte Menschheit „geschlachtet“ wurde, um alle Menschen von ihren diesseitigen Verfehlungen im Jenseits zu erlösen. Da Christus durch Kreuzigung getötet wurde, hat das Kreuz in der christlichen Kirche einen hohen Symbolwert und steht bzw. hängt auf, über oder hinter dem Altar.

Der Altar ist das Zentrum und Blickpunkt des christlichen Gottesdienstgeschehens. Unwin (1997, 70) weist nach, dass die Form des Altars auch in anderen Kontexten verwendet wird. Ihnen allen gemeinsam ist der Tisch, auf, hinter und über dem Dinge mit hoher Symbolkraft und hoher Bedeutung für den Betrachter oder Benutzer drapiert sind. Nach diesem Muster identifiziert er folgende Settings mit Altarcharakter: Kostbare Museumsstücke auf einem Podest; ein mit Kerzen, Blumen und Bildern geschmücktes Klavier; eine Bar („Trinkaltar“); einen ummauerten, holzbeheizten Küchenherd („Essaltar“); einen Kaminsims („Feueraltar“); einen Frisiertisch mit Spiegeln, aufgestellten Flakons und Kosmetik-Artikeln („Altar für einen selbst“), einen mit Leinentischwäsche, Porzellan, Silber und Kristall gedeckten Esstisch („Altar für eine Familienmahlzeit“); den Leichentisch in einer Gruft oder in einer Friedhofskapelle.

Im Arrangement von Couch und Sessel ist kein Tisch als drittes Möbelstück vorgesehen. Dennoch kann man vom Vorhandensein eines Altars im Setting ausgehen: Die Couch selbst *ist* der Altar, und zwar in mehrfacher Hinsicht. Sie ist durch die folgenden Epitheta sofort als psychoanalytisches Möbel zu identifizieren:

- die aufgelegten Kissen
- die auf das Kopfkissen aufgelegte Serviette
- eine Wolldecke in Reichweite
- eine diskret griffbereite Packung Papiertaschentücher
- eine Delle in der Couch an der Stelle, wo das Gesäß der Analysanden aufliegt
- möglicherweise eine Uhr in Sichtweite
- den am Kopfende aufgestellten Sessel

Zweitens geschieht auf der Couch vieles von dem, was traditionell auf dem Opferplatz *Altar* vollzogen wird.

- Auch das neurotische „Opfer“ liegt auf seinem „Altar“, der Couch, schutzlos und allein dem Wohlwollen des Analytikers ausgeliefert. Da er den hinter ihm sitzenden Analytiker nicht sehen kann, phantasiert er möglicherweise auch einen plötzlichen Gesinnungsumschwung vom „guten“ zum „opferbereiten“ Vater wie bei Isaak und Abraham.

- Der Analysand liegt hingestreckt wie ein Opfer da. Wenn er auch nicht wirklich gefesselt ist, so ist er doch symbolisch an die Couch gefesselt und sollte sich während der fünfzigminütigen Sitzung nicht von ihr erheben. Darüber hinaus ist er auf Jahre hin als Analysand an die Couch „gefesselt“.
- So wie auf dem christlichen Altar keine Tiere mehr geschlachtet werden, so wird auch auf der Analysecouch kein wirkliches Lebewesen geschlachtet.
- So wie aber auf dem christlichen Altar symbolisch gestorben wird (die Insignien Kreuz, Kerzen, Bibel stehen dafür), um ein höheres Leben zu erlangen, so wird auch auf der Couch symbolisch gestorben: das „alte“, schuldbeladene, schwache oder unwissentlich in ödipale Schuld verstrickte Leben des Analysanden soll aufhören zu existieren und damit einer neuen Existenz Raum geben, die der alten Schuld keine neue hinzufügt.

In der Analyse lebt das religiös-kultische Arrangement des Altars wieder auf. Das ist ein Rückgriff auf die altgriechische, altjüdische, sogar altägyptische Tradition des Opferaltars, auf dem ein Opfertier – ein Lamm oder ein Ochse – symbolisch stellvertretend geschlachtet wurde, um den Menschen das Wohlwollen der Götter oder des einen Gottes zu erhalten. In der christlichen Tradition nimmt Christus selbst, zum Opferlamm deklariert, die Schuld der Welt auf sich. Auch auf der Couch ist *Schuld* ein wichtiges Thema: Es ist Aufgabe des Analysanden, im Prozess des γνῶθι σεαυτόν *(Erkenne dich selbst)* zu ergründen, warum (= wessen Schuld es ist, dass) der Analysand nicht dasjenige Leben führen kann, das er eigentlich für sich konzipiert sah. Schließlich geht es in dem kathartischen Prozess darum, das Schuldproblem zu beseitigen, indem man den Schuldigen oder den schuldhaften Auslöser identifiziert und aussondert und damit den Weg freimacht für ein *neues Leben.*

2.5.5 Beichtstuhl

Die Beichte ist das Bekenntnis der Sünden, um ihre Vergebung zu erlangen. Die anschließende Buße soll das gestörte Verhältnis zwischen Mensch und den übermenschlichen Mächten wieder herstellen. Dies kann z.B. durch Beseitigen der Störung geschehen.

Viele Religionen kennen das öffentliche oder geheime Bekenntnis von Verfehlungen, die häufig nach einem „Sündenregister“ vom Kultteilnehmer abgefragt werden. Bußakte finden in den verschiedensten Formen statt: beim Rosenkranzbeten oder beim Gebetsmühlendrehen in Tibet, durch das automatisch die Vergebung der Sünden gewährt wird. Viele Völker kennen die Beichte mit anschließender Waschung oder innerer Reinigung durch Einnahme eines Brechmittels oder von Laxantien.

Die Babylonier sangen Bußpsalmen, die den Zustand des sündigen Beters schilderten. Die Juden feiern am Jom Kippur (*Versöhnungs*)-Tag die allgemeine Vergebung der Sünden. Islam und Taoismus kennen Beichte und Buße ebenso.

In der katholischen Kirche ist die Beichte das persönliche und geheime Aussprechen eigener Schuld, weshalb sie auch *Sündenbekenntnis* genannt wird, vor einem bevollmächtigten katholischen Priester, dem Beichtvater.

Der Kirchenvater Augustinus von Hippo stellte den Grundsatz auf, dass geheime Sünden nur in geheimer oder Ohrenbeichte bekannt werden müssen. Um das Jahr 1000 begann der heutige Brauch, die Lossprechung von den Sünden mit der Beichte zu verknüpfen und dafür bestimmte Bußwerke festzusetzen. Dies sind meist Gebete, auch Wallfahrten oder Almosen. Seit dem Vierten Laterankonzil 1215 ist die jährliche Beichte vorgeschrieben.

Luther verwarf den Beichtzwang, forderte aber, der Christ solle sein Leben lang beichten, also Gott seine Sünden bekennen und Gnade begehren. In seinen 95 Thesen von 1517 gründete er das ganze Leben der Gläubigen auf die Buße. Damit meinte er nicht eine gewollte Selbsterniedrigung, sondern die tägliche Abkehr von Selbstsucht. Buße ist danach die innere Haltung oder *Gesinnung der Umkehr.* Sie ist keine Leistung oder Sakrament, sondern Reue über die Sünde und Glaube an Gottes Vergebung. Seit dem 17. Jahrhundert ist die Privatbeichte in der evangelischen Kirche zugunsten der Beichte vor dem Abendmahl im Gottesdienst gewichen.

Ort der Beichte ist in der katholischen Kirche ein Aussprachezimmer oder der Beichtstuhl (Ritter 1957, s.v.). Das Mittelalter kennt für die Abnahme der (Ohren)Beichte nur bewegliche Stühle, die zumeist in der Nähe des Altars standen. Erst nach 1563 werden unter dem Einfluss der römischen Rituale Seitenwände und Gitter zwischen *Beichtvater* und *Beichtkind* angebracht. Seitdem existiert der Beichtstuhl als dreiteiliges Gehäuse mit halboffenem, schrankartigen Mittelteil und Gittern gegen die zellenförmigen Seitenteile, in denen die Beichtenden knien. Er steht gewöhnlich an den Seitenwänden des Kirchenschiffs. Diese Form hat sich als höchst zweckmäßig erwiesen, denn der Priester muss oft stundenlang amtieren und bedarf daher eines gewissen Maßes an Bequemlichkeit; gleichzeitig ist im Beichtstuhl die Sicherung des Beichtgeheimnisses gewährleistet.

Abb. 7: Gotischer Beichtstuhl im Kölner Dom. Der Beichtvater sitzt in der Mitte, im rechten Winkel zum Beichtkind, von diesem ungesehen. Rechts oder links kann je ein Beichtkind kniend die Beichte ablegen. © Linda Intelmann

Die katholische Kirche sieht im Beichtstuhl auch den *Richterstuhl Gottes* oder den *Thron* der göttlichen Barmherzigkeit, dementsprechend erfolgte im Barock und Rokoko eine vollendete künstlerische Durchgestaltung (Ritter 1957).

Loew (1957) spricht sich für den Beichtstuhl als Ort der Beichte aus und gibt darüber hinaus folgende Empfehlungen:

> Als Ort der Einzelbeichte wird das Pfarrhaus selten geeignet sein; es hat auch bei würdiger Studierstube eine bürgerliche oder gelehrte Atmosphäre, in der die beabsichtigte Beichte leicht zum Gespräch zerrinnt. Die kleine Sakristei einer offenen Kirche, die kleine Kapelle im Gemeindehaus bieten bessere Voraussetzungen. Bestimmte Stunden sind anzusetzen. Die Beichtstühle der katholischen Kirche sind dämmerig, jedenfalls soll nicht die Beobachtung des menschlichen Gegenübers möglich sein. […] Zur Form gehören eine kurze Beichtbelehrung zu Anfang, klare Absolution und Gebet als wesentliche Stücke. Darüber hinaus werden liturgische Zutaten kaum zweckvoll sein. Wem es ernst ist, der braucht keine Feierlichkeit.

Freud lebt im Ausgang des 19. Jahrhunderts in einer christlich-jüdisch geprägten urbanen Wiener Gesellschaft, in der das Beichten für die Mehrheit der Bevölkerung zu den regelmäßig vollzogenen Lebensriten gehört. Das zum Beichten bestimmte Gehäuse, nicht mehr Möbel und noch nicht Raum, mag als ein unbewusstes Modell für sein Couch-Setting gedient haben. Rechtwinklig sitzt der Beichtvater zum Beichtkind; der Blickkontakt ist durch das Gitter nicht möglich.

Der Beichtstuhl besteht aus drei Zellen. In der mittleren sitzt der Beichtvater, in den seitlichen Zellen knien nacheinander die „Beichtkinder“.

Im analytischen Couch-Setting schwingen viele Aspekte des Beichtstuhls mit.

- Der Beichtstuhl ist ein besonderer Ort: Er ist weder Kirche noch Arbeitszimmer noch Privatraum des Priesters. Sein einziger Zweck ist, die Beichte zu ermöglichen. Nur zu diesem Zweck ist seine besondere Form erdacht worden.
- Im Beichtstuhl ist eine bestimmte soziale Begegnung zweier Menschen, ein bestimmtes Setting, durch die Architektur vorgegeben. Das Beichtkind kniet vor dem Beichtvater und hat den Blick gesenkt, der Beichtvater sitzt auf einem bequemen Stuhl und wird nicht gesehen.
- Die Sitzposition des Beichtvaters wird in der Literatur mit dem Stellvertreter-Gottes-Dasein verglichen; der Beichtvater sitzt auf „Gottes Thron“ und hält über die Sünden des Beichtkindes Gericht.
- Im Beichtstuhl herrscht kein Blickkontakt zwischen den beiden Beteiligten. Eine Trennscheibe und gedämpftes Licht verhindern sogar das Erkennen der Identität des Beichtkindes.
- Im Beichtstuhl ist die Wahrung des Beichtgeheimnisses insofern gesichert, als der Beichtvater die Identität des Beichtkindes nicht erfahren muss: die Beichte ist anonym. Beide erkennen den anderen nicht eindeutig. Im Beichtstuhl kann auch kein Fremder mithören, was gesagt wird.
- Der Sitz des Priesters im Beichtstuhl sei bequem zu gestalten, empfiehlt die Literatur. Er muss oft stundenlang amtieren und bedarf einer gewissen Bequemlichkeit.
- „Bestimmte Stunden sind anzusetzen!“ Die Beichte kann nicht spontan abgelegt werden.
- Beide Settings tragen einen intimen Charakter: Es ist eine intime Situation zwischen zwei Personen, in der Schuldgeständnisse abgelegt werden. Dabei findet ein seelisches Entblößen des untergeordneten Gesprächsteilnehmers statt.

- Durch das Beichtbekenntnis wird die Tabu-Schranke durchbrochen: auch solche Vorfälle werden berichtet, über die üblicherweise nicht gesprochen wird.
- Die Beichte soll das gestörte Verhältnis zwischen dem bekennenden, schuldigen Menschen und Gott wiederherstellen. In der Psychoanalyse wird das gestörte Verhältnis zwischen dem Ich des Analysanden und seinem Über-Ich wiederhergestellt.
- Im Anschluss an die Beichte soll diese Störung beseitigt werden. Das geschieht durch Büßen, durch Aussprechen der Sünden und durch Beten. In der Psychoanalyse soll ebenfalls eine Störung beseitigt werden. Auch hier geschieht es durch Aussprechen. Der Buße entspricht die Trauerarbeit. Das Aussprechen der „Sünden" ist ein wichtiger Bestandteil der Störungsbeseitigung.
- Häufig findet im Anschluss an die Beichte eine anschließende Waschung oder innere Reinigung an. Analysanden brechen oft in Tränen aus, wenn sie sich wieder an ein wichtiges Ereignis erinnert haben. Den Tränen auf der Couch entspricht die heilige Waschung zur inneren Reinigung.
- Der Schweigepflicht des Priesters während der Ohrenbeichte, wie sie Augustinus bestimmt hat, entspricht die ärztliche Schweigepflicht in der Psychoanalyse.
- Der Terminus *Ohrenbeichte* beinhaltet ein mündliches Geständnis. Auch in der Psychoanalyse ist das mündliche Aussprechen der Erinnerungen ein zentrales Element. Weder Beichtbekenntnis noch die Inhalte einer psychoanalytischen Sitzung werden verschriftlicht.
- Luther postuliert, man müsse sich selbst gegenüber lebenslang Rechenschaft ablegen, sich selbst prüfen und beichten. Dem entspricht die lebenslange Psychoanalyse, in der das Ich mit dem Über-Ich in einen Dialog tritt, auf der Couch wie außerhalb der Psychoanalyse.

2.5.6 Papstaudienz

Unwin (1997, 113) verweist mehrmals darauf, dass Architektur eine soziale Geometrie zum Ausdruck bringe.

Wenn Menschen zusammenkommen, identifizieren sie ihren jeweils eigenen Ort auf verschiedene Weise. So stellen sie eine soziale Geometrie her, die eine eigenständige, sehr passagere Architektur zur Folge hat. Man kommt zusammen, man zeigt, wer man ist, und man löst diese Zusammenkunft wieder auf. Architektur kann auf diese soziale Geometrie eingehen, sie ordnen und ihre physische Umsetzung dauerhafter machen.

Sinnfällig ist, dass ein König oder eine Königin *über allen Untertanen steht.* Der Papst steht über allen katholischen Gläubigen als weltliches und geistiges Oberhaupt, als Staatsoberhaupt der Vatikanstadt, als Bischof von Rom und als Oberhaupt der römisch-katholischen Kirche. Sein Ehrentitel und seine Anrede lautet *Heiliger Vater,* sein Amtssitz wird auch als „Heiliger Stuhl" bezeichnet.

Die überragende soziale Größe des Papstes wird durch eine Reihe von sozialen Kennzeichen markiert. Der soziale Abstand kommt u.a. darin zum Ausdruck, dass man in sieben verschiedenen Wartezimmern nacheinander warten muss, bis man zu einer Audienz vorgelassen wird.

Thomas Mann (1951, 250) schildert in seinem gut recherchierten Roman „Der Erwählte" eine Audienz bei Papst Gregor V. (996–999). Sybilla, die eigene Mutter und frühere Geliebte Gregors, sucht ihn nach Jahrzehnten des Büßens für den unwissentlich begangenen ödipalen Frevel auf. Die Stufen der Annäherung während der Papstaudienz schildert Mann minutiös.

Mit der Papstaudienz selbst sind gewisse Formalien verbunden, etwa das Küssen des Ringes an der linken Hand des Papstes oder das Niederknien; der Papst seinerseits spricht, wie ein König, im *pluralis maiestatis.*

Es sitzt auf einem Thron, der auch *Heiliger Stuhl* genannt wird. Der Thron ist auch das Attribut weltlicher Herrscher; da dem Papst aber die Qualität eines „Stellvertreter Gottes auf Erden" zugesprochen wird, soll sein Thron zugleich an den Thron Gottes erinnern; er ist ein Symbol für die Herrschaft Gottes über ewiges Leben und ewigen Tod beim Jüngsten Gericht.

Wer zur Audienz kommt, nähert sich dem Papst nicht mit Blickkontakt von Angesicht zu Angesicht, sondern wirft sich mit dem Gesicht nach unten zu Boden, den er küsst. Zu Füßen des Papstes wartet er auf die Aufforderung, den Blick zum Herrscher heben zu dürfen. Auch dann also noch blickt er zum Papst hinauf, sieht diesen rein physisch über sich in Herrscherposition. Diese Demutsgeste heißt in der orthodoxen Kirche Proskynese (von griech. προσκύνησις; proskynesis: Verehrung, Anbetung) und in der katholischen Kirche Prostration (von lat. *prosternare,* sich niederwerfen). Sie wurde von Alexander dem Großen aus dem persischen Hofzeremoniell entlehnt. Bereits vor Diokletian wurde die Proskynese in den Kult des als göttlich verehrten römischen Kaisers übernommen und gelangte von dort in die Liturgie der Alten Kirche als Ausdruck des Verhältnisses des Gläubigen zu Gott. Noch heute gehört die Prostration zum Wortgottesdienst am Karfreitag, zu den Prozessfeiern während der Allerheiligenlitanei sowie zum Zeremoniell der Priesterweihe. Der Zelebrant streckt sich dabei auf den Boden nieder, bevor er in die geistliche Ordenstracht eingekleidet wird.

Wenngleich der Analysand gemeinhin mit dem Rücken auf der Couch liegt, der angehende Priester aber mit dem Gesicht und der Brust zum Boden liegt, so fällt doch auch diese Gemeinsamkeit des Rituals auf. Es ist ein Unterwerfungsgestus, in dem sich der Untertan dem hohen Herrscher nähert. Seine Wiederkehr in der Psychoanalyse kann demnach auch als ein Unterwerfungsgestus gedeutet werden. Wer zur Audienz kommt, wirft sich dem weltlichen oder geistlichen Oberhaupt zu Füßen, liegt also mit dem Gesicht nach unten auf dem Boden und wartet auf die Einladung, den Blick zum Herrscher heben zu dürfen. Wer in die Psychoanalyse kommt, legt sich mit abgewendetem Blick neben den Psychoanalytiker, bietet sich seinem Blick dar und wartet auf seine Deutung.

Die einzelnen Elemente der Papstaudienz, die sich auch im psychoanalytischen Setting wieder finden, sind:

- Dem Analysanden kommt die Rolle des untertänigen Besuchers zu, der einen langen und komplizierten Weg zurücklegen muss, bis er schließlich *im Innersten* (Thomas Mann) ankommt.
- Stets kommt der Analysand zum Analytiker, nie umgekehrt. Die Audienz findet beim Herrscher statt.
- Dem demütig gesenkten Blick des Menschen bei der Papstaudienz entspricht der abgewendete Blick des Analysanden.
- Dem Thron des Papstes (oder Herrscherthron) entspricht der Sessel des Analytikers.
- Der thronenden (beherrschenden) Haltung des Papstes entspricht die aufrechte (beherrschende) Sitzposition des Analytikers. Nicht die liegende (bequemere)

Position signalisiert Überlegenheit, sondern die aufgerichtete Haltung beherrscht die Höhendimension; der frei schweifende Blick kontrolliert das Sichtfeld.

- Zur Audienz gehört auch das rituelle Sich hinstrecken auf den Boden mit abgewandtem Blick (*Proskynese* oder *Prostration*), ein Brauch, den Alexander der Große dem persischen Hofzeremoniell entlehnte. Diese Demutsgebärde kehrt in der Psychoanalyse im Liegen des Analysanden auf der Couch wieder; auch hier ist der Blick abgewendet und der Körper dem Analytiker hingestreckt dargeboten.

Demnach trägt das Zeremoniell im analytischen Setting auch Züge einer Papstaudienz oder einer Audienz bei einem weltlichen Oberhaupt.

2.5.7 Krankenbett

Wer in der westlichen Gesellschaft krank ist, sieht sich als erstes mit einer Palette von Verhaltenserwartungen konfrontiert, die im Kern auf eine totale Unterwerfung der Persönlichkeit des *Kranken* unter die Urteile und die soziale Hierarchie der so genannten *Gesunden* abzielt.

Kernpunkt des therapeutischen Geschehens im Krankenhaus ist die ärztliche Visite, bei der Diagnose, Therapieplan, bisherige Maßnahmen und der Fortschritt des Patienten auf dem Weg zur Genesung überprüft und aufeinander abgestimmt werden. Während der Visite wird der Chefarzt von einer Entourage aus Oberarzt, Stationsarzt, Stationsschwester und Pflegepersonal sowie, in einer Universitätsklinik, zahlreichen Medizinstudenten der klinischen Semester, begleitet. Eine Intimität am Krankenbett zwischen Arzt und Patienten kann sich hierbei nicht einstellen.

Aus eigener Erfahrung im Pflegedienst an Universitätskliniken sei dieser Fall angeführt:

Herr A., promovierter Jurist und Partner in einer großen Anwaltssozietät, wurde wegen einer bevorstehenden Operation in ein Krankenhaus eingewiesen. Die Operation sollte am folgenden Tag stattfinden; der Patient hatte keine akuten Beschwerden. Er wollte daher Prof. Dr. B. zu seiner morgendlichen Visite angekleidet und sitzend in seinem Krankenzimmer empfangen. Die Stationsschwester wies ihn in ungewohnt scharfem Ton darauf hin, dass er den Chefarzt nur in *liegender Position* und in Nachtkleidung *im* Krankenbett empfangen dürfe.

Diese Anordnung empfand Dr. A. als Degradierung. Man verwehrte ihm das Gespräch in Augenhöhe, verwehrte ihm seine übliche Kleidung, verwehrte ihm die Intimität des Arzt-Patienten-Gesprächs und verwehrte ihm schließlich die Anerkennung seines Status als voll urteilsfähigen Mannes.

Einzelne Elemente des Krankseins im Krankenhaus finden sich auch in der psychoanalytischen Situation wieder. Zunächst die *lokalen* Analogien:

- Dem Liegen des Kranken im Bett entspricht das Liegen des Analysanden auf der Couch;
- Für den Kranken ist eine pflegende, fürsorgliche Person (elektronisch) in Rufweite; der Analysand hat die fürsorgliche Person in Gestalt des Analytikers hinter seinem Kopfende;

- der Kranke genießt eine gewisse Schonzeit; man setzt ihn keinen Konflikten oder anderen Belastungen aus; auch der Analysand genießt die Schonzeit auf der Couch, wo äußere Konflikte vom Analysanden ferngehalten werden;
- so wie der Kranke Pflege bei Fieber und Krankheitsanfällen erhält, widmet der Analytiker dem Analysanden seine volle Aufmerksamkeit;
- der Kranke erhält (pharmakologische) Entlastung bei Schmerzen; der Analysand erhält Entlastung bei seelischen Schmerzen durch die Zuwendung des Analytikers und das gemeinsam geschaffene Potential, diese Schmerzen zu begreifen;
- der Kranke im Krankenhaus ist auf seine Kreatürlichkeit reduziert; der Analysand ist auf der Couch oftmals auf das *Bewusstsein* seiner Kreatürlichkeit verwiesen.

Die *sozialen* Analogien zwischen der Situation im Krankenbett und der Situation auf der Couch sind folgende:
- Der Kranke läuft Gefahr, im Krankenhaus bevormundet zu werden; der Analysand kann sich zumindest subjektiv auf dieses Verhältnis zwischen ihm und dem Analytiker einstellen;
- wer krank ist, ist vorübergehend aus der Gesellschaft ausgegliedert; als Kranker wird er nicht seinem sozialen Status entsprechend behandelt. Auch der Analysand ist gegenüber dem Analytiker aus dem üblichen Sozialgefüge ausgeklinkt;
- der Kranke ist in Westeuropa im Krankenhaus von seiner Familie isoliert[28]. Auch auf der Couch kann das Gefühl der Isolation sehr groß sein, wenn Analysand und Analytiker weder taktil noch psychisch Nähe herstellen. Die Dualität der Beziehung lässt keinen dritten Menschen im analytischen Setting zu;
- Kranke im Krankenhaus, überwiegend erwachsene Menschen mit einem ausgeprägten eigenen Lebensrhythmus, haben ihren Tagesablauf auf die Vorgaben des Klinikalltags abzustellen; ihr Genesungsprozess ist dem verwaltungstechnisch reibungslosen Klinikgeschehen untergeordnet. Auch der hilfesuchende Analysand hat sich in der Gestaltung der Behandlungstermine mit dem Analytiker abzustimmen.

Auch im psychoanalytischen Setting sind Elemente einer – potentiell bevormundenden und depersonalisierenden – Krankenhaussituation für den Analysanden enthalten. Der Analytiker könnte seine Machtposition dem Patienten (Analysanden) gegenüber ausspielen, falls der Analysand in der analytischen Situation dies zulässt. Potentiell jedoch birgt die Dualität des psychoanalytischen Settings alle Gefahren einer sozialen Entgleisung, wie sie an westeuropäischen Krankenhäusern täglich zu bezeugen sind.

2.5.8 Gelehrtenstube

In der Wiener Berggasse 19 praktizierte Freud vierzig Jahre lang in einem gesonderten Konsultationszimmer, in dem die Couch stand. Erst 1938 in London, im letzten Jahr seines Lebens, wird der Behandlungsraum ein Teil des Studierzimmers. Dieses Studierzimmer ist kein Arbeitsraum wie jeder andere. Vielmehr trägt er unverkennbar die Züge einer Gelehrtenstube.

Abb. 8: Freuds Schreibtisch dominiert den Behandlungsraum.

Abb. 9: Blick auf Freuds Schreibtisch: Brieföffner, Brille, „Kürzeste Chronik", Jade-Brieföffner, Zigarrenkiste und zahlreiche antike Plastiken. Der Füllfederhalter fehlt gerade. Couch und Sessel sind im Hintergrund.

Wenn man Freuds Behandlungsraum in London betritt, so ist das dominierende Möbelstück im Zentrum des Raums nicht die Couch, sondern der *Schreibtisch* mit seinen zahlreichen Attributen. Darunter ist zunächst der maßgeschreinerte Schreibtischstuhl von Felix Augenfeld zu nennen, die Auflagen auf dem Schreibtisch (heute liegt eine Kopie von Freuds „Kürzester Chronik" dort), seine Brille und sein Füller; aber auch Lampe und Nebenschreibtisch, auf dem ein aufgeklappter Reisewecker die Uhrzeit angibt. Die mit prachtvollen Lederbänden gefüllten raumhohen Bücherregale entlang der linken Wand (Abb. 12) und im gesamten angrenzenden Raum, der Bibliothek, sind die dominierenden Attribute. Nicht minder augenfällig sind die Vitrinen voller Skulpturen, seine Mumien-

Abb. 10: Blick auf Freuds Couch-Setting, London

maske, antike römische, griechische und ägyptische Skulpturen sowie Freuds Sammlung von Steinzeitwerkzeug.

In all diesen Ausstattungsdetails, die weit über das bei zeitgenössischen Neurologen Übliche hinausgehen, offenbart sich Freud nicht nur als Autor, Arzt, Neurologe, Psychiater und Psychoanalytiker. Vielmehr stellt er sein auf universelle Erkenntnis gerichtetes Interesse auch durch seine Studierstube zur Schau. Damit setzt er eine jahrhundertealte Tradition fort, wie sie in zahlreichen Bildnissen überliefert ist: das Autorenportrait in der eigenen Gelehrtenstube. Der Archetyp „Studierstube des (Universal-)Gelehrten" ist aus dem spätantiken Autorenportrait hervorgegangen; diese Art, Autoren darzustellen, kehrt dann – mutatis mu-

Abb. 11: Sigmund Freud in seinem Studierzimmer in Wien, 1938. (© Freud Museum, London)

tandis – im Mittelalter wieder, um seine besondere Ausprägung im humanistischen Gelehrtenbild zu finden (Braunfels 1973, 5, 279f.) Im Biedermeier (1808–1848) entsteht das besondere Genre des *Zimmerbildes* (Schoch 1995, 12), auf dem die Gegenstände des Alltages oft in minutiöser Genauigkeit verzeichnet sind. Im 18. und 19. Jahrhundert entsteht eine Fülle von Gelehrtenstubenbildern, die weniger den *genius loci* zeigen wollen als durch eine Ansammlung gelehrtentypischer Objekte, wie der Bewohner zu klassifizieren sei. Freud steht zweifellos in der Tradition dieser Gelehrten.

Aus dem Autorenphoto Freuds aus dem Jahr 1938 (Abb. 11) spricht in vielerlei Hinsicht die Tradition des Gelehrtenporträts in seinem Studierzimmer. Da sitzt der Verfasser des „Abrisses der Psychoanalyse", nur kurz von seinem Manuskript aufblickend, am Schreibtisch und runzelt leicht missbilligend die Stirn. Wie Alexander von Humboldt (Anonym 1848) lässt er sich in seiner auf das Schreiben gerichteten Konzentration nicht unterbrechen; und so ist das Bild am Schreibtisch mit Lesebrille, über deren Rand Freud den Photographen anschaut, den Füllfederhalter in der Hand und die Kladde vor sich, wohl ein reales Abbild seiner Arbeitssituation, bei dem keine Zeit auf die Wirkungsästhetik der Selbstdarstellung verschwendet wurde. So hat das Bild auch etwas Hastiges und Verhuschtes. Dem Photographen blieb offenbar nicht viel Zeit, und in der Eile und Aufregung verwackelte ihm das Bild; er hatte nicht einmal Gelegenheit ein zweites und drittes aufzunehmen.

Dennoch wecken Freuds weißer Bart, seine fein ziselierten Lippen und das kahle Haupt unweigerlich die Assoziation zu Dürers Hieronymus von 1514, wie dieser über seine Arbeit gebeugt war. In gleicher Entfernung sitzen beide am Fenster und lassen das Tageslicht über ihren Schreibtisch fluten. Seine ruhige Körperhaltung sowie die aufgeschlagenen Bücher zeigen, dass Freud in diesem Moment tatsächlich bei der Arbeit saß und nicht nur die Pose des Arbeitenden einnahm. Sogar der zurückgezogene Vorhang, Attribut so vieler Gelehrtenstuben-Bilder seit der Renaissancezeit, findet sich wie zufällig am gekippten Fenster. Auf dem Schreibtisch vorn rechts vor Freud steht der zusammenklappbare Reisewecker, *vanitas*- oder *tempus fugit*-Symbol wie auch realer Orientierungspunkt des vielbeschäftigten Analytikers und Autors, der mit seiner Zeit gut haushalten musste. Das Museum seiner Figurinen begleitet Freud als stummes Publikum auf dem Schreibtisch. Und, Zufall oder sichere Hand des Photographen: Die Stehlampe hinter Freud bildet an ihrem unteren Rand einen ovalen Abschluss, der wie ein Heiligenschein über seinem Kopf steht – allerdings gehalten vom Stativ des Lampengestells; eine kuriose Analogie zu Dürers Hieronymus (1514), hinter dem ebenfalls der Heiligenschein der Erleuchtung schimmert. Bedenkt man nun, dass im selben Zimmer Freuds Chow-Chow Jofi schlummerte wie der Löwe des Hieronymus, und dass zu Füßen der Couch eine Mumienmaske ausgestellt lag, so ist die Analogie der Attribute perfekt.

Hinter dem Schreibtisch, der Couchseite gegenüber, steht Freuds Bibliothek zu Archäologie, Geschichte und Literatur in seinem Arbeitszimmer (*study*). Im Zentrum eine Goethe-Gesamtausgabe, auf drei Bücherreihen verteilt. Links und rechts in Vitrinen Terracottafiguren aus römischer, griechischer, etruskischer, babylonischer und ägyptischer Kultur. Vor dem Bücherregal ein Tisch mit Objekten aus der Stein- und Bronzezeit.

„An atmosphere is instantly sensed but not so easily explained" (Davies 1998, 50) beginnt der Abschnitt *The Study* in der Beschreibung des Freud-Hauses 20

Abb. 12: Freuds Bibliothek in seinem Studierzimmer (© Freud Museum, London)

Maresfield Gardens. Besucher hätten oft das Gefühl *of gaining access to a secret place*. Was macht nun das Eigentümliche dieser Atmosphäre aus? Davies schildert es mit bezaubernden Worten:

Das gedämpfte Licht in dem Arbeitszimmer, Farbe und Geruch der Teppiche, die verstaubten alten Bücher, das undefinierbare Zusammenspiel von Erwartung und Erfahrung, Erinnerung und Vorstellung. Manche Besucher erleben das Studierzimmer wie einen Uterus, als ob sich Freud in einer kleinen Blase eingeschlossen hätte, die ihn vor den Sorgen und Mühen des Alltags schützte; für andere ist es wie ein Grab. […] Aber Freud liebte die Helligkeit des Hauses und hätte am liebsten so viel wie möglich bei geöffneter Verandatür gearbeitet. […] Die vielen Objekte, besonders auf dem Schreibtisch, wirken auf manche bedrückend. Aber eine nur geringe Veränderung des Gesichtspunkts macht aus depressiven oder bedrückenden Aspekten der Atmosphäre die Befreiung von Trauer und Angst. In einer eigenen Traumanalyse verband Freud seinen Wunsch nach Unsterblichkeit durch sein Werk mit einem Besuch in einer etruskischen Grabstätte bei Orvieto. Die gedrängt stehenden Antiquitäten und die düsteren Borde voller Bücher an den Wänden des Arbeitszimmers sind Fenster, die sich zum hellen Licht der Weltkultur hin öffnen. (Davies 1998, 51. Übs.: Cl. Guderian)

Aus der Analyse der historischen Gelehrtenstubenbildnisse von der Antike über die frühchristliche Kunst (Augustinus-Fresko 6. Jahrhundert), die Renaissance, das 17., 18. und 19. Jahrhundert bis ins 20. Jahrhundert hinein lässt sich feststellen, dass Freuds Behandlungszimmer nicht nur ein rein ärztlicher Konsultationsraum, sondern in erster Linie Studierstube gewesen ist. Es steht damit in der *stu-*

diolo-Tradition (Berti 1976; Bucci 1965; Cheles 1986; Liebenwein 1977) der Universalgelehrten oder Genies, deren Erkenntnisinteresse sich nicht nur auf ein Fachgebiet richtet, sondern bereits an der Einrichtung des Raumes erkennen lässt, dass Fragen, die im Kern das Universum betreffen, nur beantwortet werden können, indem man sich ihnen von vielen wissenschaftlichen Ansätzen her – interdisziplinär – nähert. Dabei fällt besonders die Verzahnung einzelner Wissenschaften (Theologie, Malerei, Literaturwissenschaft, Sprachwissenschaft, Philosophie, Literatur, Astronomie, Geographie, Mathematik, Geschichtsschreibung, Psychologie, Medizin, Archäologie, Psychoanalyse) mit Elementen aus Bildender Kunst, Malerei und Musik auf.

Im Zentrum des Raums sitzt der Gelehrte allein, in den Gegenstand seiner Wissenschaft vertieft. Oft erhält der Gegenstand der Arbeit (ein Manuskript, eine Lektüre) im Zusammenspiel mit der Konzentration des Gelehrten quasi den Status eines belebten Wesens. Der Autor des gerade studierten Werkes scheint damit, zumindest im Bewusstsein des Gelehrten, persönlich anwesend zu sein und in einen aktiven Disput zu treten. So entsteht eine wissenschaftliche Zwiesprache, die in vielen Gelehrtenbildnissen auch vom Künstler mit abgebildet worden ist: Dürer (1511 und 1514) und Cranach (1525) zeigen sie besonders deutlich, aber vor ihnen bereits Van Eyck (Nachfolge, 1442), Ghirlandaio (1480), Botticelli (1480, 1490 und 1500), Carpaccio (1502) und Antonello da Messina (1475). Besonders charakteristisch ist die Harmonie zwischen Raum und Gelehrtem: Ort, Mensch und Handeln werden durch Haltung, Proportionen, Licht, Farben, dargestellte Materialien und sogar die zu imaginierende Raumtemperatur in einen Einklang gebracht, der durch die Begriffe „Behaglichkeit", „Wohlgefühl" oder „Gemütlichkeit" nur unzureichend beschrieben ist. Vielmehr existiert ein Einklang des Wissenschaftlers mit sich, seinem Raum, seinem Werk und seiner Lebensaufgabe. Er ist ganz *bei sich;* in keinem anderen Raum wäre er so zu Hause wie gerade in der Studierstube. Alles geht ihm leicht von der Hand. Er kommandiert den Kosmos des Standes der Wissenschaft zu seiner Zeit mühelos – davon zeugen die Bücher und sein Umgang mit ihnen. Er klinkt sich in eine Fülle wissenschaftlicher Gedankengänge ein, die von einem Menschen allein nicht gedacht werden könnten; daher wirkt er auch trotz seines Alleinseins nicht einsam.

Die Symbole des wissenschaftlichen oder spirituellen Diskurses sind auf vielen Gelehrtenbildern mit dargestellt: Der Hieronymus von Dürer (1514) trägt einen Heiligenschein als Zeichen der inneren Erleuchtung; dem Augustinus von Botticelli und Carpaccio erscheint Hieronymus. Rembrandts Faust (1652) erlebt eine Erleuchtung, bei der im vom Spiegel reflektierten Bild die Buchstaben *INRI* erscheinen. Und zu guter Letzt ist Freud auf Engelmans Photographie zu sehen mit einem „Heiligenschein" – dem Abschlussreif seiner Stehlampe – hinter sich und jenem konzentrierten Gesichtsausdruck, der sich ganz bei seinem Gedanken und seinem Werk weiß und nur widerwillig in die Kamera aufblickt.

Dem Gelehrten im Zentrum des Raumes leistet oft ein Tier Gesellschaft: Rebhühner gibt Antonello (1475) seinem Hieronymus bei, die später bei Cranach (1525) und Cranach (1530) wiederkehren; Rebhühner mit Küken malt Cranach (1525) in sein Hieronymus-Porträt; Dürer (1492, 1511, 1514) zeigt mehrmals den Löwen als Begleittier von Hieronymus, der sich auch bei Cranach wiederfindet; einen Hund hat schon der Ptolemäus (1450) – er ist bereits im klassischen Griechenland ein Attribut des Heilgottes Asklepios und wandert mit dem Asklepioskult nach Rom aus, wo an die Stelle des Hundes die Schlange tritt. Ein Hund findet sich auch bei Carpaccio (1502), dort als Begleiter des Augustinus; zu guter Letzt teilte Freud selbst die Einsamkeit seiner Studierstube mit seinem Chow-Chow Jofi, der auch häufig bei Analysen anwesend war.

Charakteristische Ausstattungsmerkmale einer Gelehrtenstube, die sich auch in Freuds Praxis antreffen lassen, sind folgende:

- Der Schreibtisch im Zentrum des Raumes, an dem der – einsame – Gelehrte arbeitet;
- Lesepult bis zum 16. Jahrhundert, später Schreibtischauflage oder Beistelltisch für die Lektüre;
- Bank oder Kanapee als Refugium und Ort der entspannten Lektüre, des Nachdenkens und der Besinnung;
- bequemer Arbeitsstuhl;
- Feder, Tinte (bei Freud: Füllfederhalter);
- Konzeptpapier (Pergamentrolle, gebundene Kladde oder Einzelblätter);
- natürliche Beleuchtung durch ein in der Nähe befindliches Fenster;
- künstliche Beleuchtung des Schreibtisches durch Lampen;
- Handbibliothek (Handapparat) in der Nähe des Schreibtisches;
- Umfangreiche Bibliothek an den Wänden der Studierstube;
- Manuskripte;
- Häufig: Globus, Himmelsglobus, Weltkarte; Astrolabium oder Planisphäre zur Bestimmung des Laufs der Gestirne;
- Totenschädel als *memento mori* (bzw. Mumienmaske);
- Uhr (Gnomon, Stundenglas), auch als *memento mori;*
- Kunstgegenstände: Skulpturen, Gemälde, Installationen;
- Persönliche Erinnerungsstücke: Photographien, Zeichnungen, Radierungen, Kupferstiche
- ein Tier.

Gelehrtenstuben sind darüber hinaus häufig reich ausgestattet mit Teppichen und Vorhängen. Sie befinden sich in hell erleuchteten Räumen, in denen oft eine tiefe Stille anzunehmen ist, die lang andauernde Konzentration ermöglicht. All dies trifft auch auf Freuds Studierzimmer zu.

Somit trägt Freuds Arbeitszimmer alle hervorstechenden Merkmale der Gelehrtenstube. Was nun die Couch und ihre Position innerhalb dieses Raumes anbelangt, so geht auch schon aus ihrer Positionierung an der Seite hervor, dass sie gegenüber dem Schreibtisch eine Nebenrolle für Freud gespielt hat. Sein Hauptaugenmerk galt der wissenschaftlichen Synthese der auf bzw. neben der Couch gewonnenen Erkenntnisse.

2.5.9 Bett

Nachdem ein Mensch im abendländischen Kulturkreis geboren worden ist, lebt er im Bett, bis er sich aus eigener Kraft im Raum aufrichten kann.

Diese Zeit im Bett, zwischen sechs und zwölf Monaten des ersten Lebensjahrs, geht prägend in die Primärsozialisation ein, wenngleich man darüber keine bewussten, sprachlich symbolisierten und verbal abrufbaren Erinnerungen besitzt. Dennoch kann diese Zeit unter bestimmten Voraussetzungen erinnert werden, und zwar durch den Körper selbst, seine Lagerung oder bestimmte Interaktionen. (Moser 1993, 9)

Im ersten Lebensjahr besteht die psychische Einheit zwischen Mutter und Kind noch fort. Aus dem umhüllenden Uterus ist das Bett geworden, das den Körper trägt, in früheren Zeiten war es die schaukelnde Wiege, ein Möbelstück, das in den 1960er-Jahren endgültig aus unserem Kulturkreis verbannt wurde, wie Montagu bissig vermerkt.[29]

Janus (2000, 114) weist darauf hin, dass die psychische Verbindung zwischen Mutter und Kind im ersten Lebensjahr sehr stark ist: Zu der Zeit lebt das Kind noch in der umwölbenden Einheit von instinktiv interagierendem Subjekt und Objekt der Mutter-Kind-Einheit.

Wie Hüllen lösen dann immer größere Räume einander ab: Was für den Fötus die Behausung durch den Uterus darstellt, wird für das neugeborene Kind Bett, Wiege oder die mütterliche Umarmung. So wird dasselbe psychische Objekt in immer neue Orte transportiert.

> Das Urselbst der fötalen Situation, das die ganze Welt umschließt, das Selbst der postnatalen Zeit (das die Mutter umschließt in einem Raum), transformiert sich in das größere Selbst [...] als umfassender Hintergrund des Ichs. Das fötale Selbst reaktiviert sich in allen tiefen Verbundenheitsgefühlen, in kosmischen Bewusstseinszuständen, in dem, was Romain Rolland das ozeanische Gefühl genannt hat. (Janus 2000, 114)

Die Couch und der Raum, der den Analysanden umschließt, ist also eine Transformationsstufe des früheren Kinderbetts, das seinerseits den Uterus ablöste.

Die Art, wie diese lebensgeschichtliche Epoche erlebt und verarbeitet wurde, ist in der Regression durch das Liegen auf der Couch, die dann vornehmlich als Bett erlebt wird, zu erkennen. Ist ein Kind gemäß Winnicott (1990) von seiner Mutter liebevoll empfangen und zugewandt gepflegt worden, und war das Bett in diesem Zusammenspiel der geduldige Vertreter für den haltenden Arm der Mutter, so ist die Chance groß, dass sich aus diesem Kind ein Erwachsener mit einem „wahren Selbst“ entwickeln konnte. Ist es hingegen von der Mutter nicht gewünscht, nicht beachtet oder gar abgelehnt worden, so fällt auch dem Kinderbett eine andere Rolle zu: Es ist der Ort, an den das Kind abgestellt wurde, isoliert von den Menschen, zu denen es Kontakt wünschte, den er sich mit aller Kraft herbeizuschreien versuchte. Hier lag es gefangen. Das Bett war stärker als der Wunsch des Kindes nach der menschlichen Gemeinschaft, es wurde zum Ort der Zwangsverwahrung, zum Verlies und möglicherweise sogar zum Grab, da die Verlassenheitsangst neugeborener Kinder Todesangst ist. Es wurde zum einzigen Objekt, das noch erreichbar war, wenn sich das lebendige Objekt, die Mutter, dem Kontakt entzog. Solche frühen Erlebnisse können starke Triebfedern für die Ausbildung eines „falschen Selbst“ sein. Allerdings weist Damm (1995, 63) darauf hin, dass man hieraus kein mechanisches Entwicklungsschema ableiten darf.

Das Bett des Säuglings kann auch im Sinne Kernbergs (1981 und 1991) als Objekt verstanden werden, zu dem eine Beziehung internalisiert wurde.

Darüber hinaus scheint die Interpretation des Bettes als Übergangsobjekt plausibel: Es ist kein Körperteil, weder des Kindes noch der Mutter, wird jedoch in seiner haltenden, wärmenden, tröstenden und damit spannungslösenden Funktion zum Stellvertreter der Mutter, deren bergende Rolle es im postnatalen Zustand ja übernommen hat. Diese Funktion kommt dem Bett direkt zu; es ist viel weniger symbolisch kodifiziert als Puppen, Teddys oder *security blanket*[30], die nur einen Partialaffekt symbolisieren. Das Fell, das Weiche, der vertraute Geruch oder die hautähnliche Oberfläche des Puppengesichts (Winnicott 1953, 1971) stehen für einen Teil der Mutter, und zwar überwiegend für Haut, Haar und Brust. Im Bett befindet sich das Kind tatsächlich mit seinem ganzen Körper, so, wie es sich zuvor mit seinem ganzen Körper in der Mutter befunden hat.

Das Wesen des Übergangsobjekts ist die Tatsache, dass es nicht Bestandteil des Ichs ist. Es ist eine symbolische Repräsentanz der Mutter oder eines Teils von ihr, mit der die verlorengegangene Mutter-Kind-Einheit, zumindest in der Phantasie, in ihrer haltenden, entlastenden Funktion, wieder hergestellt werden kann. Insofern ist auch das Kinderbett ein Übergangsobjekt.

Auch die Interpretationsansätze von Hirsch (1998, 25), Gaddini und Gaddini (1970) und Kestenberg (1971, 84) lassen die Auffassung zu, das Bett fungiere als Objekt im Kernberg'schen Sinne. Dem Bett kommt in dieser frühen Lebensphase die Funktion eines Übergangsobjekts zu: es symbolisiert den lebendigen Körper der Mutter.

Ist das Bett im frühkindlichen Erleben quasi der mütterliche Körper, so wird auch die psychoanalytische Couch in der analytischen Übertragung sowohl zum Uterus als auch zum bergenden, schützenden mütterlichen Arm und zur Chiffre mütterlicher Geborgenheit. Damit verliert das Bett den Status eines unbelebten Möbelstücks, sondern nimmt in der Übertragung die Qualität eines menschlichen Körpers an.

Mutterkörper – Bett – Couch – Analyseraum: allen vier Orten begegnet der Analysand wieder. Sie verschmelzen in der Übertragung zu unterschiedlichen Einheiten, die nacheinander in der Psychoanalyse wiedererlebt werden, sofern der Psychoanalytiker für diese Assoziationskanäle offen ist. So verweist Moser (2002, 1) darauf, dass „die Couch als eine Erweiterung des Körpers des Analytikers wahrgenommen werden kann."

Im Alltag psychoanalytischer Behandlung zeigen die unterschiedlichen Übertragungssituationen, wie das Kinderbett, der Mutterarm und der Mutterschoß vom Analysanden erlebt wurden und nun wiedererlebt werden.

So lassen sich unterschiedliche Affekte zum Bett selbst in der Behandlungssituation beobachten, wodurch sich ein neuer Zugang zur präverbalen Erlebnisschicht erschließt. Moser gestattet seinen Analysanden, die Couch zu verlassen und sie umzugestalten – seine Couch ist eine aufklappbare Schaumstoffmatratze vom Format ein mal zwei Meter. Der Analysand darf daraus ein „Dach", ein „Zelt" oder ein „Boot" bauen, darf sich mit Hilfe zusätzlicher Kissen „einigeln" oder eine geschlossene Behausung bauen. Der mütterliche Arm, den die Couch symbolisiert, wird damit nicht nur passiv ertragen, sondern nun auch aktiv umgestaltet.

Aggressive Affekte gegenüber einer vernachlässigenden oder abwesenden Mutter können in diesem Setting, das Variabilität gestattet, leichter wiedererlebt und damit bewusst gemacht werden. In diesem Fall sind die früheren Objektbeziehungen weniger solche zu Menschen gewesen als zu dem unbelebten Bett. Daraus können sich im Erwachsenenalter (auto)aggressive Affekte speisen, die im Wiedererleben während der Psychoanalyse auf das Bett zeigen.

Moser hält, um solche Affekte auffangen zu können, in seinem Behandlungsraum einen mit Schaumstoffkugeln gefüllten Sack (Gatti, Paolini, Teodoro 1968) bereit, der sowohl als körperplastisch variabler Sessel funktioniert als auch, wie ein Sandsack beim Boxen, Schläge des Analysanden erträgt.

Das Bett kann jedoch auch als Mitte des Raumes betrachtet werden. Wenn sich die Familie am Ende des Tages aufspaltet, verlieren Herd und Tisch ihre Mittelpunktfunktion. Üblicherweise beginnt jeder Tageslauf im Bett und endet dort wieder. Auch der Zyklus des Menschenlebens beginnt und endet im Bett. Im Bett kommt der Mensch im tiefsten Sinn zur Ruhe. (Bollnow 1961, 165) Das Bett ist also von großer Bedeutung für den Aufbau des menschlichen Lebens und besonders für den vom Menschen gelebten und erlebten Raum.

Die Sprachgeschichte des Wortes führt zu einem gemeingermanischen Wort für „Lagerstatt, Schlafstelle" (althochdeutsch *betti*), das auf eine indogermanische Verbalwurzel **bhed-* „stechen, graben" verweist. Es bedeutete demnach ursprünglich „in die Erde eingewühlte Lagerstatt; Grube zum Schlafen" und ist eng verwandt mit der keltischen Sippe um gallisch *bedo-* „Graben, Kanal". Den Germanen war die heutige Form des Bettes unbekannt. Sie schliefen auf einem mit Stroh und Fellen gepolsterten Lager am Boden; später diente auch die Bank zum Schlafen, wie wir sie noch in Dürers Gelehrtenstube des Hieronymus finden. Bewegliche Betten verbreiteten sich bei den Germanen erst im späteren Mittelalter. Doch hatte man über dem Stroh schon früh Tücher und Federbetten (althochdeutsch *bettiwat, fedarbetti*). Im Deutschen wird das Wort auch übertragen gebraucht, etwa in den Zusammensetzungen „Flußbett" und „Nagelbett". Das Wort „Beet" geht auf dieselbe Wurzel zurück. (Drosdowski, Grebe 1963, 63)

Wer *eingebettet* ruht, ist vor Hitze, Frost und gewaltsamen Angriffen geschützt, umgeben von einem Milieu, das bestes Gedeihen verspricht. Wer *eingebettet* ist, kann nicht sofort gesehen werden, da er mit seiner Umgebung, zumindest zeitweise, verschmilzt.

Die Odyssee liefert ein Beispiel für das Verlangen des Menschen, sich im Bett einen unerschütterlichen festen Halt innerhalb der Welt zu verschaffen. Als Odysseus nach Hause zurückkehrt, sagt Penelope, um ihn zu prüfen, sie habe das Bett an einen anderen Ort bringen lassen, worauf Odysseus erwidert:

Wer hat mein Bette denn anders gesetzt? Das könnte ja schwerlich
Selbst der erfahrenste Mann, wo nicht der Unsterblichen einer
Durch sein allmächtiges Wort es leicht von der Stelle versetzt;
Doch kein sterblicher Mensch, und trotzt' er in Kräften der Jugend,
Könnt' es hinwegarbeiten! Ein wunderbares Geheimnis
War an dem künstlichen Bett, und ich selber baut' es, kein andrer!
(Homer 1781, XXIII, 184–189)

Das wunderbare Geheimnis – und damit zugleich das Erkennungszeichen für Penelope – ist der Grundpfosten seines Bettes. Odysseus selbst hatte einen im Boden verwurzelten Stamm eines Ölbaums genommen und aus ihm, nachdem er die Krone abgeschlagen und den Stamm geglättet hatte, den ersten Pfosten des Bettes hergestellt. Erst um dieses herum schuf er das weitere Schlafgemach. Unverrückbar im Boden verwurzelt, bildet der Pfosten des Bettes die *axis mundi*, zu welcher der Held nach langen Irrfahrten endlich zurückkehrt. Dieser feste Bezugspunkt ist nichts anderes als der Zentralstab der Tuwa-Nomaden im Altai-Gebirge, um den sie ihre Jurten errichten, nichts anderes als der Baum des Lebens aus Genesis 1, nichts anderes als Yddrasil, an den Odin sein Pferd bindet. (vgl. Kap. 2.3.3)

Durch die Gegenwart des Baumes fühlt der Schläfer sich verwurzelt. Und ein solches Verwurzelt-Sein vermittelt die Gewissheit, unverrückbar und beschützt zu sein. Der Baum oder Baumstamm ist auch Traumsymbol für die Nabelschnur, die

Baumkrone für die Plazenta. So *angebunden* erlebt der Fötus neun Monate lang die unerschütterliche Sicherheit mütterlicher Geborgenheit. Dadurch wird aus dem Schlafen im Bett wieder die zuverlässig sichernde fötale Einbettung, von der schon der biblische Hiob sagte: „Mein Bett soll mich trösten, mein Lager soll mir meinen Jammer erleichtern." (Hiob 7, 13) Hier ist der Mensch sicher.

Die Sicherheit des Bettes kann der Analysand auf der Couch ebenso empfinden. Auch der Anblick eines Baumes von der Analysecouch wirkt oft sehr beruhigend (vgl. Walter in: Guderian 2004a).

Es ist Bollnows Verdienst, an dieser Stelle weitergefragt zu haben, was dem Bett diese besondere Bedeutung eines Ortes letzter Geborgenheit zuweist. Er leitet es aus dem Liegen selbst her, aus dem Aufgeben der aufrechten Haltung.

> Wenn der Mensch sich hinlegt, um einschlafen zu können, so ist das nicht einfach eine Bewegung innerhalb des Raums, wobei der Raum feststünde und der Mensch sich in ihm bewegte, sondern es ändert sich dabei von Grund auf das Verhältnis des Menschen zum Raum und damit [...] der erlebte Raum selbst. Das beruht auf dem tiefgreifenden Unterschied zwischen dem Stehen [...] und dem Liegen. Das Stehen erfordert immer eine beständige Anspannung, um dem Zug der Schwerkraft Widerstand leisten zu können. (Bollnow 1963, 170)

In der aufrechten Haltung gewinnt der Mensch zu den Dingen der Welt einen deutlichen Abstand. Der Raum um ihn herum wird zum Feld eines freien Überblicks. Dies ist die Perspektive des Psychoanalytikers im Setting. „Haltung" ist dabei nicht nur eine Frage des Muskeltonus, sondern deutet auch auf das Befinden der Person: die *innere Haltung* ist eine bewusste Verfassung, die sich nicht einfach dem Zufall, quasi der Schwerkraft der Einfälle, überlässt, sondern bewusst entscheidet, welche Persönlichkeitsaußenwirkung sie erzeugen will.

Tiere haben keine Haltung, weil ihr Verhältnis zur Natur ungebrochen ist. Sie *ver*halten sich lediglich. Haltung aber setzt eine Entscheidung und mithin Distanz zum eigenen bloß vegetativen Dasein voraus.

Beim Liegen dagegen wird die Haltung aufgegeben.

> Es scheint nämlich ein Wesenszusammenhang zu bestehen, demzufolge auch die innere Haltung nur zusammen mit der äußeren Haltung aufrechterhalten werden kann, d.h. daß der Mensch nur in der Gespanntheit seiner leiblichen Haltung auch innerlich Haltung haben kann. [...] Einschlafen heißt die Haltung preisgeben. [...] Dieser Verlust der Haltung geschieht aber nicht erst im Vorgang des Einschlafens, sondern unmittelbar spürbar schon im bloßen Liegen. [...] Schon der liegende Mensch hat ein andres Verhältnis zur Welt als der aufrecht stehende. Ja, es gilt bis zu einem gewissen Grade schon vom bloßen Sitzen. Man braucht sich nur in einen bequemen Sessel fallen zu lassen, um zu spüren, wie die Gespanntheit der Haltung von einem abfällt und man „friedlicher" wird und weniger aktiv auf die Reize der Umwelt reagiert. (Bollnow 1963, 172f.)

Bollnow beschreibt hier mit eigenen Worten das Regredieren in der Psychoanalyse. Denn indem die aktuellen Außenreize weniger wichtig werden, haben frühere, geringer strukturierte und weniger gereifte innere Reize Gelegenheit, in der Übertragungssituation bis zur Oberfläche des Bewusstseins durchzudringen. Insofern ist die Situation des Einschlafens im Bett sehr aufschlussreich für den analytischen Prozess.

Man erkennt jetzt die enge Beziehung aktueller psychischer Strukturiertheit zum Raum: Der im Bett liegende Mensch hat ein anderes Verhältnis zum Raum, oder, präziser: Er *hat* einen anderen Raum als der sich aufrecht Bewegende. Erreichbarkeit, Greifbarkeit und der dafür erforderliche Kraftaufwand sind für den Liegenden ein ganz anderer als für den Stehenden. Das Zurücklegen kleiner und kleinster Wege erscheint dem im Bett Liegenden unter Umständen als eine nicht zu leistende Zumutung, während ein aufrecht Stehender sie innerhalb von Sekunden bewältigt.

Wie der liegende Säugling ein anderes Verhältnis zum Raum hat als der sich frei im Raum bewegende Erwachsene, empfindet auch der regredierte Analysand die Anforderungen der Welt an ihn möglicherweise als etwas, das aus weiter Ferne zu ihm dringt, um das er sich aber keine Sorgen mehr zu machen braucht. Er löst aktuelle Aufgaben auf dem niedriger strukturierten Niveau des liegenden Säuglings: durch Nichtbeachten, Aufschieben, durch eine symbolische oder durch eine nur phantasierte Aktion, die zunächst den gleichen bedürfnisbefriedigenden Effekt hat. Darauf sollte der Psychoanalytiker gefasst sein. Sie ist eine Folge des Liegens. In der Übertragungssituation kann hier exemplarisch durchgearbeitet werden, wie diese frühen, unreifen Lösungen auf Anforderungen im Erwachsenenleben als adäquat empfunden wurden.

Welchen Körper- und Bewusstseinszuständen begegnet man im Bett weiter? Vom *Haltung Verlieren* über das Liegen geht es zum allmählichen Verlöschen des Bewusstseins beim Einschlafen. Das Schlafen selbst stellt auf der Analysecouch eine Ausnahme dar. Doch ist die Tiefenregression ein schlafähnlicher Zustand, in den man hinüberdämmert und aus dem man wieder zum Alltagsbewusstsein erwacht, ein Zustand zwischen Trance und vollem Bewusstsein, der weder Wachsein noch Schlafen ist. Sowohl das völlige Einschlafen wie das völlige Erwachen geschieht in vier Stufen, die im folgenden näher geschildert werden.

Wenn man sich ins Bett legt, um einzuschlafen, hört das bewusste Ich an einer bestimmten Schwelle auf zu existieren. Es scheint sich in einem umfassenden Medium aufzulösen, und jeden Morgen baut sich dieses Ich – zusammen mit seiner umgebenden Welt – wieder neu auf. Dieser Schwellenmoment kommt auch in der Analyse vor, nachdem der Analysand in einer längeren Phase der Absence, der Tiefenregression, plötzlich Lebensabschnitte wiedererlebt hat, die er längst vergessen hatte. Aus den *Tiefen* solcher Regressionsphasen *taucht* er mit seinem Gegenwartsbewusstsein regelrecht wieder *auf* und ist zunächst wie ein zweiter Mensch, der zu dem ersten zunächst keinen Kontakt hat. Diese Phase des Kontaktes zwischen zwei Welten[31] ist außerordentlich kurz. Es sind Augenblicke, die kaum länger als eine Traumsequenz dauern. Wie jene dehnen sich diese jedoch im Bewusstsein des Erlebenden, und Marcel Proust hat den ersten Moment des Erwachens auf den Anfangsseiten seiner „Recherche“ genau geschildert:

> Wenn ich mitten in der Nacht aufwachte, war ich nicht nur ohne eine Ahnung, wo ich mich befand – ich wusste im ersten Augenblick nicht einmal, wer ich war; ich hatte nur in aller Ureinfachheit das Gefühl des Daseins, wie es zittern mag im Innersten der Kreatur; entblößter war ich als der Höhlenmensch; aber dann kam die Erinnerung … und zog mich aus dem Nichts, aus dem ich ganz allein nicht hätte herauskommen können. (Proust 1913/1926, 10)

Die Erinnerung ist also die Kraft, die aus dem Ich-verlorenen Wesen schrittweise wieder einen aktiven, handlungsfähigen Menschen macht. Sie setzt allmählich ein, in Stufen, die Dürckheim so beschreibt:

Jeder erinnert sich an Augenblicke des Erwachens, in denen ihm alle Orientierung fehlt. Hiermit meint man noch nicht Orientierung als Bescheidwissen, wo man sich eigentlich befindet, sondern denkt an jene eigentümlichen Fälle, in denen man erwacht, vielleicht in einer unglücklichen Stellung, und sich für einen Augenblick überhaupt nicht zurecht hat. Man weiß nicht, wo oben und wo unten ist, besser gesagt: es fehlt einem das Oben und Unten, man hat es noch nicht. Es fehlt jede Richtungsbestimmtheit des Subjekts und damit jede Raumbestimmtheit überhaupt. Es sind Augenblicke eines seltsam wesenlos-unzentrierten Im-Nichts-Hängens. Es ist ein gewichtloser, körperloser, raumloser, weder in sich gefestigter noch gerichteter dahinfließender Gesamtzustand ohne Raumbewusstsein und – bedeutsamerweise ohne eigentliches Selbstbewusstsein. (Dürckheim 1932, 400)

Besonders dann, wenn man an ungewohntem Ort eingeschlafen ist, macht sich beim Aufwachen diese Orientierungslosigkeit bemerkbar. Man weiß nicht, an welchem Punkt des Raumes man ist, ja, man weiß nicht einmal, in welchem Raum man sich überhaupt befindet. Alle Richtungen fehlen.

So lässt sich die erste Stufe des allmählichen Erwachens als ein noch unräumliches und noch nicht Ich-haftes Daseinsgefühl kennzeichnen. (vgl. Bollnow 1963, 178)

In der zweiten Stufe lässt sich eine Richtung ausmachen. Man spürt das eigene Körpergewicht auf einer Unterlage und gewinnt so Klarheit über das Oben und Unten, mithin über die eigene Positionierung im Verhältnis zur Erdachse.

Das scheint selbstverständlich; wer jedoch einmal auf See in schweres Wetter geraten ist, erlebt als größte Irritation die fehlende Ortung zum Erdmittelpunkt. Oben und Unten sind nicht mehr fixiert. Der eigene Körper, der eben noch nach unten sank, wird im nächsten Augenblick wieder emporgehoben. Er wechselt beständig die Richtung, alle drei Raumachsen sind instabil, und das Ausloten der eigenen Körperachse zur Erdachse findet nicht mehr statt. Bei lange anhaltendem schlechten Wetter können sogar Suizide auftreten, wenn es dem einzelnen nicht gelingt, das eigene Dasein auf der Welt zu *verankern.*

Auf der Erde, an Land, jedoch gelingt es, sich nach dem scheinbar körperlosen Dasein im Schlaf während des Erwachens wieder zu finden. Unterlage und aufruhende Körperfläche werden als auseinandertretend erlebt. Man ist seiner Lage inne geworden. Die Vertikalachse zum Erdmittelpunkt ist als maßgebliche Orientierungsgröße erfasst worden.

Von hier aus baut sich nun in einer dritten Stufe die weitere Raumorientierung auf. Als erstes wird einem die Lage der Glieder und um sie herum die ersten Stücke des umgebenden Zimmers bewusst.

Mein Leib, zu erstarrt, um sich zu rühren, suchte dann, je nach der Form seiner Müdigkeit, die Lage seiner Glieder festzustellen, um von da aus die Richtung der Wand, den Platz der Möbel zu erschließen, und die Stätte, wo er sich befand, zu rekonstruieren und zu benennen. (Proust 1913, 11)

Auch Pasternak schildert in einem inneren Monolog, wie sich der Körper eines Menschen beim Erwachen zusammenzusetzen scheint. Die sechzehnjährige Lara, Tochter einer verarmten russischen Immigrantin aus dem Ural in das vorrevolutionäre Moskau, ist mit dem Liebhaber ihrer Mutter tanzen gewesen und hat sich seine Zudringlichkeiten gefallen lassen. Nun, beim Erwachen aus dem sonntäglichen Schlaf, kommt sie zu sich:

> Es war an einem Sonntag im Juni. An Feiertagen konnte Lara etwas länger im Bett bleiben. Sie lag auf dem Rücken, die Arme unter dem Kopf verschränkt. [...] „Ich sollte noch etwas schlafen", dachte Lara. Das Brausen der Stadt unter den Fenstern schläferte sie ein wie ein Wiegenlied.
>
> Lara spürte auf einmal die Grenzen ihres Körpers, sie empfand die Wölbung ihrer linken Schulter und die große Zehe ihres rechten Fußes. „Das ist meine Schulter, mein Fuß", dachte sie, „das alles bin ich, meine Seele, mein Wesen. Der Entwurf meiner selbst ist in feste Umrisse gebannt." Und zur gleichen Zeit spürte sie grenzenloses Vertrauen in die Zukunft, der sie entgegenging.
>
> „Ich möchte einschlafen", dachte Lara ... (Pasternak 1958, 35)

An dieser Textstelle wird deutlich, wie das Bewusstsein des Ichs im Raum gekoppelt ist mit dem Bewusstsein einerseits des eigenen Körpers, und andererseits mit dem Bewusstsein der eigenen *Lage* in der vollen Doppeldeutigkeit des Wortes. Lara erwacht. Aber sie erwacht nicht nur wie an jedem Morgen zu ihrem Tagwerk; ihre volle Weiblichkeit ist erwacht in jenem Moment der Neu-Synthetisierung. Zuerst fällt das Lot von ihrer Person hinab auf die Erde (das Brausen der Stadt unter dem Fenster) und die von dort zu ihr dringenden Geräusche. Damit ist die Vertikalachse gesetzt. (Sie fühlt sich beruhigt *wie von einem Wiegenlied.*) Erst im Anschluss daran wird ihr der eigene Körper bewusst und die Lage im Raum deutlich. Und in diesem Moment dehnt sich ihre Geborgenheit im Bett auf das ganze vor ihr liegende Leben aus, und sie verspürt *grenzenloses Vertrauen in die Zukunft.*

Verblüffend ähnlich schildert Dürckheim den Aufbau der inneren und äußeren Welt beim Erwachen:

> In diesem Augenblick schnappt dann in der Regel die ganze Raumorientiertheit ein. Bisweilen aber liegt als besondere Phase noch ein Zustand dazwischen, in dem man sich noch nicht rührt, obwohl man schon das Unten, den Boden hat; man hat aber noch nicht das unmittelbare Herum. Man ist schon ‚selbst' da, aber gleichsam punktuell festgenagelt. [...] Man ‚hat' noch nicht, wo ‚Wand', wo Bewegungsfreiheit ist, und nicht, wie der Boden weiter beschaffen ist. [...] Aber mit der hier bereits vage vorhandenen, nur an das Lageinnesein geknüpften Richtungsbestimmtheit geht doch schon eine gewisse Zentriertheit und damit ein fragmentarisches Selbstsein zusammen, das vorher fehlte. (Dürckheim 1932, 401 f.)

Proust schildert es ähnlich: Noch im Dunkeln liegend, stellt ihm das Gedächtnis seines Leibes

> so manche Zimmer, in denen er geschlafen hatte, nacheinander vor Augen, während rings um ihn die unsichtbaren Wände, richtungswechselnd mit jeder neuen Vision eines Zimmers, in der Finsternis taumelten. (Proust 1913, 11)

Die Erinnerung baut allmählich den Raum wieder auf, den er zuletzt um sich hatte. Proust beschreibt, wie nun verschiedene Bilder vorüberziehen: Gleich wird die Mutter kommen, um ihm gute Nacht zu sagen – das war das Bett seiner Kindheit –, oder: Er hat die Zeit verschlafen, er muss sich beeilen, um noch zum Essen zu kommen – das war im späteren Alter auf Besuch bei Freunden auf dem Land. Wenn man an einem ungewohnten Ort eingeschlafen ist, fällt die Erinnerung an den zuletzt bewusst erlebten Raum beim Erwachen besonders schwer.

Darauf folgt das Stadium der allmählichen Gewissheit. Wenn man, etwa beim Tasten nach der Wand neben sich, nach einem Kissen oder den Dingen auf dem Nachttisch, beim Blick auf die Leuchtziffern eines Weckers oder beim Wiedererkennen eines bestimmten Geruchs, allmählich in seiner Vermutung bestärkt wird, dass man sich an einem definierten Ort befindet, dann gelingt die Ordnung der Umwelt. Allerdings benötigt man zum Erlangen der vollen Gewissheit auch volles Licht. Proust schreibt: Erst das volle Tageslicht, weiß und berichtigend wie ein Kreidestrich, bringe das Geordnete an seinen definitiv richtigen Platz: „Das blasse Zeichen, das der erhobene Finger des Tages über den Gardinen markierte, hatte [die Wohnung, die ich mir in der Finsternis aufgebaut hatte,] in die Flucht getrieben." (Proust 1913, 263)

Damit ist das vierte Stadium des Erwachens erreicht. Erst in dem Moment, in dem der Ort des Erwachens – und damit die dort erwachende Person – eindeutig identifiziert ist, ist der Mensch wieder ganz er selbst.

> Den Raum zurückgewinnen bedeutet also zugleich das Selbst zurückgewinnen. Daraus ergibt sich die entscheidende Wichtigkeit des Raums für die Konstitution des Selbst. [...] Erst durch die Lokalisierung an einer bestimmten Stelle im Raum kann auch das Ich diejenige Festigkeit gewinnen, sich selbst als etwas Identisches festzuhalten. Darum ist der Raum die unentbehrliche Vorbedingung für die Ausbildung eines sich in Freiheit zu sich selbst verhaltenden Ich. (Bollnow 1963, 182)

Das Wiedererwachen des Selbstbewusstseins und das Wiedergewinnen des Raumbewusstseins, ja, das bewusste Dasein im Raum – im Gegensatz zum Dasein in der Phantasie, im Schlaf, in der Regression – greifen ineinander.

Fassen wir noch einmal die vier Stufen zusammen, die der Analysand (Schläfer) beim Aufwachen durchläuft:

1. Zunächst taucht der Mensch wie ein zweites Wesen aus seinem veränderten Bewusstseinszustand auf. Er hat noch ein unräumliches Daseinsgefühl.
2. Dann fällt er das Lot auf den Erdmittelpunkt und stellt damit eine Erdachse durch den eigenen Körper her: er macht eine Richtung aus und positioniert sich selbst im Raum. Oben und unten werden klar.
3. Anhand dieser x-Achse (Körperachse) und der y-Achse (Erdachse) klärt sich allmählich die Lage der Glieder. Der Raum und der darin befindliche Körper bauen sich im Bewusstsein auf. Man *spürt sich selbst,* spürt seinen Körper wie ein Objekt, dessen man gewiss ist. Zur körperlichen Qualität gesellt sich das Bewusstsein einer bestimmten psychischen Qualität: man erwacht freudig, unternehmungslustig, zerschlagen, müde oder verschreckt. Man erinnert sich vielleicht an einen Traum als etwas, das von einem nun getrennt ist, während man zuvor Teil des Traumgeschehens zu sein glaubte. Die beginnende innere Distanz konstituiert den wachen Menschen.
4. Erst bei vollem Tageslicht bzw. bei geöffneten Augen ist der erwachte Mensch ganz bei sich. Er ist nun wieder eindeutig der Nicht-Schläfer, der Bewusste, der Diesseitige, der sozial identifizierte. Möglicherweise ist ihm noch eine Erinnerung an den Zustand in der Absence erhalten geblieben, und er ist nun in der Lage, diese beiden Daseinsformen zueinander in Beziehung zu setzen, etwa als Wunsch-Identität und als wirkliche Identität.

So erwacht der „körperlose" Schläfer aus seiner „anderen Welt", aus dem *Dunkel der Nacht* in die *Helligkeit des Bewusstseins,* zu seinem bewussten Selbst mit seinem vertrauten Körper. Er wird Teil des von ihm belebten Raumes und damit auch wieder handlungsfähig.

Nun sei der umgekehrte Weg betrachtet: das allmähliche Versinken des wachen Tagesbewusstseins in den Dämmerzustand der Trance und des Schlafs. Dieser

Weg ist schwieriger nachzuvollziehen, weil er mit dem Auslöschen des Bewusstseins endet, folglich auch keine Metaebene der Reflexion mehr existiert. Die umgangssprachlichen Metaphern unterstützten diese Beobachtung. Man spricht davon, dass man in den Schlaf *sinkt* wie in eine Grube – oder wie in die Erdkuhlen unserer germanischen Vorfahren –; man *geht in die Falle* oder *in die Klappe:* auch diese Metapher könnte aus dem altgermanischen Bett stammen, das in die Erde eingelassen war wie die Fallen für große Tiere; man *taucht ab* – eine Metapher, die wohl auf die intrauterine Existenz im Fruchtwasser anspielt –, man schläft *wie ein Toter.* Dazu gehört auch die übertragene Bedeutung von *Einschlafen* oder *Entschlummern* als Euphemismus für *Sterben.* Man *beguckt sich von innen:* eine Metapher, die den eigenen Körper als Objekt behandelt und auf die duale Daseinsform von Schlaf- und Wachexistenz abhebt; man schläft den *Schlaf des Gerechten:* kehrt also zu einer vorbewussten Existenzform zurück, in der man noch nicht strafmündig ist. Auch das Koitus-Synonym *mit jemandem schlafen* indiziert diese Absence: Man ist in einer veränderten Bewusstseinslage, vergleichbar dem Schlaf, man befindet sich gegenüber dem Wachzustand in einer anderen Welt.

Ist hiermit also der Endpunkt des Einschlafens bestimmt, das völlige Auslöschen jeder bewussten körperlichen und geistigen Tätigkeit, so sei jetzt der Übergang dorthin näher betrachtet.

Das Einschlafen beginnt mit dem Augenschließen. Schlaf und Dunkelheit gehören zu einander. Es folgt das bewusste Beenden jeder muskulären Aktivität. Indem man stillhält, verschwindet auch die Ortung im Raum, und mit dem räumlichen Bezug zum Körper verschwindet auch die Bindung an den Raum.

Der Einschlafende gibt sich also dem Schlaf hin. Er lässt los. Spannung, die vorher notwendig war, schon allein, um den Körper in der vertikalen Position zu halten, weicht einer umfassenden Entspannung. Das ist das erste Stadium des Einschlafens.

Das sich-Hingeben funktioniert deshalb so gut, weil die Körperschwere ein Unten anzeigt, dem man sich gefahrlos anvertrauen kann, ohne umzufallen.

Wie aber schläft ein Mensch im Weltraum ein, für den es kein Unten gibt, und wo folglich die Ortung an der Erdachse nicht möglich ist? Der Astronaut Ulrich Walter schildert es:

> Schwebt man nun vorsichtig in diese unterste Koje hinein und dreht sich eine halbe Drehung, so dass der Rücken nach oben und das Gesicht nach unten weist und das Middeck seitlich draußen auf dem Kopf steht, dann beschleicht einen das sichere Gefühl: Dabei schlafen? Vergiß es! Mißbilligend schließt man die kleine Schiebetüre der Koje neben sich, um seine Ruhe zu haben. Etwas verstimmt und dazu eingezwängt ist man nun ganz allein für sich in diesem dunklen Schuhkarton, der nur durch ein kleines Leselicht am Kopfende spärlich beleuchtet wird. Doch dann passiert bei vielen Astronauten das Unglaubliche. Es dauert keine fünfzehn Sekunden, und plötzlich hat man das ganz normale Gefühl, auf dem Rücken zu liegen! [...] Man zieht sich handbreite Bänder über den Beine, den Bauch und über die Stirn, die einen zusammen mit dem Schlafsack an die Kojenwand und den Kopf auf das Kopfkissen drücken. Jetzt stimmt alles für den ersehnten Schlaf: Man hat endlich das Gefühl, irgendwo sanft aufzuliegen, und die Welt rundherum ist wieder im Lot. (Walter 1997, 1 f.)

Die eigene Körperachse, anhand derer man die Lage im Raum ausmacht, wird also durch das Festgurten definiert, und der Körper hat die Empfindung, sich in der Horizontalen zu befinden, im rechten Winkel zur Erdachse. Erstaunlicherweise verwendet Walter dieselbe Vokabel wie Eliade: „Die Welt ist wieder *im Lot.*"

Nun kann der Einschlafende sich der Welt gefahrlos anvertrauen und die Kontrolle über den eigenen Körper aufgeben.

Mit der Kontrolle über die physiologischen Vorgänge gibt der Einschlafende auch die Kontrolle über die Gedanken auf. Die Gedanken gehen plötzlich ihren eigenen Weg. Wenn man mit Lektüre im Bett liegt, ertappt man sich plötzlich dabei, dass man einen Abschnitt oder eine Zeile immer wieder liest. Oder man stellt fest, dass man einen gelesenen Satzanfang mit einer eigenen phantasierten Fassung zu Ende bringt.

Zugleich mit dem Zurückweichen der bewussten, geordneten gedanklichen Tätigkeit beginnt aber eine große Aktivität des Unbewussten. Das bewusste Ich löst sich auf und vertraut sich dem Körper an, der es nun umgibt: dem Bett und dem Raum.

Dieser, für die Psychoanalyse zentrale, Moment des Einschlafens und des Übergehens in die Welt des Unbewussten, macht einen Augenblick lang die ganze Gefühlswelt des Unbewussten nachvollziehbar.

Der englische Autor Kenneth Grahame hat in seinem Roman *The Wind in the Willows* dieses Aufgehoben-Sein beschrieben. Der Maulwurf kehrt mit der Ratte nach langer Abwesenheit wieder in sein Zuhause zurück und schläft zum ersten Mal wieder im eigenen Bett ein.

> The weary Mole also was glad to turn in without delay, and soon had his head on his pillow, in great joy and contentment. But ere he closed his eyes he let them wander round his old room, mellow in the glow of the firelight that played or rested on familiar and friendly things which had long been unconsciously a part of him, and now smilingly received him back, without rancour. He was now in just the frame of mind that the tactful Rat had quietly worked to bring about in him. He saw clearly how plain and simple – how narrow, even – it all was; but clearly, too, how much it all meant to him, and the special value of some such anchorage in one's existence. He did not at all want to abandon the new life and its splendid spaces, to turn his back on sun and air and all they offered him and creep home and stay there; the upper world was all too strong, it called to him still, even down there, and he knew he must return to the larger stage. But it was good to think he had this to come back to, this place which was all his own, these things which were so glad to see him again and could always be counted upon for the same simple welcome. (Grahame 1908, 105 f.; vgl. dtsch. Übersetzung auf S. 11 dieses Buches)

Grahame benutzt sogar den psychoanalytischen Begriff *unconsciously:* unbewusst wird dem Maulwurf klar, dass die Dinge um ihn herum *sein Raum* waren. Bei Grahame bekommen sie ein Eigenleben: Es sind die Dinge, die den Maulwurf nun wieder aufnehmen – nicht umgekehrt. Die Außenwelt ist nun stärker als die Innenwelt und bildet eine Atmosphäre, die den Einschlafenden empfängt, wie ein liebevoller Erwachsener ein Kind ins Bett bringt. *Mole* ist nur noch *innen,* und die Dinge sind außen.

Aber auch Oben und Unten sind repräsentiert: Die Oberwelt (das Bewusstsein, das Tagesleben) weicht mit all ihren Reizen dem ungleich sanfteren Reiz der Unterwelt (des Unbewussten, des Schlafes), dessen Wirkung durch das Feuer beschrieben wird, das, matt glimmend, hierhin und dahin leuchtet, auf dem einen verweilt und das andere im Dunkeln lässt, ganz so, wie die Tagesreste im Traumgeschehen weich beleuchtet werden und, scheinbar willkürlich, das eine zum Gegenstand eines „Traumfilms" gemacht wird, während das andere verdämmert.

Mole verschmilzt mit dem Raum, gibt sich ihm hin, und spürt noch die Kraft des Raumes mit all seinen vertrauten Gegenständen, die ihn bei sich aufnehmen wie ein Gastgeber.

Einen Moment lang ist also hier das Stadium festgehalten, in dem der Einschlafende noch ein Bewusstsein davon hat, das Bewusstsein zu verlieren.

Dabei sieht er auch seine Existenz, sich selbst und seinen Raum, Sekundenbruchteile lang so, wie sie wirklich sind: wenig repräsentativ, klein, schlicht, ja: eng. Doch das stört ihn nicht; im Gegenteil. Gerade *weil* er sieht, wie er *wirklich* ist, fühlt er sich in seiner Existenz verankert – eine meisterhafte psycho-analytische Beschreibung.

Grahame schildert, wie die *Dinge*, die lieben Besitztümer, den Maulwurf „ohne Groll“ empfangen: diese „Sachen, die so froh waren, ihn wieder zu haben“. Kehren sich doch in diesem Moment Subjekt und Objekt um, und es wird der Raum selbst, der zum Maulwurf mit seinem verdämmernden Menschenbewusstsein spricht. Der Raum wird zum haltenden Körper, der den kleineren Körper wieder in sich aufnimmt.

Ähnlich aktiv verhält sich der Raum in der Kurzgeschichte *The Furnished Room* von William S. Porter (Pseudonym: O. Henry): Er spricht zu einem jungen Mann, der auf der Suche nach seiner verschollenen Geliebten just dasjenige möblierte Zimmer aufsucht, in dem sie sich wenige Tage zuvor das Leben genommen hat. Der Protagonist lässt sich müde in einen Sessel fallen, und nun beginnt der Raum selbst, sich mit ihm zu unterhalten.

Aber eins nach dem anderen, wie die Buchstaben in einer Geheimschrift plötzlich einen Sinn ergeben, entwickelten die kleinen Zeichen, die der Zug der Gäste in dem möblierten Zimmer hinterlassen hatte, plötzlich eine Bedeutung. Die abgetretene Stelle auf dem Flickenteppich vor der Frisierkommode erzählte, daß hier eine Menge schöner Frauen gesessen hatten. Winzige Fingerabdrücke an den Wänden sprachen von kleinen Gefangenen, die den Weg zu Sonne und Luft hatten ertasten wollen. Ein Spritzfleck mit Strahlen, wie der Schatten einer explodierenden Bombe, gab Zeugnis davon, wo ein Glas oder eine Flasche, die man durch den Raum geschleudert hatte, an der Wand aufgetroffen war. Quer über den Pfeilerspiegel hatte jemand mit seinem Brillantring in eckigen Buchstaben den Namen Marie eingraviert. […] Die Möbel waren angeschlagen und abgestoßen; aus der Couch drückten sich abgerissene Sprungfedern, und sie sah aus wie ein schreckliches Ungetüm, das während eines grotesken Kampfes erschlagen worden war. (O. Henry 1904, 39f. Übs.: Cl. Guderian)

Jedes Detail dechiffriert sich als Spur einer Handlungsabfolge. Das Geschehen, an dessen Ende ein Möbelstück demoliert wurde, ist plötzlich als Ganzes wahrnehmbar, so laut, so verzweifelt, so gewaltsam wie es war.

Dieser Bezug zwischen Raumwahrnehmung und sozialer Interaktion ist bemerkenswert. Schärft man an diesen Beobachtungen die eigene Wahrnehmung, kann man viel über den Bewohner eines Raums erfahren – auch über den Bewohner eines psychoanalytischen Behandlungsraumes.

O. Henry geht nun noch einen Schritt weiter. Der Bewohner seines Raums macht plötzlich eine olfaktorische Wahrnehmung. Er riecht die verschollene Geliebte und spürt sie körperlich so deutlich um sich, dass er mit ihr zu sprechen beginnt.

Dann, plötzlich, während er so dasaß und ausruhte, war der Raum von starkem, süßen Resedaduft erfüllt. Er kam mit einem einzigen Windstoß mit solcher Bestimmtheit und er duftete so deutlich wie ein leibhaftiger Besucher. Und der Mann rief laut: „Was denn, meine Liebe?“, als hätte man ihn gerufen, er sprang auf und sah sich um. Der starke Duft schmiegte sich an ihn und hüllte ihn ringsum ein. Er streckte die Arme danach aus, alle Sinne waren ihm verwirrt und durcheinander. Wie konnte ein Duft jemanden mit solcher Bestimmtheit rufen? Da mußte doch jemand gerufen haben. Aber hatte dieser Klang ihn nicht berührt und gestreichelt?

„*Sie* ist hier in diesem Zimmer gewesen", rief er und sprang auf, um ihm ein Zeichen zu entwinden, denn er wußte, er würde ihr kleinstes Besitztum wiedererkennen oder irgendetwas, das sie berührt hatte. Dieser betäubende Resedaduft, den sie geliebt und zu dem ihren gemacht hatte – woher kam der? (O. Henry 1904, 41 f.)

Gerüche können sehr frühe, vorbewusste Erinnerungen wieder hervorrufen, sie vermögen geradezu halluzinatorisch komplette Erscheinungen Abwesender wieder heraufzubeschwören.

Während der Übergangsphase vom Wachen in den Schlaf entsteht also eine bestimmte Ausformung der Wahrnehmung, derzufolge nicht nur der Bewohner das Zimmer betritt, sondern das Zimmer als eigenständiges Wesen sich an den Bewohner wendet und dessen Befindlichkeit aktiv verändert.

So geht in diesem zweiten Stadium der allmähliche Verlust des Bewusstseins und der Kontrolle über physiologische und mentale Aktivitäten in Traumtätigkeit über, wenngleich noch nicht das eigentliche Stadium des Schlafes erreicht wurde.

Man kann spüren, wie die reflexiven Akte nicht mehr gelingen, wie der Bewusstseinsfaden entgleitet und wie gleichzeitig eine Bilderwelt erwacht, die in ihrem eigenen Tempo und mit einer ihr eigentümlichen Lebhaftigkeit nun das Geschehen der Außenwelt übernimmt und weiterführt. Es beginnt der Strom ungebremster freier Assoziationen; diese sind nun sogar von der Fessel der Übersetzung in verbale Chiffren gelöst und werden zu reinen *imagines*. Mit dem Bewusstsein der Lage der Dinge um einen herum schwindet auch das Bewusstsein von der eigenen Lage, und nun kann eine mühelose Rückreise zu früheren Stationen der eigenen Biographie einsetzen. Sie gleicht der Regression in der Psychoanalyse. Dem Psychoanalytiker fällt also die Aufgabe zu, in seinem Behandlungsraum eine Atmosphäre herzustellen, in der das Beinahe-Einschlafen möglich ist.

Im dritten Stadium meint man, nicht man selbst, sondern die Welt begebe sich zur Ruhe.

Ich [...] hatte manchmal noch kurze Wachaugenblicke, gerade lang genug, um [...] mit geöffneten Augen das Kaleidoskop der Dunkelheit anzustarren und, dank einem Augenblicksleuchten des Bewusstseins, zu spüren, wie der Schlummer um die Möbel, um das Zimmer, um dies ganze Reich flutete, von dem ich nur ein kleiner Teil war und in dessen Unempfindlichkeit ich rasch wieder einging. (Proust 1913, 8 f.)

Damit ist man sich als selbstbewusstes Wesen verlorengegangen. Die räumliche Orientierung ist nun völlig verschwunden. Man weiß nicht mehr, „wo man ist". Man ist eins geworden mit jener Dunkelheit und jenem Schlummer, der einen um*flutet* – wieder jener intrauterin-aquatische Bezug, der sich schon in der Wendung *in den Schlaf eintauchen* fand.

Im vierten Stadium verschwinden räumliche und zeitliche Einordnung vollkommen. Man lebt nun in einer Zeit, die nicht mehr erlebt wird. Den Körper spürt man nicht mehr. Arme und Beine verlieren ihren Platz, und man weiß nicht mehr, wo und wie man liegt. Jede aktive Stellungnahme ist zum Erliegen gekommen. Das individuelle Ich hat sich aufgelöst, Bewegung existiert nur noch in den Traumbildern, die aktiv zu handeln scheinen. Die Welt hat quasi aufgehört zu existieren, und das Ich ist in ihr mit untergegangen. Ja, sogar das Bewusstsein vom Ende des Daseins hat aufgehört zu existieren.

Wenn der Analysand in der Tiefenregression versinkt, erlebt er einen Zustand, der dem des Einschlafens sehr ähnlich ist. So, wie der Schläfer sich nur dann leicht dem Schlaf überlässt, wenn er sich geborgen fühlt, bedarf auch der Analysand eines bergenden Umfeldes, das ihm die Sicherheit des Abtauchen-Könnens gewährt. Er braucht einen bergenden Raum, in dem er sich entspannen und seiner inneren Welt zuwenden kann.

Wie das Einschlafen im Bett ist das Bereitsein für den Strom der Einfälle ein Sich-fallen-lassen. Das Gefühl von Schwere und von Einsinken stellt sich ein. Man „fällt" im wörtlichen Sinne in den Schlaf. „Der Boden weicht, die Welt schwindet, und der Einschlafende gleitet zurück in die Bewusstlosigkeit." (Linschoten 1952, 267)

Die vier Stufen des Übergangs vom Wachen in den Schlafzustand sind demnach:

1. Beenden der muskulären Aktivität; Stillhalten. Es findet keine erneute Ortung im Raum mehr statt. Damit schwindet auch die Körperspannung, die Kontrolle über die physiologischen Vorgänge und die Kontrolle über die gedanklichen Vorgänge. Der Raum „empfängt" den Einschlafenden und „zeigt sich" in seiner wirklichen Natur.
2. Allmählicher Verlust des Bewusstseins und Übergang in die Traumtätigkeit. Beginnender Strom der ungebremsten bildlichen Assoziationen. Phase der Regression zu bildhaften Eindrücken der frühen Kindheit. Scheinbar aktive Kontaktaufnahme des umgebenden Raumes mit dem Einschlafenden.
3. Verlust der räumlichen Orientierung. Verdunkelungsgefühl: Man taucht in die Welt des Schlafes ein und erlebt Stille und Dunkel als aktive Raumordnungsprinzipien.
4. Völliges Auslöschen des Bewusstseins. Verlust des räumlichen und zeitlichen Bezugs zur Welt. Verlust des Körperbewusstseins. Auflösung des individuellen Ichs. Die Welt bewegt sich nur noch in den Traumbildern.

Der Schläfer befindet sich für die Dauer des Schlafes in einem beglückten, wunschlosen Zustand – etwaige Wünsche erfüllt er sich in der Traumtätigkeit –, weil er sich mit seinem eigentlichen Wesen (seinem Ich) eins weiß. Überspitzt formuliert Bollnow (1963, 189): „Der Schlaf erscheint dem Menschen so als [...] der eigentliche Sinn des Lebens." Das psychoanalytische „Lebensziel" ist eben dieses Einssein mit den unbewussten Regungen des Ichs.

Zu guter Letzt ist das Bett der Ort der liebenden Vereinigung; es ist der Ort, an dem Paare gemeinsam jenen „eigentlichen Sinn des Lebens", das beglückte Dahindämmern in der Bewusstlosigkeit des Schlafes, erfahren. Es ist der Ort, an dem einer dem anderen auch physisch durch die Umarmung Halt gibt, nicht nur im vertikalen Bezug zur Erdachse, sondern im horizontalen Bezug zum Anderen, dessen Anwesenheit auch nach dem Schwinden des Tagesbewusstseins als instinktiv gefühlte Präsenz spürbar bleibt. Es ist der Ort genitaler Ekstase, der von einer nicht-rationalen Daseinsform zur anderen, dem Schlaf, geleitet. Es ist der Ort, an dem Kinder gezeugt und empfangen werden, mithin der Ort, an dem das Alleinsein ein Ende hat und man aufgehoben ist in einer körperlichen Gemeinschaft, die alle Beteiligten kräftigt und stärkt. So fühlt sich nicht nur das Kind intrauterin geborgen, auch die schwangere Mutter erlebt ihr Bergen-Können als beglückend.

Im Bett, im Dunkel der Nacht, wenn die Tagesreize verklungen sind, kann das Innewerden der Gemeinschaft der Eltern mit ihrem werdenden Kind zu den bewegendsten Erlebnissen des Lebens gehören.

Natürlich gibt es auch entgegengesetzte Erfahrungen: das gesamte Spektrum traumatisierender, gewaltsamer oder einseitig unbeteiligter sexueller Begegnungen, bei denen ein Partner quasi nicht im eigenen Körper ist, sondern im Bewusstsein an irgendeiner Stelle außerhalb. Jede Erfahrung im Bett kann im Verlauf der Psychoanalyse auf der Couch in irgendeiner Weise aktualisiert werden.

Zusammenfassung

Viele Erfahrungen, die der Mensch im Bett macht – besonders in seinem ersten Lebensjahr, das er überwiegend im Bett verbringt –, können durch das Liegen auf der Couch während der Psychoanalyse bewusst oder unbewusst wiedererlebt werden. Dem Bett können dabei die folgenden Funktionen zufallen:

1. Es ist als umhüllende, schützende Unterlage Nachfolger des Uterus, und es wechselt mit dem mütterlichen Arm als haltende Instanz für den Säugling ab. Das Bett ist damit auch ein Objekt im Sinne Kernbergs, zu dem eine Beziehung internalisiert worden ist.
2. Das Bett ist Übergangsobjekt und symbolischer Repräsentant der Mutter. Es ist Chiffre mütterlicher Geborgenheit und erhält damit die Qualität eines menschlichen Körpers.
3. Mütterlicher Körper, Kinderbett, Couch und alles umgebender Raum können in der Psychoanalyse miteinander verschmelzen. Gute und schlechte Gefühle gegenüber der Mutter, Zärtlichkeit und Verlassenheitsgefühle werden auf der Couch wiedererlebt.
4. Sprachgeschichtlich ist *betti* die in die Erde gewühlte Lagerstatt, die durch ihr Milieu Schutz gewährt.
5. Das Bett ist der persönlichste und privateste Teil eines Hauses; viele Couch-Settings werden ebenso gesehen: Sie gelten als innerstes Rückzugsgebiet, als schützenswerte Intimsphäre, zu dem Fremde der Zutritt strengstens verwehrt ist.
6. Mit dem Bett ist man verwurzelt wie mit einem in den Boden gerammten Pfahl (so baute Odysseus sein Ehebett für Penelope und sich selbst mit einem lebenden Olivenbaum als Pfosten): es bildet eine Erdachse, einen Bezug vom Ich zum Erdmittelpunkt. Dadurch ist man verwurzelt wie pränatal mit der *Baumkrone* der Plazenta, deren Stamm (Nabelschnur) vom Ich selbst ausging. Das Bett vermittelt große Sicherheit.
7. Wer im Bett liegt, gibt seine Haltung auf. Das Liegen im Bett verlangt keine Haltung, es ist keine zivilisatorische Leistung.
8. Im Bett beginnt und endet üblicherweise der Tag, aber auch das menschliche Leben.
9. Beim Aufwachen – ein Prozess, der sich über vier Phasen hin erstreckt – gerät der Schläfer in Kontakt mit zwei völlig verschiedenen Existenzformen seiner selbst. Das Ich baut sich aus einem physiologisch und mental inaktiven Menschen nach dem Schlaf wieder neu auf. Die Umstände, unter denen es sich zusammensetzt, gestalten das Daseinsgefühl beim Erwachen. Dabei spielt der Bezug zur Erde, zur Schwerkraft, zum Ort des Erwachens mit all seinen emotionalen, biographischen und topographischen Eigentümlichkeiten eine wichtige Rolle.

10. Das Einschlafen ist ein Prozess, der in vier Stadien zum völligen Verlust von Zeit- und Raumgefühl sowie von jeder bewussten Denktätigkeit führt. Man *versinkt* in einen Zustand glücklichen Einsseins mit sich und der Welt.
11. Die überwiegende Mehrzahl sexueller Erfahrungen wird im Bett gemacht, weshalb die Erinnerung daran in der Psychoanalyse vehement wiederkehrt.

So kann die Couch auch als Bett angesehen werden, in dem die Affekte des liegenden Menschen vom Säuglings- bis zum Erwachsenenalter, ja bis zum *Totenbett,* wieder aufleben.

2.5.10 Grab, Gruft, Mausoleum, Katafalk

Die etymologische Untersuchung des Wortes *Bett* hatte zur Verbalwurzel **bhed-* „stechen, graben" und der daraus abgeleiteten Bedeutung als *in die Erde gewühlte* oder *gegrabene Lagerstätte* geführt. Auch das gallische *bedo-* für „Graben, Kanal" ist damit verwandt.

Die Begriffe *eingegrabene Lagerstätte, Graben* sind bedeutungsgeschichtlich eng verwandt mit einer besonderen Art von Bett: der letzten Lagerung in *Grab* oder *Gruft.*

Die Gruft kann ein mit Stein ausgekleidetes Grabgewölbe sein, in das der Tote gelegt wird. Mit dem Begriff kann aber auch das gemauerte Gebäude gemeint sein, in dem etwa wohlhabende Geschlechter ihre Familienangehörigen beisetzen, ohne sie der Verwesung durch die Erdbestattung preiszugeben. Dann nennt man es *Mausoleum* oder *Grabhaus.* Häufig werden die Toten in der Familiengruft einbalsamiert, um die natürliche Zersetzung durch Bakterien und Luftbewegung zu minimieren. Ein Leichnam kann so Jahrhunderte unbeschädigt überdauern.

In einer solchen Gruft findet die tragische Schlussszene aus Shakespeares Tragödie *Romeo und Julia* statt, als die scheintote Julia in der Familiengruft der Capulets auf dem Sarkophag, dem prunkvollen steinernen Sarg, liegt und der zu früh herbeigeeilte Romeo sie für verstorben hält, woraufhin er Selbstmord begeht, was die kurz darauf wiedererwachte Julia ihrerseits in den Tod treibt. Jeder kennt diese grausame Szene.

Dabei springt besonders die schlafend daliegende Julia ins Auge, die auf Romeos verzweifelten Monolog nicht antwortet. Statt eines gemeinsamen Ehebettes bleibt beiden nur die Gemeinschaft auf dem steinernen Bett, dem Sarkophag, auf dem Romeo, Julia küssend und umarmend, stirbt.

Dieses Bild lebt aus schärfsten Kontrasten. Es führt Leben und Tod, Jugend und Sterben, duftende junge Haut und tödliche Gifttropfen gegeneinander ins Feld, um einen nachhaltigen Effekt zu erzielen. Anstelle der liebenden gibt es die Vereinigung im Tod auf dem Sarkophag. Er ist Opfertisch und Bett, Grabstätte und Prunktisch.

Im Kern dieser Szene ist Totenstarre, entsetzendes Erstarren und erneuter Tod. Julias Rückkehr zu den Lebenden ist nur wenige Verszeilen kurz – dann aber liegt sie wieder unbewegt auf der steinernen Unterlage.

Ähnlich mögen sich Analysanden fühlen, die sich auf der Couch des Psychoanalytikers vorkommen „wie in einer Gruft". Der Analysand liegt ebenfalls hingestreckt und unbewegt – häufig mit kalter Haut – auf einer glatten Unterlage. So kann auch die Couch des Analytikers zum Symbol des steinernen Tisches werden, auf dem das unerfüllte Leben zu früh beendet wurde.

Sehen wir uns die Shakespeare'sche Szene noch einmal etwas genauer an, um damit den in der Analyse reanimierten Gefühlen genauer auf die Spur zu kommen.

Als Julia auf dem Sarkophag liegend wieder zu sich kommt, erkennt sie ihre Lage – im doppelten Sinne – und ähnelt darin Lara (Pasternak 1958, 35). Mit wenigen Worten gibt sie zu erkennen, dass sie, trotz achtundvierzigstündigen Schlafes, sofort Herrin der Situation ist, und obgleich sie nie zuvor diese Gruft betreten hat, sagt sie:

O Trostesbringer! Wo ist mein Gemahl?
Ich weiß recht gut noch, wo ich sollte sein:
Da bin ich auch! ... Wo ist mein Romeo? (Shakespeare 1969, V, 3, 148–150)

An dieser Stelle phantasiert sie noch ein glückliches Ende ihrer Liebesgeschichte, so, wie Pater Lorenzo, der sie heimlich mit Romeo getraut hatte, es ihr vorhergesagt hatte. Doch sofort muss sie erfahren, dass die Geschichte einen völlig anderen Lauf genommen hat.

Hochdramatisch lässt Shakespeare hier bereits die herannahenden Wachen im Hintergrund aufziehen; es ist also große Eile des Entschlusses geboten. Während der Pater fliehen will, ist Julia sofort klar, dass sie nur vereint mit Romeo weiter *sein* kann. Sie entwindet ihm den Giftbecher, stellt fest, dass kein „güt'ger Tropfen" mehr darin ist und ergreift dann Romeos Dolch. In prägnanter Symbolsprache führt sie die ultimative Vereinigung mit dem Geliebten herbei, und in dieser Szene ist auch die deutsche Übersetzung dem englischen *sheath* überlegen, als Julia, Romeos Dolch auf sich richtend, ausruft:

O willkommener Dolch!
Dies werde deine Scheide! *ersticht sich* ... Roste da [Rest there]
Und laß mich sterben! ... *Sie fällt auf Romeos Leiche und stirbt.*
(Shakespeare 1969, V, 3, 169 f.)

Ganze 16 Textzeilen sind der wiedererwachten Julia vergönnt, bis sie, und diesmal endgültig, in den Todesschlaf versinkt. In diesen wenigen Zeilen changiert äußerstes Glück mit äußerster Verzweiflung und Tod; ein schärferer dramatischer Kontrast ist nicht vorstellbar.

Aus ihrem Lage-Innewerden – sie identifiziert sich richtig in der Familiengruft, dem Geliebten nahe – wird das Bewusstsein davon, dass sie ohne Romeo niemals leben könnte. Pater Lorenzos Versuch, sie zur Flucht und zu einem Leben im Kloster zu bewegen, wird nicht einmal diskutiert. Und so gehören diese Zeilen zu den bewegendsten der Weltliteratur.

Sie sind quasi der Text, den ein Analysand erlebt, wenn er sich auf das Totenbett phantasiert. Darin steckt der ganze Jammer eines nicht vollendeten Lebens. Außerordentlich vielversprechendes junges Leben, eine junge Frau und ein junger Mann, denen alle Türen des Lebens offen gestanden hätten, findet ein jähes Ende. Jeder kann sich damit identifizieren. Die Sprache ist universal: Wie perfekt hätte dieses Leben sein können, wenn nicht .... Nun aber liegt man hingestreckt in der Gruft; unwiderruflich sind alle gestalterischen Möglichkeiten dahin.

Dieses traurige Bild, ohne den Schlupfwinkel eines Trostes oder einer Hoffnung, passt nicht schlecht an eine zentrale Stelle in der Psychoanalyse, deren kathartische Momente so gut wie immer darin bestehen, dass ein bestimmtes Ereignis im Leben mit unwiderruflichen fatalen Folgen nun, an der gegenwärtigen biographischen Kerbe des Lebens, identifiziert (*Deckerinnerung)* und ausgiebig betrauert wird.

Die auf bürgerliche Verhältnisse herabdimensionierte Variante hiervon ist das Bild eines Verstorbenen, der im offenen Sarg daliegt und von dem Freunde und Verwandte Abschied nehmen.

Selbst das Liegen im geschlossenen Sarg ist eine Phantasie, die gelegentlich auf der Couch auftaucht. Andere Analysanden stellen sich vor, sie lägen auf einem Katafalk, jenem schwarz verhängten Gerüst, auf dem der Sarg während der Trauerfeierlichkeiten vor einer Beerdigung steht.

Und schließlich existiert die Phantasie, im Grab zu liegen. Das Graben, das Ausheben von Erdspalten zum Zweck des Aufnehmens von Menschen, kennt dazu die Varianten Schützengraben – oft genug auch ein wirkliches Grab –, Massengrab, Vertiefung für eine Schlafstätte, und schließlich als Ort letzter Ruhe für einen Verstorbenen im Sarg.

In Erich Kästners Alptraum-Gedicht *Gewisse Ehepaare* fabrizieren Ehepaare im Traum Ketten und Särge füreinander. Das gemeinsame Leben ist erloschen, ohne Hoffnung auf Wiederbelebung.

Ob sie nun gehen, sitzen oder liegen,
sie sind zu zweit.
Man spricht sich aus. Man hat sich ausgeschwiegen.
Es ist soweit.
[…]

Nachts liegen sie gefangen in den Betten
und stöhnen sacht,
während ihr Traum aus Bett und Kissen Ketten
und Särge macht.

Sie mögen gehen, sitzen oder liegen,
sie sind zu zweit.
Man sprach sich aus. Man hat sich ausgeschwiegen.
Nun ist es Zeit …
(Kästner 1929)

Zusammenfassung

Die Lagerung des Analysanden auf der Couch lassen die Phantasie zu, der Analysand läge auf einer Bahre, in einem Sarg, in einer Begräbnisstätte, oder einbalsamiert wie eine Mumie, starr und unbeweglich, bis zum Ende aller Zeiten. Das begünstigt auch der fehlende Blickkontakt zum Analytiker – der Analysand phantasiert, er sei allein – sowie häufig empfundene Kühle während der Analyse. Das Verwobensein von Leben und Tod, Liebe und Jugend, Chance und deren endgültige Vereitelung ist im Schlussbild von Shakespeares Tragödie *Romeo und Julia* festgehalten; viele Analysanden können sich mit den zu früh gestorbenen, privilegierten Liebenden identifizieren. In der Metapher des „ungelebten Lebens" ergeben sich in diesem psychoanalytischen Raum wichtige Deutungsmöglichkeiten. Sie gestattet vor allem das Betrauern falsch gestellter Lebensweichen, unglücklicher Ereignisse oder falscher Entscheidungen.

2.5.11 Der analytische Behandlungsraum als Projektionsraum für archetypische Situationen

In der analytischen Behandlung erlebt der Analysand das Behandlungszimmer des Analytikers in immer neuer Gestalt. Das begünstigt die parasoziale Interaktionsform, bei der sich die beiden Gesprächspartner über Jahre hinweg während des Diskurses nie ansehen und einer der Gesprächspartner liegt, während der andere sitzt.

In den folgenden zehn Gestalten kann der Behandlungsraum erlebt werden:

1. *Gefängnis*, aus dem es für den Analysanden solange kein Entrinnen gibt, bis er seine „Strafe" abgesessen hat. In dieser Weise erleben viele Analysanden die Mitteilung, sie „müssten" eine bestimmte Anzahl von Jahren hindurch ein- oder mehrmals pro Woche den Analytiker aufsuchen, wenn sie von den sie quälenden Symptomen befreit sein wollten. Auch in Phasen stockender Analyse wird das Setting häufig als Gefängnis erlebt, in dem eine „Strafe verbüßt" wird. Der Gefangene erlebt dramatische Gefühle von Verzweiflung, Hoffnungslosigkeit, Schmerz über das Getrenntsein von den Angehörigen, Wut und (unter schweren Umständen) ein Körpergefühl, in dem „Ich" und „Körper" nicht mehr identisch sind.

2. *Allgemeinmedizinischer oder neurologischer Untersuchungsraum.* Der Patient ist auf einer Untersuchungsliege gebettet, die ihn den Augen eines Fachmanns darbietet; er ist das Objekt ärztlicher Untersuchung, und er will von seinen (seelischen oder/und körperlichen) Schmerzen befreit werden. Er hat sich seelisch und körperlich zu entblößen, während sich der Arzt bedeckt hält; neben kurativen Assoziationen mag dieser Ort auch Erinnerungen an herabwürdigende Arzt-Patienten-Begegnungen wecken.

3. *Kirchenraum.* Hier werden alle Sinne angesprochen: zum *Anblick* von Kirchenraum und Altar gesellen sich der *Klang* von Glocken, Orgel und Gesang sowie der Stimme des Seelsorgers bei Liturgie und Predigt, der *Geruch* alten Kirchengestühls und verbrannten Weihrauchs, der *Geschmack* von Wein und Oblaten beim Abendmahl, das *taktile Gefühl* von Gestühl, Gesangbuch und Kirchenboden sowie des seelische Gefühl der Einkehr bei sich selbst. In der Psychoanalyse entspricht dem der *Anblick* des Behandlungsraums, der *Klang* von Klingel, Telefon und der Stimme des Analytikers, der *Geruch* von Raum, Couch und Kissen, und auch das *Gefühl* der Einkehr bei sich selbst. Lediglich der Geschmackssinn wird im psychoanalytischen Procedere nicht stimuliert. Aber auch die Tatsache, dass man zum Erreichen des Ortes einen bestimmten, liturgisch definierten Weg zurücklegen muss, haben Psychoanalyse und Gottesdienst miteinander gemeinsam.

4. *Opfertisch, Altar.* Als religiöser Ritus werden seit Jahrtausenden Tier-, Pflanzen- oder sogar Menschenopfer dargebracht. Der nur noch symbolische Opfertisch in der christlichen Tradition ist der Altar, das Zentrum jedes christlichen Gotteshauses und der Fokus von Anbetung und Verehrung. Im übertragenen Sinne ist ein Altar auch ein Ort, an dem persönliche Heiligtümer aufgestellt und verehrt werden.

Wenngleich die Psychoanalyse keinen Altar kennt, fällt der Couch die Funktion des Altars zu: der Analysand liegt hingestreckt darauf und soll in seiner „befleckten“, nämlich neurotischen Existenzform den symbolischen Opfertod erleiden. Auch die Dyade zwischen Opfer und Opferndem entspricht der Konstellation während der Analyse.

In der psychoanalytischen Praxis vereint das Bett (die Couch) die kultische Funktion des Altars (symbolisches Opfer, Hingestreckt-sein) mit der Funktion der Selbsterkenntnis.

Auch in einer zweiten Hinsicht gehören Altar und Couch-Setting konzeptuell zusammen. Zu den Urtypen menschlicher Aktivität gehört auch das Anbeten und das rituelle Sich-Versenken, das auf der Couch ebenso praktiziert wird wie am Altar. (Unwin 197, 53)

5. *Beichtstuhl.* Hier offenbart das römisch-katholische Beichtkind dem Beichtvater seine Verfehlungen, um anschließend von ihnen losgesprochen zu werden. Der Beichtende kniet in Demutshaltung seitlich vor dem Beichtstuhl, quasi in einem gesonderten Raum, und kann den Beichtvater hinter seiner Abdeckung nicht sehen. Hier besteht die Parallele zum psychoanalytischen Raum und Geschehen einerseits an der eng umgrenzten Definition des Tuns, andererseits im Lossprechen von der Sünde und in dem Gefühl der Erleichterung, das sich nach Abschluss der Beichte in der Kirche ebenso einstellt wie nach Abschluss eines psychoanalytischen Bekenntnisses, besonders dann, wenn der Analysand Vorgänge erinnert, ausgesprochen und damit bekannt hat, die ihm selbst zuvor nicht mehr bewusst gewesen waren.

6. *Papstaudienz.* Ein Besuch beim Psychoanalytiker hat in seiner sozialen Geometrie auch eine Entsprechung mit einer Audienz bei einem Papst oder einem weltlichen Herrscher: Die Tatsache, dass der Analytiker im *Sessel* (auf dem Thron) sitzt, dass er es ist, der den Bittsteller empfängt, nicht etwa zu diesem kommt, dass jener einen rituellen Weg zurücklegen muss, um zur Praxis zu gelangen, dass das Setting in ein System von Räumen eingebaut ist, in deren letztem Couch und Sessel stehen, und dass schließlich der Blick des Besuchers bei der Audienz ebenso demütig gesenkt sein muss wie in der Psychoanalytikerpraxis – all dies sind Entsprechungen, die dem psychoanalytischen Raum durchaus auch anhaften. Selbst das Liegen findet sich in dieser Zeremonie wieder: Wer zur Audienz kommt, wirft sich dem weltlichen oder geistlichen Oberhaupt in der Proskynese bzw. Prostration zu Füßen, liegt also mit dem Gesicht nach unten auf dem Boden und wartet auf die Einladung, den Blick zum Herrscher heben zu dürfen.

7. *Krankenbett im Krankenhaus.* Ähnlich der ärztlichen Untersuchungsliege ist das Krankenbett ein Ort, an dem der Patient einer kurativen Bevormundung unterworfen wird, die in ihren unverstandenen Praktiken eine Entsprechung zum Procedere in der Psychoanalyse hat. An beiden Orten liegt der Patient und sitzt bzw. steht der behandelnde Arzt (Psychoanalytiker); daran ist eine temporäre soziale Entmündigung geknüpft. Verbunden damit ist jedoch eine soziale Schonung des Patienten.

8. *Studierstube.* Der psychoanalytische Behandlungsraum ähnelt der Studierstube des Gelehrten. Hier sind die Wände mit kostbaren Bänden von Fachliteratur bedeckt, geheimnisvolle Gerätschaften und Instrumente wie Himmelsglobus, Astrolabium oder Stundenglas, aber auch Totenschädel und andere Vanitas-Symbole

gehören seit Jahrtausenden zu den Attributen des Studiolo großer Gelehrter. Und auch die Couch gehört dazu, als Ort der stillen Lektüre, als Ort des Ausruhens, des Nachdenkens und Verweilens mit den Gedanken – allerdings des Gelehrten selbst.

Der Analysand in diesem Weisheitstempel ist sowohl exklusiver Patient als auch Zuträger für höhere wissenschaftliche Erkenntnis.

9. Bett. Das bergende, schützende Bett, das einen Menschen von Kindheit an aus der Welt der bewussten in die der unbewussten Wahrnehmung geleitet. Das Bett ist Stellvertreter des mütterlichen Körpers und übernimmt beim Säugling deren haltende Funktion. Durch das Liegen im Bett wird die für das Unbewusste zuständige Hirnhälfte angesprochen, deren Erfahrungen auf der Couch schon durch das reine Liegen wieder aktiviert werden.

Der Übergang vom Wachsein zum Einschlafen und vom Schlaf zum völligen Erwachen findet in jeweils vier Stufen statt, in denen der wache Mensch in Kontakt mit dem quasi bewusstlosen, träumenden Menschen tritt. Während des Übergangs vom Wachsein zum Verdämmern nimmt der Raum im Bewusstsein des Einschlafenden die Funktion eines eigenständigen Subjekts an, das sich des Einschlafenden als Objekts annimmt.

10. Bahre, Grab, Mausoleum. Die letzte Bettung des Menschen findet auf der Bahre oder dem Totenbett statt; auch als solches wird die Couch im psychoanalytischen Behandlungszimmer erlebt. Hinzu treten die möglichen Räume, in denen ein Totenbett steht: Grabkammer, Totenkammer beim Bestattungsunternehmen, Gruft, Mausoleum. Durch das Innewerden der Sterblichkeit werden auch vertane Chancen oder unglückliche biographische Wendungen als irreversibel wahrgenommen. Die können im analytischen Prozess mithilfe dieses Raumbildes leichter betrauert werden. Das „ungelebte Leben“ erhält somit eine Chance, doch noch gelebt zu werden.

2.6 Räumlichkeit des menschlichen Lebens

2.6.1 Raumgefühl

Die Aussage, der Mensch befinde sich im Raum, ist nach Heidegger etwas anderes als die Aussage, im Raum befinde sich ein bestimmter Gegenstand, denn der Mensch ist subjektiver Wahrnehmung fähig. Die Weise, wie der Mensch sich im Raum befindet, bezieht sich auf den intentionalen Raum. (Bollnow 1963, 272)

Der Mensch befindet sich an einer bestimmten Stelle im Raum, aber diese Stelle ist selbst nicht innerhalb des vorgestellten Raums und in ihrem Wesen schwer zu bestimmen. Man muss sich diese Stelle als einen Punkt denken, der den Nullpunkt der Koordinaten bildet. Es ist kein Punkt, den man von außen betrachten könnte, sondern ein Hier, das sich zu einem Da und Dort verhält.

Um diese Mitte herum baut sich der Raum auf, gewinnt Abstand und Richtung in Bezug auf den wahrnehmenden Menschen.

Darüber hinaus *ist* der Mensch Raum, und die unterschiedlichen Arten, in denen er sich im Raum befindet, bestimmen sein Dasein. Der Raum baut sich um den wahrnehmenden und sich bewegenden Menschen als seine Mitte auf.

Diese Überlegungen werden wieder in Hinblick auf die Psychoanalyse bedeutsam, wenn man nachvollzieht, in welchen Koordinaten, in welchem Tempo, und mit welcher Gestimmtheit sich der Analysand im Raum des Psychoanalytikers befindet und bewegt.

2.6.2 Formen des Eigenraums

Auch einen gemieteten Raum muss man in Besitz nehmen, es genügt nicht, ihn verfügbar zu haben. Das zeigt sich in der Psychoanalyse, wenn Analysanden jahrelang denselben Raum aufsuchen, ihn jedoch durchqueren wie einen unbeleuchteten Tunnel. Und wenn sie plötzlich „aufwachen", sehen sie verblüfft Bilder, Möbel oder andere Einrichtungsgegenstände, die ihnen *neu* vorkommen, obgleich sie seit Jahren beinahe täglich bei ihnen sind. Dann endlich haben sie den Raum in Besitz genommen.

Nun kann man im unmittelbaren Wortsinn nur Dinge besitzen. Der Raum entzieht sich jedoch der Greifbarkeit. Die Art und Weise, in der man einen Raum besitzt, definiert Bollnow (1963, 286) als „Wohnen". Zum Wohnen gehören drei Formen des Eigenraums:

1. der Raum des eigenen Körpers
2. der Raum des eigenen Hauses
3. der umschließende Raum überhaupt.

Dabei treibt uns die Frage vorwärts, warum das Besitzen oder Bewohnen des psychoanalytischen Behandlungsraums einen Einfluss auf das Besitzen und Bewohnen des eigenen Körpers und der eigenen Lebensgeschichte haben kann. Wie ist das eine mit dem anderen verknüpft, und wie wirken sie aufeinander?

Zur Analogie von Körper Besitzen und Raum Besitzen (Wohnen)

Im eigenen Bett und im eigenen Zuhause erlebt der Mensch ein Gefühl tiefster Geborgenheit und des Friedens, des Einsseins mit sich selbst und der Rückkehr zum Kern seines Daseins. Das Bett ist der Kernpunkt des eigenen Hauses, der Wohnung oder des Zuhauses schlechthin.

Für das Verhältnis des Menschen zu seiner Wohnung gilt etwas Ähnliches wie für sein Verhältnis zum Körper. Bollnow (1963, 292) spricht von der Wohnung als einem „erweiterten Leib". Die Wohnung ist der Ort, mit dem sich der Mensch identifiziert und durch den er sich in einen größeren Umraum einordnet. Entsprechend sind Couch und Behandlungsraum als der größere Umraum des Psychoanalytikers identifiziert. In allen drei Fällen, beim Körper, bei der eigenen Wohnung und beim Behandlungsraum, gibt es eine Grenze, die deutlich erkennbar den Eigenraum, mit dem der Bewohner identifiziert ist, der er also in irgendeinem Sinn „ist", von dem anderen Raum scheidet, der er nicht mehr ist, der nicht zu einem gehört und einem fremd ist.

Ähnlich wie beim Körper lässt sich sagen, dass der Raum im Sinn eines durch Abstände und Richtungen gegliederten Zusammenhangs erst außerhalb des Hauses beginnt. Erst an der Haustür beginnen die Wege, die die Welt erschließen. Innerhalb des Hauses lassen sich die zurückgelegten Wege nicht zu einer Entfernung addieren. Da sind es die verschiedenen Räume, die sich innerhalb und außerhalb des Hauses entfalten und sich zu einem übergreifenden Gesamtraum zusammenfassen lassen.

So identifiziert man sich mit dem eigenen Haus unmittelbar, wenn auch nicht ganz so ausgeprägt wie mit dem Körper. Der Mensch

> verschmilzt mit ihm [dem Haus]. Er ist, indem er in seinem Hause wohnt, unmittelbar darin gegenwärtig und fühlt sich geradezu physisch getroffen, wenn ein Fremder gegen seinen Willen in die Sphäre seines Hauses eindringt. Aber der Bereich geht weiter [...] Ähnlich ist es [...] mit der Ängstlichkeit, mit der sich ein Staat gegen die Verletzung seines Hoheitsgebiets wehrt. Er selber fühlt sich in seiner Ehre durch eine an sich kleine Grenzüberschreitung angegriffen. (Bollnow 1963, 293)

Durch diese enge Verbundenheit wird das Haus zum Ausdruck des menschlichen Wesens. Die Umgangssprache kennt die Wendung *altes Haus* als Synonym für *Du*. Wie sehr der Mensch und sein Haus identifiziert werden, zeigt sich auch am Gebrauch des Wortes *Haushalt*. Der *Haushalt* ist die wirtschaftliche Einheit, bezeichnet aber, auch im juristischen Sinne, zugleich die Machtsphäre der Familie. Im patriarchalischen Sprachgebrauch bezieht *das Haus* den gesamten Umkreis der Menschen mit ein, die zu diesem Haus gehören. Insbesondere bei Fürstenhäusern ist es eine geläufige Formulierung *(Das Haus Hohenzollern)*, und bezeichnet dann darüber hinaus den genealogischen Zusammenhang.

Die Praxis mit Couch und Sessel darin ist als Extension des Körpers *des Analytikers* zu verstehen. Er hat Einrichtung und gegenwärtigen Zustand zu verantworten, sie sind der Spiegel seiner gegenwärtigen Verfassung.

Der Analysand jedoch wird von diesem Raum aufgenommen. Er betritt diesen Raum nur zeitweise. Dann aber ist es mehr als nur ein Betreten. Er mietet die Räumlichkeiten mit allem Zubehör, um sie für seine Zwecke zu benutzen. Damit verschmilzt auch er allerdings für die Zeit der Psychoanalyse mit diesem Raum wie mit seinem Bett: er verdämmert, je nachdem, wie stark sein Alltagsbewusstsein schwindet, und der Raum selbst übernimmt die Führung, nimmt ihn in sich auf und leitet seine Gedanken und Gefühle.

Die Befindlichkeit im freien Raum

Auch im freien Raum kann der Mensch wohnen. Auch dort lebt er in dem Gefühl der Geborgenheit und des Getragenseins, wie es im Haus auf den materiellen Schutz der Mauern und der Wände begründet ist. Wie aber kann der offene Raum eine vertrauensschöpfende Geborgenheit vermitteln? Bollnow nimmt an, dass auch der offene Raum als jeweils erfahrener konkreter Raum, in dem gelebt wird, keineswegs den Charakter des Unendlichen hat, sondern immer noch den eines bergenden Innenraums oder Hohlraums behält, also den Charakter, der bereits in der Antike vorzufinden war. Bachelard (1938, 119) nennt dazu die Stufenfolge „Ei, Nest, Haus, Vaterland, All" als Abfolge der bergenden Räume, die im Leben bewohnt werden.

Er verweist auf den *Raum im Nebel*, der einhüllend erlebt wird, obgleich er in Wirklichkeit ein offener, großer Raum ist. Dieses Bild ist jedem vertraut, der nachts im Auto über nebelige Landstraßen fährt. Wenn im Herbst oder Winter die Scheinwerfer des eigenen Wagens eine Szene beleuchten, die, eng umgrenzt von einer watteähnlichen nahen Wand, etwas Heimeliges aufweist, kann auch die größte Einöde zu einem bergenden Raum werden.

Ein ähnliches Gefühl beschreibt Matthias Claudius, wenn er in seinem berühmten Abendlied „Der Mond ist aufgegangen" von *der Dämmrung Hülle* spricht, die einen Menschen so fürsorglich umfängt wie eine *Kammer*, in der er nach der harten Tagesarbeit im Schlaf und Vergessen wieder zu sich selbst finden kann:

Wie ist die Welt so stille
und in der Dämmrung Hülle
so traulich und so hold
als eine stille Kammer
wo ihr des Tages Jammer
verschlafen und vergessen sollt.
(Claudius 1779, 2. Str.)

Gehaltensein, Einswerdung mit dem Raum als geglückte Persönlichkeitstransformation

Wodurch fühlt sich ein Mensch mit dem Raum eins? Was macht das bergende Gefühl aus, das ja offenkundig nicht an die objektiven Abmessungen eines jeweils begangenen Raumes geknüpft ist? An dieser Stelle mag Minkowskis (1933, 106) Begriff *retentissement* weiterführen. Der Widerhall bezeichnet zunächst ein akustisches Phänomen: Ein Raum wird von Schall erfüllt, wenn die Schallwellen von den einschließenden Wänden reflektiert werden. Minkowski überträgt die Bedeutung über den akustischen Bereich hinaus auf die Art, wie erlebter Raum erfüllt wird. Der Raum kann also erlebt werden, als ob er Wände hätte, in denen sich der Mensch geborgen fühlt.

In einem beliebten Kinderspiel wird dies erfahrbar: Wenn Kinder in den Wald gehen und an einer bestimmten Stelle in das scheinbar Unendliche hineinrufen: „Wie heißt der Bürgermeister von Wesel?“ und als Echo die Antwort erschallt: „Esel“, dann ist ein Dialog entstanden. *Die Welt* hat geantwortet. Für das Kind leitet sich daraus unbewusst die zuversichtliche Tatsache ab, dass auch der Waldraum – und damit der Weltraum – irgendwo umschlossen ist und die eigene Stimme zurückwirft. Die Welt hat also eine Hülle.

Die Funktion des Umhüllens kann der Raum nur erfüllen, weil der Mensch sich ursprünglich als jemand erlebt hat, der mit dem Raum verschmolzen ist und sich von ihm getragen fühlt. Die Spaltung von Subjekt und Objekt ist hier aufgehoben. Der Raum gehört zum Menschen wie sein Leib. Der Mensch ist Teil des Raums und insofern getragen im großen umfassenden Raum. Er ist eins mit dem Raum.

Für die Psychoanalyse ist dieses Gefühl des Einsseins und des Gehaltenseins ein wichtiges Indiz. Wer sich selbst zu spüren vermag, ohne sich zugleich gehetzt, gejagt, verscheucht, unwillkommen oder als störend zu empfinden, wer sein Leben als seinen Raum empfindet und sich darin wohlfühlt, wer sich in seinem Raum eingeladen fühlt, so viel wie in der begrenzten Lebenszeit möglich zu erkunden, dessen Leben ist zugleich *erfüllter* und reicher, von gestaltenden Ich-Impulsen getragen und nicht ein Reflex auf vermeintliche Sachzwänge, auf die das eigene Ich wenig Einfluss ausüben kann.

Daraus lässt sich als Ziel für eine geglückte Psychoanalyse formulieren: je mehr der Analysand sein Leben als seinen Raum empfindet, desto mehr neurotische Bürden hat er abgeworfen. Dieses, für viele neue, Lebensgefühl beginnt auf der Couch als Ort des träumerischen Umfangenseins.

2.7 Zur Wortgeschichte der Couch

Wie nun lässt sich *Raum* in so vielfältiger Weise auf der *Couch* erfahren? Die Sprachgeschichte des Wortes gibt dazu Auskunft. Seit vielen Jahrhunderten existiert die Couch in verschiedenen Formen, Traditionen und Verwendungszusammenhängen, bis sie schließlich zu ihrer heutigen Form gefunden hat. Kluge (1963) hat in der 19. Auflage seines etymologischen Wörterbuches aufgezeigt, welche Begriffe die jeweiligen Vorläufer waren. So lässt sich eine Genealogie der Couch in der Wortgeschichte nachzeichnen.

2.7.1 Gautsche (1537)

Die Couch beginnt sprachgeschichtlich beim Schaukeln: Das öffentliche Schaukeln geht auf einen altrömischen Brauch während der *feriae Latinae* zurück. (Grimm 1878, IV, 1, 1. Sp. 1589) Geschaukelt wurde auch im Alemannischen, und zwar auf der *Gautsche*. Der früheste Beleg für dieses Wort stammt aus dem Jahr 1537 und bezeichnet bereits unsere spätere Couch, hier noch in der Gestalt *lotterbett, faulbett* aufgeführt. Sie ist das Ruhebett neben dem Ofen in der Stube älterer Häuser.

So speisen zwei unterschiedliche Quellen die Sprachgeschichte der Couch: das Schaukeln, das „bei unseren Vorfahren eine größere Bedeutung gehabt hat als bei uns“ (Grimm ebda.) und ein fester Bestandteil der Kirchweih gewesen ist; zum anderen das Tagesruhebett.

In der Schweiz kommt das Wort *Gautsche* als Wiege vor, und sich *gautschen* ist sich wiegend bewegen. „Halt di doch grad un gautsch di nit so schebb“, sagt zankend eine Mutter zu ihrer Tochter. (Arnold 1816, 102)

Die Möbelkunde belegt um 1800 die *Gautsche* oder *Gutschi*. Sie steht in schwäbischen und Schweizer Stuben in Ofennähe, dient dem Hausherrn als Tagesruhebett und ist ein sofa- oder chaiselongueähnliches Möbel, dem Spannbett verwandt. Ein Spannbett ist ein über einem vom Drechsler angefertigten Rahmen mit Gurten oder Strohgeflecht bespanntes Möbel mit einer angewinkelten Kopferhöhung. (Dolz 1972, 53) In den Schweizer Urkantonen Schwyz, Uri und Unterwalden fehlt die *Gutsche*, ein Ruhebett, nur selten in den Bauernstuben. (Dolz 1972, 147) Auch im Schweizer Kanton Graubünden wie im benachbarten Südtiroler Vintschgau fehlt das leichte Ruhebett, die *Gutsche*, in kaum einer Bauernstube. (Dolz 1972, 149)

Im Appenzeller Dialekt findet sich die *gûtscha*. Sie ist das Ruhebett neben dem Ofen in der Stube älterer Häuser, darunter befindet sich „hie und da ein Hühnerstall“ (Dasypodius 1653, 280)

Im Württemberg des 18. Jahrhunderts gehört die *Gautsche* im schlichten mehrstöckigen Fachwerkhaus ebenso zum Grundmobiliar wie wandfeste Bänke, Tische und Brettstühle. (Dolz 1972, 114)

Außerdem ist die *Gautsche* nicht nur Wiege, sondern auch Kutsche, die natürlich auch das wiegende Gefühl während der Fahrt vermittelt.

Noch heute existiert der Ausdruck *Gautschen* der Papiermacher: Er bezeichnet das Pressen und Entwässern der feuchten Papierbahn bei der Papierherstellung, die wiederum, von Frankreich kommend, nach Deutschland gelangte, und da vornehmlich nach Schwaben. So bekam das französische *coucher* die Bedeutung „niederdrücken, legen, schichten". (Drosdowski 1977, 3, 950)

In dieser Bedeutung findet es sich im luxemburgischen Wort *kautsche*, Mistbeet und französisch *coucher* für schlafen. Grimm weisen darauf hin, dass *gautsche* – Schaukel – aus dem Wort *Bett* nicht zu begreifen sei, wohl aber umgekehrt, indem das behagliche Schaukeln und Gaukeln, ins Kleine gezogen, auf das Lotterbett *überging* mit seinem ähnlichen Behagen und freier Bewegung in angekleidetem Zustande. In dieser Bedeutung ist es heute noch beim Schaukelstuhl zu finden.

Grimm vermuten außerdem, dass das Hängebett zunächst *gûtsche* hieß. In ihr sind Schaukel und Lotterbett vereinigt; noch zu Grimms Zeit gab es auf dem Lande Kinderwiegen in dieser Form, die an der Decke aufgehängt waren, aber auch im bäuerlichen Leben im Norwegen des 19. Jahrhunderts werden sie beschrieben.[32]

Die älteste Form der *Gautsche* wird *gauzen, gauze*, älter *gûzen, gûze* gewesen sein; ein Rest davon findet sich noch im 15. Jahrhundert in *gutzbette* (Diefenbach 1857). Im Appenzeller Dialekt findet sich *gûga* in der Bedeutung *auf der Bärenhaut liegen: im Bett gûgen*. Denkt man sich das ursprünglich unter *Gautsche* erwähnte Hängebett dazu, so ist das Schaukeln wieder da, wie von der Bewegung der Wiege, die auch ursprünglich aufgehängt worden ist.

Außerdem erwähnen Grimm die Sitte armer, besonders wandernder Frauen, ihre Kinder wie andere Habe in einem Tuch oder ähnlichem auf dem Rücken oder Huckepack zu tragen. Sie sei ihrer Einfachheit halber sicherlich uralt und dem verändernden Kultureinfluss entrückt. Das Tragetuch aber, die *Hucke*, in der das Kind *huckt; hockt*, ist zugleich *Faulbett (Hängebett), Wiege und Schaukel*. So stimmen auch hier sprachlich *Hotze* (Wiege), *Hotzelreide, Hottel (Schaukel)* und *hotzeln* (auf dem Rücken tragen) überein.

Außerdem erwähnen sie das *Gautschenbett*, in der Bedeutung „Krankenbett". Eine Diminutivform ist *Gäutschlein* in der Bedeutung *kleine gautsche*, auch *gytschlin* oder *lotterbetlin, reclinatorium*. Als kleines Bettgestell für Kinder gibt es die Form *gütschli*, das *gäutschle* als Ofenbank.

So spannt sich in der ersten Wortform der *Couch*, der *Gautsche*, der Bogen vom öffentlichen Schaukeln in den *feriae Latinae* über das Papiermachen – das Legen der frischgeschöpften Bütte auf die Gautsche –, über Legen der Kinder in eine Wiege, die an der Zimmerdecke festgemacht wird, zur Bedeutung als – schaukelnde – Hängematte und als Last, als Hucke – welches auch ein kleines Kind sein kann –, bis zur Bedeutung als Lotterbett, als Bett, in dem man bekleidet liegt (und einander schaukelt), auf dem Ofen oder daneben.

2.7.2 Lotterbett (15.–18. Jahrhundert)

Das Wort *Lotterbett* kommt uns heute anrüchig vor. Die abwertende Bedeutung von *verludert und verlottert* (verwahrlost und heruntergekommen) drängt sich in den Vordergrund.

Ursprünglich ist das Lotterbett ein weiches altes, ein wenig schlampiges Bett (Drosdowski 1978, 4, 1702), das vor allem als Liebeslager dient. In diesem Sinne gebraucht es auch Noack (1961, 21), wenn er schreibt: „Übrig bleibt eine armselige Schnulze vom Lotterbett." Man sieht das Durchgelegene und die Auflagen aus alten Decken, die einen verschlissenen Bezug kaschieren sollen. Deftige Geruchsspuren gehören zum Lotterbett ebenso wie ein phantasievolles Arrangement zerknitterter und zerwühlter Laken, Kissen und Decken. Das Glück der Bohème hat hier seinen Ort. „Der Leimstengler warf noch darzu die gute Schusterin auf das daselbst stehende Lotterbett." (Kurz 1874, 403)

Grimm definieren 1885 das Lotterbett als *bett von lockerer fügung, sophaartiges ruhebett* (Grimm 1885, VI, Sp. 1211) und nennen als Synonyme *gutschen* oder *gulterbett*, „darauf man tags schlaaft". Das Lotterbett löst also die *gautsche* sprachgeschichtlich als Synonym ab. In dieser Eigenschaft nimmt es die Funktion von *accubitum, anaclinterium, grabatus* oder *stibas* (Maaler 1561, 274) wieder auf. Man assoziiert zum Lotterbett einen mit legerer Hand geführten Männerhaushalt, worauf auch Grimms Belegstellen deuten: „(der Mann) der allein zu Haus auf dem Lotterbet schnaufet und spaciret etwan in den Keler und in die Kuchen." (Städtechronik 173, 2) oder „Du hest ein Hunt, der hett gewont uff dem Lotterbet zu ligen in dynem Husz." (Kayserberg 1494, 9) sowie „Hat sich ainsmals sommerszeiten begeben, das herr Johanns Wernher sich nach dem Morgenessen zu ruhen gethon und uf ain Lotterbett sich nidergelegt." (Zimmern 484) Auch bei Grimmelshausen kommt das Lotterbett vor, und man gewinnt den Eindruck, als handele es sich um ein Möbel, das in jedem Haushalt anzutreffen war: „Mein herr aber satzte sich auf sein Lotterbette, weil ihm entweder vom Zorn oder von der Überfüllung wehe war." (Grimmelshausen 1669, 108) Es findet sich in dem Gedicht

einsmahls ein baur gesoffen hett,
und entschlief auf dem lotterbett,
niemandt zu bett jhn bringen kund.
(Sandrub 1618, 132)

Jean Paul (1800, 83) benutzt das Wort im selben Sinn, wenn er schreibt: „So kannt er doch kein weicheres Faul- und Lotterbette zum ausruhen."

Das Lotterbett ist offenbar ein Möbel für den Herrn des Hauses: Es begünstigt die beiläufige erotische Triebabfuhr, dient der Ruhe und neutralisiert Zorn ebenso wie einen drückenden Magen nach reichem Essen oder einen schweren Kopf nach Alkoholgenuss.

C. M. Wieland (1794–1805, 14, 55) schildert „... in einem wollüstigen Kabinet auf einem rosenfarbnen Lotterbette mit silbernen Blumen." Hier ist das Lotterbett das Zentrum eines Boudoirs.

Im 15. bis 18. Jahrhundert ist das Lotterbett der Ort der Tagesruhe, des Mittagsschlafes oder des Müßiggangs, und als solcher Vorgänger des Faulbetts.

2.7.3 Faulbett (16.–18. Jahrhundert)

Im 18. Jahrhundert verschwindet das Wort *Lotterbett* allmählich aus dem deutschen Sprachschatz und wird durch *Kanapee* und *Sofa* abgelöst. Vom 16. bis zum 18. Jahrhundert hat es ein Synonym, hinter dem es allmählich zurücktritt: das *Faulbett* (Kluge 1963, 447), *lectulus*. (Grimm 1862, 3, Sp. 1372 f.) Luther spricht nur außerhalb des Bibelkontextes vom Faulbett und deutet damit auf dessen diesseitigen Charakter. (Kluge 1963, 187)

Seine größte Popularität hat das *Faulbett* in Goethes Faust-Zitat gefunden, in dem Faust dem Mephistopheles empört sein stetes Streben nach Erkenntnis, seinen ihm eigentümlichen Arbeitseifer vorhält: „Werd' ich beruhigt je mich auf ein Faulbett legen, / so sei es gleich um mich getan!“ (Goethe 1808, 3, 57, V. 1692f.) Das Faulbett ist der Endpunkt sämtlicher Aktivitäten und Ambitionen, auch bei Hans Sachs: „si sprach, er legt sich heut nach eim / ins faulpett, also ligt er noch.“ (Sachs 1870, 451)

Dieses völlige Zur-Ruhe-Kommen mag nur eine kurze Weile dauern, etwa für die Dauer eines Mittagsschlafs nach einem opulenten Mahl, wie Moses Heyne (1735, 213) es schildert, wobei er erotische Möglichkeiten im Sinne einer lieben Ehegewohnheit zart andeutet: „Kaum aber war das Aufgetragene glücklich aufgezehret, so suchte mein Ampelgen das Faulbette.“ Ähnlich schreiben Gotter (1795, 142): „Ich streckte, kam mirs vor, in Esthers Sommerhaus / zu sanfter Mittagsrast mich auf dem Faulbett aus“ und auch Comenius (1638, § 574): „Das faul Lungerbett mit den Umhängen ist für die Mittags oder Nachmittagsruhe.“

Hier liegt der Kranke: „… derselben sogleich Arznei eingab und rieth, sich wenigstens eine halbe Stunde auf ein Faulbette niederzulegen;“ (Schnabel 1738, 252) „Die Fraw mit verpuntnem Fuesz auf dem Faulpet lag;“ (Meisterlieder 1529, No. 78) oder ruht der alte Mensch von den Mühen des Lebens aus: „Dasz ich die Mutter erstlich mit Kummer und Noth auf ein Faulbette bringen konnte.“ (Schnabel 1731, 213)[33]

Luther (1558, 372) benutzt es bedeutungsgleich mit dem Grab, wo sämtliche menschlichen Aktivitäten endgültig zu Ende sind: „Das Grab nicht anders denn als ein sanfft Faul oder Rugebette zu halten.“

Das Ausruhen, die Rekonvaleszenz, das im bürgerlichen Tagesablauf verankerte Nichtstun und erotisches Beisammensein haben im 16. bis 18. Jahrhundert ihren Ort auf dem Faulbett.

2.7.4 Kanapee (1744)

In der Mitte des 18. Jahrhunderts verschwindet das Wort *Faulbett* allmählich aus dem deutschen Sprachgebrauch und macht dem *Kanapee* für dasselbe Möbel Platz. Das Lotter- und das Faulbett geben ihm auch sein *genus* (neutrum) weiter.

Die Bezeichnung *Kanapee* hat ihren Ursprung in dem griechischen Wort kōnōps (κώνωψ, κώνωπος), die Stechmücke, und dem daraus abgeleiteten kōnōpeion (κωνωπεῖον), dem Lager mit Mückennetz. Daraus wurde im Lateinischen *conopeum*, im Italienischen *canapè* und französisch *canapé* für einen „gepolsterten Ruhesitz“ (Kluge 1963, 344). 1744 wird es erstmals im deutschen Sprachgebrauch nachgewiesen (ebda). Das englische Wort *canopy* bezeichnet noch einen Baldachin, *canopy-couch* ist das französisch geprägte Kanapee. Nach Grimm (1873, 11, Sp. 157f.) kam das Wort als *Ruhebett mit einem Himmel* zu uns: „Von dem an der (früheren) Bleiche angelegten Hügel kann man jetzt zwei Kirchthürme sehen, und man sitzt dort auf einem chinesischen Canape worüber sich ein Sonnenschirm von verguldetem Bleche befindet.“ (Möser 1778, 335)

Goethes Werther sinkt zum Ende der Novelle, nach seiner letzten unglücklichen Begegnung mit Lotte, verzweifelt vor ihr zu Boden. Als sie das Zimmer verlassen hat, heißt es von ihm: „Er lag an der Erde, den Kopf auf dem Kanapee, und in dieser Stellung blieb er über eine halbe Stunde, bis ihn ein Geräusch zu sich selbst rief.“ (Goethe 1965, 136) Die intendierte Verführung Lottes ist fehlgeschlagen; das Kanapee, in dessen unmittelbarer Nähe sich die beiden schon befunden hatten, konnte seine ihm zugedachte Funktion nicht erfüllen. Demnach gehört das Kanapee 1773 zur Einrichtung eines Zimmers, wie es der junge Jurist am Reichskammergericht zu Wetzlar bewohnte.

Als Ort der Verführung wird das Kanapee häufig zitiert. Dort liegt man „mit Rosen überstreuet, in leichter Tracht nachlässig hingestreckt" (Zachariä 1761, 342), dorthin sinkt „die gnädige Frau erblassend" (Voß 1825, 37).

Wo die Mittel für das Luxusmöbel nicht ausreichen, bietet die Natur Ersatz: „Des Thals Gebüsch, der Wiese Klee / gewährt ihm süßre Rast, / als Himmelbett und Kanapee / im fürstlichen Palast." (Hölty 1814, 16) Und in dem Volkslied „Auf, auf, zum fröhlichen Jagen" heißt es:

Das Moos ist unser Bette,
der Wald ist unser Haus ...
kann man dem Schlaf nicht weichen,
so ruht man auf dem Klee,
Das Laub der hohen Eichen
ist unser Kanapee.
(Erk 1856, 48).

Die Verwendung dieses Naturersatzes mag ihren Grund darin haben, dass gepolsterte Sitze zu Anfang des 18. Jahrhunderts Luxussache waren; im 17. Jahrhundert existieren sie noch gar nicht. Erst im Lauf des 18. Jahrhunderts werden sie im Bürgertum gebräuchlicher, gelten aber weiterhin als etwas Besonderes.[34]

Vereinzelt hat sich das *Kanapee* im deutschen Sprachgebrauch bis ins 20. Jahrhundert gehalten, etwa wenn Hans Fallada (1947, 27) schreibt: „Laß mich bloß auf dem Kanapee schlafen. Ich brauch auch keine Bettwäsche" – das Tagesruhemöbel als Notgästebett, üblicherweise nicht mit Bettwäsche bezogen.

Schließlich gibt es auch noch die mit kleinen Leckereien belegten Weißbrot- oder Toastschnittchen, die denselben Namen tragen. Beiden *Kanapees* ist gemeinsam, dass etwas Feines darauf präsentiert wird, sei es ein *amuse gueule* oder ein *amusement* anderer sinnlicher Qualität.

So lässt sich als Bedeutungsnuance des *Kanapees* das erotisch Kapriziöse festhalten. Seiner Herkunft nach haftet dem Kanapee nichts Vulgäres an; es ist ein erlesenes Lager, an dem nicht einmal eine Stechmücke die Ein- oder eher Zweisamkeit stören kann. Als Luxusartikel begehrt, taucht es auch vielfach als Imitat auf und ist gern auf den Waldboden verlegt. Bis heute durchgesetzt hat sich das Wort *Kanapee* in der Bedeutung als kulinarisches Appetithäppchen.

2.7.5 Sofa (ab 1715)

Das persische *sófah* – ein weichgepolstertes, bequemes Sitzmöbel mit Rücken- und gewöhnlich mit Armlehnen, dessen Sitzfläche für mehrere Personen Platz bietet (Drosdowski 1980, 5, 2416) – stammt von dem arabischen Wort *súffa*, Ruhebank, (Grimm 1991, 16, Sp. 1400) das ursprünglich das *Kissen auf dem Kamelsattel* bezeichnet.[35] Das Wort samt Möbelstück gelangte im Zuge der türkischen Invasion gegen Ende des 17. Jahrhunderts nach Europa und wurde dann sogleich als italienisch *sofà*, französisch *sofa*, spanisch *sofá* und russisch sofá (*софа*) in die europäischen Sprachen integriert. Amaranthes (1773, 1856) beschreibt als erster dieses orientalische Möbel als umlaufende gepolsterte Bank: „Soffa, ist bey denen

Morgenländern eine gewisse Art von Betten, welche in denen Säälen und Cammern längst den Mauren und an den Fenstern von einer Wand zur andern gehen, um darauf zu sitzen oder zu liegen."

Um die Mitte des 18. Jahrhunderts bürgert es sich als Ersatz für *Kanapee* ein: „Bey uns nennt man heut zu tage Sopha eine nachahmung der morgenländischen Sophas, die nichts anders ist, als eine Art von niedrigerm Canapee ohne Rückenlehne, dessen Sitz und Kissen willkührlich, entweder mit Haaren und Stahlfedern, oder auch mit Eyderdunen angefüllt sind. Man findet dergleichen hin und wieder in den Wohnstuben und in den Visiten-Zimmern." So definiert Amaranthes (1773, 3285) seinen Zeitgenossen das noch fremde Möbel, das zu jener Zeit offensichtlich noch keine Rückenlehne hatte. Charakteristisch sind die locker hingeworfenen Kissen und Decken (Koltern), die frei arrangiert werden können. Er setzt fort: „Die eigentlichen Sophas der Morgenländer sind blosze Bänke einer halben Elle hoch von der Erde, die mit Tapeten und groszen Kissen beleget werden." Unter *Tapeten* hat man sich Teppiche vorzustellen, die wegen ihres großen Wertes zunächst nur als Schauobjekte verwendet wurden – wie noch heute auf Freuds Couch zu besichtigen.

Bis zum Beginn des 19. Jahrhunderts erscheint *Sofa* mit maskulinem Artikel. Der Sopha/Sofa ist überwiegend ein Sitzmöbel, auf das man Gäste bittet: „Kaum hatten sie hier auf einem Sofa, der rings herum lief, Platz genommen ..." (Wieland 1797, 6, 134); „ ...wo man ihn ersuchte, sich auf einen unscheinbaren aber sehr weich gepolsterten Sofa niederzulassen." (Wieland 1997, 6, 86)

Bei Wieland (1797, 6, 89) ist „der" Sofa auch eine Liegestatt, auf der man sich bekleidet von seinem Tagwerk oder nach anderer getaner Arbeit ein wenig ausruht: „(Er) lag, in der Stellung einer gesunden und vergänglichen Ruhe nach der Arbeit, auf dem obersten Platze des Sofa's."

Das Sopha eignet sich zur theatralischen Präsentation tiefer Empfindungen: „Sie wirft sich in den Sofa und nimmt eine vornehm-nachlässige Lage an." (Regieanweisung)[36]

Erotisch konnotiert ist das Sofa, wenn der totgeglaubte Räuber Karl von Moor nach Jahren zu Amalie zurückkehrt und sich beim Rundgang durch die Galerie des Schlosses im Selbstgespräch fragt: „Ist das der Sofa, wo ich an ihrem Halse in Wonne schwamm?" (Schiller, Räuber, IV, 2, S. 119)

Als Möbel familiärer Geselligkeit hat sich das Sofa bis ins 21. Jahrhundert im Sprachgebrauch erhalten.

Das Sofa ist auch in vielen Zusammensetzungen belegt. So führen Grimm (16, Sp. 1401) die *Sofaecke* auf, das gestickte *Sofakissen*, die *Sofalehne*, den *Sofamenschen* – offenbar eine Entsprechung des zeitgenössischen *Weicheis* –, das *Sofastück*, womit ein Gemälde über dem Sofa gemeint ist, den *Sofatisch*, auf dem bei Theodor Storm eine Marmorvase mit einem frischen Rosenstrauß steht, den *Sofaüberzug*, womit Schonbezüge über die Polster bezeichnet werden, und schließlich den *Sofaton*, ein Begriff, den Voß für eine schickliche Konversationsform benutzt, die auf dem Sofa gepflegt wurde.

Das Sofa ist Kommunikationsstätte und Sitzplatz, im 19. Jahrhundert zunehmend Ort der bürgerlichen Zusammenkunft von Familie und Gästen. Fast alle Klassiker sind an der Einbürgerung des Wortes *Sofa* beteiligt (Kluge 1963, 713). Und so verfolgen wir die Wanderung des Sofas vom Akzidenzmöbel im Arbeitszimmer oder der *Wohnstube* ins Wohnzimmer, wo es bis heute seinen angestammten Platz hat.

Die bei Daum/Schenk und Bielfeldt (sub verbum) angegebene russische Bedeutung des Wortes *Sofa*, kušétka (кушетка), für „Liege ohne Rückenlehne", verweist auf das russische Verb kúšat' (кушать), essen. Man kann daraus schließen, für Russen sei das Sofa eine „Liege ohne Rückenlehne, auf der Mahlzeiten eingenommen werden". Das aber ist die Funktion der griechischen klinē (κλίνη).[37]

Im Gegensatz zu *Kanapee* hat sich die Bezeichnung *Sofa* bis ins 21. Jahrhundert gehalten. Seit den 1950er-Jahren bezeichnet es hauptsächlich das zentrale Wohnzimmermöbel – später zur *Sofagarnitur* erweitert –, dem ein *Sofatisch* oder *Couchtisch* beigegeben ist. Dieses Ensemble heißt seit etwa 1970 auch *Polsterlandschaft*. Damit dient es in erster Linie der familiären Geselligkeit und der dominierenden (innerhäuslichen) Freizeittätigkeit im ausgehenden 20. Jahrhundert, dem Fernsehen.

2.7.6 Diwan (Divan) (1806)

Die Bezeichnung *Diwan* (veraltet auch *Divan*) verdankt seine Entstehungsgeschichte einer persischen Tradition. Das Wort gehört zu dem persischen Wort *däbir*, Schreiber, und bezeichnet ursprünglich eine Sammlung beschriebener Blätter oder Gedichte, meist eines einzelnen orientalischen Verfassers. Seit dem 8. Jahrhundert wurden sie von arabischen Sprachgelehrten gesammelt und zusammengestellt. In dieser Bedeutung hat es Goethe in seinem „West-östlichen Diwan" 1819 als Werktitel verwendet (Drosdowski und Grebe 1963, 113), wohl in Anlehnung an die Gedichtsammlung des persischen Dichters Hafis.

Die beschriebenen Blätter waren jedoch auch Akten und dienten Rechtsprechung und Verwaltung. Im Kalifenreich bezeichnete das persische Wort *diwan* (Sammlung von Dingen; Versammlung von Menschen) die Stammrolle der Krieger, woraus in den islamischen Staaten eine Bezeichnung für die unterschiedlichsten Behörden und Ratsversammlungen bis hin zum Staatsrat wurde. Dem Großrat des Osmanischen Reiches, Diwan-i Hümayun, der vom 15. bis zum 17. Jahrhundert das höchste Staatsorgan war, gehörten die wichtigsten Würdenträger des Reiches an. (Brockhaus Enzyklopädie 1988[19], sub verbum Diwan) 1647 ist *Divan* erstmals als deutsches Wort für den türkischen Staatsrat belegt (Kluge 1963, 135).

Das persische Wort *diwan* bezeichnete auch den orientalischen Herrschersitz selbst. Es war das Schreib- oder Amtszimmer, in dem der Staatsrat tagte – auch das deutsche Wort *Bundestag* bezeichnet beides –, ein mit Polsterbänken oder Sitzkissen ausgestatteter Raum. Kissen und Polster lagen auf dem mit Teppichen belegten Boden verstreut.[38] Später werden die Polsterbänke selbst als *diwan* bezeichnet (Drosdowski, Grebe 1963, 113). Das Wort gelangt danach ins Türkische und bezeichnet den Empfangsraum in den Häusern vornehmer Türken.

Über französisch *divan* und italienisch *divano* erreicht es das Deutsche und behält zunächst die Bedeutung als Herrschersitz bei, dann ist es der mit Polsterbänken und Sitzkissen ausgestattete Raum, um schließlich die Polsterbänke und Polsterliegen ausschließlich selbst zu bezeichnen. Es wird nun auf der ersten Silbe betont.

Grimm (1860, 2, Sp. 1197) definieren den *Divan* – noch in der Schreibweise mit *v* – als *gepolsterten Sitz nach morgenländischer Weise.* Als Polsterbank erscheint er deutsch erstmals 1806 (Kluge 1963, 135).

In den Bedeutungsnuancen scheint zwischen *Diwan* und *Sofa* zumindest im 18. und 19. Jahrhundert noch kein Unterschied zu bestehen. Im 20. Jahrhundert verschwindet das Wort allmählich wieder aus dem Deutschen. Das Russische, das länger an den Fremdworten aus dem Deutschen festgehalten hat, benutzt noch bis ins 21. Jahrhundert das Wort diván (диван) für das Liegesofa mit ansteigendem Kopfteil.

„Wenn die Völker der Antike an der Festtafel aßen und tranken, lagen sie lang auf der Seite und wälzten sich auf Diwanen und Sofas" schreibt Christa Reinig (1965, 137), bewusst das nun altertümelnde *Diwan* benutzend.

Ein Detail verweist auf eine psychoanalytische Tradition. Drosdowski (1977, Bd. 2, 549) erwähnt die *Diwandecke* als über den Diwan gebreitete Decke. Deren Verwendung hat sich bis auf den heutigen Tag unter Psychoanalytikern gehalten

2.7.7 Ruhebett (ab 1561)

Bereits das Frühneuhochdeutsche kennt das Wort *Ruhebett.* 1561 erwähnt Maaler (S. 339) ein „růbett, daran man růwet." Den eigentlichen Sinn dieser Ruhe erläutern die Klassiker. So schildert Goethe (1887ff., Bd. 44, 226) in einer Bildbeschreibung folgende Ruhebett-Szene: „Eine wohlgegliederte weibliche Gestalt liegt nackt, den Rücken uns zukehrend, uns über die rechte Schulter anschauend, auf einem wohlgepolsterten, anständigen Ruhebette." Und Wieland (Bd. 23, 257) schreibt: „O wer beschreibt, wie ihm zu mute wird / da ihm auf einem Ruhebette / sich eine Nympf aus Mahoms Paradies / im vollen Glanz der reinsten Schönheit wies."

Jedoch wird das *Ruhebett* auch im Sinne von *Ruhestätte* verwendet, und dann insbesondere in der Bedeutung *Grab.* Goethe (1887ff., Bd. 21, 160) dichtet: „Er liegt in Padua begraben / beim heiligen Antonius / an einer wohlgeweihten Stätte / zum ewig kühlen Ruhebette."

Ludwig Uhland (1834, 199) benutzt dieselben Reimworte, wenn er dichtet: „Es stand an kühler Stätte / Ein Sarg noch ungefüllt, / den nahm er zum Ruhebette, / zum Pfühle nahm er den Schild."

Die sprichwörtliche Redensart greift wieder den *eigentlichen Sinn* auf: „Müßiggang ist des Teufels Ruhbette." (Butschky 1659, 227) und „Gieb, dasz ein hörer Zweck der Neugier Zügel lenkt, als der an Ruhebetten lauscht." (Thümmel 1818, 7)

Auch im Diminuitiv bleibt sich das *Ruhebettchen* treu: „Wohin sie fliehn, bis in die Kabinettchen, / bis in die lauben von schasmin / und auf die nun nicht mehr wollüst'gen Ruhebettchen." (Wieland Bd. 5, 256)

Diese Verwendungsbelege zeigen eine starke Bedeutungsüberlagerung von *Ruhebett* mit *Faulbett* und *Lotterbett.*

Um die Wende vom 19. zum 20. Jahrhundert wird das Wort *Ruhebett* als Stichwort für folgende französischen Übersetzungen angegeben: *lit de repos, canapé, dorlotine,* (Schlafsofa:) *chaise longue* (Sachs und Villatte 1909, s.v.). Umgekehrt ist *canapé* das Stichwort für *Kanapee, Ruhebett, Ruhesessel,* und *chaise longue* wird mit *Ruhebett, Sofa mit schiefer Lehne* übersetzt. (Sachs und Villatte

1911, s.v.) Man erkennt daraus eine weitgehende Bedeutungsnivellierung zwischen den Bezeichnungen *Ruhebett, Kanapee* und *Chaiselongue.* Auch Wahrig (1968, s.v.) nennt als Bedeutung für *Ruhebett* Liegestatt, Sofa.

Noch heute wird in Auktionskatalogen und möbelkundlichen Werken häufig der Begriff *Ruhebett* verwendet, wenn ein zum Verkauf angebotenes Tagesliegemöbel nicht eindeutig zuzuordnen ist.

Als Bezeichnung für ein gängiges Möbelstück, das neu hergestellt wird, ist das Wort *Ruhebett* inzwischen veraltet. (Müller 1972 und Drosdowski 1980, s.v.)

Freuds Ruhebett ist dann in der Tat nichts weiter als ein *Sofa mit schiefer Lehne*, eine Chaiselongue.

2.7.8 Chaiselongue (18. bis frühes 20. Jahrhundert)

Aus dem griechischen kathédra (καθήδρα) mit der Bedeutung *Sitz, Lager, Stuhl, Lehrstuhl*, abgeleitet von káthēmai (κάθημαι) in der Bedeutung *dasitzen, sich versammeln, sich aufhalten, wohnen, ruhig dasitzen, müßig sein* (Menge 1967, s.v.) stammt die lateinische *cathedra* (Lehrstuhl, Stuhl), und von ihr die französische *chaise* ab. Ehemals eine Bezeichnung für *Stuhl, Sessel*, ist es als deutsche Bezeichnung inzwischen veraltet.[39] Als Kombination von *chaise* und dem lateinischen *longa* (lang) entstand im 18. Jahrhundert die *Chaiselongue* in der Bedeutung *der lange Stuhl:* ein schmales, gepolstertes Ruhebett (Brockhaus 1987, s.v.), ein *zum Ruhebett erweiterter Sessel* (Möller 1997, 20) oder ein *Liegesofa ohne Rückenlehne* (Wahrig 1968 s.v.).

Aus der Herkunft von Stuhl oder Sessel erklärt sich ihr angehobener Kopfteil und ihre asymmetrische Form, die zum Fußende offen ist; Ahlheim (1966, s.v.) definiert die Chaiselongue als *gepolsterte Liegestatt mit Kopflehne*, Drosdowski (1977 s.v.) als *gepolsterte Liege mit Kopflehne*, wozu er als Beleg angibt *eine weiche, mit Samt bezogene Chaiselongue.* Textor (1978, s.v.) definiert sie als Synonym für Lager, Müller (1986. s.v.) als Synonym für Liege.

Als solche stand sie bis zum frühen 20. Jahrhundert in bürgerlichen Wohnungen und diente als Tagesruhemöbel, zum „Beinehochlegen zwischendrin", für kurze Ruhepausen nach dem warmen Mittagessen, den Mittagsschlaf, die Zeitungslektüre oder generell als Ort des Entspannens nach der Arbeit.

Im französisch geprägten Berliner Bürgertum hielt sich die Bezeichnung *Chaiselongue* auch in verkürzter Form. „Ich leg' mich auf die Chaise", war ein üblicher umgangssprachlich-familiärer Ausdruck.

Der „richtige" Ort im Raum ist für die Chaiselongue in der Regel an einer Wand oder sogar in einer Ecke. Möglicherweise hängt das mit der orientalischen Tradition (vgl. die Ausführungen zu *Sofa*) zusammen, die auch eine altdeutsche Tradition ist, Sitzgelegenheiten entlang der Mauern als mit Kissen oder Koltern (Wolldecken) bedeckte gemauerte Bänke zu errichten.[40] Dies wurde nun als deren angestammter Platz empfunden, woran auch die Möglichkeit, Möbel frei beweglich aufzustellen, nichts änderte.

Im Zuge der Bauhausbewegung und der Einrichtung des Staatlichen Bauhauses durch Walter Gropius 1919 in Weimar und ab 1925 in Dessau (als Hochschule für Gestaltung) wurde nicht nur die Architektur, sondern auch das Design des gesamten Mobiliars einer gründlichen Revision unterzogen. Das Tagesruhemöbel hieß von nun an *Couch*, und die *Chaiselongue*, der nun auch im Vokabular etwas Plüschiges, Wilhelminisches anhaftete, was das Bauhaus durch frische Materialen und klar strukturierte Formen ersetzte, hatte ausgedient.

2.7.9 Couch (Kautsch, Kautsche) (seit 1916)

So gelangen wir nun zur endgültigen Wortform des untersuchten Möbels zurück. Zunächst ist sie nur als *Kautsche* (= *gautsche*) zu finden (Grimm 1873, 5, s.v.). Kluge (1963, 359) erwähnt, dass die *Couch*, eine *Liegestatt mit niedrer Lehne*, im Ersten Weltkrieg in Deutschland noch unbekannt, *Kautsche* jedoch 1916 in der Schweiz belegt sei. Entlehnt aus dem englischen *couch*, dem Französischen *couche* für *Lager*, handele es sich um eine Rückbildung zu *coucher* in der Bedeutung *niederlegen*, das sich im 12. Jahrhundert aus dem lateinischen Wort *collocare* gebildet habe. Das Englische kennt *couch* gleich in vier Bedeutungen, die auf die *gautsche* verweisen. Außer der Bedeutung als *Liegesofa* oder *Ruhebett*[41] bezeichnet es auch den Prozess des Fermentierens und nimmt damit eine altenglische und altfranzösische Bedeutung von *couche, coucher* wieder auf. Jedoch ist das Legen des Getreides zum Zwecke des „Ausruhens und in einen anderen Zustand Geratens" dem Legen des Menschen auf die Couch zum selben Zweck nicht allzu unähnlich.

Couch bezeichnete im Mittelenglischen auch das Senken des erhobenen Speeres zum Zwecke des Angriffs auf den Feind. Von dieser Bewegung ist in der modernen Augenheilkunde das Aufstechen – in Wahrheit ist es heutzutage ein Aufschneiden mit dem Skalpell – eines Katarakts, der *grauer Star* genannten Linsentrübung, abgeleitet, das so genannte Stechen des Katarakts.

Das gedrückte Liegen von Tieren in einer Ackerfurche heißt im Englischen ebenfalls *couch* als Verb; hier hat sich die alte germanische Sitte des Schlafens auf dem Erdboden, in Erdgruben, eine sprachliche Spur gezogen. Im Deutschen sprechen wir von *Kuschen*. „Kusch!" ist in der Jägersprache die Aufforderung an den Hund, sich hinzulegen und still zu sein (Drosdowski 1987, s.v.), aber man hört auch „Kusch dich!" als umgangssprachliche Aufforderung an einen Menschen, fortzugehen oder sich unterzuordnen.

Doch nicht nur Menschen und Tiere, auch Pflanzen haben ihre sprachliche Prägung durch das Wort *couch* empfangen. Eine Pflanze, die besonders hartnäckig den Boden, also das Beet (= Bett) bedeckt, ist das Unkraut mit dem englischen Namen *couch* oder *couch-grass*, das auf Deutsch *Quecke* genannt wird (Fowler und Fowler, s.v.), und wegen seiner langen Kriechwurzeln bei Gärtnern sehr unbeliebt ist.

Aus der englischen Sprache entlehnten die Architekten des Dessauer Bauhauses das Wort *Couch*. Gebraucht Mies van der Rohe 1930 für seinen Entwurf noch die Typenbezeichnung *Barcelona-Liege*, so werden seit der Umsiedlung nach Chicago (*New Bauhaus)* die Entwürfe in englischer Sprache betitelt. *Couch* ist nun die international gültige Bezeichnung, in der alle früheren Wortformen erlöschen.

Wenn jedoch auch die Bezeichnung vereinheitlich wurde, so leben doch in dem Möbel noch die mannigfaltigen Bedeutungen von *Gautsche, Lotterbett, Faulbett, Kanapee, Sofa, Diwan, Ruhebett oder Chaiselongue* fort. Jedes hat seine Spuren in der Couch hinterlassen; jede der damit verbundenen Bedeutungsnuancen bezeichnet eine Erlebnis- und Erfahrungsqualität, die auf der Couch, auch in der Psychoanalyse, wiederkehren kann.

„Couch" ist mit folgenden Gebräuchen und Gewohnheiten verwandt oder in folgenden Formen aufgetreten:

1. als altrömischer Brauch, dem öffentlichen Schaukeln während der *feriae Latinae*, das später Kultusbedeutung annahm;
2. als Schaukeln während der Kirchweih im 15. Jahrhundert, dem auch religiöse Bedeutung zukam, als *gautsch*;
3. als Schweizer Kinderwiege, *Gautsche;*
4. als Wiegen der Kinder, dem *Gautschen*;
5. als ein sich wiegendes (haltloses) Bewegen im 19. Jahrhundert, *„Gautsch dich nit so!"*;
6. als Tagesruhebett in Schweizer Stuben in Ofennähe um 1800, der *Gautsche* oder *Gutschi*;
7. als Tagesruhebett im Württemberg des 18. Jahrhunderts, Grundmobiliar im mehrstöckigen Fachwerkhaus, der *Gautsche*;
8. als Tagesruhebett in Bauernstuben in Schwyz, Uri und Unterwalden als *Gutsche*;
9. als Ruhebett neben dem Ofen in der Appenzeller Stube im Jahr 1537 als *gûtscha*;
10. als leichtes Tagesruhemöbel, das um 1800 über einem gedrechselten Rahmen mit Gurten oder Strohgeflecht bespannt wurde, dem *Spannbett*;
11. als Kutsche;
12. beim Papiermachen als Ablegen der frischgeschöpften Bütte auf der *Gautsche*; das *Gautschen*;
13. als Mistbeet im Luxemburgischen, der *kautsche;*
14. als Hängebett oder Hängematte in der Wortform *gûtsche*;
15. als unter der Decke zum Schaukeln aufgehängte Kinderwiege, der *gûtsche*;
16. als auf der Bärenhaut-Liegen im Appenzeller Dialekt, dem *im Bett gûgen*;
17. als Liegen im Hängebett, im 15. Jahrhundert, dem *gutzbett*;
18. als Hocken des kleinen Kindes im Tragetuch auf dem Rücken der Mutter, in der *Hucke*;
19. als Wiege, *Hotze*;
20. als Schaukelstuhl;
21. als Schaukel: *Hotzelreide, Hottel*;
22. als auf dem Rücken-Tragen, dem *Hotzeln*;
23. als Krankenlager, dem *Gautschbett* oder *gautschenbetlin*;
24. als Bettgestell für Kinder, dem *gütschli*;
25. als Ofenbank, dem *gäutschle*;
26. als Liebeslager, dem *Lotterbett;*
27. als Ort beiläufiger erotischer Triebabfuhr, dem *Lotterbett*;
28. als Aufenthaltsort des Hundes, 1494: *en Hunt, der hett gewont uff dem Lotterbet zu ligen*;
29. als Ort der Tagesruhe, des Mittagsschlafs oder des Müßiggangs im 15. bis 18. Jahrhundert, als *Lotterbett*;
30. als Bett von lockerer Fügung, sofaartiges Ruhebett, 1885, das *Lotterbett*;
31. als *Gutschen* oder *Gulterbett*, auf dem man tagsüber schläft;
32. als Nachfolger von den lateinischen Bett- oder Liegemöbelformen *accubitum, anaclinterium, grabatus* oder *stibas* im 16. Jahrhundert;
33. als *klínē* (κλίνη), dem griechischen Ruhebett, auf dem auch Mahlzeiten eingenommen wurden;

34. als Tagesruhemöbel, auf dem im 16. Jahrhundert der Hausherr Zorn und Überfüllung loswird, dem *Lotterbett*;
35. als exklusiver Aufenthaltsort eines alkoholsüchtigen Bauern im 17. Jahrhundert, *Lotterbett*;
36. als Ruhemöbel im frühen 17. Jahrhundert, *Faul- und Lotterbett*;
37. als Erotikmöbel im frühen 17. Jahrhundert: *in einem wollüstigen Kabinett auf einem rosafarbnen Lotterbette mit silbernen Blumen*;
38. als Nachfolgebezeichnung des römischen *lectulus*;
39. als im 16. bis 18. Jahrhundert gebräuchliches Ruhemöbel, dem *Faulbett*;
40. als Ort, an dem Erkenntnisstreben durch dumpfes Triebleben ersetzt wird, Fausts *Faulbett*;
41. als Ort des Austauschs ehelicher Gemeinschaft nach dem Mittagessen im 18. Jahrhundert, dem *Faulbett*;
42. als Möbel für die Ruhe nach dem Mittagessen im ausgehenden 18. Jahrhundert, dem *Faulbett*;
43. als Krankenlager im 18. Jahrhundert, dem *Faulpet*;
44. als Grab, das bei Luther einem Faul- oder Ruhebett gleicht;
45. als Ort der Rekonvaleszenz;
46. als Lager mit Mückennetz im klassischen Griechenland, das *kōnōpeion* (κωνωπεῖον);
47. als gepolsterter Ruhesitz, *canapé*;
48. als Ruhesitz mit Baldachin, *canopy*;
49. als Ruhebett mit Himmel (seit 1744), *Kanapee*;
50. als Liebeslager aus Moos und trockenem Laub, 1771, *„Arme-Leute-Kanapee“;*
51. als Notbett für Gäste, das keiner Bettwäsche bedarf, 1947, *Kanapee;*
52. als Ort exquisiter erotischer Erfahrung, *Kanapee;*
53. als Kissen auf dem Kamelsattel in der arabischen Welt;
54. als weichgepolstertes, bequemes Sitzmöbel mit Rücken und Armlehnen für mehrere Personen, dem *Sofa*;
55. als persischer Herrschaftssitz, dem *sófah*;
56. als Ruhebank, *súffa*;
57. als längs der Mauern und an den Fenstern von Wand zu Wand umlaufende Betten, auf denen man sitzt oder liegt, wie die orientalischen Möbel;
58. als niedriger Polstersitz ohne Rückenlehne mit locker aufgelegten Kissen, dem *Sopha*;
59. als gepolsterte Bänke mit aufgelegten Teppichen und Kissen;
60. als exquisites, weil gepolstertes, Möbelstück, das im 18. Jahrhundert zunächst dem Adel und wohlhabenden Kreisen vorbehalten ist, auf dem man bei Schiller mit vornehm-nachlässigen Gestus sitzt, dem *Sopha*;
61. als Ort, an dem man sich nach der Arbeit kurze Zeit ausruht, bei Wieland;
62. als Ort erotischer Vergnügung, den Schiller als den Ort bezeichnet, „wo ich an ihrem Halse in Wonne schwamm“, dem *Sofa* (maskulin);
63. als Ort der bürgerlichen Zusammenkunft von Familie und Gästen zu geselligen Kaffee- oder Spielrunden im 19. und 20. Jahrhundert, dem *Sofa*;
64. als Wohnzimmermöbel, das zusätzlichen Sitzplatz bereitstellt, dem *Sofa*;
65. als zentralen Sitzplatz im Wohnzimmer des 20. und 21. Jahrhunderts, von dem aus die gemeinsam ausgeübte Hauptaktivität, das Fernsehen, stattfindet: dem *Sofa*;

66. als persischen Herrschersitz, als Schreib- oder Amtszimmer, in dem der Staatsrat tagte, dem *Diwan*;
67. als persischen Ort der Rechtsprechung, dem *Diwan*;
68. als ein mit Polsterbänken oder Sitzkissen ausgestatteter Raum, genannt *Diwan*;
69. als Polsterbank „nach morgenländischer Weise“: Diwan;
70. als höchstes Staatsorgan im Osmanischen Reich vom 15. bis zum 17. Jahrhundert, dem die wichtigsten Würdenträger des Reiches angehörten, dem *Diwan*;
71. als Empfangsraum in den Häusern vornehmer Türken im 17. Jahrhundert, dem *Diwan*;
72. als Polsterbank oder Polsterliege im deutschen Sprachraum des 18. und 19. Jahrhunderts, die den Namen *Diwan* trägt;
73. als ein Ruhemöbel, über dem eine *Diwandecke* liegt;
74. als Bett, in oder auf dem man sich ausruht, seit 1561 im Frühneuhochdeutschen als *Růbett;*
75. als Präsentationsort für liegende Akte, wie von Goethe beschrieben, *Ruhebett*;
76. als Ort der Prostitution, *Ruhebett*;
77. als Grab, bei Luther, Goethe und Wieland beschrieben als *Ruhebett*;
78. als Lagerstatt für Kranke, bei Freud 1913 als *Ruhebett*;
79. als Schlafsofa mit schiefer Lehne im 18. bis frühen 20. Jahrhundert, der *Chaiselongue;*
80. als Lagerstatt, Stuhl oder Sitz im klassischen Griechenland mit der Bezeichnung *kathédra* (καθήδρα), von dem das französische *chaise* abgeleitet wird;
81. seit dem 18. Jahrhundert als zum Ruhebett erweiterten Sessel mit dem Namen *Chaiselongue*;
82. als *Liegesofa ohne Rückenlehne*;
83. als *gepolsterte Liege mit Kopflehne*, die mit Samt überzogen sein kann: der *Chaiselongue*;
84. als Möbelstück in bürgerlichen Familien des 19. und frühen 20. Jahrhunderts, auf dem kurze Ruhepausen eingelegt werden; *„Ich leg' mich auf die Chaise.“*
85. als gemauerte Bank entlang den Wänden der Säle in Schlössern und Wohnungen und in tiefen Fensternischen, die im frühen Mittelalter, vor 1250, im deutschen Sprachraum mit Kissen, Polstern und Koltern (Wolldecken) bedeckt waren;
86. als Liegestatt mit niederer Lehne seit 1916 in der Schweiz belegt, der *Kautsche*;
87. als Liegesofa oder Ruhebett im englischen Sprachraum: *couch*;
88. als Ort und Prozess des Lagerns von Getreide zum Zweck des Fermentierens, im englischen Sprachraum, beides genannt *Couch*;
89. als Senken des erhobenes Speeres zum Zweck des Angriffs auf den Feind im Mittelalter: englisch *couch*;
90. als (Auf-)Stechen eines Katarakts in der modernen Augenheilkunde: englisch *couch*;
91. als das gedrückte Liegen von Tieren in der Ackerfurche, englisch *couch*;
92. als Befehl zur Unterwerfung und Unterordnung, des *sich Kuschens: „Kusch dich!“*;
93. als Aufforderung an den Hund, sich hinzulegen und still zu sein: *„Kusch!“*;

94. als Pflanze, die hartnäckig ein bearbeitetes Beet mit langen Kriechwurzeln durchzieht, im Englischen bezeichnet als *couch* oder *couch-grass* (dt. *Quecke*);
95. als Tagesruhemöbel, das von den Architekten des Bauhauses in der Tradition von Walter Gropius ab 1919 neue Formen und Materialien erhalten hat, der *Liege*;
96. als mit dem *New Bauhaus* in den amerikanischen Sprachraum transponierten Tagesruhemöbel, der *Couch;*

Diese erstaunliche Vielfalt in der sprachlichen und begrifflichen Verwendung des Begriffes *Couch* findet sich auch im Erleben der Analysanden wieder.

2.8 Raumsymbolik

Räume können also, wie sich bisher gezeigt hat, erstaunliche metaphorische Qualitäten annehmen. Auf psychoanalytische Räume trifft das genauso zu. Sie werden in der Analysestunde als ein bestimmter Raum erlebt, als seien sie ein Bühnenraum, in dem der Betrachter sein persönliches Bühnenbild aufgestellt hat; und nun tritt er in dieser Inszenierung auf.

Wenn ein Analyseraum als Gefängnis erlebt wird, so ist er doch de facto noch immer ein Behandlungsraum. Allerdings kehren früher erfahrene Räume oder an solchen Räumen haftende Affekte dort wieder. Und so *meint* der Patient, oft sehr real, im Moment der Regression, jenen anderen, früheren Ort oder Raum wieder zu bewohnen, an dem ihm nicht selten etwas Unbegreifliches zugestoßen ist.

In der Metapher wird der Raum also vom Patienten ausgehend gebildet. Die Phantasie des Analysanden projiziert das Bild des *erlebten* Raumes in den Behandlungsraum hinein, beinahe wie ein Diapositiv, das an die Wand geworfen wird. Darin trifft sich dieses Bild mit Freuds Vorstellung vom Analytiker als „Projektionswand": Hier ist es nun der Mensch selbst, der Analytiker, an dessen freie seelische Fläche der Patient den Raum, den Ort und die Art seiner Erlebnisse projizieren darf. Aber auch der Raum ist eine solche Projektionswand. Er nimmt – als Raummetapher – diejenige Gestalt an, die der Patient ihm gerade verleiht.

Umgekehrt verläuft der Prozess in der *Raumsymbolik*. Der Analysand findet ja immer einen real gestalteten Raum vor, der auch seinerseits eine Wirkung entfaltet. Die nimmt der Analysand sofort wahr und weiß damit intuitiv, wo er sich befindet und wes Geistes Kind er vor sich hat. Denn in der Gestaltung des Raums, in der Assemblage der darin befindlichen Gegenstände, hat sich der Bewohner selbst *symbolisch* dargestellt.

Das trifft auf jeden Raum zu. Ein rotes Licht im Fenster symbolisiert genauso einen dahinter befindlichen Raum wie farbiges Fensterglas, ein Kirchturm und Glockenklang. Literatur und Film beziehen ihre größte Wirkung daraus, dass sie einen Raum selbst erzählen lassen, wer sein Bewohner ist.

Alexandre Dumas d. J. beginnt seinen Roman über die Kurtisane Marguérite Gautier, Verdis „Kameliendame", mit der Schilderung ihrer Gemächer, die nach ihrem Tode zur Besichtigung freigegeben worden sind für die anstehende Versteigerung. Die Augen der skandalsüchtigen Bürgersfrauen betrachten gierig ihre tausend Goldschätze im Boudoir, „die, jedes einzelne, von einer Sammlung stammten, die jedoch *nach und nach entstanden* sein musste, und es war gewiss nicht ein und dieselbe Liebe, die sie vervollständigen geholfen hatte." (Dumas 2003, 11) So symbolisiert der Raum den Lebenswandel seiner Bewohnerin.

Süffisant schildern die Brüder Goncourt (1985, 269–271) in ihrem Tagebucheintrag vom 29. Oktober 1863 den berühmten Schriftsteller Gustave Flaubert, indem sie sein Arbeitskabinett beschreiben: Es ist eine Ansammlung von antikem orientalischen Plunder. Am Ende der blumigen Darstellung resümieren sie: „Dieses Interieur ist ganz der Mann, sein Geschmack und sein Talent: seine eigentliche Leidenschaft gilt dem plump Orientalischen, seiner Künstlernatur liegt ein Barbar zu Grunde." (Goncourt 1985, 271)

Der Raum ist der Mann – so schließen die Goncourts auf Flaubert, so schließt der Erzähler bei Dumas auf die Kurtisane Marguérite Gautier.

Die Reihe literarischer Beispiele ließe sich lange fortsetzen. Von Homer – man denke an die Höhle des Zyklopen oder das eheliche Schlafzimmer von Odysseus und Penelope, die ihre Bewohner charakterisieren – über Edgar Allan Poe, dessen gespenstische Räume die Außenhaut entsetzlicher Bewohner symbolisieren, und Thomas Mann mit den erlesen-erstarrten Lübecker Kaufmannsräumen bis zu Mario Vargas Llosa, dessen Schilderung der Folterkammern in *La Fiesta del Chievo* die Folterer selbst zeigen, liefern die Autoren der Weltliteratur exquisite Raumbeschreibungen. Immer ist der Raum zugleich Symbol für die darin wohnenden Menschen mit ihren verborgeneren Qualitäten, Fähigkeiten und Sehnsüchten.

Der Raum symbolisiert den Menschen. Ja: der Raum ist der Mensch.

So ergeben sich also zwei Perspektiven der Raumbetrachtung. Die Symbolik des Raumes geht von ihm selbst aus, von seinem Mobiliar, seinen Einrichtungsgegenständen und der Gesamtwirkung, die er damit hervorruft. Ein Raum identifiziert sich damit selbst als Klosterzelle, als Gefängnis, als ärztliches Behandlungszimmer, als Wohnzimmer, als Gelehrtenstube oder als wohnlich-gemütliche Dachkammer.

Die Metaphorik des Raumes geht jedoch vom Betrachter aus. Sie ist das, was der Analysand in seinem Analyseraum sieht, weil er aus seiner Erinnerung oder mit seiner Phantasie noch weitere Einzelheiten hinzufügt. Das kann den Raum auch zur Klosterzelle, zum Gefängnis, zum ärztlichen Behandlungszimmer und so fort machen. Aber die Wahrnehmungsrichtung ist eine andere.

Bei der Frage nach der Bedeutung von Couch und Raum für den psychoanalytischen Prozess wird uns im Folgenden die Metaphorik der Räume stärker interessieren als deren Symbolik. Denn es gilt herauszufinden, in welcher Weise der Analysand den Raum erlebt, also welche metaphorischen Qualitäten er ihm zuerkennt. Die Symbolik des Raumes ist eher der Auslöser für dieses Erleben. Daher ist sie von untergeordneter Bedeutung.

---

1 Zusammenfassend: Tambiah (1985) 123–166, „A performative approach to ritual", de Coppet (1992) und Bell (1992.

2 Der amerikanische Kommunikationswissenschaftler John Rogers Searle konzipierte in den 1960er-Jahren als Weiterentwicklung von L. Wittgenstein und J.L. Austin die Sprechakttheorie, in der er Faktoren, Bedingungen und Regeln für das Verstehen und Gelingen von Sprechakten analysierte. Als Sprechakte gelten die „grundlegenden oder kleinsten Einheiten der sprachlichen Kommunikation" im Rahmen der Pragmatik.

3 Schiller, F.v. (1803): Schlussverse aus der Romanze „Der Jüngling am Bache", UA Weimar 12.10.1803, 1806 veröffentlicht als „Die Parasiten" (dort: 4,4)

4 Und der Herr sprach zu Mose: Komm herauf zu mir auf den Berg und bleib daselbst, dass ich dir gebe steinerne Tafeln und Gesetze und Gebote, die ich geschrieben habe, die du sie lehren sollst.

5 Mit „Segen oben vom Himmel herab" segnet Jakob seinen Sohn Joseph als rechtmäßigen Nachkommen.

6 Wohlauf, lasst uns eine Stadt und einen Turm bauen, des Spitze bis an den Himmel reiche, dass wir uns einen Namen machen!

7 Das Taipeh Financial Center in Taiwan mit 101 Stockwerken und 508 Metern soll gegenwärtig das höchste Haus der Welt werden.

8 In John Osbornes 1956 uraufgeführtem Bühnenstück „Look Back In Anger" fand sich die britische Generation der *Angry Young Men* wieder; Osborne hatte sich über das intellektuelle Nachkriegs-Halbproletariat mokiert und es mit dem Postulat nach neuen, „wahren" Werten für die Gesellschaft kontrastiert, forderte elementare Gefühle statt intellektuellem Blendwerk. Hier ist die Rückschau als kritische Sichtung einer gesamtgesellschaftlichen Entwicklung zu sehen – ähnlich wie 1968 durch die Studentenbewegung.

9 Vgl. dazu auch Jünger, E. (1947) und Klages, L. (1959)

10 Eliade, M. (1958): 231 f. führt aus der umfangreichen Literatur zum *omphalós* Pausanias an, der schreibt: „Was die Einwohner von Delphi *omphalós* [ὀμφαλός] nennen, ist aus weißem Stein, und man hält es für den Erdmittelpunkt; und Pindar bestätigt dies in einer seiner Oden." Rohde (97 ff.) und J.H. Harrison (396 ff.) vermuten, dass der *omphalós* ursprünglich einen Grabstein repräsentierte; Varro erwähnt die Tradition, den *omphalós* als Grab der heiligen Schlange von Delphi, der Python, anzusehen: *quem Pythonis aiunt tumulum.* Roscher, der dieser Frage drei Monographien gewidmet hat, erklärt, dass der *omphalos* von Anfang an für den „Nabel der Welt" gehalten wurde. Nilsson ist mit keiner dieser beiden Interpretationen einverstanden und glaubt, dass die Konzepte eines Grabsteines und des „Erdmittelpunkts" beide nachrangig entstanden sind, nachdem der Ort bereits Kultplatz einer „primitiveren" Kultur war.

11 Der Mongole Galsang Tschinag (1999) hat sich in jüngster Zeit für die erfolgreiche Wiederbelebung dieser Riten eingesetzt.

12 Und Gott der Herr ließ aufwachsen aus der Erde allerlei Bäume, lustig anzusehen und gut zu essen, und den Baum des Lebens *mitten* im Garten.

13 Wensinck, A.J. (1916): 15, zitiert in Eliade, M. (1958): 376

14 Bergson, H. (1889) und (1896) stellt als erster die typische Form der Zeitlichkeit des Lebensprozesses nicht als objektiv-physikalische Zeit (*temps*), sondern als reale Erlebniszeit, die wirkliche, unmittelbar erfahrene Dauer (*durée*) dar. Auf ihn beruft sich in der deutschen Philosophie G. Simmel, der seinerseits den Arbeiten von Bollnow zugrunde liegt.

15 Der Psychoanalytiker Tobias Brocher nahm seine Analysanden tatsächlich mit in die Natur und befuhr mit ihnen die Stromschnellen im River-Rafting.

16 Für Freud ist die Notwendigkeit der Aufgabe des geozentrischen Weltbildes im Anschluss an Kopernikus und Galilei die erste der Hauptkränkungen des neuzeitlichen Menschen. Die zweite narzisstische Kränkung erfuhr sie durch Darwins Feststellung, dass der Mensch nicht die Krone der Schöpfung, sondern die Weiterentwicklung des Affen und somit gewissermaßen dem Tierreich angehörig sei; die dritte, größte Kränkung schließlich fügte Freud ihr selbst zu durch die Entdeckung der Wirkungskraft des Unbewussten und seinen Nachweis, dass der Mensch nicht einmal „Herr im eigenen Haus" ist.

17 In bester romantischer Tradition beklagt der Geselle mehr als nur eine missglückte Liebschaft mit einer Bürgertochter: Er stellt fest, dass auf der Welt für ihn eigentlich kein Raum sei. Die Kälte des Winters drückt seine innere Unbelebtheit aus. Der Rauhreif hat sein Haar über Nacht weiß gefärbt. Und so erstarrt ist er in seinem Schmerz, dass sogar die Tränen gefroren zu Boden fallen. Zum Schluss fällt sein Blick auf einen

Leiermann, der mit erfrorenen Fingern auf dem Eis steht und dort vergeblich bettelt. In dieser Metapher für ihn selbst drückt der Geselle aus, dass nur noch auf dem gefrorenen Wasser Raum für ihn ist.

18 „Heimweh nach Hause und Sehnsucht in die Ferne berühren sich so stark, dass man sich fragen muss, ob beides nicht im Grunde dasselbe ist." (Bollnow 1963, 94)

19 In Kassel war der Friedrichsplatz – der größte innerstädtische Platz Europas – während des Krieges völlig zerstört, ebenso wie die gesamte Innenstadt, an die er sich anschließt. Hier ließ sich sehr gut studieren, wie sich in den ersten Nachkriegsjahren ein System von Trampelpfaden über den planierten aber noch nicht mit Wegen versehenen Platz ausbreitete gleich einem Adernsystem; diese Wege wurden in der Folgezeit gepflastert und zum offiziellen Wegesystem erhoben.

20 Das Konzept der „mentalen" oder „kognitiven" Karten stützt sich vor allem auf die Arbeiten des Psychologen Tolman (1948), die Lynch (1976) weiterentwickelte.

21 So äußert sich auch Alexander (1977) in Pattern 17: *Ring Roads,* S. 97: „It is not possible to avoid the need for high speed roads in modern society; but it is essential to place them and build them in such a way that they do not destroy communities or countryside."

22 Im Jahr 1826 verfasste Eichendorff seine Novelle „Aus dem Leben eines Taugenichts" und brach damit zu einer Reise auf, die mehr in die Vergangenheit als in die Zukunft weist. Der wandernde „Taugenichts" war vom gleichen Lebensgefühl getragen wie die Helden der Werke von Novalis, Tieck, Clemens Brentano und Achim von Arnim. Im selben Jahr, 1826, unternahm Heinrich Heine seine „Harzreise" und begann damit die Reihe seiner berühmten „Reisebilder", die allerdings eher in die Zukunft verweisen.

23 „Ich möchte von dem Hauptweg berichten, der mich während sechs Jahrzehnten durch die Welt der Kunst geführt hat, aber ich will auch von den zahlreichen Nebenwegen erzählen wie auch von den Umwegen, die mich nach allen Seiten hin fortlockten, um am Ende doch zum Hauptweg der modernen Kunst zurückzuführen." (Berggruen 1996, 9f.)

24 Eine Untersuchung über die Umwelt von Studenten während der ersten acht Monate ihres Aufenthalts in New York zeigte, dass sie sich durch Kennzeichnung der Wohnviertel, Benutzung der Verkehrsmittel, Reisen usw. eine zunehmende Kenntnis ihrer Umwelt erworben hatten. (Helson 1964) Indem die Studenten aktiv ihre Umwelt erkundeten, konnten sie die Ungewissheit und das Ungleichgewicht besser unter Kontrolle bringen, in die sie durch ihren Umzug geraten waren. Solange sie den Raum kennen lernten, verminderte sich die Spannung, in die der neue Raum sie gebracht hatte, und die Unsicherheit des neuen Raumes verschwand.

25 Der Begriff des „gestimmten Raumes" geht auf den schweizerischen Psychiater Ludwig Binswanger zurück, einem Schüler von Freud, der unter dem Einfluss von Freud, Heidegger und Husserl zum Begründer der „Daseinsanalyse" wurde, einer Spielart der Psychoanalyse, die psychische Störungen als existentielle, d.h. als Störungen des menschlichen „Daseinsvollzugs" aufzuhellen und zu heilen versucht. – Binwangers (1955, 195ff.) Auffassung von Psychoanalyse ist hier, wo er sich mit der Frage des gestimmten Raums auseinandersetzt, nicht von Belang.

26 Goethe, J. W. v. (o. J.): Farbenlehre, XVI, 207ff.

27 Alexander (1977) nennt in diesem Sinn eine Reihe von Maßnahmen: etwa, dass man große Fenster verwenden solle, die viel Licht einlassen; dass man als Architekt keine langen, düsteren Gänge bauen solle, sondern Passagen immer mit einer Seite zum Licht öffnen solle; dass man Schlafzimmer nach Osten richten soll, um durch das Licht der Morgensonne zusammen mit dem eigenen Rhythmus aus dem Tiefschlaf geholt zu werden; dass man lichtdurchflutete Eingangsbereiche gestalten solle und dass die Anordnung der Räume in einem Haus dem Licht des Sonnenumlaufs folgen solle. In jeden Raum solle nach Möglichkeit Tageslicht von zwei Seiten her eindringen. Haustüren sollten nach Süden zeigen. Alle Aktivitäten strömten grundsätzlich dem Licht ent-

gegen, und aus einer bewusst gestalteten Abwechslung zwischen Hell und Dunkel, das er befürwortet, träten die hellen Stellen im Haus erst richtig als solche hervor.

28 In Afrika begleiten ganze Sippen ein krankes Familienmitglied auf dem Weg zur oft weit entfernten Krankenstation, um ihn in der geschwächten psychischen Verfassung nicht noch vom Familienverband zu isolieren. Davon berichtet der Ophthalmologe Holger Tubbesing von seinem achtjährigen Aufenthalt als Augenarzt in N'gaoundere in Kamerun (1985–1993) zahlreiche Beispiele. So wurde etwa eine augenkranke Großmutter von zehn Familienangehörigen begleitet, als sie sich einer stationären Augenoperation unterziehen musste. Die Familie wartete eine Woche auf dem Klinikgelände, saß auf Holzbänken und kochte sich auf dem Steppenboden außerhalb der Klinik die gemeinsamen Mahlzeiten. Es wäre für sie undenkbar gewesen, der körperlichen Isolation durch die Schmerzen und die Sehbehinderung auch noch die seelische Isolation vom Familienverband hinzuzufügen. Als die Großmutter gesund entlassen wurde, gingen alle gemeinsam ihren weiten Weg (mehrere Tagesreisen) nach Hause zurück.

29 „Bei uns wurde die Wiege abgeschafft, als es Mode wurde zu fürchten, ein Kind, das man liebkose, streichele und wiege, werde zu einem verzärtelten, abhängigen Menschen. Es in der Wiege zu schaukeln wurde als besonders rückständig und tadelnswert betrachtet. Diese behavioristische, mechanische Einstellung beherrscht unser heutiges Verhalten in der Kinderpflege noch viel mehr als man denken sollte, obwohl es unrichtig ist und Millionen von Kindern geschädigt hat und zu gemütskranken Menschen heranwachsen ließ." (Montagu 1971, 100)

30 Winnicott (1954, 200): It is important to note that this object is not part of the infant, like the fist or the thumb or the two middle fingers. Its use is related to thumb sucking. ... The use of the transitional object is more related to this affectionate secondary phenomenon than to the primary thumb sucking.

31 An dieser Stelle sei Freuds Satz aus der „Selbstdarstellung" (1925, 52f.) in Erinnerung gerufen, in dem er seine Abkehr von der Hypnose – dem künstlichen Versetzen des Patienten in den Schlaf (ὕπνος; hypnos – und die Hinwendung zur freien Assoziation begründet: Zwischen dem in der Hypnose Wiedererlebten und dem bewussten Wachzustand bestand beim Patienten kein Kontakt! Freud fand zwei getrennte Welten vor und schreibt: „Wenn die Versuchsperson aus dem Somnambulismus erwachte, schien sie jede Erinnerung an die Vorfälle während dieses Zustandes verloren zu haben. Aber Bernheim behauptete, sie wisse es doch, und wenn er sie aufforderte, sich zu erinnern, wenn er beteuerte, sie wisse alles, sie solle es doch nur sagen, und ihr dabei noch die Hand auf die Stirne legte, so kamen die vergessenen Erinnerungen wirklich wieder, zuerst nur zögernd, und dann im Strome und in voller Klarheit. Ich beschloss, es ebenso zu machen."

32 Die schwangere Bäuerin hat den Bauern gebeten, aus der Stadt eine Kiste mitzubringen, und der erkennt bei einer erneuten Rückkehr nun erstaunt ihren Verwendungszweck: „Er trat ein und sah zuerst die Kiste, die vielbeprochene Kiste, die er auf seiner Brust heraufgetragen hatte! Sie hing nun an zwei Stricken vom Dachfirst herunter und war eine Wiege und eine Schaukel für das Kind." (Hamsun 1918, 23) Aber auch Dolz (1972, 53) schreibt: „Die älteste, einfachste Wiege war eine Hängewiege, ein Kasten oder Korb, der in bequemer Höhe an der Decke aufgehängt war. Sie hat sich noch bis ins 19. Jahrhundert vereinzelt in Mitteleuropa erhalten." – Ein Trend aus dem 21. Jahrhundert nimmt diesen früheren arme-Leute-Brauch, neugeborene Kinder in eine kleine Kiste zu legen, die man an den vier Enden mit einem Bindfaden an der Decke befestigt, wieder auf: Engagierte junge Eltern legen ihre Kleinstkinder in Hängebettchen, die, mit einer kräftigen Spiralfeder dazwischen, an der Decke des jeweiligen Zimmers hängen, in dem sich die Erwachsenen aufhalten. So kommt das alte und zu Unrecht in Vergessenheit geratene Konzept der Hängewiege wieder zu neuen Ehren.

33 Diese Beschaffenheit ist noch in der späteren Couch enthalten. Freud selbst hat sich dazu bekannt, als er, von den Schmerzen seines Krebsleidens geplagt, die eigene Analy-

secouch zur Rekonvaleszenz aufsuchte: „Ich habe einige besonders ungünstige Wochen hinter mir. Vor 4 Wochen eine meiner gewohnten Operationen, darauf ungewohnt heftige Schmerzen, so daß ich durch 12 Tage meine Arbeit einstellen mußte und mit Schmerzen und Wärmflaschen auf der Couch lag, die für andere bestimmt ist." (Freud 1938, 167)

34 So Rudolf Hildebrand 1864, der Bearbeiter des Bandes V von Grimms DWB.

35 Kluge, F. (1963): S. 713; Kluge zitiert als Beleg Littmann (1926), Morgenländische Wörter, S. 88 f.

36 Schiller, F. v. (1966): Kabale und Liebe, Akt 4, Szene 6, S. 318. Auch in Akt 2, Szene 1 (S. 281) kommt die Regieanweisung „Sie wirft sich in den Sofa", also die maskuline Form, vor.

37 So hat man sich etwa das bei Matthäus 26, 20–30 geschilderte letzte Abendmahl Jesu mit seinen Jüngern nicht als eine Mahlzeit vorzustellen, die an einem Tisch mit dreizehn Stühlen eingenommen wurde, wie es Leonardo da Vinci gemalt hat; vielmehr lagen alle Beteiligten auf ihrer klinē (κλίνη), und der gemeinsame Tisch in der Mitte war vermutlich eine Art „Couchtisch", den alle liegend erreichen konnten.

38 Luthmer, H. (1913²): S. 22: „Bequemer noch waren jedenfalls die Sitze, die man nach Art der Orientalen (vielleicht eine von den Kreuzfahrern mitgebrachte Sitte) auf dem Boden improvisierte, indem man Kissen, entweder mit Federn (plûmit) oder mit Wolle und Haar gestopft (matraz) auf den mit Teppich bedeckten Fußboden breitete und mit Decken belegte. So heißt es im Nibelungenlied, Z., S. 54, 4: matraz diu rîchen, îr sult gelouben daz, Lâgen allenhalben an dem vletze nider." Auf S. 22 erwähnt Luthmer, „diese Einrichtung (habe) dem orientalischen *Divan*" entsprochen. Das Wort „Kissen" wird als „Ersatz für die noch nicht erfundenen festen Polster" verwendet (S. 21), jedoch auch in der zweiten Bedeutung als „Belag [der Bänke] mit beweglichen Kissen, Polstern und Koltern" (= gefütterten Decken).

39 Drosdowski, G. (Hrsg.) (1977), sub verbum; es existierte noch in der umgangssprachlichen Bezeichnung „Alte Chaise" für ein altes Fahrzeug weiter.

40 „Im übrigen waren als gewöhnliche Sitzgelegenheiten überall an den Wänden der Säle in Schlössern und Wohnungen, in den tiefen Fensternischen und wo sich sonst Gelegenheit bot, feste gemauerte Bänke angebracht, die in diesen Räumen die Stühle überflüssig machten. Dass diese vor allen einen Belag mit beweglichen Kissen, Polstern und Koltern notwendig machten, versteht sich bei unserem Klima von selbst", schreibt Luthmer (²1913) über Möbel aus der Zeit des frühen Mittelalters, vor dem Jahr 1250.

41 thing one sleeps on; lounge like sofa, but with half-back and head-end only; Fowler and Fowler (⁵1975) sub verbum.

3 Zur Wechselwirkung von Raum und psychoanalytischem Prozess

Das menschliche Leben findet nur raum- und zeitbezogen statt; die Psychoanalyse macht davon keine Ausnahme. Wie schlägt sich nun die Raumbezogenheit auf den psychoanalytischen Prozess nieder? Wie bildet der Raum sich im Patienten ab? In welcher Dynamik steht die Raumwahrnehmung in Analogie zum psychoanalytischen Prozess? Welche inneren Räume werden gebildet? Stehen sie in einem Verhältnis zu dem äußeren Raum, in dem der analytische Prozess stattfindet?

Zur Klärung dieser Fragen wurden mit zwanzig ehemaligen Analysanden Leitfadeninterviews durchgeführt und nach einer anschließenden inhaltsanalytischen Auswertung einer systematischen Klärung zugeführt. Die Analysanden hatten in ihren 38 Analysen insgesamt mindestens 55 Behandlungsräume kennen gelernt, da fast alle mehrere Analysen oder Psychotherapien durchgeführt hatten und der Analytiker in vielen Fällen während der Behandlung umgezogen war.[1]

Die Analysanden hatten ausnahmslos eine hochfrequente, mindestens dreistündige Analyse bei einem Analytiker der Deutschen Psychoanalytischen Gesellschaft e. V. (DPG) oder der Deutschen Psychoanalytischen Vereinigung (DPV) abgeschlossen. Alle hatten während ihrer wichtigsten Analyse gelegen.

Sämtliche Interviews wurden anonymisiert und mit Pseudonymen versehen. Zur Vermeidung von Verwechslungen mit echten Namen seien sie hier aufgeführt:

Herr Abel
Herr Bernstein
Herr Cordes
Herr Dornheim
Herr Ehrenfeld
Frau Fischer
Frau Groß
Frau Haydmann
Frau Isenberg
Frau Jasper
Frau Kunze
Frau Lehmann
Frau Müller
Frau Neumann
Herr Oldenburger
Frau Pohl
Frau Quambusch
Herr Ritter

Frau Schulze
Frau Tiedermann

Während des Interviews fühlten sich die meisten Gesprächspartner in ihre Analyse zurückversetzt. Dieses Phänomen heißt auch „Pulverisierung“. Unbewusst war wieder die Analysesituation hergestellt, in der es zu Übertragungssituationen kam. Eine Analysandin begann in schmerzvoller Erinnerung an ihren Analyseraum zu weinen, eine andere fror aus demselben Grund; ein Analysand gewann neue Einsichten in seinen Analyseprozess durch Deutungen während des Interviews.

3.1 Der fünfstufige Raum

Das, was ein Analysand während seiner Psychoanalyse als „den Raum“ empfindet, ist nicht immer dasselbe. Vielmehr lösen sich nacheinander verschiedene Orte ab, die als „Raum“ wahrgenommen werden. Sie liegen wie Hüllen ineinander und gleichen damit teilweise den von Aristoteles und von Bachelard ausgeführten Vorstellungen eines „Raumes im Raum“. Im Einzelnen lassen sich fünf Räume unterscheiden, die nacheinander erlebt werden.

1. Zu Beginn ist „der Raum“ das ganze Zimmer, das hinter der Tür beginnt. Es ist der umbaute Raum mit dem Couch-Setting darin, und der Analysand empfindet, dass der Raum dem Analytiker gehört (*Außenraum; Raum 1*).
2. Nach einer Weile fühlt er sich dort heimisch und empfindet den Raum auf eine oft merkwürdig überzogene Weise als sein Eigentum, in dem außer ihm selbst niemand etwas verändern darf. Das Couch-Setting ist in seinem Erleben nun „der Raum“, in dem die Analyse stattfindet, und die Interaktion mit dem Analytiker bildet das zentrale analytische Geschehen (*Interaktions- oder Symbioseraum; Raum 2*).
3. Nachdem diese Interaktion eine Weile erfolgreich verlaufen ist, hat der Analysand das Gefühl, in der Couch geradezu einzusinken oder zu versinken. Nun erlebt er die Couch als „seinen Raum“ und widmet sich hier konzentriert und versunken seiner höchst persönlichen analytischen Arbeit, bei der die stützende Funktion des Analytikers eher die eines Helfers in der Ferne ist. Hier erlebt der Analysand seine frühsten Regressionen und seine tiefsten Einsichten in die Urgründe seines So-Seins (*Einzelraum; Raum 3*).
4. Wiederum nach einer Weile drängt es den Analysanden, aus dem Setting auszubrechen. Er hat nun intermittierend das Gefühl, der Analyseraum sei nicht mehr sein Raum. Allmählich artikuliert sich Kritik, die von ersten Wahrnehmungen und nonverbalen Impressionen zu Worten findet, und der Analysand befindet, dass er seinen eigenen Raum in vieler Hinsicht anders gestalten will als den Analyseraum, obgleich er diesen vorher nahezu kritiklos akzeptiert hatte. Aus der Kritik am Analyseraum entwickelt er seine Vorstellung eines eigenen Raumes bis hin zur völligen Ablösung aus dem Analyseraum (*Sonderraum; Raum 4*).
5. Mitunter kehrt er, oft nach Jahren, noch einmal in den einstigen Analyseraum zurück. Verwundert stellt er dabei fest, dass der Raum seinen einstigen Zauber eingebüßt hat, häufig nun „falsch“ riecht und auch anders aussieht, selbst wenn das Mobiliar noch in der gewohnten Aufstellung zu sehen ist. Er hat in-

nerlich einen eigenen Raum bezogen, und der Analyseraum, so empfindet er es, „ist nicht mehr mein Raum“ (*Der Fremdgewordene Raum; Raum 5*).

0. Darüber hinaus gibt es noch einen Raum davor, den *Umraum (Raum 0)*, zu dem der Analysand aber keinen Zugang hat, oder den er zumindest nicht mit dem Analytiker zusammen erlebt.

In den hier folgenden Analyseberichten tritt exemplarisch hervor, welche Bedeutung die einzelnen Analyseräume für jeden Analysanden gehabt haben. Es zeigt sich, welche Räume sie überhaupt besetzt hatten, und es zeigt sich, wie das Fehlen einzelner Räume sich auf die Persönlichkeitsentwicklung ausgewirkt hat. Es zeigt, welche heilsame Wirkung aus dem Aufenthalt in den einzelnen Räumen hervorgeht. Dabei sollte festgehalten werden, dass auch eine Analyse, in der der Analysand nur den analytischen Außenraum (Raum 1) besetzt hat, von großer kurativer Wirkung ist.

3.2 Raster, Regeln und Rituale im analytischen Raum

Der Raum ist die bedeutungslose Hülle des psychoanalytischen Prozesses – so etwa lautet das nirgends schriftlich niedergelegte Credo, das die Diskussion in sämtlichen psychoanalytischen Fachgesellschaften grundiert. Aus dem Interview mit Herrn Bernstein geht diese noch immer herrschende Lehrmeinung deutlich hervor.

Wie Herrn Bernstein stellt man sich den klassischen Analytiker vor: Ein stets im gut sitzenden Anzug gekleideter Herr in den späten sechziger Lebensjahren, freundlich, distinguiert, seriös. Als erfahrener Psychoanalytiker, und damit auch als ehemaliger Analysand, versucht er während des Interviews den Nachweis zu erbringen, dass Raum und Couch, für sich genommen, für die Analyse unerheblich seien: „Die Couch war der freundliche Begleiter, nicht Objekt der Wahrnehmung“, erläutert er. Und: „Es geht hier um nichts weiter als um ein Gespräch zwischen zwei Menschen“, ist sein Schlusswort.

Daneben lässt er jedoch noch einen weiteren Grundsatz einfließen: Beiläufig sei ein psychoanalytisches Gespräch nicht zu führen. Vielmehr müssten der Raum und die Aufstellung der gesprächsführenden Personen darin minutiös organisiert sein. Man benötige den präparierten Raum, den gereinigten Raum, den geschützten Raum, und der entstehe nach genauen Regeln. Herr Bernstein nennt viele dieser Rahmenbedingungen, die das psychoanalytische Gespräch erst ermöglichen, und viele weitere, die einen Analyseraum optimieren. Er erwähnt auch, was ihn am Analyseraum störte.

Blick aus dem Fenster

Aus eigener Anschauung kennt er zwei Grundtypen der Couch-Aufstellung, den Tür-Typ – *Die Couch stand so, dass mein Blick auf die Tür fiel, durch die ich reingekommen war und durch die ich wieder rausging. Und dahinter der Analytiker, und dann weiter hinter Schreibtisch und Fenster. Und diese Lage, nicht durchs Fenster rausschauen [zu] können, sondern in den Raum so fixiert zu sein, ist mir einengend und unangenehm gewesen* –, und den Fenster-Typ. Während er den Tür-Typ als ungünstig kritisiert, lobt er den Blick aus dem Fenster. Den findet er befreiend, weil er die Sicht auf Himmel und Grün gewährt, selbst wenn er es persönlich vorzieht, weiterhin an die Decke zu gucken. Er ist froh, dass er jedes seiner eigenen Behandlungszimmer so einrichten konnte, dass der Patient aus dem Fenster schauen durfte; so schafft er symbolisch einen befreienden Raum und kein Gefängnis. Darüber hinaus empfehle auch Michael Balint dringend den Blick nach draußen und ins Freie.

Unfreundlicher Raum

Die Atmosphäre des ersten Raumes korrespondiert mit einer *übermäßig strengen Zurückhaltung* des ersten Analytikers, eines Mannes *mit Pokerface und absoluter Strenge*. Der Raum enthält *wenig Lebendiges*, ist von *Kühle* und *Strenge* geprägt, *wo nichts Erfreuliches fürs Auge war und auch die ganze emotionale Atmosphäre eher abweisend war*. Herr Bernstein kritisiert das mehrmals. Es habe dazu geführt, dass er schon *ängstlich in den Raum* trat.

Freundlicher Raum, freundlicher Umgang des Analytikers

Die Wärme und natürliche Verbindlichkeit seines zweiten Analytikers drückt sich auch in der Einrichtung des zweiten Analyseraums aus: *Ich hatte den Eindruck, dass er sich mit allem, was da ist, ausgesprochen wohlfühlte, dort gerne agierte und auch die Unordnung auf dem Schreibtisch in funktionsfähigen Grenzen hielt.* Hat er als Analysand bestimmte Wünsche an die Gestaltung des Raumes, etwa, dass der Analytiker die Vorhänge zuziehen möge, weil die Sonne blendet, kommt ihm der Analytiker umstandslos entgegen. Auch ansonsten ist dieser *besorgt um mein Wohl, und hat damit eine Haltung eingenommen, die vielleicht sogar sein bestes Erbe in meiner Arbeit ist, denn diese Art, mit seinen Patienten umzugehen, hab' ich übernommen.*

Setting-Arrangement

Die Aufstellung des Couch-Settings hat Herr Bernstein von seinem zweiten Lehranalytiker übernommen: Couch und Sessel stehen in einer Längsachse hintereinander, der Sessel mit einer Blickrichtung von neunzig Grad vom Analysanden weg; der Abstand zwischen Couch und Sessel ist sehr gering, ohne einen Tisch oder irgendwelches *Gedöns* dazwischen. Diese Aufstellung empfand er von vornherein als *das ordentliche Handwerkszeug* eines Analytikers; Varianten lernte er erst später kennen. Kurioserweise haben auch drei seiner Couchgeschwister diese Aufstellung exakt übernommen.

Niedrige Couch

Unter dem Einfluss Michael Balints verkürzt der zweite Lehranalytiker eines Tages die Beine seiner Couch um etwa zehn Zentimeter, so dass der Analysand, Herr Bernstein, beim Hinsetzen zunächst an ein *psychotisches Erlebnis* glaubt. Das Ergebnis sei eine tiefere Regression gewesen: *Mir war die Couch näher.* Viele Psychoanalytiker am Ort, auch er selbst, sägten daraufhin die Beine ihrer Couchen ab.

Kopflagerung

Die Lagerung des Kopfes auf einem Kopfkeil unter der Matratze, einem einzigen Kissen mit Serviette für alle Patienten darauf fand er auf allen drei Couchen vor und hat sie für seine Patienten auch übernommen. Er arbeitet noch heute mit einer *Nasskreppserviette vom Dentalbüro* und ordert jeweils tausend Stück. Nur selten moniert ein Patient, dass *das so spröde ist und raschelt.* Die *Wirtschaft mit mehreren Kissen* hat er nie angefangen.

Blickkontakt zum Analytiker

Den Analytiker hat er bis zur letzten Stunde *nie* angucken wollen, *und es hat eine besondere Rolle gespielt, als es um die letzte Stunde ging: Die letzte Stunde im Sitzen oder business as usual? Und für mich stand völlig fest, dass ich business as usual haben wollte. Das war die letzte Analysestunde, aber eben auch die letzte reguläre Stunde. Das wollte ich gar nicht anders haben.* Auch seine Patienten ziehen meistens *vor, in dieser letzten Stunde liegen zu bleiben.*

Liegen auf der Couch

Gelegentlich hat er erlebt, dass *Patienten gesessen haben.* Er selbst hat dies nie gemacht, *denn es spielt sich ein zwischen Couch und Sessel und ist dann die richtige Form dieser Begegnung.* Wenn Patienten jedoch saßen, fanden sie dies *eigentlich unerfreulich* und *wollten* es *auch nicht.* Die psychoanalytische Couch sei nur zum Liegen da. Das Liegen hat die Wahrnehmung seiner Innenwelt unterstützt. *Ich hab' dieses Setting als ausgesprochen hilfreich erfahren, so dass ich also auch nie einen Zweifel daran gehabt habe, dass ich später auch in diesem Setting arbeiten würde.*

Konstantes Setting

Das Setting war immer für ihn da als *das gute, konstante Objekt, auf das ich mich verlassen konnte. Während der Analyse sehe ich diesen Raum unverändert,* ... als *die Konstante;* ... *der Raum blieb als gutes Objekt gleichmäßig erhalten,* ... als *Garant einer guten Atmosphäre.* Daran hat er auch für seine eigene Praxis nichts verändert.

Ausgesuchtes Mobiliar

Couch und Sessel seines zweiten Analytikers kritisiert er als *Dutzendware. Was die Möbel angeht, hab' ich später mehr Wert darauf gelegt, als ich es dort erlebt hab'.*

Gleichwertiges Sitz-Arrangement

Dem Analysanden war für seine eigene Praxis immer wichtig, dass die beiden Sitzgelegenheiten aus zwei *gleichwertigen Sesseln* bestehen, und der eigene Analysand nicht schon durch einen kleineren oder weniger komfortabel gestalteten Sitz abgewertet wird.

Ungestörte Stunde

Um dem Patienten eine ungestörte Stunde zu ermöglichen, *sperrt* er sein *Telefon in eine Schublade* des Schreibtischs und *verbannt* alles, was in diesen Raum eindringen könnte, in einen anderen Raum: Anrufbeantworter, Faxgerät und Computer. Der Analyseraum ist ein *schützenswerter Raum.* Das ist, *was ich damals erlebt habe und was ich weiter praktiziere.*

Der Analytiker Bernstein hat also folgende Raumdeterminanten für seine eigene Praxis übernommen: Den Blick aus dem Fenster, den freundlichen Raum und den freundlichen Umgang seines Analytikers, das Setting-Arrangement einschließlich

Aufstellungswinkel von Couch und Sessel sowie deren Abstand voneinander, die sehr niedrige Couch, die Kopflagerung auf Keil und Kissen mit Serviette, den unterbrochenen Blickkontakt während der Analyse, das Liegen auf der Couch als Unterstützung der Wahrnehmung der Innenwelt und das konstant gehaltene Setting. Er arbeitet mit einem gleichwertigen Sitz-Arrangement und hält aus dem Analyseraum alle optischen und akustischen Störungen fern.

Er kritisiert den unerfreulichen Raum und das Mobiliar seines zweiten Analytikers und verbessert beides in seiner eigenen Praxis.

Obwohl er also die Ansicht vertrat, in der Analyse spiele der Raum keine Rolle und es gehe „um nichts weiter als um ein Gespräch zwischen zwei Menschen“, misst er dem Raum sehr viel Gewicht bei. Es ist ihm lediglich nicht bewusst.

Darüber hinaus irritieren einige Aussagen Herrn Bernsteins zum Raum, die nicht hinreichend begründet werden.

- Seine Befangenheit und Steifheit in dem allerersten Analyseraum interpretiert Herr Bernstein als Reaktion auf die Kühle und Strenge des Analytikers. Es *gelang mir nicht, den Raum mit meinen Gefühlen für mich zu nützen.* Dann schildert er ein zusätzliches Raumerlebnis: Er habe während des Liegens den Analytiker hinter sich nicht im Raum orten können: dass *ich gar nicht spürte, wo der Analytiker hinter mir saß. Das war irgendwie ein großer, leerer Raum.* Er unterdrückt den Wunsch, den Analytiker per Blickkontakt zu orten: *Den ersten, den ich manchmal nicht mehr spüren konnte, hätte ich gern angeschaut, um einfach einen Kontakt herzustellen, der für meine Wahrnehmung vorübergehend verloren gegangen war.* Wie erklärt sich dieses Phänomen des großen, leeren Raums? In der Analyse bleibt es unerwähnt und ungedeutet. Das Konzept des fünfstufigen Raumes bietet dagegen eine Erklärung an: Die Kälte von Analytiker und Raum bewirkt eine Abschottung des Außenraums (Raum 1). Der Analysand findet keinen Zugang durch diese Außenhülle. Sie existiert quasi außerhalb seines sinnlichen Erfahrungsbereichs. Das ist interessant, weil der Analysand ja de facto innerhalb des Raums liegt. Sein Bewusstsein, seine Erfahrung und seine Sinne befinden sich hingegen noch außerhalb. Man stelle sich vor, man solle genau bestimmen, an welcher Stelle sich eine Person in einem Nachbarzimmer befindet, das verschlossen neben dem eigenen Raum liegt: Man könnte es nicht angeben. So getrennt erlebt aber Herr Bernstein den Analytiker im Sessel hinter sich: als befinde der sich in einem eigenen, verschlossenen Raum. Deshalb kann er darin den Analytiker nicht orten.
- Als Herr Bernstein sich eines Tages auf die Couch setzt, deren Beine seit Ende der letzten Stunde abgesägt wurden, sagt er dazu: *Mit einem Mal war mir die Couch näher.* Das ist logisch nicht nachzuvollziehen. Der Analysand liegt ja nach wie vor mit dem ganzen Rücken auf der Couch, gleichgültig, wie weit sie über dem Boden schwebt. *Mit einem Mal war mir die Couch näher* müsste eigentlich heißen *Mit einem Mal war mir der Boden näher.* Die Nähe zum Boden wiederum verweist auf die Erde. Das Geerdet-Sein, mit der Erde verbunden sein, ist eine Metapher, die in jedem zweiten Interview erwähnt wird. Vermutlich spielt hier die gemeinsame althochdeutsche Wurzel der Worte *Bett* und *Beet* hinein, die sich beide aus dem Wort *betti* entwickelt haben. *betti* bedeutet *in den Boden gegrabene Lagerstätte, Schlafgrube* oder *Boden, auf dem man lagert, ausruht*[2], und ein geerdeter Mensch ist demnach einer, der sicher gelagert ist.

- Herr Bernstein berichtet, dass er die Augen immer offen hatte, und findet es *unverzeihlich, dass* der Analytiker nicht die Vorhänge zuziehen wollte, um die Sonne auszuschließen, als er ihn darum bat. Warum ist das unverzeihlich und unhöflich? Der sprachliche Umgangston zumindest ließ an Höflichkeit nichts zu wünschen übrig. Vermutlich fand Herr Bernstein es unverzeihlich, dass der Analytiker ihm verweigerte, *seinen Raum* so zu gestalten, wie er ihn haben wollte. Er war bereits in das symbiotische Stadium eingetreten und wollte allein entscheiden, wie der Raum zu gestalten war. Nach der Theorie des fünfstufigen Raumes empfindet der Analysand den zweiten Raum, den Interaktions- oder Symbioseraum, als seinen eigenen. Raumveränderungen dürfen dort nur mit seiner Einwilligung vorgenommen werden.
- Viermal erwähnt Herr Bernstein den Begriff *Freiheit* im Sinne von „Gefängnis" und „Anti-Gefängnis": Michael Balint empfehle den *Blick nach draußen und ins Freie*, er war zu Beginn der zweiten Analyse schon *freier geworden*; der Blick nach draußen auf den Himmel war *befreiend*; im dritten Praxisraum empfand er einen *Zuwachs an Freiheitsgefühl*. Warum aber fühlt er sich unfrei, wenn er nicht aus dem Fenster sehen kann, wenn doch das Gespräch allein entscheidend sein soll? Warum vermittelt umgekehrt die bloße Möglichkeit, den Himmel zu betrachten, ein Gefühl von Freiheit? Vermutlich ist der Blick aus dem Fenster subjektiv eine Erweiterung des Analyse-Raums. In zwei anderen Interviews beschreiben Analysanden ihren Blick auf einen Wasserturm. Das weckt Erinnerungen an die Kindheit.
- Seine Patienten setzen sich gelegentlich hin und finden das dann selbst *unerfreulich*. Warum? Er gibt als Begründung an *Es spielt sich ein zwischen Couch und Sessel und ist dann die richtige Form der Begegnung*. Begreift man jedoch das Hinsetzen als das Bemühen, aus dem psychoanalytischen Raum wieder hinauszukommen und einen Sonderraum (Raum 4) für sich zu etablieren, und muss dieser Anspruch sogar gegen den Analytiker durchgesetzt werden, dann ist er mit Auseinandersetzungen verbunden, die selbstverständlich *unerfreulich* sein können.
- Herr Bernstein sagt, er hätte den Analytiker nie angucken wollen. Zugleich gibt er zu, dass er den ersten Analytiker gern angeschaut hätte, um den Kontakt zu ihm herzustellen. Später sei das nicht mehr nötig gewesen, da hätte er den Lehranalytiker an dem kleinen Institut ohnehin oft gesehen. Warum ist der Blickkontakt so wichtig? Auch hier kann die Raumtheorie eine Antwort anbieten. Wenn das Schauen notwendig ist, um den Außenraum zu eruieren und zum Psychoanalytiker ein vertrauensvolles Verhältnis aufzubauen, dann gehört der Impuls, sich umzusehen und den Kontakt visuell herzustellen, zu den Selbstverständlichkeiten in der Interaktion.

Herr Bernstein vertritt die Auffassung, dass die Couch unwichtig und nur die Arbeitsatmosphäre wichtig gewesen seien; an anderer Stelle, dass das Liegen unwichtig, die Inhalte und die Grundregel dagegen wichtig gewesen seien. Es zeigt sich aber, dass die Arbeitsatmosphäre aus einer Vielzahl von Determinanten zu Raum, Setting und Couch und den dazugehörigen Ritualen besteht. Die Grundregel der freien Assoziation findet ohne das Liegen keinen Ort der Anwendung, und der psychoanalytische Prozess bedarf wiederum der Grundregel.

So stellt sich also heraus, dass die stellvertretend für viele von Herrn Bernstein geäußerte Ansicht, der Raum hätte im psychoanalytischen Prozess keine Bedeutung, einer genauen Prüfung nicht standhält. Tatsächlich existiert im Analyseraum eine Fülle von Raumritualen. Nichts ist dem Zufall überlassen. Der Gebrauch von Couch und Sessel ist ebenso hoch ritualisiert – und damit hoch bedeutsam – wie der Gebrauch des Raumes, der dieses Setting umgibt. Rituale regeln die Form des Eintretens, die Sitz- bzw. Liegeordnung der Gesprächspartner, sie regeln die Lautstärke, in der gesprochen wird, sie ermöglichen eine meditative Sprechweise; sie regeln die Art, in der man sich grüßt und voneinander Abschied nimmt ebenso wie die Art der Bezahlung. Welche genauen „Regeln der Couch" sich jeder Analytiker gibt, steht weitgehend in seinem eigenen Ermessen.

1 Zu den Details der Methodik der Untersuchung siehe Guderian 2004b, 288–325.
2 Vgl. Kapitel 2.5.9, Seite 111 über das Bett und dessen Sprachgeschichte.

4 Erfahrungsberichte aus den fünf analytischen Räumen

Streng genommen werden sogar sechs Räume nach dem Konzept des fünfstufigen Raumes während des psychoanalytischen Prozesses wahrgenommen. Denn bevor der Analysand den ersten Raum erreichen kann, durchläuft er den analytischen Umraum. Er bildet die Hülle für alle weiteren Räume und steht daher zu Beginn der Berichte.

4.0 Der analytische Umraum (Raum 0) – *The Analyst's Own Rooms*

Als analytischer Umraum werden jene Gebäude, Gebäudeteile, Garten- oder Parkanlagen bezeichnet, von denen der Analysand sagen kann: „Darin ist sein/ihr Raum." Es können auch die Privaträume des Analytikers in seinem Einfamilienhaus sein, zu denen der Patient keinen Zutritt hat. Ebenso kann es das Auto des Analytikers sein, das der Patient zwar wahrnimmt und das für ihn eine große Bedeutung hat, das er jedoch nicht selbst betritt.

Auch Treppenhäuser, Aufzüge, Gänge und Flure gehören zum Umraum. Der Analysand geht durch sie hindurch, er benutzt sie, um zu seinem Analyseraum zu gelangen, verweilt jedoch nicht darin. Sie haben trotzdem eine große Bedeutung für ihn, denn durch sie hindurch führt der Weg zum Analyseraum. Sie sind die Vorräume des Audienzzimmers, und als solche markieren sie auch Distanz zwischen Analysand und Analytiker.[1] Der Umraum hat einen bestimmten Geruch, den der Analysand oft nur unbewusst wahrnimmt. Manchmal registriert er den Geruch erst, wenn er sich nach Analyseende verändert hat. *Ich war noch mal in diesen Räumen, neulich mal. Es hat viel intensiver nach Klinik gerochen, im Flur, als ich das in Erinnerung hatte. Das fiel mir nur irgendwie so auf: Das riecht hier anders als ich das kenne, ja? Den Treppenaufgang hab' ich anders wahrgenommen,* bemerkt Herr Dornheim, als ihm der Umraum längst fremd geworden ist.

Häufig wird der Umraum erst gegen Ende einer Psychoanalyse bewusst wahrgenommen und im analytischen Gespräch thematisiert. Der Patient entdeckt dann auf eine neue, entspannte Weise, dass der Raum noch weitergeht, ohne bedrohlich zu sein.

4.0.1 *Im Zeichen des Turms* – Botschaften aus dem analytischen Umraum

Herr Oldenburger schildert zwei Analysen, eine therapeutische und seine Lehranalyse. Deren Verlauf ist sehr unterschiedlich. Gemeinsam ist beiden jedoch, dass aus dem analytischen Umraum viele Details in die Analyse hinein diffundieren. Sie erfüllen diverse Funktionen: sie verärgern, stören nicht, dienen der Orientierung, halten, beruhigen, tun wohl oder geben Sicherheit. Aus der therapeutischen Psychoanalyse berichtet Herr Oldenburger folgendes.

Im ersten Jahr seiner Analyse, dem intensivsten, in dem er *Vertrauen fasst* und sich *sicher fühlte*, fährt er häufig *nachmittags*, *nachts*, etwa *Samstag Nacht um halb Vier* oder *am Wochenende in guter Stimmung* zum Haus seiner Analytikerin. Nachdem er *einfach um diesen Wohnblock gefahren* ist, fährt er zu sich *nach Hause* weiter und ist *beruhigt*. Er findet den kleinen Abstecher *wohltuend*, er gibt ihm *ein Gefühl von Sicherheit*, dass *alles steht und ich so einfach da hinfahren kann*. Diesen kleinen Umweg von etwa sechs Kilometern fährt er quasi wie von selbst.

Bei Tag bietet sich ihm jedoch ein anderes Bild. Nähert er sich dem Haus der Analytikerin am Montag, stehen die *Mülltonnen* vor der Haustür und demonstrieren unübersehbar, dass die Analytikerin auch ein Privatleben hat. *Zu viel Privatleben quoll da aus den Mülltonnen*, moniert Herr Oldenburger, denn sie erinnern ihn daran, dass die Analytikerin auch *Mann und Kinder* bei sich wohnen hat, und das stört ihn genauso – wollte er doch *die Analytikerin für mich nutzen*.

Schließlich kann er in der Mittagszeit gelegentlich auch hören, dass *unten irgendwie Essensvorbereitungen liefen, in der Küche geklappert wurde*, doch diese Botschaft aus dem Umraum (Raum 0) findet er nicht störend.

Und zu guter Letzt dringt der Klang eines *klavierspielenden Nachbarkinds* regelmäßig am Nachmittag ins Analysezimmer. Gemeinsam mit der Analytikerin hört er zu und *zittert zusammen, ob denn die Stelle geschafft wurde oder ob es denn diesmal klappt*. Das findet er *irgendwie ganz schön, mit den Geräuschen*.

Wie aber gehören diese Wahrnehmungen in den analytischen Prozess? In welche inneren Räume dringen sie ein?

Außenraum (Raum 1). Dass auch Mann, Kinder und Müll ihren Teil aus dem Leben der Analytikerin für sich reklamieren, indem sie unübersehbare Schleifspuren bis in den Analyseraum hineinziehen, *beschäftigt* Herrn Oldenburger mehr als ihm lieb ist. Dreißig bis fünfzig Stunden liegt er *stocksteif* auf der Couch.

Interaktions- oder Symbioseraum (Raum 2). Doch dann beginnt er, sich *etwas mehr zu bewegen* oder *mal die Beine übereinander zu schlagen*, also sich *da etwas vertrauter zu fühlen*. Der Raum erinnert ihn an ein *Kinderzimmer*, und er schließt nun wohlig die Augen und betrachtet seine *inneren Bilder*. Wie in einer *Höhle* fühlt er sich, in der er und die Analysandin sich befinden, auf den Eingang gucken und *so gemeinsam geschützt da drin* sitzen. Die Idylle ist perfekt. Ruht sein Kopf schon in ihrem Schoß? Er hat fast das Gefühl, der Abstand *von meinem Kopf zu ihrem Schoß* sei *für zwei fremde Menschen erstaunlich knapp*. Oder liegt er *auf den verlängerten Knien meiner Analytikerin*? Das Ticken der Uhr versetzt ihn zurück in *Omas Küche* mit deren *Küchenuhr, Geruch* und dem Bild der *Küche* selbst. Die Oma ist, im Erleben, wieder bei ihm.

Die nötige Sicherheit für diese regressiven Reisen gibt ihm seine topographische *Verankerung*: die Stimme der Analytikerin, die *immer aus derselben Richtung* kommt und ihm, wie ein Kompass, die Orientierung liefert. Über die Ohren hält er genauen Kontakt. Er weiß, wann sie die *Beine übereinander schlägt*, er achtet auf das *Rascheln der Seidenstrümpfe* hinter sich und ersetzt durch ein überfein gewordenes Gehör den fehlenden Blickkontakt. Er achtet auf *fremdar-*

tige oder *vertraute Geräusche* und überprüft dadurch die Verlässlichkeit des Interaktionsraums.

Schon beim Eintreten fühlte er sich jetzt *zu Hause*. Alles ist ihm vertraut. Selbst die Etüden des klavierspielenden Nachbarkindes sind zu einem Teil der Welt geworden, deren Teil er selbst nun auch ist. Dass ihm das aus den Mülltonnen herausquellende *Privatleben* die Illusion der perfekten Symbiose mit seiner Analytikerin rauben will, ist ein verständliches Ärgernis. Dennoch fühlt er sich bei ihr behaglich, und *vertrauensvoll* schätzt er das Grundsolide ihres Charakters.

Im Interaktions- oder Symbioseraum wird seine Analyse zerstört. Die Analytikerin gestaltet den Raum völlig um, was er wie einen *Bombeneinschlag* erlebt. So gelangt er nicht in den dritten, vierten und fünften Raum und beendet seine Analyse. Einige Jahre später beginnt er seine Lehranalyse, doch auch die findet weitgehend im Umraum (Raum 0) statt.

Von Anfang an spielt dort ein Wasserturm eine wichtige Rolle. Dieser Wasserturm dient schon bei der Wegbeschreibung als Orientierungshilfe (*Autobahnabfahrt! Gar nicht zu verfehlen!)* und ist später von der Couch aus hundert Meter hinter dem Fenster des Praxisraums zu sehen. Essensgerüche sowie *Geklapper aus der Küche* sind hier weitere Impulsgeber aus dem Umraum (Raum 0).

Der Außenraum (Raum 1) des Lehranalytikers ist ein *holzvertäfeltes Dachzimmer* von etwa vierzig Quadratmetern mit einer leichten *Schräge*, in dem es *viel Licht*, *immer Sonne* und *Fenster nach Süden und Osten* gab.

Auch hier in der Lehranalyse ist die Stimme des Analytikers fest lokalisiert. Und auch hier zeigt Herr Oldenburger sein außerordentlich fein entwickeltes Gehör, das es ihm erlaubt, das Schuppern *der Gabardine-Hose* beim Übereinanderschlagen der Beine ebenso genau zu hören wie die unterschiedlichen Arten, mit denen die Hände des Analytikers am Leder seines Sessels festkleben können. *Das Leder macht ein sehr unterschiedliches Geräusch, ob man jetzt verschwitzte Hände hat: das ist 'n ganz anderes Kleben als wenn die Hände trocken sind!* So weiß er immer, ob die Hände seines Analytikers *verschwitzt-erregt* oder *entspannt und trocken* sind.

Beim Liegen hält er die Augen jetzt häufiger offen als während der ersten Analyse. Meistens sieht er geradeaus zum Fenster hinaus und betrachtet den *Wasserturm* an seinem Fußende, etwa hundert Meter jenseits des Praxisgebäudes, der ihm schon bei der Anfahrt Wegweiserdienste erwiesen hatte. Er assoziiert dazu *Wahrzeichen, Leuchtturm, Turm in der Schlacht, Turm in der Brandung* und *Orientierungsmerkmal*; er kann ihn nur im Liegen sehen, und auch dann *nicht ganz bis zur Spitze. Dazu war er zu nah und groß. Ich weiß gar nicht, hab ich ihn hübsch oder hässlich gefunden? Ich glaube eher: hübsch.* Suchte er mit den Augen Halt an etwas Drittem, um nicht mit seinem Analytiker im Strudel der Regression zu versinken? Hatte er das Gefühl, ein Schiffbrüchiger zu sein, der dringend des Leuchtturms bedurfte? Oder befand er sich im Schlachtengetümmel und brauchte dort den Turm? Man denkt auch an den Fels in der Brandung in Goethes *Torquato Tasso*. Ist sein Augen-Offenhalten als Mittel der Triangulierung zu interpretieren? Ist der Wasserturm ein Seezeichen, an dem er sich mit den Augen vehement festhielt, damit ihn der Sog des analytischen Geschehens nicht in den Symbioseraum spülte?

Dafür spricht seine eigene Aussage, dass es in der Lehranalyse *nicht diese Phase von tiefer Regression* gegeben habe, und damit verbunden das ungeduldige

Warten auf die nächste Stunde oder *das Gefühl, dass der Urlaub oder die Analysepause zu lange dauert.* Er ist also aller Wahrscheinlichkeit nach nicht im Interaktions- oder Symbioseraum (Raum 2) gewesen.

Stattdessen erhebt er schwere Bedenken gegen die Tiefenregression. In der Lehranalyse, so Herr Oldenburger, sei es ein Gebot der Klugheit, sich nicht zu tief auf den Analytiker einzulassen, schließlich müsse man an seine Karriere denken. Man müsse die *Konsequenzen für die Ausbildung* im Auge behalten, die *Ängste bei einer Lehranalyse* und das *Ausbildungsinteresse*, das vermutlich mit *einer wirklichen Psychoanalyse unvereinbar* sei. Und außerdem assoziiere man in der Lehranalyse *weniger radikal.*

Warum er sich unbewusst so stark gegen das Analysieren sträubt, ist an Hand des Interviews nicht klar geworden. Das herauszufinden wäre wohl Aufgabe der Psychoanalyse gewesen.

Bei der Analyse des Interviews deutete sich eine Möglichkeit an. Herr Oldenburger spricht im Zusammenhang mit seinem Lehranalytiker vom *sparta*nischen Raum, *sparta*nischen Pflanzen, einer *sparta*nischen Raumgestaltung sowie dem *sparta*nischen Mann selbst. Ferner redet er etwas schwer verständlich von der *angewärmten* Couch, dem *anzuwärmenden Psychoanalytiker* und davon, dass er selbst für die nötige *Anwärmung* sorgen musste. Wenig später ist von der *Härte* der Couch die Rede und davon, dass es *kein Einsinken* gegeben habe. Ist der kurz danach erwähnte *Wasserturm* die entscheidende phallische Metapher, in deren Strudel oder Wirkungskreis er sich nicht begeben wollte? Die Häufung von Bezeichnungen, die üblicherweise im Zusammenhang mit Homoerotik gebraucht werden (das historische Sparta als Homosexuellenstaat; warm[er Bruder]; Turm) könnte auf eine unbewusste homoerotische Verschmelzungsangst hindeuten, aufgrund derer Herr Oldenburger es vorzog, seine Analyse diesseits des Interaktions- oder Symbioseraumes zu beenden.

Doch das ist ohne tiefere Kenntnis der Zusammenhänge nicht zu entscheiden.

Für Herrn Oldenburger ist der Umraum (Raum 0) eine Erweiterung des analytischen Raumes, in dem er sich auch außerhalb der Analysezeiten stabilisieren kann, etwa, wenn er nachts zum Haus der Analytikerin fährt und sich durch dessen puren Anblick beruhigt fühlt. Der Umraum gemahnt ihn jedoch auch daran, dass die Symbiose mit der Analytikerin Fiktion ist und er sie in Wahrheit mit vielen anderen Menschen teilt. In der zweiten Analyse bietet der Wasserturm im Umraum Halt und Orientierung, sowohl im vordergründigen geographischen als auch im analytischen Sinne: als Mittel der Triangulierung.

4.1 Der analytische Außenraum (Raum 1) – *The Outer Room*

Hat der Analysand den Umraum (Raum 0) durchmessen, gelangt er in den Außenraum (Raum 1) Der Außenraum ist das Praxiszimmer selbst. Er ist der hohle Kubus, in dem das Setting aufgestellt worden ist. Er ist die Hülle um Couch und Sessel, um die Möbel und Teppiche, um die Fenster und Türen, um die Atemluft, die alle und alles umgibt.

Während jedoch der Umraum (Raum 0) objektiv ein anderer Gebäudeteil ist, sind die fünf analytischen Räume objektiv immer derselbe Ort. Die Nomenklatur schildert hier nur das *Erleben* des Analyseraumes.

Den Außenraum (Raum 1) erlebt der Analysand mit dem Gefühl: „Das ist *sein* Raum!" – nämlich der Raum des Analytikers. Die Umgangsformen gebieten darin eine gewisse Distanz. Es versteht sich von selbst, dass neugierige Blicke auf Buchtitel, herumliegende Schriftstücke, Kunstobjekte oder Photographien unterbleiben. Dem Besucher wird ein bestimmter, definierter Ort im Raum zugewiesen. Dort darf er sein Anliegen vortragen. Der Raum jedoch verbleibt selbstverständlich im Eigentum seines Besitzers.

Plötzliches Aufstehen oder gar Aufspringen wären ebenso befremdlich wie das Ansinnen des Besuchers, der Gastgeber möge bestimmte Gegenstände im Raum umstellen.

Wie wohl oder unwohl der Besucher sich in seiner Gastrolle fühlt, liegt an der Routine und Ausstrahlung des Gastgebers. Der Analytiker befindet sich also zunächst in der Rolle eines Gastgebers. Durch bestimmte Gesten und Worte, durch Körpersprache und das Einhalten gewisser Rituale zeigt der Analytiker – überwiegend nonverbal –, in welcher Rolle er sich seinen Gast wünscht.

Der Besucher wird dadurch zum Analysanden, dass er ein bestimmtes persönliches Anliegen vorträgt, das er mit dem Gastgeber gegen die monatliche Zahlung einer bestimmten Summe analytisch bearbeitet. In seiner Eigenschaft als Analysand nimmt er nun nicht mehr auf dem Sessel oder Stuhl gegenüber *(im Stuhl-Setting)* Platz, sondern begibt sich auf die Couch *(Couch-Setting)*, wo er von nun an mit abgewandtem Gesicht liegt, während der Analytiker hinter ihm im Sessel sitzt.

Dadurch ist bereits die herkömmliche Konvention in der Begegnung zweier Geschäftspartner gesprengt. Nun findet kein Gespräch zwischen zwei Gleichberechtigten mehr statt. Der Analysand fühlt sich seiner gewohnten sozialen Potenzen beraubt, reagiert darauf zunächst verstört und mit unterschiedlich stark ausgeprägtem Unbehagen. Er mag sich starr und gehemmt vorkommen, weil er nicht genau weiß, was ihm während des analytischen Prozesses zustoßen wird. Er kann bei dieser Form der sozialen Begegnung zunächst an keine früheren Lebenserfahrungen anknüpfen, in denen er auf diese Weise mit Fremden interagierte; also schafft er sich diese Bezüge auf der Couch neu. In seiner Suche nach früheren Räumen, in denen eine vergleichbare Kommunikation stattfand, verkennt er die Realität und weist dem Analytiker eine bestimmte Rolle zu, die dieser erspüren muss. Da ihm die Realität wie ein Teppich unter den Füßen weggezogen worden ist, erschafft er sich seine eigene Realität. Der Analysand beginnt also recht bald, den Raum aus seiner Liegeposition heraus leicht psychotisch eingefärbt wahrzunehmen. Er hat nun plötzlich das Gefühl, noch nicht richtig da zu sein. Er hat den Eindruck, *Davor zu sein,* ohne zu wissen, vor *was* er sich befindet. Er empfindet: „Ich will hier rein!", ohne dafür zunächst Worte zu haben und ohne zu wissen, wo hinein er genau gelangen möchte.

Im Laufe seiner Besuche eruiert er, parallel zu seinem Bericht über die eigene Befindlichkeit, ob der Raum, in dem er sich befindet, ein lebendiger Raum ist. Er versucht, auf seinen Wegen zwischen Tür und Couch Raumdetails wahrzunehmen, aus denen er auf das Lebendigsein des Analytikers schließen kann. Er möchte wissen, ob er sich hier zu Hause fühlen kann, hier, in *seinem/ihrem Raum.* Solange er dessen noch nicht gewiss ist, befindet er sich noch in einem undefinierbaren *Davor.*

Alle zwanzig interviewten Analysanden beschrieben auf die eine oder andere Art ihren Aufenthalt im analytischen Außenraum (Raum 1) Die Berichte von

Frau Lehmann und von Frau Groß schildern Analysen, die schwerpunktmäßig im Außenraum stattfanden und die Eigenarten dieses Raumes daher gut verständlich machen. Frau Lehmann gelangte in ihrer Analyse nicht über den Außenraum hinaus, gewann dort jedoch wichtige Einsichten über sich selbst. Frau Groß brauchte zwei qualvolle Jahre, bis sie ihre Starre im Außenraum überwand – allerdings machte sie dort auch bedeutsame regressive Erfahrungen.

4.1.1 *„Du rührst dich nicht!"* – Eine Psychoanalyse im Außenraum

Frau Lehmann ist Anfang sechzig und von Beruf Autorin. Sie leidet unter chronischen Rückenschmerzen und fühlt sich nach jahrelangem Aufenthalt in der ehemaligen Sowjetunion innerlich ausgelaugt, weshalb sie vor zwölf Jahren ihre Psychoanalyse beginnt. Sie ist bei einem einzigen Analytiker in einem einzigen Raum in Behandlung. Ihren Analytiker hat sie sich ausgewählt, weil sie in ihm einen Gleichgesinnten vermutet: Auch er liebt offenkundig die schöne Literatur.

Darf ich …? Darf ich mir wirklich so etwas Gutes wie die Psychoanalyse auf der Couch gönnen? Darf ich wirklich so reich sein? fragt sich Frau Lehmann fortwährend. Schon der Traum, den sie in die erste Sitzung mitbringt, thematisiert das.

Sie träumt von einem kleinen Jungen, der auf der Couch liegt, und im Traum sagt der Psychoanalytiker zu ihr: „Ja, wissen Sie, der kleine Junge braucht die Psychoanalyse auf der Couch." Daraufhin tritt sie dem Kind ihren Analyseplatz ab. Unter einem roten Seidenbaldachin spaziert sie gemeinsam mit dem Analytiker über einen schönen Berg – und damit endet die Idylle.

Sie gönnt sich also die Couch nicht, wie ihr Psychoanalytiker in der ersten Sitzung deutet. Der *rote Seidenbaldachin* deutet auf eine erotische Doppelung des Couch-Motivs; man kennt ihn bereits aus der Sprachgeschichte der Couch, wo er als *canopy couch*, als *canopy: Ruhesitz mit Baldachin* und als *Kanapee: Ruhebett mit Himmel* erwähnt wurde.

In der zweiten Sitzung hat sie sich überlegt, dass sie sein Angebot annehmen will, und sie teilt ihm das mit. *Und in demselben Moment rollte er mit seinem Stuhl zurück, machte eine Art tänzerischer Bewegung, nahm ein Kleenex-Tuch, legte es auf das Kissen auf der Couch und sagte: „Bitte!" Das war für mich wie eine Aufforderung zum Tanz. So!*

Dadurch macht er aus ihrem zögerlichen *Darf ich überhaupt eintreten?* ein galantes *Darf ich bitten?* Frau Lehmann kann dieser *tänzerischen Bewegung*, diesem *flatternden Tüchlein* nicht widerstehen und akzeptiert die Aufforderung. Sie legt sich bereits in der zweiten Stunde auf die Couch. Der *Tanz* kann beginnen.

Augenfälliger kann die Bewegung von einem Raum zum anderen nicht geschildert werden. Frau Lehmann befindet sich nun also im Außenraum, dem ersten der psychoanalytischen Räume. Die dort vorherrschende Empfindung ist: *Ich bin hier Gast.* Aber sie ist in *seinem* Raum. An keiner Stelle reklamiert sie den Raum ganz für sich, fühlt sich als Herrin oder gar als rechthaberische alleinige Bewohnerin. Der Psychoanalytiker bleibt immer der Hausherr. Der *Tanz* ist bei Frau Lehmann nie richtig losgegangen. Da ist zwar viel die Rede von Männern im Kirchhofgebüsch samt Grabkreuz mit der Aufschrift *Rette deine Seele!*, aber das alles verbirgt die Analysandin unter einer *reinen* Schicht. *Gott sei Dank* hat sie *nie was Derartiges erlebt.* Sie selbst ist von Kindesbeinen an *edel*, und auch der Analytiker ist edel, hat eine *nette Stimme* und ist *überhaupt nicht übergriffig.*

Fleischlich-erotische Qualitäten besitzt er in ihrer Schilderung nicht, sondern er lebt als eine Art attraktiver Bücherwurm – einer unausgesprochenen Phantasie zufolge vermutlich von seiner Frau hinausgeworfen – in seiner *Studierstube,* wo sich die beiden in keuscher Eintracht *wie zwei Studenten* dem Studium ihrer Psyche widmen.

Die Couch ist hart, wie es zu einer Studentenbude passt, auf keinen Fall aber haftet ihr etwas Anzügliches an. Synonyme wie *Lotterbett* oder *Pfühl* weist sie für die Couch ihres Analytikers weit von sich, und sie ist auch froh darüber, dass sie diese *reine Arbeitsbeziehung* hatten.

All dies schildert sie mit wehmütiger Distanz, als wisse sie durchaus von der Existenz eines weiteren Raums, wovon ihr auch andere Analysanden immer wieder berichten. Selbst deren Schilderungen wie *Dann habe ich mir vorgestellt, wir beide machen ein Picknick, und Sie küssen mich,* weist sie distanziert (edel) von sich. Dort hätte sie einsinken können. Dort hätte sie ihren Tanz haben können. Dort hätte sie *zu tief, irgendwie,* in die Couch einsinken und verwurzeln können. Aber sie wagt es nicht. Sie bleibt im Außenraum.

Dort gibt es jedoch genügend Arbeit. Die Analysandin hat massive körperliche Beschwerden, vor allem *chronische Rückenschmerzen,* die beim geraden Liegen auf der Couch wieder auftreten. Die Analyse fördert folgendes zutage: Frau Lehmann wurde als Kind von verschiedenen bäuerlichen Kindermädchen versorgt. Sobald diese aber anfingen, mit der Kleinen zu *knuddeln* und eine liebevolle Beziehung aufzunehmen, pflegte die Mutter sie eifersüchtig zu entlassen. Sie selbst wollte die alleinige Bezugsperson bleiben. Sie war die Herrscherin über Kind und Raum, und nicht einmal im eigenen Kinderbett durfte sich die kleine Lehmann entspannen. Starr musste sie auf dem Rücken liegen, die Händchen auf der Decke, die zum Schutz gegen nächtliche Onanie in kleine Säckchen geschnürt waren. „Du rührst dich nicht!“ Dieses erschütternde Dogma schwebt über ihrem Kinderschlaf. Frau Lehmann fügt sich. Und selbst als die Flügel ihrer vierzehn Engel aus dem Nachtgebet im Kinderzimmer zu brennen anfangen, lässt sie das im Traum willig geschehen, denn *Du rührst dich nicht!* verbietet jegliche Bewegung. Wollen die Eltern abends den Besuch von Pfarrer und Apotheker empfangen, so heißt es für die Kinder ebenso: *Es kann passieren, was will: Du rührst dich nicht!* Sie sind in der elterlichen Wohnung nur geduldet.

Beim Liegen auf der Couch des Analytikers erlebt Frau Lehmann in der Regression diese Situationen wieder. Sie ist starr, unbewegt und leidet unter Rückenschmerzen. Doch nun findet die Geschichte den ersehnten guten Ausgang: Mit liebevoller Anteilnahme erkundigt sich der Analytiker, ob sie bequem liege, und weist ihr die Couch ausdrücklich als ihren eigenen Ort zu, an dem sie tun dürfe, was sie wolle: *Aber die Couch ist doch Ihr Raum!* Überwältigt bricht sie in Tränen aus. Jahrzehntelang hat sie auf diese erlösenden Worte im dreifachen Sinne gewartet: der Körper löst sich, die Schmerzen lösen sich, die Situation ist gelöst.

Er muss es zigfach wiederholen, bis sie ihm Glauben schenken kann: *Er hat mich nach und nach ein bisschen aufgebaut. Die Couch ist jetzt Ihr Raum! Machen Sie doch auf der Couch, was Sie wollen!* Die Couch ist und bleibt ihr Eckchen in *seinem* Raum, doch ist er ein großzügigerer Hausherr als die Mutter es einst war. Und so fühlt sie sich allmählich als *Mittelpunkt. Ich und die Couch waren in dem Sinne eine positive Einheit.*

Damit ist die Analyse beendet. Sie wagt nicht, im zweiten Raum mit dem Analytiker zu verschmelzen. Sie wagt nicht, im dritten Raum in die tiefsten Tiefen ihrer selbst vorzudringen. Und sie wagt nicht, ihn im vierten Raum rigoros zu kritisieren und sich einen eigenen Raum auszubilden. Dennoch hat sie etwas Wesentliches geleistet: *Also ich musste mich jetzt nicht weiterhin so steif auf die Couch legen, „Keinen Mucks", sozusagen, sondern ich konnte die Couch nehmen.*

Bedenkt man, was für ein starkes Über-Ich Frau Lehmann jahrzehntelang in sich getragen hatte, so ist es ein großer Erfolg, dass sie es durch die Psychoanalyse abschwächen konnte. Und dass dies im Außenraum geschah, wirft ein Licht auf die Bedeutung dieses Raumes.

Frau Lehmann hat während der gesamten Analyse gelegen. Aber sie befand sich nach ihrem Erleben immer in *seinem,* nicht in *ihrem eigenen* Raum. Als abgeschlossen und formvollendet im klassischen Sinne kann man diese Psychoanalyse daher wohl nicht bezeichnen. Dass sie dennoch wichtige Erkenntnisse zutage gefördert und Frau Lehmanns Leben verbessert hat, steht außer Zweifel.

4.1.2 *Im Angstraum geerdet* – Zwei Jahre starr im Außenraum

Die Couch als Angstraum spielt bei Frau Groß die Hauptrolle. Sie hatte eine 30-stündige therapeutische Analyse abgebrochen, weil sie das Liegen nicht ertragen konnte, bevor sie ihre eigene Lehranalyse begann.

Außenraum (Raum 1). Die ersten anderthalb Jahre dieser Lehranalyse verbrachte sie starr vor Angst auf der Couch. Sie rührte sich nicht, fand es auch *bizarr und pervers*, dass sie sich nach einer einzigen Stunde Vorgespräch – noch dazu in einem anderen Raum – gleich hinlegen sollte. Dort lag sie dann *wie im Grab*, *wie im Gefängnis*, *wie in einer Zelle* und fühlte sich an ihr *Kinderzimmer* erinnert, in dem sie ihre älteren Brüder mitunter *festgebunden* hatten. *Starr vor Angst* war sie, *wie festgewachsen* auf der Couch und hätte auch genauso gut aus Metall *gegossen* sein können: Sie bewegte *nicht einmal den kleinen Finger.*

Die ersten Jahre auf der Couch waren Angstjahre. Sie befand sich *auf der Flucht*, wobei sie konsequenterweise auch die Augen offen hielt, denn sie musste ja den *Fluchtweg* im Auge behalten. Die Hände verkrampft und nicht wagend, den Kopf zu drehen lag Frau Groß auf der schwarzen Couch und zitterte vor Angst. Dass sie nach zwei Jahren anfing, abwechselnd die Füße übereinander zu schlagen, war bereits ein Fortschritt. Den Kopf hielt sie jedoch gerade und *wagte nicht, ihn zu drehen.*

Die dominierende Raumempfindung ihrer beiden ersten Jahre war die *Angst auf der Couch,* obgleich Frau Groß sie nie zu erwähnen wagte. Ihre Angst *war ihr peinlich*. Zudem befürchtete sie, keine Anerkennung als Lehranalytikerin zu bekommen, wenn sie ihre Angst zugäbe.

Wie es Frau Groß schließlich doch gelang, aus dem Angstraum herauszufinden, deuten die elementaren Metaphern *Wasser, Erde* und *Luft* an.

Während sie starr auf der Couch lag, hatte sie das Gefühl, dass die *Raumumrisse verschwammen, während die Zeit stillstand*. Das Bild des Wassers kehrt ein zweites Mal wieder, als sie ihr Gefühl beim Liegen als *Gefühl von Geschwindigkeit, wo alle Details verschwimmen* beschreibt.

Dabei versucht sie, die Psychoanalytikerin mit den Ohren zu *orten* und beruhigt sich, wenn sie Geräusche von ihr wahrnimmt. Mitunter hat sie das Gefühl, die Analytikerin sei *über mir.* Aus dem Orten durch den Klang wird später das *Erden* durch den Blick: Ihr Blick forschte *auf dem Schreibtisch* und im ganzen Raum *nach etwas Lebendigem, einem Blümchen* oder *Rechnungen* als Zeichen, dass *das da auch lebt.* Sie suchte nun zu Beginn jeder Stunde nach einer Möglichkeit, sich zu *erden:* im *Blickkontakt zur Analytikerin* wollte sie *was vom Gesicht erhaschen,* weil sie von diesem Blick lange zehren musste.

Das Erden schafft allmählich Vertrauen, und nun kann sie sich bewegen.

Als die Analytikerin einen neuen Praxisraum bezieht, der den Blick von der Couch aus dem Fenster ermöglicht, legt sich die Analysandin *durch ihren Blick nach draußen* und erlebt nun ihr erstes Lebensjahr wieder im *Babybett und frischer Luft,* denn sie hatte ihr erstes Jahr *auf dem Balkon* verlebt. Dort gedeiht sie nun gut. Dass auch *Geräusche* aus Haus und Garten in den Analyseraum eindringen, verstärkt dieses Regressionsbild und wirkt als *Absicherung.* Die Analysandin fühlt sich nun *geerdeter* und fasst Vertrauen.

Von hier an nimmt die Analyse fruchtbar ihren Lauf. Mit der Entwicklung des Beziehungsvertrauens verändert sich das Verhältnis zum Liegen, die Couch wird *vom Feind zum Freund, vom Grab zum freundlichen Raum mit Fenster* und schließlich zu einer *bunten Wiese.*

Die immer wieder gebrachten Metaphern vom *Wasser,* dem *Erden* und schließlich dem Gedeihen an der frischen *Luft* deuten beim Aufenthalt im Wasser auf intrauterine Regressionen, während das Geerdet-Sein und das An-der-frischen-Luft-Leben auf erste Lebensjahre hindeuten.

Hätte die Psychoanalytikerin durch Berücksichtigen der Raummetaphern herausfinden können, dass sich die Analysandin mehr als anderthalb Jahre *wie im Grab* fühlte, hätte sie deren maligne Regression unterbrechen und bearbeiten können.

Frau Groß zog aus ihrer ungedeuteten Raumerfahrung die Konsequenz, eigene Patienten, *die dies nicht wollen, nicht auf die Couch* zu zwingen. Denn *jeder hat auch eine Wahrnehmung davon, was der richtige Weg ist.* Das ist für den Analyseverlauf sicherlich günstiger und erspart ihm die Qualen einer überlangen traumatischen Regression.

Über deren Bedeutung ist freilich weder im Interview noch in der Analyse etwas bekannt geworden. Und hier hätte die eigentliche analytische Arbeit begonnen.

4.1.3 Bedeutung des Außenraums (Raum 1)

In jeder psychoanalytischen Behandlung gibt es eine Eingangsphase, in der sich der Patient subjektiv im Außenraum befindet. Als Außenraum versteht man das geschlossene Zimmer, in dem das Couch-Sessel-Ensemble steht. Der Patient liegt auf der Couch und erlebt den Außenraum so, dass er keine Verfügungsgewalt darüber besitzt. „Das ist *sein* Raum!" – nämlich der Raum des Analytikers, empfindet der Analysand. Je nach der Strenge des in der Regression wiedererlebten Über-Ichs durchlebt er darin wieder die Starre und Selbstentfremdung, die er schon einmal erfahren hat. Diese Erfahrungen gilt es im analytischen Prozess sorgsam zu deuten und bewusst zu machen, selbst wenn es mehrere Jahre in Anspruch nehmen sollte.

Denn nur durch den Außenraum gelangt man in den zweiten analytischen Raum: den Interaktions- oder Symbioseraum (Raum 2)

4.1.4 Übergang vom Außenraum (Raum 1) in den Interaktions- oder Symbioseraum (Raum 2)

Die Transformation vom Außen- in den Interaktions- oder Symbioseraum geschieht unmerklich. Analysanden beschreiben sie mit folgenden Worten: *Anfangs gab es diesen Machtkampf und diese Ohnmachtskiste, so was wie entblößt oder beobachtet zu sein. Das hat sich dann geändert, dass das so mein Raum oder mein Bereich war, wo ich mich eher sicher gefühlt hab.* Man nimmt den Raum anfangs *viel flüchtiger wahr. Erst im Lauf der Zeit wurde differenziert, was wohin gehört, oder was mal woanders stand.* Aus dem *Fremden zu Anfang* wurde das Gefühl: *Das ist meins! Also das ist meine Couch! Also dass das wirklich der Punkt im Raum ist, auf den man direkt zusteuert, als würde der einem selber gehören. Durch das Liegen und das Schließen der Augen war ich in mir. Und das war ein eigener Raum, der aber Kontakt hatte zu dem Therapeuten. Und ich hatte so mein Eckchen da, so ist das vielleicht: Meine Couch war so mein Eckchen!* definiert Herr Dornheim.

Das Eintreten wird im Außenraum (Raum 1) als *irgendwie beklommen oder ängstigend* erlebt, später *vertrauter werdend und irgendwie mehr und mehr so ähnlich wie so ein zu-Hause-Gefühl entwickelnd.*

Das Umgucken im Raum ist nicht mehr *scheu oder hastig,* sondern es wird *gelassener. Ich hab' da einfach mehr geguckt.*

Die Couch wird jetzt anders wahrgenommen: *wo mir vieles auch Angst machte, am Anfang, da habe ich das eher als ein Prokrustesbett erlebt. Später war es mir dann vertrauter. Die Analysecouch fand ich angenehmer und auch mich mehr aufnehmend als die erste. Bei der ersten Couch war es ein blauer Samt. Und den fand ich immer steif und ungemütlich.*

Das Liegen selbst ändert sich: *Ich habe, glaube ich, nach 30, 50 Stunden oder so angefangen, mich etwas mehr zu bewegen oder mal die Beine übereinander zu schlagen, also nicht so stocksteif zu liegen. Ich hab' mich später einfach auch mal auf die Seite gedreht und mich bewegt, was ich mich am Anfang nicht so getraut habe. Das Liegen hat sich insofern verändert, als ich mich immer weniger eingeengt gefühlt hab', mich auch zu bewegen, wie ich möchte.*

Die Raumwahrnehmung wandelt sich von einer *Ängstlichkeit, wo ich denn hier hingeraten bin, und wo was ist, und so ein Bedürfnis nach Kontrolle zu haben, was über die Gegenstände geschieht.* Daraus entsteht *im Laufe der Zeit, glaube ich, eher so 'ne Vertrautheit mit dem Raum.*

Aus der Gewissheit, die Kontrolle über die Gegenstände im Raum ausüben zu können, entwickelt sich ein Vertrauen in den Raum selbst, der wiederum stellvertretend für den Analytiker und den analytischen Prozess steht. Nach einer bestimmten Anzahl von Stunden, die zwischen 30 Stunden und mehreren Jahren variieren kann, gelangt der Analysand dann vom Außenraum (Raum 1) in den Interaktions- oder Symbioseraum (Raum 2).

4.2 Der Interaktions- oder Symbioseraum (Raum 2) – *The Interactive or Symbiosis Room*

Wie eine Hülle hatte sich der Außenraum (Raum 1) um das Setting gelegt. Er hatte ein Klima bereitgestellt, das der Analysand zunächst gründlich eruieren musste, bevor der analytische Prozess in unbekannter Richtung fortschreiten konnte. Diese Hülle hat der Analysand nun durchstoßen und ist in den nächsten Raum vorgedrungen: in den Interaktions- oder Symbioseraum (Raum 2).

Was er in dieser Phase als *Raum* definieren würde, ist das Setting aus Couch und Sessel. War der Außenraum (Raum 1) repräsentiert durch den Kubus, in dem sich das analytische Geschehen abspielte, steht im Interaktions- oder Symbioseraum (Raum 2) das Couch-Sessel-Arrangement im Vordergrund. Das Setting „ist" nun der analytische Raum. Hier fühlt sich der Analysand absolut sicher.

Die Dyade bestimmt sein Erleben. Dies mag spielerisch als Interaktion beginnen, in den meisten Fällen jedoch steigert es sich zu einer echten und lang andauernden Symbioseerfahrung. „Das ist *mein* Raum!" empfindet der Analysand. Alles im Analyseraum gehört ihm. Der Analytiker wage nur, irgendeinen Gegenstand zu verstellen oder neu hineinzubringen! Er wird sich stundenlange Vorhaltungen gefallen lassen müssen. Viele Analytiker verteidigen nun ihren Raum und rechtfertigen sich gegenüber ihrem Analysanden. Sie stoßen damit auf taube Ohren. Ihnen steht kein Recht zu, am Analyseraum auch nur ein Tittelchen zu ändern. Das ist die felsenfeste Überzeugung jedes Analysanden im Interaktions- oder Symbioseraum (Raum 2).

War das diffuse Seinsgefühl des Analysanden im Außenraum (Raum 1) ein *Davor-Sein* oder ein *Rein wollen*, so weicht es im Interaktions- oder Symbioseraum (Raum 2) der Gewissheit, *Drin zu sein*. Ich bin drin! weiß der Analysand, und er lebt die Symbiose zu zweit, verteidigt und genießt sie, mitunter jahrelang.

Über die Erlebensphase im Interaktions- oder Symbioseraum (Raum 2) ist in den Interviews am ausführlichsten berichtet worden. Man gewinnt den Eindruck, dass hier die „eigentliche Analyse" stattfindet: Hier kommen die inneren Assoziationen in Fluss, werden Träume berichtet, hier bezieht sich der Analysand auf den Analytiker und bezieht ihn in das Übertragungsgeschehen vehement mit ein. Der Analytiker kennt die ihm zugewiesene Rolle, und der Analysand muss nicht mehr aus der Rolle des Erlebenden in die Rolle des Erläuternden fallen. Stattdessen kann er sich dem regressiven Hin und Her entspannt widmen mit der Gewissheit, dass der Analytiker das Passende sagen wird.

Diese Interaktionen oder Symbioseerlebnisse tragen oft psychotische Züge: Herr Ritter „wusste", dass er den Analyseraum bei seinem bevorstehenden Umzug in eine entfernte Stadt nicht unbeschadet verlassen könnte. Immer wieder überlegte er, welcher Teil seines Körpers an welcher Stelle des Analyseraumes haften bleiben würde: an der Zimmerdecke? Oder anderswo? – So stark waren seine Symbioseerlebnisse, und zugleich so wenig bewusst.

Doch muss man sich immer gewärtig sein, dass es eine Art Psychose für die Dauer von fünfzig Minuten ist. Anschließend steht der Analysand auf, ist noch einen Moment benommen, geht aber dann seinen gewohnten Tagesgeschäften nach. Er ist dann kein Psychotiker mehr, sondern ein Mensch, der die Realitäten des Lebens richtig bewerten kann.

Obwohl der Interaktions- oder Symbioseraum (Raum 2) unterschiedlich erlebt wird, ist doch das Gefühl des Einsseins mit dem Raum allen Berichten gemeinsam.

So genoss Herr Abel die nährende, spielerische, tändelnde Gemeinsamkeit dieses Raumes und nahm sehr viel von seinem Lehranalytiker in sich auf. Er beendete seine Lehranalyse auch in diesem Raum; die Gewissheit *Jetzt bin ich sein Sohn!* wurde für ihn der krönende Abschluss seiner Symbiosesicherheit, die er durch kein kritisches Wort je gefährdet hätte. Das Verschmelzen mit dem Analytiker und die Nachfolge in seine Fußstapfen ist für ihn das prägende Erlebnis geworden. Die Räume 3 bis 5 hat er in seiner Analyse nicht durchlebt. Das muss nicht bedeuten, dass er sie nicht eines Tages noch durchleben könnte.

Herrn Dornheims Analysebericht wirft ein Licht auf den wichtigen Aspekt des Umzugs im Interaktions- oder Symbioseraums (Raum 2). Sein Lehranalytiker zog aus einem gemütlichen schrägen Dachzimmer, in dem sich Herr Dornheim sehr wohlfühlte und wichtige regressive Erlebnisse hatte, in ein großes, repräsentatives Zimmer, das aber nur als kalt erlebt wurde. Herr Dornheim konnte in dieser Phase das gemütliche *schräge* Dachzimmer nicht missen. Er weigerte sich unbewusst, die alte Symbiose zugunsten eines neuen, ungeliebten Raumes aufzugeben. Seine Analyse erlitt an dieser Stelle einen unübersehbaren Schaden: Er konnte keine weiteren Räume besetzen. Als *schräger Typ*, wie er sich selbst spaßhaft bezeichnete, bewahrt er dem geliebten Interaktions- oder Symbioseraum (Raum 2) ein gelebtes Andenken.

Auch Frau Jasper musste während ihrer Zeit im Interaktions- oder Symbioseraum (Raum 2) mit dem Analytiker umziehen. Eine unbewusste Angst davor und vor dem neuen, noch unbekannten Raum leitete sie zu einer intuitiven Geste, die an telepathische Kommunikation grenzt: sie schenkte ihrem Analytiker zu Weihnachten ohne jeden Hintergedanken eine kleine Glaspyramide. Einen Monat später, als sie zum ersten Mal den neuen Analyseraum betrat, stellte sie fest, dass dieser Raum keine gerade Zimmerdecke hatte, sondern eine Decke in Form einer innen hohlen Pyramide. Sie hatte also die Form des neuen Raumes unbewusst „geschaut“. Bezeichnenderweise finden weder Frau Jasper noch ihr Analytiker bis heute diese Begebenheit bemerkenswert: so selbstverständlich war beiden ihre Symbiose.

„Das ist *mein* Raum!“ empfindet jeder Analysand im Interaktions- oder Symbioseraum (Raum 2). Frau Kunze behauptete es besonders lautstark und rechthaberisch. Sie machte ihrem Analytiker während ihres Aufenthaltes im Interaktions- oder Symbioseraum (Raum 2) das Behandlungszimmer nach allen Regeln der Kunst streitig. So demonstriert sie eindrucksvoll, welchen harten Geduldsproben ein Analytiker im Interaktions- oder Symbioseraum ausgesetzt sein kann. Ihr Fall wird unten ausführlich geschildert.

Frau Pohls Analytiker zog ebenfalls mit seiner Praxis um, als sie sich im Interaktions- oder Symbioseraum (Raum 2) befand. Damit zerstörte er eine sehr weit zurückgehende Tiefenregression, in deren Verlauf sich Frau Pohl regelmäßig von der Couch auf den Fußoden begeben hatte und möglicherweise pränatale Ausstoßungswünsche ihrer Mutter bearbeitete. Diese Regressionstiefe konnte sie nach der umzugsbedingten Störung nie wieder erreichen.

Der Interaktions- oder Symbioseraum (Raum 2) von Herrn Ehrenfeld stellte sich als *toter Raum* heraus: Wände und Böden aus Beton und nicht aus Holz, unbelebte Schränke und Möbel, ein steriler, emotionsarmer Analytiker und eine Starre, die er nur als Totenstarre empfinden konnte, schufen einen Raum, mit dem Herr Ehrenfeld vergeblich eine lebendige Verbindung eingehen wollte. Herr Ehrenfeld bemerkte dies jedoch erst, als er sich schon in dem Raum befand. Aus eigener Kraft gelang es nicht, sich aus diesem toten Raum zu lösen; sein Analytiker entließ ihn im Guten aus dieser Lehranalyse. Noch heute leidet er darunter, in einem toten Raum Leben gesucht zu haben. Auch sein Fall wird unten ausführlich geschildert.

Ganze acht Jahre verbrachte Frau Müller in einem Interaktions- oder Symbioseraum (Raum 2), den sie auch als tot empfand. Auch hier hatte ein Umzug zur Folge, dass sie in dem neuen Behandlungszimmer nicht heimisch werden konnte.

Herr Ritter musste ebenfalls gegen seinen Willen aus dem Interaktions- oder Symbioseraum (Raum 2) ausziehen. Das hinterließ ein fatales Gefühl des *verlorenen Raumes,* mit dem er eine frühere Traumatisierung in der Analyse wiederholte: Als Kleinkind hatte er bei der Großmutter gelebt, die bei einem Wasserturm wohnte. Die starb jedoch plötzlich, als er Vier war, und überließ ihn allein seinen Ohnmachtsgefühlen. Herrn Ritters zweite Lehranalytikerin war ebenfalls eine alte Dame, die bei einem Wasserturm wohnte. Bei ihr reaktivierte er seine wonnevollen Gefühle für die Großmutter. Als auch diese Analytikerin ihren Raum „verlor“ und in ein Altersheim zog, empfand er den verbitterten Schmerz über den plötzlichen Verlust der Großmutter noch ein drittes Mal. Erst im Interview wurde deutlich, dass er dreimal denselben Raum verloren hatte.

4.2.1 *„Das ist mein Raum!"* – Zwei Möglichkeiten, die Kritik am Raum zu bewerten

Was haben Sie denn da für ein Telefon! Sehe ich richtig? Das hat noch eine Wählscheibe! Haben Sie das vom Flohmarkt oder benutzen Sie freiwillig so ein altes Ding? – Dieser Schreibtisch mit seiner durchgebogenen Platte ist ja ein Witz! Stammt wohl noch aus Ihrer Studentenzeit? Wie können Sie nur daran sitzen? – Haben Sie schon mal dran gedacht, sich eine neue Bücherwand zuzulegen? Die platzt ja aus allen Nähten.

Frau Kunze hielt mit ihren Bemerkungen zum analytischen Behandlungsraum nicht hinterm Berg. Schließlich hatte der Psychoanalytiker sie ja dazu aufgefordert, alles auszusprechen, was ihr durch den Kopf ging. Und es fiel ihr eine ganze Menge auf, nachdem sie sich durch die Kühle des Außenraums (Raum 1) hindurchgearbeitet hatte und die Wärme des Interaktions- oder Symbioseraum (Raum 2) ihr die Zunge lockerte.

Nun kann vehemente Kritik am Behandlungsraum zweierlei bedeuten: Entweder zeigt sie an, dass der Analysand sich im Interaktions- oder Symbioseraum (Raum 2) befindet, diesen ausdauernd auf seine Beständigkeit hin prüft und so die Tragfähigkeit der Beziehung testet, oder sie ist ein Indikator für die beginnende Ablösung des Analysanden aus dem analytischen Prozess, wenn er also entscheidet, welche Aspekte des gemeinsamen Raumes er in Zukunft beibehalten und welche er aussondern möchte. Dann befindet er sich im Sonderraum (Raum 4).

In einer laufenden psychoanalytischen Behandlung ist nicht immer leicht zu unterscheiden, in welchem der beiden Räume sich der Analysand gerade befindet. Am Beispiel von Frau Kunze lässt sich der Unterschied aber deutlich zeigen.

Die Psychoanalytikerin Frau Kunze, etwa 45 Jahre alt, pflegt eine narzisstisch-rechthaberische Gesprächskultur und zeigt sich schon nach wenigen Sätzen als eine Frau, der man es nicht recht machen kann. Perfektionistisches Entgegenkommen wechselt mit vernichtender Kritik – am Interview, an den Interviewfragen, am gewählten Termin, am Analytiker und an seinem Analyseraum.

In ihren beiden Analysen muss es ähnlich zugegangen sein. Sie hat eine therapeutische und eine Lehranalyse erlebt und berichtet davon folgendes.

Nach der üblichen Anspannung im Außenraum (Raum 1) genießt sie allmählich den Blick aus dem Fenster, auf die hohen Bäume, wo sie Vögel und Eichhörnchen beobachtet. Ihre körperliche Starre weicht, und sie gelangt in den zweiten Raum.

Im Interaktions- oder Symbioseraum (Raum 2) wird ihr Körper gelöster, und sie empfindet *Geborgenheit, Aufgehobensein, Beschütztsein, Verbundenheit und Intimität, in 'nem Raum mit jemand anderem zu liegen*. Das Zweisamkeitsgefühl trägt sie – ein Indikator für den Interaktions- oder Symbioseraum (Raum 2). *Obwohl man einander nicht sieht, war man sich näher als im Sitzen*, und sie findet das Liegen nun *angenehm, weil man nicht angesehen wird*. So ist sie dem Blick des Psychoanalytikers nicht ausgesetzt *bei bestimmten Dingen. Bestimmte Bereiche* hätte sie im Sitzen nicht erzählt. Noch immer guckt sie sich schnell beim Eintreten im Raum um, denn *im Liegen ging das nicht*.

Mit dem Verlust der körperlichen Anspannung verliert sie jedoch auch bald jede klare Grenze zwischen sich und dem Analytiker. Es dauert nicht lange, da will sie alles bestimmen. *Das ist meins!* empfindet sie, nicht nur *Also das ist meine Couch, dass das wirklich so der Punkt ist, auf den man direkt zusteuert*. Es ist, *als würde die einem selber gehören, als wäre so das ganz klar zugeordnet*. Auch das ist ein Indikator für den Interaktions- oder Symbioseraum (Raum 2): Der Analysand kennt nun seinen Platz, liebt und verteidigt ihn, doch immer in der Auseinandersetzung mit dem Analytiker. Das *Setting* ist der zentrale Ort des Interaktions- oder Symbioseraums (Raum 2).

Nun legt sie los. Ihr gehört alles! Sie kritisiert das ihr zugeteilte Kissen: Der Farbton des Grüns passt ihr nicht, obgleich sie Grün prinzipiell mag. Sie sagt das relativ spät in der Analyse und muss das Kissen dann behalten. Welche Niederlage! Dabei hatte sie ihre Kritik am Kissen *einfach nur* geäußert, *um ihm eins auszuwischen. Dass mir halt nicht alles gefällt, aber es war jetzt nicht wirklich für mich unangenehm, mit dem Kissen, ne?*

Der Schreibtisch des Analytikers, der mit im Behandlungsraum steht, ist das nächste Opfer ihrer Kritik. *Ich mochte nichts Neues! Zum Beispiel hab ich meinen Lehranalytiker immer geärgert mit Bemerkungen über seinen Schreibtisch, den ich ziemlich wackelig fand. Der war unterstützt, also es war so 'ne große Platte, die hing so'n bisschen durch, und die war dann hinten so irgendwie unterstützt, durch so'n notdürftig eingezogenen Balken da hinten, so'n Ständerwerk, und ich fand diesen Schreibtisch irgendwie ...ich hab' mich darüber immer so'n bisschen lustig gemacht.*

Ebenso wenig findet das alte Telefon ihren Beifall: *Damals war ja schon auch so neue Telefongeneration, und das war noch so'n mausgraues altes Drehtelefon ...* stichelt sie ausschweifend, und dehnt das auch auf die Bücherwand aus. Ihr Spiel mit den Schwachstellen des Analytikers nimmt sehr großen Raum ein. Aber warum spielt sie es?

Das weiß ich nicht, warum eigentlich. Ich fand die Beziehung sehr gut und dachte irgendwie, da muss auch mal was sein, was nicht gut ist. Wo ich meinen Unmut dran festmachen konnte.

Wollte sie genuin etwas verbessern, oder ging es ihr nur um die pauschale narzisstische Abwertung des Analytikers? Vor allem will sie mit jedem Satz dem Analytiker seinen Raum streitig machen und ruft in ungezählten Varianten: *Das ist mein Raum! Hier wird nichts ohne meine Erlaubnis verändert!* Man höre den gebieterischen Tonfall:

Also auf einmal fehlte dann auch in dem ersten Analysezimmer eine Briefwaage. Und da hab' ich drauf hingewiesen, dass diese Waage weg ist, und dass ich das nicht gut finde. Dass sie zur Praxis dazugehört. Sie tauchte dann trotzdem nicht wieder auf. Das fand ich nicht gut. Muss ich schon sagen.

Weil es *ihr Raum* ist, *fehlt* plötzlich etwas. Sie *fragt* nicht etwa, wo die Waage sei, sondern sie *weist darauf hin, dass* sie nicht mehr da ist. Ihre Kritik an der Analytikerin hält noch heute an, wie das Präsens verrät: *muss ich schon sagen.* Die „Eigenmächtigkeit" der Analytikerin, die Waage trotzdem nicht wieder hinzustellen, empfindet sie als vernichtende Ohnmacht. Dass es um Macht oder Ohnmacht geht, hat sie zuvor bereits erwähnt.

Und dann hat er irgendwann vor den Ferien gesagt: „Nach den Ferien wird der Raum anders aussehen." Er wollte mir das nur schon mal sagen. Das fand ich auch ganz gut, dass er's mir gesagt hat, weil sonst wär' ich sicher in Ohnmacht gefallen. Der Schreibtisch war neu, die Bücherwand war neu.

Der Gedanke, der Analytiker habe die Macht, *ihren* Raum nach *seinem* Willen zu verändern, löst in ihr ein starkes *Ohnmachtgefühl* aus, damals wie heute. Prompt kommt die anale Retourkutsche: Selbstverständlich ist auch der neue Schreibtisch wieder der falsche. *Als dann der neue dastand, gefiel mir das nicht so gut. Dacht' ich, also ich hätt' lieber den alten wackligen gehabt.*

Der Analytiker fragt sie auch noch, wie sie denn die neue Einrichtung findet. *Da hab' ich ihm dann gesagt, dass es gar nicht so darum geht, wie ich die finde, sondern mehr, dass es neue sind.* Wie kann er wagen, in *ihrem* Raum etwas zu verändern!

Und er, von ihr als *armer Mann* taxiert, der *fünf eigene Kinder* hat und daher *sein Geld nicht unbedingt ins Praxismobiliar* stecken kann, zeigt nun auch noch, dass er doch Geld für neues Mobiliar hatte! Noch heute trägt sie das in empörtem Tonfall vor. Er hat ihr in ihrem eigenen Raum eine Niederlage beschert. Denn eigentlich gehört nicht nur der ganze Praxisraum ihr, sondern auch der Mann selbst:

Einmal hatte mein Analytiker plötzlich 'n Bart gehabt, als wir aus den Ferien zurückkamen. Das hat mich ... da war ich auch völlig ... Ich machte die Tür auf, und da stand er auf einmal mit Bart! Das fand ich sehr komisch und auch irritierend, eigentlich noch herber wie wenn was im Zimmer umgestellt war. Oder was Neues da war.

Veränderungen am Mann sind noch unverzeihlicher als Veränderungen an seinem Raum, denn ihr gehört alles. Sie duldet auch nichts Lebendes neben sich. Pflanzen nimmt sie erst gar nicht genau wahr. Und die Couchgeschwister, deren Geruchsspuren, Parfüm oder Körpergeruch, sie in den Kissen findet, machen ihr nur deutlich, dass da auch andere sind, deren Wärme auf der Couch ihr unangenehm ist. Daher schätzt sie auch, dass sie nicht mit ihnen auf einem Kissen liegen muss.

Als ihre erste Analytikerin wagt umzuziehen, beklagt sie sich: das sei *sehr eingreifend* gewesen. Das Wort *übergriffig* ist sozusagen schon in Reichweite.

Sie kontrolliert die Stimme des Analytikers mit einer wahren Spitzfindigkeit, hört jede kleine Regung, aber bespricht das nicht mit ihm: *Dann verfolge ich den Analytiker zu sehr mit dem, was ich höre,* sagt sie und agiert ihre Wünsche lieber real aus.

Sie kontrolliert die Geräusche, die ihre Analytikerin hinter der Couch macht, etwa das Reiben der Finger aneinander, ein seltsames, irritierendes Geräusch, das ihre Phantasie lebhaft anregt. *Was macht die da wohl mit den Fingern? War aber nur 'ne Phantasie, ich hab' nicht gefragt.* Statt darüber zu reden, kopiert sie das Geräusch in ihren eigenen Analysen.

So hat also *der Raum in beiden Analysen eine große Rolle gespielt*, und zwar insofern, *als ich dazu Bemerkungen gemacht habe.* Sie verteidigt ihr Territorium mit dem Trotz, der Wut und der Unmanierlichkeit eines kleinen Kindes. Weil sie in der ersten Analyse eine so starke Mutter-Übertragung auf die Psychoanalytikerin erlebt, *habe ich mir dann die Freiheit genommen, mich auch mal aufzurichten und umzudrehen.* Selbstverständlich steht es ihr als Bewohnerin des Interaktions- oder Symbioseraums (Raum 2) zu, die Grundregel der Psychoanalyse zu verletzen.

Ein einziges Mal vermag sie echtes Mitgefühl zu erregen.

Da waren einmal Ferien, wo ich Probleme hatte, mich zu trennen. Eine vierwöchige Pause. Und da hab' ich gedacht, wenn die doch in Ferien ist, und dieser Raum ... Allein nur in diesen Raum zu gehen, das wäre doch so schön! Also irgendwie hab' ich mir 'ne Phantasie entwickelt, wie ich in diesem Raum irgendwas deponieren könnte, von mir. Also gar nicht jetzt das Gespräch, oder irgendwie so was, sondern etwas, was in dem Raum lebendig zurückbleibt, und was dann ... auch ohne Analytiker, ne? Was dann den Raum benutzen kann. Also das war 'ne Phantasie, die ich da hatte. Das war 'ne Pause, die mir sehr schwer gefallen ist.

Frau Kunze wollte also irgendetwas in dem Raum deponieren, um nur den Analyseraum nicht verlassen zu müssen. Der Raum hat damit triangulierende Funktion übernommen: Er steht gleichberechtigt neben dem Analytiker selbst und zeigt seine lebenserhaltende Kraft.[2]

Wer ist nun wichtiger, Raum oder Mensch? Dieser Gedanke beschäftigt Frau Kunze. Dass beide einander repräsentieren, gibt sie ohne Umschweife zu. Ihre Lehranalytikerin charakterisiert sie als *Hexe* oder *weise Frau,* durch deren Haus ein ebensolcher *alter Hauch* geweht habe, und bei ihrem Lehranalytiker stand eher die *nüchterne, klare Art* im Vordergrund, die ihn selbst so sehr charakterisierte wie auch seinen Raum. *Also die erste Analytikerin hat sehr durch den Raum gewirkt, während er ... ich finde, da ist eher der Raum in den Hintergrund getreten, und er stand mehr im Vordergrund. Obwohl die Frau ... als Hexe ... stand ja auch stark im Vordergrund. Das kann ich jetzt nicht so genau sagen.* Raum und Person des Analytikers durchdringen einander also bis zur Untrennbarkeit. Wo sonst erlebt ein Mensch dies? Als Antwort sei ein Traum von Frau Kunze angeführt, den sie in den Symbioseraum mitbrachte:

Das war so'n Weg, so mehrere Ecken runter, in einen Raum, der aussah wie eine... große Kugel. ... es war also im Wasser gebaut, also dieses Kugelige, ... vielleicht auch so was wie im Meer sein, also ... Und davor schwammen Fische ... ich weiß noch, dass das bunte Fische waren, und vor diesen Bullaugen waren dann so Bänke eingelassen, wie soll man sagen, wie in Stein gehauene Sitze, eigentlich, mit so Polstern drauf[3]*, und dann konnte ... das war auch'n Raum, wo mehrere Platz hatten, da war auch irgendwo die Couch, aber es war nicht so'n Raum, der nur für zwei eigentlich gedacht war. Es war eigentlich mehr so'n größerer Raum. Und davor halt diese Fische ...*

Der kugelförmige Raum, in dem man schwimmen, aber auch ausruhen kann, durch den auch ein wenig Licht fällt, und der auch für andere bestimmt ist, trägt viele Merkmale des Uterus, in dem ein Embryo lebt. Hat die Regression auf der Couch hier bis zur intrauterinen Symbiose zurückgeführt? Auch bei den Berichten von Herrn Dornheim und Herrn Ehrenfeld drängt sich dieser Verdacht auf, als der *schräge Raum* bzw. der *tote Raum* vehement als *guter Raum* verteidigt wurde, denn wenn der Analysand diesen Raum verlassen hätte, hätte es ihn das Leben gekostet.

Das würde bedeuten, dass auf dem Sessel im Couch-Sessel-Ensemble des Interaktions- oder Symbioseraums (Raum 2) eine Mutter sitzt, die in ihrem ausgelagerten, symbolischen Uterus auf der Couch den Analysanden in sich trägt. Dessen mit hundertprozentiger Vehemenz, Wut, Trotz und Todesangst vorgetragene Forderung nach Konstanz des Lebens-Raumes wäre dann allerdings sofort verständlich.

Das ist mein Raum! Und in meinem Raum wird nichts verändert! In meinem Raum darf ich alles kritisieren, denn es ist ja meins, ich darf mich über alles lustig machen, und ändern darf nur ich etwas darin! Das ist die Quintessenz von Frau Kunzes Lebensgefühl im Interaktions- oder Symbioseraum (Raum 2). Weder Pflanzen noch Couchgeschwister duldet sie, weder einen neuen Schreibtisch noch ein neues Telefon; die geliebte Messing-Briefwaage auf dem wippenden neunzig-Grad-Winkel darf so wenig verschwinden wie das alte Bücherregal. Und dass der Analytiker sich anmaßt, sein eigenes Gesicht durch Hinzutun eines Bartes zu verändern, ist geradezu empörend.

Dahinter liegt möglicherweise der Affekt eines intrauterinen Lebensgefühls. In diesem *kugelförmigen, mit Wasser gefüllten Raum* ist in der Tat bereits die kleinste Änderung lebensbedrohlich. So zeigt sich der Interaktions- oder Symbioseraum (Raum 2) in der Psychoanalyse als einer, den sein regredierter Bewohner mit nahezu infamer Selbstgerechtigkeit als eigenen Lebensraum verteidigt.

Die Raumkritik im Sonderraum (Raum 4) ist dagegen nicht angstgetönt oder zänkisch-rechthaberisch, sondern dient der – oft verzweifelten – Suche nach dem *richtigen* Raum, in dem man nun endlich selbst zur Ruhe kommen möchte.

4.2.2 *Selbstversuch im toten Raum* – Apologie eines Symbioseraumes

Herr Ehrenfeld ist selbst Psychoanalytiker gewesen, bis er in den Ruhestand trat. Seine Erfahrungen als Lehranalysand gehen in die siebziger Jahre zurück. Sein damaliger erster Lehranalytiker war der amerikanischen Tradition verhaftet, die ihren Analysanden eine vollkommen neutrale *white screen* präsentieren wollte. Auf Herrn Ehrenfeld hatte dies jedoch eine verhängnisvolle Wirkung.

Er hatte bereits eine erste therapeutische Analyse hinter sich gebracht und dabei offenbar den Außenraum (Raum 1) durchlaufen. So war er sofort mit dem Setting vertraut und fühlte sich bereits sehr eingesunken in den analytischen Prozess, als er den Raum seines Lehranalytikers betrat. Den erlebte er folglich sofort als Interaktions- oder Symbioseraum (Raum 2).

Herr Ehrenfeld beschreibt ihn als einen nach einem scharfen Desinfektionsmittel – möglicherweise Sagrotan – riechenden Klinikraum mit weißgetünchten Wänden und einem grün karierten Kunststoff-Fußboden, in dem eine hohe Liege als psychoanalytische Couch diente. Kein persönlicher Gegenstand – mit Ausnahme des Stehpults – deutete auf einen lebendigen Bewohner. Herrn Ehrenfelds Schilderung hat bisweilen einen vorsichtigen Tonfall, in dem er zunächst sein Gegenüber sondiert, dann aber immer deutlicher zu verstehen gibt: Dieser Mann – sein Lehranalytiker – war damals ein rigider, kalter Mensch, der die emotionalen Wünsche des Analysanden in keiner Weise berücksichtigte. Das spricht Herr Ehrenfeld jedoch nicht aus, sondern deutet es mit seiner Beschreibung des Behandlungsraums an: *Der Raum war tot. Der hat nicht gelebt.* Welche Kränkung das für ihn bedeutete, drückt sein Tonfall noch während des Gesprächs aus. Herr Ehrenfeld suchte etwas in dem Raum, das ihn genährt und gestärkt hätte – er befand sich auch persönlich in einer Krisensituation –, das ihm jedoch beständig vorenthalten wurde, aber auch durch das Setting als etwas erschien, das in weiter Ferne möglich sei. Vermutlich ist ihm diese Kränkung nicht einmal bewusst gewesen. Doch ist seine Schilderung, immerhin dreißig Jahre nach Ende der Analyse, seltsam gebrochen und von einer leisen Klage über die Stillosigkeit des Raums durchzogen: *Es war immer so eine Art Untersuchungssituation.* Dann geht er ins Detail, beschreibt den ärmlichen Schreibtisch mit seinen konventionellen Arzt-„Aufbauten“: dem Photo der Gattin im Silberrähmchen und Bergen von dicken, zerfledderten Patientenakten; er schildert die billige Liege, die Rauhfasertapete, die Hängeregistratur, den hässlichen Betonbau – in einer anderen, heimeligeren Klinik habe man gleichsam den Holzwurm gehört, hier aber habe es bestenfalls einen Betonwurm gegeben, *und der war stumm* – und die Kunststoffverkleidung der Wände bis in ein Meter Raumhöhe: *es war neu, aber es war so, dass es nach wenigen Jahren schäbig aussieht.* Aus dieser Schilderung versteht sich von selbst, dass der Raum, und damit auch die Analysesituation, viele Wünsche von Herrn Ehrenfeld offen gelassen hat.

Plötzlich fragt er mitten im Interview unvermittelt nach einer langen Pause: „Sie schauen mich so ernst an. Sind Sie erschrocken über gewisse Inhalte?“ In der Annahme, es handele sich um eine Übertragungssituation, kommt die Gegenfrage: „Worüber sollte ich erschrocken sein?“

„Weil ich das Rigide ...“ setzt Herr Ehrenfeld an, ohne zu Ende zu führen ... so drastisch geschildert habe, dass doch jeder Mensch begreifen muss, wie unerträglich ein solcher Analyseraum ist. „Ich wäre auch zugrunde gegangen – ich sag’s jetzt übertrieben – wenn ich nur diese Analyse gehabt hätte.“

Die Konsequenz liegt auf der Hand: Wo der nährende Raum *tot* ist, geht auch der, der darin leben soll, zugrunde. In dem Augenblick, in dem sich der Analysand Ehrenfeld mit seinem ganzen Erleben im Interaktions- oder Symbioseraum (Raum 2) befand, gab es für ihn keinen „alternativen Raum“ mehr, in den er sich hätte flüchten können. Das ist die psychotische Qualität des Raumerlebens im Interaktions- oder Symbioseraum (Raum 2). Er fühlte sich dem Raum so ausgeliefert wie ein Fötus dem ihm umgebenden Uterus, den er auch nicht verlassen kann. Da gibt es kein Abwägen oder objektives Bewerten der Situation. Da gilt es nur *drinzubleiben* und zu hoffen, dass man auf irgendeine Weise lebendig davonkommt. Da Herrn Ehrenfeld dieser ungeheuerliche Zusammenhang aber nicht bewusst ist, beschreibt er ihn auch nicht. Aber er meint, das Erschrecken am ernsten Gesichtsausdruck seines Gegenübers ablesen zu können. Pointiert formuliert hieße seine Entdeckung nämlich: „Der Raum war tot, und ich versuchte verzweifelt, darin Leben zu finden.“

Nun aber kommt das Erstaunliche: er verteidigt auch eben diesen Analyseraum. Auf die Frage, was er denn vom Raum wahrgenommen habe, während er lag, erwidert er: *Während ich lag, sprach ich oder hörte ich. Ich habe nichts wahrgenommen. Ich habe mich konzentriert. Das war mir egal, ob da noch ’n Blümchen war, für noch ’ne Assoziation. Es gab also nicht einen Mangel. Ja, das ist, glaub’ ich, ganz gut: Der Raum hatte keinen Mangel. Weil es akzeptiert war, dass es ein Selbstversuch ist, ja?*

Ein eigentümliches Konstrukt hat sich Herr Ehrenfeld da geschaffen: Prinzipiell ist Psychoanalyse sicherlich etwas Heilsames, Nährendes, Aufbauendes. In der Ausbildung allerdings ist es etwas so Gefährliches wie der Selbstversuch Robert Kochs mit Tuberkulosebazillen: entweder, man stirbt daran, oder man überlebt und hat dann ein Heilmittel für die ganze Menschheit entdeckt.

Der Selbstversuch. Da muss man eben hin. Wie zum Blutabnehmen. Muss man auch den Arm ausstrecken und 'ne Faust machen. Das war die Analyse, erster Teil.

Der Selbstversuch des werdenden Analytikers besteht eben für Herrn Ehrenfeld darin, sich im Untersuchungszimmer eines medizinischen Professors, quasi in einer Laborsituation, der Lehranalyse als psychoanalytischem Selbstversuch zu unterziehen. Der Prozess ist schmerzhaft, das versteht sich von selbst, denn *der Raum hat nicht gelebt.* Er geht bis an die Grenze des Erträglichen und ist nur dadurch zu überstehen, dass Herr Ehrenfeld ihn streckenweise als reines Ritual abtut, dem er sich nur passiv zu *unterziehen* hatte und an das er auch keine emotionalen Ansprüche stellt.

Nur unter dieser Prämisse kann Herr Ehrenfeld seinen Behandlungsraum kritiklos akzeptieren. Und er versichert: *Deswegen wiederhole ich es: Und es war* kein *Mangel. Nein! Sondern ich bin gern die Tür herein, und der Raum war, würde sagen, ausreichend gut, also good enough.* Die Vehemenz, mit der er seinen Raum verteidigt, lässt aufhorchen. Er bezeichnet ihn nicht nur als eine Art funktionstüchtiges Labor, sondern er identifiziert ihn durch das Winnicott-Zitat vom *good enough object* auch als gutes Objekt in einer Entwicklungsbeziehung. Das ist bei Winnicott aber die Mutter oder eine Ersatzperson, nicht der psychoanalytische Raum.

Herr Ehrenfeld sagt daher im Klartext: Dieser Raum war eine tote Mutter, und ich musste sie bewohnen und bei (in) ihr groß werden. Das hat auch irgendwie geklappt, denn ich lebe ja noch. Aber um ein Haar wäre ich an diesem lebensgefährlichen Experiment zugrunde gegangen.

Der Selbstversuch des Psychoanalytikers, seine „wissenschaftliche Aufgabe", bestand also für Herrn Ehrenfeld darin, sein Dasein in einem toten Raum fristen zu können.

Wut, Schmerz und Bitterkeit angesichts der Tatsache, sich für einen solchen Selbstversuch zur Verfügung gestellt zu haben und jahrelang in einem toten Raum leben zu wollen wie ein Fötus in einer toten Mutter, kann sich der Analysand nicht ins Bewusstsein rufen. Diese offenkundig unanalysiert gebliebene Raumerfahrung und den damit verbundenen Schmerz kann er nur in der Übertragung auf die Interviewpartnerin ausdrücken: ob sie nicht über diesen schrecklichen Raum, den Menschen darin, die Kälte der Interaktion sowie die unsachgemäße Analyse schockiert sei.

Das wäre nach heutigen Erkenntnissen ein wichtiger Ansatzpunkt für die weitere Analyse. Wenn Herr Ehrenfeld den toten Raum so lebhaft wahrnimmt, könnte auch diese Situation eine Regression auf sehr frühe Lebenserfahrungen und der damit verbundenen Ohnmacht sein. Die Analyse führt uns also möglicherweise in neue, ungeahnt frühe Regressionstiefen.

Eine andere Logik existiert nicht. Denn Herr Ehrendfeld verteidigt seinen Raum nach wie vor, auch als seine Apologie in die absurde Versicherung mündet, dass der Raum zwar tot, aber trotzdem gut gewesen sei. Wie aber kann ein Lebensraum gut, oder doch wenigstens *good enough,* gewesen sein, wenn er doch tot war?

Seine einzig wirklich gute Eigenschaft besteht offenbar darin, dass er überhaupt existiert hat. Er war Herrn Ehrenfelds Analyseraum. Der Raum, den er für seine analytische Regression bewohnt hat, musste ja ein guter Raum gewesen sein – denn es gab keinen anderen.

Nun gibt es aber im Dasein des Menschen nur einen einzigen Raum, der Behausung und Nahrung zugleich ist, den man nur unter Lebensgefahr verlassen kann, und der folglich über jede Kritik erhaben ist: den Uterus. Man hat keine Wahl, ob man ihn bewohnen will oder nicht. Er ist der „ganze Raum". An diese Unabänderlichkeit erinnert der hier geführte Diskurs. Herr Ehrenfeld verteidigt die Qualitäten seines ersten Analyseraumes über alle Grenzen der Logik hinweg. So deutet alles darauf hin, dass er den psychoanalytischen Raum, in dem er seine tiefsten Regressionen erlebt hat, ebenso vehement gutheißt wie – hätte er Bewusstsein und Worte dafür – den Uterus als allerersten Wohnraum.

Die Psychoanalyse dieser Raumbezüge könnte sicherlich noch viel aussagekräftiges biographisches Material zutage fördern.

4.2.3 Der Übergang von Interaktions- oder Symbioseraum (Raum 2) in den Einzelraum (Raum 3)

Die Transformation vom Interaktions- oder Symbioseraum (Raum 2) in den Einzelraum (Raum 3) geschieht wiederum unmerklich. Die Analysanden geben an, der Raum, die Couch oder das Liegen hätten sich während des analytischen Prozesses gewandelt.

Die Art der Wandlung wird unterschiedlich beschrieben. So gibt Herr Bernstein an, der Raum hätte sich vom *Gefängnisraum* zur *bergenden Couch* geändert: *Später, besonders in Momenten tiefer Regression, hab' ich entdeckt, dass die Couch einen trägt.* An diesem Vergleich fällt nicht nur die offensichtliche Veränderung der Metaphorik auf, dass aus einem verstoßenden Gefängnis ein bergender Raum wird. Das eigentlich Erhellende liegt im Vergleich *Gefängnisraum – Couch*: Aus dem, was eingangs der Raum war, ist nun die Couch geworden. Die Couch ist also im Einzelraum (Raum 3) der ganze Raum, auf den sich das Erleben des psychoanalytischen Prozesses bezieht. Die Couch „ist" der Raum. *...dass man sich bewegen kann, in diesem Raum. Also auch in diesem Raum „Couch". Das ist ja auch 'ne Art Raum,* sagt Frau Quambusch.

Dieses Erleben definiert oder markiert die Tatsache, dass sich der Analysand in seinem analytischen Prozess im Einzelraum (Raum 3) befindet.

Er beschreibt nun ein anderes Raumerleben als zuvor im Außenraum (Raum 1) oder im Interaktions- oder Symbioseraum (Raum 2): *Ja, dann war ich mehr bei mir, wie man so schön sagt. Während der sitzenden Zeit war ich ja immer abgelenkt,* sagt Frau Fischer.

Beim Übergang vom Interaktions- oder Symbioseraum (Raum 2) zum Einzelraum (Raum 3) spielt das Einsinken oder Versinken eine wichtige Rolle. Viele Analysanden benutzen Erd- oder Wassermetaphern und beschreiben, sie seien auf der Couch nun eingesunken oder versunken, sie hätten die Couch als Bett erlebt oder sich geerdeter gefühlt.

Damit kehrt hier die oben beschriebene Nähe zu dem althochdeutschen Wort *betti* mit seinem indogermanischen Stamm **bhed-* wieder[4] und führt von *Bett* zu *Beet*, von „eingebettet sein" zu „geerdet sein" und „Wurzeln haben" oder „verwurzelt sein": *Und so hab' ich einfach mehr bei mir sein können und bin dadurch auch mehr zu mir gekommen, und bin tiefer gekommen. Also das hat schon auch 'ne Vertiefung oder 'ne Radikalisierung im Sinne von zu mir Kommen gebracht. ... Wenn es sozusagen eine Phase von freier und guter Beziehung ist, wo alles stimmt und wo man alles sagen kann, dann find' ich das eigentlich ein vertiefendes Moment durch die Couch.* (Frau Neumann) *Es gab so Tage, da bin ich richtig reingeplumpst und reingesunken, wobei ich das weniger mit dem Couchmaterial-Möbel in Verbindung bringe, sondern mehr mit meinem inneren Erleben. Und wo ich richtig eingesunken bin, richtig da war.* (Frau Neumann) *Mit wachsender psychischer Gesundung war ich geerdeter, mit wachsendem Vertrauen.* (Frau Fischer) Mit dem völligen sich Fallenlassen geht auch ein Kontrollverlust einher, den Frau Kunze beschreibt: *Das fand ich überwiegend angenehm, entspannend. Es gab auch Augenblicke, in denen ich das Gefühl hatte, im Liegen falle ich so in alle möglichen Bereiche rein, also es ist 'n stärkeres Wegdriften, in Gefühle, also Körpergefühle, in verschiedene Gedanken, wo man sich nicht mehr so richtig kontrollieren kann, wohin eigentlich die Reise geht.* (Frau Kunze). Auch Frau Schulze erwähnt das Versinken. Sie hat die Augen mitunter *zugemacht, wenn ich ... für mich in etwas versunken war.* Als Frau Tiedemann sich ihre Couch anfertigen lässt, *da war mir wichtig, dass die nicht so weich ist. Und das hat was mit der eigenen Erfahrung zu tun, dass ich sie etwas ... irgendwie zu ... also so ... so ...irgendwie zu sehr eingesunken bin.*

Die absolute und bedingungslose Zweisamkeit, das beseligende Glück des Verschmelzens in einem gemeinsamen Raum, das den Interaktions- oder Symbioseraum (Raum 2) ausgezeichnet hatte, tritt nun hinter dem Erleben zurück, allein in einem einzelnen Raum zu sein, und dabei tiefste und erfüllendste Erfahrungen zu machen. Während im Interaktions- oder Symbioseraum (Raum 2) der Analytiker unverzichtbar ist, kann er im Einzelraum (Raum 3) geradezu stören: *Manchmal hätte ich am liebsten – das war auch so eine Phantasie von mir – ihn mit seinem Stuhl in 'nem anderen Zimmer gehabt, um ihn nicht so nah zu haben. Das war je nachdem, welche Phase das in der Behandlung gerade war.* (Frau Neumann)

Das Behandlungszimmer spielt in der Wahrnehmung des Analysanden nun keine wichtige Rolle mehr. Frau Neumann gibt auf die Frage, ob sie die Räumlichkeit wahrgenommen hat, an: *Nachdem ich dann mal da war, nur noch relativ wenig. Das hatte keine große Bedeutung mehr. Es war mir wichtig, dass der Raum in Ordnung ist. Und dass ich mich da wohlfühlte. Ich hab' mich dann da wohlgefühlt. Aber dann hat der Raum eigentlich keine Bedeutung mehr gehabt. Dann hab' ich mich mehr mit meinen inneren Räumen beschäftigt.*

Das innere Erleben wird nun stärker und koppelt sich im Erleben vom Analyseraum völlig ab. Frau Schulze schildert, wie sie 1940 als Zweieinhalbjährige den Abschied vom Vater miterlebte, der zum Militärdienst an der Front eingezogen wurde. *Und diese schreienden und weinenden Frauen am Bahnhof, diese entsetzliche Atmosphäre von Verzweiflung, Trauer, Abschied und Angst – man wusste ja nicht: Kommen die wieder? – und meine eigene ohnmächtige Verzweiflung: Das hab' ich auf der Couch noch mal erlebt. Das hat natürlich mit dem Analyseraum und dem Bahnhof, auf dem ich stand, die beiden Räume haben miteinander nichts zu tun. Aber die Couch und dieser Raum auch, in diesem Moment war die analytische Situation so, dass es mir wieder ganz lebhaft in Erinnerung kam und ich die Gefühle von damals gefühlt hab'. Man kann ja über so eine Situation, wenn man sie mehrfach erzählt hat oder erzählt bekommen hat, erzählen, aber man fühlt es nicht mehr. Und das hab ich damals wirklich noch einmal so gefühlt. So verzweifelt, wie ich als Kind war.* Der Analyseraum ist in Frau Schulzes Erleben auf die Couch reduziert, und aus diesem Raumerleben heraus kann sie nun wieder die Situation auf dem Bahnhof erleben. Die Couch transformiert sich: zunächst ist sie vorhanden, dann verschwindet sie, und die Erinnerung an die sehr frühe Kindheit wird identisch mit dem Auf-der-Couch-Sein. Frau Schulze *ist* auf dem Bahnhof, sie reproduziert keinen *Bericht* dieser Situation. Der traumatische Strudel der Situation, in der gleichzeitig unzählige Familien auseinander gerissen werden, der mithin für eine Zweijährige durch nichts zu begreifen war, hat sie wieder ergreifen können.

Auch die körperlose Stimme des Analytikers ist keine Irritation mehr: *Wenn ich ganz bei mir war, war das völlig in Ordnung und angenehm, weil es mich nicht gestört hat, und weil es mir ermöglicht hat, mich mit mir zu befassen.* (Frau Neumann) Das Umgucken *spielt ja auch irgendwann dann nicht mehr so 'ne Rolle. Man geht da in seine innere Arbeit rein.* (Frau Quambusch) *Und ich finde auch: durch das Liegen, weil man ja abgewendet vom Analytiker liegt, erwirbt man auch, auf der Couch liegend, einen eigenen Raum.* (Frau Schulze) Das Gucken verliert seine Bedeutung, *weil man mit sich selbst und seiner inneren Bilderwelt so beschäftigt ist, dass es mir nun nicht notwendig war, nun immer ins Grüne zu gucken.* (Herr Ritter)

Am deutlichsten wird die Transformationsbewegung vom Interaktions- oder Symbioseraum (Raum 2) in den Einzelraum (Raum 3) in einer extemporierten Definition von Frau Quambusch: *Das hat nicht mehr mit dem äußeren Raum zu tun, sondern das ist der innere Raum. Vielleicht könnte ich's so sagen: „Hey, das bin ja ich!" Das ist wirklich eine Reise ins Ich! Das finde ich sehr schön. Dieses Wort „Ich" stört mich insofern ein bisschen, als es nicht um etwas Egozentrisches geht, sondern es geht um ein Erfühlen des eigenen Seins. Das hat auch eine ziemlich körperliche Dimension, diese Gefühle, die ich da versuchen könnte zu beschreiben, ohne dass ich sagen würde: „Das sitzt konkret hier oder da oder da." Es ist einfach: mein Seinsgefühl erweiterte sich so. Und ich erfahre eben Neues und begrüße das. Auch wenn es dunkle Sachen sind."*

Der Weg in den Einzelraum braucht seine Zeit: *Am Ende war's wie draußen liegen und Phantasien kommen lassen, aber das hat vier Jahre gedauert.* (Frau Groß)

4.3 Der Einzelraum – *The Individual Room*

Der Einzelraum ist die Couch allein. Wenn der Analysand das Gefühl hat, die Couch „sei" der analytische Raum, dann befindet er sich im Einzelraum.

„Das ist mein alleiniger Raum!" mag er empfinden. Hierhin kann ihm niemand mehr folgen, nicht einmal der Analytiker. Der ist zwar noch bei ihm, doch sitzt er fern von ihm auf dem eigenen Sessel.

Der Analysand jedoch ist nun ganz bei sich. Er ist tief in die Couch eingesunken und hat von der Couch aus Zugang zu seiner Innenwelt erhalten. Die Couch hat in seinem Erleben aufgehört zu existieren, genauso wie das Setting und der Raum, in dem er sich befindet. Er *ist* in seiner regressiv erlebten Situation. Er *erlebt* sie, wie beim ersten Mal. *Drin sein* ist sein Lebensgefühl auf der Couch in dieser Phase. *Allein schwelgen.*

Das tut er nun ausgiebig. Er hat das Gefühl, seelisch fett zu werden. *Ich bin versunken!* würde er wohl einem Fremden zurufen, wenn er das noch könnte. Denn er ist längst nicht mehr ansprechbar. In seiner Analyse ist er nun ganz bei sich.

Dabei tritt durchaus nicht nur Angenehmes im Wiedererleben zutage. Aber aus dem rundum abgesicherten Daseinsgefühl, das der Außenraum (Raum 1) und der Interaktions- oder Symbioseraum (Raum 2) vorbereitet haben, hat sich der Analysand eine Sicherheit erworben, aus der heraus er die Konfrontation mit sehr frühen, sehr tief liegenden Erlebnissen noch einmal wagen kann. Hier ist der große Moment der Psychoanalyse. Gelingt diese Konfrontation im analytischen Setting, und kann sie zu einem klärenden Ende geführt werden, indem der Analysand die damals unbegriffene traumatische Situation nun begreifen, in seine übrigen, bereits begriffenen, Lebenserfahrungen einordnen und somit auch unschädlich machen kann, dann ist die zentrale psychoanalytische Arbeit zu einem guten Ende gekommen.

Nicht jeder Analysand erreicht den Einzelraum (Raum 3). Manch einer mag ihn erreicht haben, ohne dass er im Interview darüber sprach. Denn es ist der intimste Teil der Psychoanalyse, über den man nicht ungefragt Auskunft erteilt.

Das Interview mit Frau Haydmann enthält die deutlichste Passage über den Einzelraum (Raum 3).

4.3.1 *Zu Hause im Analyseraum* – Eine unangestrengte Analyse

Ist das mein Zuhause? Kann ich hier einziehen? Ist es gemütlich? Nicht steril? Kann ich mich hier erden und eine Verbindung zu dem großen Körper herstellen, der mich umgibt? fragt sich die Analysandin Frau Haydmann, und erlebt dann, dass sie wieder im Kinderbettchen liegt, auf Mutters und Vaters Schoß sitzt und deren Stimmen von hinten hört und schließlich bei der Freundin übernachtet und im Dunkeln lange Gespräche führt. Doch am Ende setzt sie sich energisch auf die Couch und will wieder hinaus. Aus dieser Sitzposition gibt es, so fürchtet sie, kein Zurück. Aber der Raum geht ja noch weiter, und so ist der Abschied nicht übermäßig traurig, zumal der erste Analytiker sie nach Analyseende partout nicht als sitzende Ebenbürtige anerkennen will.

Zwei Analysen hat Frau Haydmann gemacht, eine therapeutische Analyse bei einem männlichen Analytiker und zehn Jahre später die Lehranalyse bei einer Analytikerin. Dabei hat sie ein Zuhause gesucht und gefunden, das sie mittlerweile als junge Analytikerin ihren eigenen Analysanden anbietet.

Außenraum (Raum 1). Schon beim Eintreten gerät sie in eine andere Verfassung. Sie tritt ihren Weg von der Tür zur Couch nicht bewusst an, sondern geht durch den Raum, ohne rechts und links zu gucken. Die Couch ist das Ziel, *so wie wenn man nach Hause kommt und direkt aufs Sofa geht.* An die übrigen Gegenstände im Außenraum kann sie sich nicht mehr erinnern, fand sie aber in der Lehranalyse *passend, als wenn man irgendwie zu Hause ist.*

Sie prüft genau, ob der Außenraum den erwünschten Grad von Wohnlichkeit hat und nicht *fremd wirkt*, und dass auf der ersten Couch ausgerechnet eine schrille *lila Decke* liegt, die noch dazu *kratzt*, verstärkt ihr Gefühl, dass der Raum etwas *Gemachtes* hatte, der *irgendwie in 'ner bestimmten Art wirken* sollte, und das bewirkt ein *Gefühl von nicht so ganz gemütlich*. Im rückschauenden Vergleich schneidet der Raum der Lehranalytikerin besser ab. *Wohnlich* war es da, und privat ging es sicher ähnlich zu, denn die Analytikerin lebte im selben Haus. Es war *nicht irgendwie besonders aufgeräumt oder irgendwie steril.* Dass auch der Schreibtisch *schon mal unaufgeräumt* war, empfand sie eher als *angenehm.* Offenbar flößte ihr jedes Zeichen von Leben Vertrauen ein.

Interaktions- oder Symbioseraum (Raum 2). In einen solchen Raum kann sie bedenkenlos einziehen, und das Zimmer, *wo man jeden Tag hingeht*, ist ihr nun ganz *vertraut.* Wie wichtig ist das Ritual des täglichen Hingehens! So kann der Raum zuerst beweisen, dass er auch über einen längeren Zeitraum verfügbar ist. Seine Beständigkeit, die sich erst im langen Vollzug des Hingeh-Rituals erweist, ist essentiell. Das wird ihr bewusst, als sie zum Schluss noch einen Umzug mitmachen muss und nun weiß: Wenn das schon zu Anfang passiert wäre, hätte es *das Zuhause-Gefühl gestört.* Denn es ist *schon irgendwie befremdend, dass jetzt plötzlich dieses, was irgendwie so selbstverständlich ist, auf einmal woanders sein soll!*

So aber *versinkt* sie geradezu im Interaktions- oder Symbioseraum (Raum 2). Sie hat ein *kuscheliges Gefühl auf der Couch* und *das macht so 'ne Mischung aus, aus 'nem Möbelstück oder aus 'nem Boden, sehr sicher irgendwie.* Die erste Couch, *kleiner und schmaler*, mit dünnen Beinen, die an Stelzen denken lassen und der *kratzigen lila Decke* darauf: *Das hat sich nicht so sicher angefühlt.* Sie lässt sich in die Couch sinken – fast wie ein Samenkorn in der Erde versinkt –, anders als eine Patientin, die sie als Gegenbeispiel anführt: die *sei gar nicht so richtig reingesunken* und habe quasi *immer so einen Zentimeter über der Couch gelegen.*[5]

Die Analysandin jedoch sinkt tief in die Couch ein. Scharfsinnig registriert sie in der Rückschau ein Paradoxon: dass man beim Liegen zwar getrennter sei, weil jeder seinen Einfällen nachgeht und dadurch mehr für sich ist, aber andererseits illusionär stärker miteinander verbunden sei als im Sitzen. Damit beschreibt sie den Interaktionsraum: beide Beteiligten haben ihr Möbel innerhalb des Settings bezogen, und so *rutscht* die Analysandin in alte biographische Situationen zurück. Sie liegt wieder im *Kinderbettchen*, kommt in eine *Welt aus Mutter und Kind, sitzt auf Mutters Schoß oder Vaters Schoß* oder *in Mutters Arm. Dann ist die Couch fast wie eine Mutter und trägt einen und hält einen, und die Stimme kommt von dahinter, und das verschmilzt dann im Erleben.* Sie ist wieder *in der Pubertät*, wo man bei der Freundin schläft, *beide liegen abends im Bett, es ist dunkel, man guckt sich nicht an, aber man erzählt sich so alles, wie man so denkt und fühlt.* Dabei ist ihr die Stimme der unsichtbaren Analytikerin *angenehm, stimmig.*

Ihr Blick auf den Raum ändert sich im Vergleich zur ersten Phase: Da ihr der Raum nun *so sehr vertraut ist*, nimmt sie gar nicht *so'n Blick von außen drauf, während man da drin steckt.* Der Raum ist ja *immer gleich*, und das ist gut so. Dann *sieht man nicht, was da für ein Möbel ist, sondern dass es das Zuhause sein soll.*

Der Raum selbst erinnert sie an das heimische Wohnzimmer mit dem Sofa darin, über dem ebenfalls ein Bild hing. Sie ist nun ganz *zu Hause.*

Einzelraum (Raum 3). Aus der Sicherheit des Interaktions- oder Symbioseraums (Raum 2) gelangt sie schließlich in ihren Einzelraum. *Das war ein bisschen wie eine Höhle,* schildert sie gleich zu Anfang. Immer wieder empfindet sie den Impuls: *Oh, ich würd' mich gern mal so wie in meinem Bett zur Seite rollen.* Sie bespricht es mit der Analytikerin, die regt sie auch dazu an, aber sie schreckt dann doch zurück: *Vielleicht wär' das dann zu intim gewesen, ne? So 'ne noch entspanntere Haltung, die man sonst nur einnimmt für sich allein oder mit seinem Partner, so wie im Bett halt sich hinzulegen.* Und doch bekommt das Erleben eine andere Qualität. Sie fühlt sich wie auf einer *Insel.* Die Couch selbst wird nun der Raum, den sie einnimmt, nicht mehr die Setting-Gemeinschaft. Das schildert sie bei der Beschreibung ihrer Lehranalyse und der Ausbildungssituation, *wo man einfach sehr viel beschäftigt ist. Wenn man auch noch 'n Kind hat, sehr viel organisiert, sehr viel rumfährt, zur Supervision, ständig in Hektik und Hetze ist, und dann auf der Couch plötzlich in einem Raum und einem Zeitraum ist, wo erstmal Ruhe ist, nicht? Wo man einfach erstmal da sein kann.* Das sei dann schon *wie so 'ne Insel im Alltag.*

Ihre Definition von *zu Hause* hat sich nun gewandelt: War erst der *Raum* das Zuhause, so ist es nun *die Couch.*

Auch den vierten und fünften Raum hat Frau Haydmann gut durchlaufen. Hier ergibt sich der Eindruck zweier geglückter Analysen, die darüber hinaus bemerkenswert unangestrengt verliefen. Alle Bilder und Metaphern, die Frau Haydmann erwähnt, klingen so selbstverständlich, dass man sie zunächst kaum registriert. Der analytische Prozess ist für sie zu-Hause-Sein, und diese zentrale Metapher zieht sich durch ihren gesamten Bericht. Schon der Gang zur Couch ist der eines erschöpften Menschen, der von einem langen Arbeitstag nach Hause kommt und als erstes, ohne rechts und links zu gucken, den Weg zum Sofa aufsucht – dabei klingt das zur Sprachgeschichte unter „Gautsche" Gesagte wieder an.[6] Dort findet er die liebevolle Zuwendung, die er jetzt braucht. Natürlich ist der Analyseraum selbst das Zuhause: ein Raum, dem man ansieht, dass darin gearbeitet wird – davon zeugt ein leicht unaufgeräumter Schreibtisch –, was ihn erst lebendig werden lässt. Die künstliche Abstinenz des ersten Analytikers erzeugt eine sterile Atmosphäre, die sich nicht so sicher anfühlt. *Zu Hause* ist also lebendig, und es hat einen gewissen fruchtbaren (nicht sterilen!) Humus, in dem man sich ausstrecken und verbinden, erden, verwurzeln kann. *Zu Hause* ist konstant, es ist beständig, immer da, und erweist dadurch seine Vertrauenswürdigkeit. Wehe, wenn es plötzlich nicht mehr da wäre! Dann wäre das zu-Hause-Gefühl gestört. In diesem Zuhause regeneriert man sich, versichert sich seiner Wurzeln, als sei man eine Pflanze auf dem Beet, und treibt dann neue Blüten aus. Das geschieht auf ganz alltägliche Weise: Die Mutter nimmt ihr Kind auf den Arm, Mutter und Vater setzen es auf den Schoß und gestatten dabei den Blick vom Körper weg, so dass zwar die haltende Gemeinschaft besteht, aber das Kind seine eigenen Erkundungsmöglichkeiten hat. Später führt man nächtliche Gespräche im Dunkeln mit der Freundin, bei der man übernachtet, und wieder durchströmt eine Aura häuslicher Behaglichkeit die Szene.

Nur ein Detail geht aus dem Interview zunächst nicht schlüssig hervor: Warum die Analysandin ihrem Impuls, sich nun noch entspannter auf der Couch hinzulegen, wie man es nur im eigenen Bett tut, nicht nachgab: Wollte sie ihren Einzelraum (Raum 3) für sich behalten und nicht dem Blick der Analytikerin preisgeben? Diese Interpretation würde sich anbieten. Wie man allein oder mit dem Partner im Bett liegt, das ist keine Affäre für Dritte. Das behielt sie für sich. Behaglichkeit zu Hause ist eine Intimität, die nur in Grenzen Zuschauer duldet.

Und so diskret, wie sie den Blick auf ihre völlig entspannte Körperhaltung verweigert, setzt sie sich schließlich auch auf und lässt sich nicht länger im Liegen festhalten.

Aus dem *Raum* „zu Hause" ist unversehens die *Couch* als „zu Hause" geworden – eine bemerkenswert nebensächlich vorgetragene Definition, die aber völlig im Einklang mit dem Konzept des fünfstufigen Raumes steht.

Wie sehr sich die Analysandin heute in ihrem eigenen Raum zu Hause fühlt, bezeugte der Blick in ihren Praxisraum. Da saß sie nächtens im Erkerzimmer – dem Turmzimmer – an ihrem Schreibtisch beim trauten Schein der Schreibtischlampe und studierte ein Buch, während hinter ihr im Dunkeln die Couch stand. Sie unterbrach diese Tätigkeit, um ihr Interview zu geben, und zog sich dann wieder an ihren Platz zurück. Von der dunklen Straße aus, mit dem Blick nach oben, sah es beinahe aus, als säße sie in einer behaglichen, erleuchteten Höhle.

4.3.2 Übergang vom Einzelraum (Raum 3) in den Sonderraum (Raum 4)

Die Transformation vom Einzelraum (Raum 3) in den Sonderraum (Raum 4) geschieht auch unmerklich. Auf die Frage, ob sich die Wahrnehmung des Raumes im Verlauf der Psychoanalyse geändert habe, antwortet Frau Isenberg: *Das hab' ich alles nicht in Erinnerung. Wenn ich's mir jetzt vorstelle, könnt' ich mir vorstellen, dass die Couch erst irrealer war, und in dem Maße, wo ich sozusagen mich 'rausbewegt hab' und wieder hochkommen wollte, ich die auch als was realeres angefasst hab'.* Frau Isenberg beschreibt hier bereits den Transformationsprozess selbst: sie hat sich *'rausbewegt* und wollte *wieder hochkommen.* Das ist die entscheidende Veränderung im Sonderraum. Der Analysand, der sich in einem langen und sorgfältigen Prozess in den analytischen Raum hineinbegeben hat, muss diesen schließlich wieder verlassen, um die neugewonnenen Ich-Kräfte in allen Situationen seines Lebens wirksam werden zu lassen. Das erfordert eine gewisse Distanz, die während des Aufenthaltes im Sonderraum sehr viel größer wird: Distanz zu den früheren analytischen Räumen, Distanz zum Analytiker, Distanz zu seinem Behandlungsraum, seinem Setting, seiner Couch. Aber auch Distanz zum Liegen selbst.

Frau Isenberg gibt auch hierzu eine Auskunft: *Die Couch, die erst irrealer war, wird* zunehmend *als was realeres* erlebt. Der Einzelraum (Raum 3), hatte sich herausgestellt, *ist* die Couch. Die Erlebnisse auf der Couch, der Gang in die lange verschütteten Innenräume des eigenen Ich mit seinen leicht psychotisch gefärbten Momenten der Irrealität, all das muss der Analysand nun in die realen Episoden seines Lebens einreihen. In dem Maße, indem die unbekannten, dunklen Innenräume vertraut und real werden, nimmt der Analysand auch das Möbelstück, auf dem er liegt, plötzlich real wahr. Alles verliert ein wenig den Schleier des Geheimnisses: der analytische Prozess und auch der analytische Raum. *Insgesamt würd' ich sagen, dass ich die Couch realistischer wahrgenommen habe: wie sie denn jetzt genau aussieht, wie sie denn wohl gebaut ist. Ob sie gekauft oder selbst zusammengebaut oder -gesetzt ist. … Vorher habe ich sie eher so'n bisschen idealisiert. Dass man nicht genau sieht, was es jetzt für'n Möbel ist, sondern dass es eher das Zuhause dann sein soll.* (Frau Haydmann) … *dass mein Blick eigentlich weiter geworden ist. Also dass ich mehr von dem Raum wahrgenommen habe, dass ich ihn, glaube ich, auch objektiver wahrgenommen habe.* (Frau Neumann) *Ich glaub', ich hab mehr gesehen im Laufe der Zeit, was da eigentlich alles so steht und ist. Es ist irgendwie nüchterner geworden. Größer oder kleiner kann ich nicht sagen.* (Frau Haydmann) Auch Herrn Ritters Raumerleben erfuhr eine Ernüchterung: *Da war diese erste Phase, die sich auch noch bis über die Hälfte der Analyse hinzog, dass ich das Gefühl hatte: „Sehr vertraut. Irgendwie sehr vertraut. So eine Wohnung, so tonig! So gemütlich! So ganz!" Weil diese Möbel ja auch alle zusammengehörten und altmodisch waren. Und dann kriegte ich zunehmend ein Gefühl dafür, dass das doch auch ein sehr altmodisches Interieur war.* Frau Jasper sieht die Couch ebenfalls mit anderen Augen: *Mir ist erst gegen Ende aufgefallen, wie abgenutzt die eigentlich aussieht.*

Am Anfang war ich sehr auf die Couch fixiert und das analytische Gespräch selber; und diese Neugierde, das alles genau wahrzunehmen und mitzubekommen, das kam, glaube ich, erst im Laufe der Zeit. (Frau Jasper)

4.4 Der Sonderraum (Raum 4) – *The Separate Room*

Wie Hüllen liegen die analytischen Räume umeinander: Die Außenhülle bildet der Umraum („Darin ist sein Raum!"), in dem sich das Analysezimmer befindet. Dieses selbst ist der erste Raum, der Außenraum (Raum 1): „Das ist *sein* Raum!" empfindet der Analysand.

Darin steht das Sessel-Couch-Ensemble, in dem der Analysand seinen festen Platz bekommt („Das ist *mein* Raum!") – der Interaktions- oder Symbioseraum (Raum 2).

Die Interaktion hinter sich lassend, gelangt der Analysand auf die Couch allein („Das ist mein *alleiniger* Raum!") und befindet sich damit im Einzelraum (Raum 3).

Hat er alle dort zu lösenden Aufgaben erledigt, gelangt er in den Sonderraum (Raum 4) und empfindet dabei „Das ist *nicht* mehr mein Raum!" in Bezug auf den Analyseraum. Allmählich entwickelt er eine Vorstellung davon, welche Anteile des realen Analyseraumes auch für ihn selbst passend sind und welche er aussondern möchte. Mit diesem Prozess des Sonderns und Scheidens (griech.: κρίνειν; krinein) geht eine gehörige Portion Kritik am Raum einher, die der Analysand in der Regel auch äußert. Diese Kritik findet in mehreren Abstufungen statt.

Zu Anfang steht ein Gewahrwerden, ja, oft ein Erschrecken darüber, dass ein Raumdetail gar nicht so akzeptabel ist, wie man es bislang wahrgenommen und es sich in der Vorstellung zurechtgerückt hatte. Diese erste Bewusstseinsstufe ist noch nicht verbalisiert. *Komischerweise, diesen Raum empfand ich ja als unangenehm,* sagt Frau Fischer über ihren hässlichen Analyseraum. *Couch und Sessel waren bequem, zweckmäßig, aber so sehr Dutzendware, dass ich ihm was Besseres gewünscht hätte. Aber so war's eben.* (Herr Bernstein) Der Lehranalysand spricht möglicherweise, mit seinen Couchgeschwistern über die „unmögliche Couch", „schreckliche Bilder" oder andere inakzeptable Raumdetails. *Die Kandidaten haben sich auch mokiert und sagten: „Ja, also immer dieses Taschentuch da auf dem Kissen!* – Herr Ehrenfeld mokiert sich mit seinen Couchgeschwistern über das Stehpult im Raum des Lehranalytikers: *Wir haben uns dann vorgestellt, wenn er zwischen den Stunden Notizen macht, dann steht er hinter seinem Pult, und dann ist es so wie ein Prediger, ja? So wie in der Kanzel. Er hatte eigentlich eine Kanzel in seinem Zimmer, und die war bestimmt kein Dienstmöbel.* – Das Empfinden *Das kann doch eigentlich nicht wahr sein* herrscht vor. Diese Kritik in Worte zu fassen käme dem Analysanden zunächst wie Verrat vor.

Doch in der Sicherheit des immer weiter fortbestehenden analytischen Prozesses wagt der Analysand nun, seinen Gedanken stärkere Konturen zu verleihen. *Da merkte ich auch, dass ich sagen wollte, was ich hässlich fand in diesem Raum,* sagt Frau Fischer.

In einem nächsten Schritt macht der Analysand gewisse Ausfälle. Er kann nun nicht mehr bewusst verhindern, dass ihm kritische Äußerungen zum Raum „herausrutschen". Der unbewusste Impuls, sich kritisch zu äußern, wird mit einem Mal so vehement und dominant, dass der Analysand sich über alle bisherigen Verhaltensweisen hinwegsetzt, auch wenn er diese viele Jahre oder sogar Jahrzehnte gepflegt hat. *Ich war auch erstaunt, dass ich so mutig war, ihm das zu sagen, oder dass ich das Gefühl hatte: ich muss es ihm sagen, dass ich vielleicht nicht darauf geachtet habe.* (Frau Fischer)

Häufig geht mit dieser Kritik eine Art Dammbruch einher: Der aufgestaute Affekt ist so mächtig geworden, dass er alle bisherigen haltenden Konventionen hinwegschwemmt. Dann wird auch eine weitere bisherige Übereinkunft gebrochen. Der Analysand setzt sich hin. Er hat das Gefühl, er muss sich einfach aufsetzen. *Weil ich zu erregt war. Die liegende Position war zu hilflos.* (Herr Ehrenfeld) *...dass ich mich mal hingesetzt habe, wenn ich sehr wütend war. Wenn ich also ausbrechen wollte aus diesem Korsett „analytisches Setting": Du hinter der Couch und ich immer liegend. Mich hinsetzen und signalisieren, dass es mir ausgesprochen ernst ist, auch mal dieses Setting aufzubrechen.* (Herr Cordes)

Zum Sonderraum (Raum 4) gehört der Impuls, sich aufzusetzen. Die Art und Weise, in der die Analysanden darüber berichten, erinnert an die Art und Weise, in der ein Kind beginnt, sich aus seiner liegenden Position aufzurichten. Das geschieht nicht auf einmal, sondern wird allmählich geübt. Dazwischen wird immer wieder die liegende Position eingenommen. Dann werden verschiedene Muskelpartien trainiert, bis schließlich die gesamte haltende Muskulatur kräftig genug ist, um dauerhaft die Sitzposition einzunehmen.

Ähnlich dem Kleinkind, das sich aufrichten lernt, nehmen die Analysanden nun immer häufiger und mit immer anderen Begründungen eine sitzende Position ein. *Ich hab's aber auch umgekehrt schon mal erlebt, dass ich voller Tatendrang und voller Elan da ankam und dachte: Jetzt hinlegen entspricht eigentlich gar nicht meiner Verfassung. Und dass ich das dann eher als 'ne Einschränkung empfunden hab': Jetzt muss ich wieder auf die Couch!* (Frau Kunze)

Ein Kind, das Sitzen lernt, tut dies aus einem Impuls heraus, den es selbst nicht kontrollieren kann. Ähnlich impulsiv „muss" der Analysand sich häufig gegen Ende der Analyse aufsetzen. Selbst der außerordentlich kontrollierte Herr Ritter berichtet: *Und ich weiß, dass ich dann irgendwann auch an einen Punkt kam, wo ich mich einfach aufsetzte. Das war dann schon gegen Ende. Mich aufsetzte und sagte: „Ich kann nicht mehr liegen. Ich möchte ... Ja!" Ich hab' mich dann aufgesetzt und mich ihr gegenübergesetzt.*

Das Sitzen-Wollen ist nur die erste Stufe zum Stehen-, Laufen- und Weglaufen-Wollen. Es ist der Beginn einer körperlichen Bewegung aus dem Analyseraum heraus. Auch diesen Impuls muss man jedoch zunächst wahrnehmen: *Es war dann irgendwann so, dass ich dann wegwollte: Oh, jetzt reicht's aber. Jetzt will ich aber nicht mehr. Jetzt will ich weg. Und will auch nicht mehr hier 'rumliegen. Also es war schon eher so 'ne Ungeduld dann. Und dass ich das Liegen dann eher so empfunden hab' wie ... ja, jetzt festgehalten werden in so 'nem kleinen Zustand,* schildert Frau Haydmann.

Frau Schulze verlässt einmal die Praxis probeweise im Affekt: *es war eine frühe Morgenstunde – und mich hat so ein wahnsinniger Wutaffekt erfasst, da war ich zum ersten Mal richtig mutig und hab' gesagt, er könne seine Scheißanalyse alleine weitermachen! Und bin aus der Tür gestürmt. Und bin dann heulend nach Hause gefahren, weil ich mir natürlich auch als sehr unfolgsame Tochter vorkam.*" Die unfolgsame Tochter kann aber an dieser Stelle ihrer psychischen Entwicklung gar nicht anders, als aus dem Analyseraum wegzugehen. Zwar kehrt sie in der nächsten Stunde noch einmal zurück und bleibt auch noch viele weitere Stunden, aber sie hat einmal ihre Kräfte erprobt und das „Weggehen für immer", die Trennung, geprobt und dabei erfahren, dass sie nicht daran zugrunde gegangen ist.

Sehr viele Analysanden verbringen mittlerweile die letzten Analysestunden im Sitzen. Das war nicht immer so. Einige verabreden, die letzten zwanzig Stunden zu sitzen. Andere sitzen die letzten drei oder vier Stunden, manche nur die allerletzte Stunde.

In der letzten Stunde haben wir uns hingesetzt und Tee getrunken. Er holte Couchtisch und noch einen Stuhl. Also haben wir so wie man als Erwachsener zum Tee sich letzte Stunde verabschiedet. (Frau Pohl) *... dass man am Ende immer 'ne Phase hat, in der man sitzt, um da wieder aufzutauchen, aus der Übertragung, ne? Und auch 'ne Chance zu haben, diesen Prozess des Drüber-Sprechens nochmal auf gleicher Ebene zu haben, ne?* (Frau Haydmann) *Ich höre immer im Sitzen auf [als Analytikerin]. Ich erarbeite das Aufstehen von der Couch und die Verabschiedung, weil ich gemerkt habe, dass „letzte Stunde im Liegen und dann auf Wiedersehen" – das ging so nicht*, schildert Frau Isenberg.

Sitzen Analytiker und Analysand am Ende beieinander, verändert sich auch die Wahrnehmung der Couch und des Raumes. *Also im Laufe der Analyse hat sich der Raum nicht verändert. Das ist wie so eingefroren gewesen. Aber als ich diese zwanzig Stunden im Sitzen gemacht hab', hab' ich mir alles genau angeguckt, um mir klarzumachen: Wo war ich überhaupt? Wo bin ich? Wo ist das gewesen? Und in dem Maße, wie ich mir das aus der Sitzperspektive nochmal aneignen konnte, bin ich da auch rausgekommen.* (Frau Isenberg) *Obwohl – ich hab' auch 'n bisschen in dieser letzten Stunde es betrauert, nicht mehr auf der Couch liegen zu können. Also das war so 'n Hin- und Hergerissensein. Einerseits hab' ich gerne gesessen, und zugleich hab' ich die Couch angeguckt und gedacht: „Ist das jetzt vorbei? Ah, wie schade! Jetzt kann ich mich da nicht mehr hinlegen. Jetzt sitz' ich hier, und das ist so verloren, und das ist so ganz anders."* (Frau Kunze)

Wie sitzen Analysand und Analytiker nun beieinander? Der eine mag auf der Couch sitzen, wenn es sich um ein vorübergehendes Aufsetzen handelt; überwiegend benutzen beide aber das Sitz-Setting. *Was ich ganz wichtig finde im Sitzen: dass die Plätze gleichwertig sind. Und für Couch und Sessel gilt es auch. Auch die Möbel, die ich mir dann angeschafft habe, zeigen sinnfällig diese Gleichwertigkeit des einen und des anderen.* (Herr Bernstein)

Frau Kunze probiert sogar den Sessel ihrer Analytikerin schon einmal heimlich aus, als diese für einige Minuten den Raum verlässt: *und da hab' ich mich blitzschnell, weil ich das mal einmal sehen wollte, wie das ist, in den Sessel gesetzt, und geguckt, wie das sich anguckt, ne? Wie man da so draufguckt auf die Couch und in den Raum und so, und dann hab' ich mich schnell wieder auf die Couch gelegt. Einmal wollt' ich das mal erleben!*

Streit ist ein wichtiges Thema im Sonderraum (Raum 4). Gestritten wird um alles, was die Analysanden als Verletzung ihres idealen Analyseablaufes ansehen. Sehr häufig ist der Raum, die Raumgestaltung oder ein Ritual im Raum das Thema des Streites. Ein Analyseraum sollte ungestört sein. Hört man von nebenan die Anwesenheit anderer Menschen, ist dies eine Grenzverletzung.

Mit welchen Konsequenzen streiten sich die Analysanden? *... dadurch ist der Blick einfach auch weiter geworden.* Frau Neumann kann ihren Analytiker nach den Streitigkeiten angemessener sehen, wird aber auch ihren eigenen Schwächen gegenüber milder. Darüber hinaus hat der Streit erfreuliche somatische Konsequenzen: Wer Streitigkeiten *aus*trägt, statt sie zu *er*tragen, hat weniger Migräne, weniger Rückenschmerzen, weniger geschiedene Ehen. Der Druck lässt nach. Die Konsequenz einer ständigen, habituellen Kritikführung ist ein dauerhaft stabiler psychosomatischer Allgemeinzustand. Die Konsequenz sind stabilere Beziehungen, die auf einer realistischen Einschätzung des anderen basieren und nicht auf einer Idealisierung, die vonnöten ist, um im Symbioseerleben verharren zu können.

Wenn eine Psychoanalyse diesen Punkt erreicht hat, wird sie die tiefsten und nachhaltigsten Veränderungen im Leben eines Menschen bewirken. Aus dem Bewusstsein wirklicher Ichstärke heraus stabilisieren sich Gelassenheit und Durchsetzungskraft zugleich.

Wer sich endgültig aus dem Analyseraum entfernt, trauert auch um diesen Verlust. Zumindest trauert er, wenn es einen wirklichen Verlust zu beklagen gibt. Frau Quambusch hält sich mit ihrem Blick an einem Staubfleck im Raum fest und tröstet sich über ihr Trauergefühl hinweg, indem sie auch am Analytiker diesen „Fehler" entdeckt.

... bewegend sind eigentlich immer die letzten Stunden gewesen, wo man zumindest in der letzten Stunde sitzt. Und da nimmt man den Raum in sich auf und denkt: Das möchte ich nie, nie, nie vergessen! Es ist ja schrecklich: Ich muss gehen. Und bei der letzten Analyse dachte ich: Es ist auch gut. Jetzt bin ich frei. (Frau Schulze)

Die folgenden drei Analyseberichte verdeutlichen die Bedeutung des Sonderraums (Raum 4). Frau Fischer konnte plötzlich den hässlichen Raum ihres Analytikers kritisieren. Frau Quambusch sammelte lange im Stillen Material für ihre Kritik, bevor sie sich stark genug fühlte, ihrem Lehranalytiker kritisch den Laufpass zu geben. Frau Neumann kritisierte rigoros alles, was sie nicht für richtig hielt und empfing dafür eine neue Karriere und außerordentliche psychosomatische Gesundheit.

4.4.1 *Sofa unterm Regenfenster* – Gutes Gedeihen im hässlichen Raum

Frau Fischer, die Analysandin, Anfang sechzig, in einem landwirtschaftlichen Beruf selbständig tätig, hat eine hochfrequente therapeutische Psychoanalyse gemacht, die nach drei Jahren wegen der Krebserkrankung ihres Analytikers beendet werden musste. Ihre Analyse zeigt mustergültig, wie ein sensibler Analytiker die Interdependenz von Raumempfinden und seelischem Empfinden entkrampft halten konnte, so dass eine kontinuierliche analytische Arbeit möglich war.

Schon in den Außenraum (Raum 1) half ihr der Analytiker mit einem Händedruck hinein, der sie symbolisch in den Raum hob und ihr damit die Schwellenangst nahm – eine symptomatische Geste für einen Mann, der seine Analysandin nicht ihren archaischen Ängsten auf der Couch überließ. Beim Liegen im Außenraum fuhr sie zunächst hoch *wie von der Tarantel gestochen,* später fühlte sie sich auf der Ledercouch *steif*, wie *ein Toter auf einem Totenbett.* Der Analytiker gestattete, dass sie sich hinsetzte, bis die Angstattacke überwunden war.

Frau Fischer durchläuft nacheinander die ersten drei Räume und gelangt nach einigen Jahren in den Sonderraum (Raum 4). Sie hat bereits festgestellt, dass im Analyseraum eigentlich alles hässlich ist: Raum, Einrichtung, Farben, aber auch die Bekleidung des Analytikers. Trotzdem ist sie gern dort. Im Sonderraum sondert Frau Fischer zum ersten Mal ihren Eigenraum aus dem gemeinsamen Raum gedanklich aus. Dies geschieht in feinen Abstufungen. Zunächst gestattet sie sich unausgesprochene Kritik an dem Raum oder einigen Details, dann möchte sie ihre Position im Raum verändern und sich *woanders hinsetzen,* weil sie die Nähe zum Analytiker plötzlich nicht mehr nur als angenehm empfindet. Sie registriert den Impuls, *wegrennen* zu wollen, wenngleich sie *immer brav liegen geblieben* ist. Am auffälligsten ist, dass sie eine Veränderung des Raumes nach einigen Jahren konstatiert, obgleich sie zugibt, dass objektiv darin *kaum was verändert* wurde: der Raum wurde *immer hässlicher.* Dies scheint sie jedoch wenig zu stören. Vielmehr nimmt sie nun seine Existenz als etwas von der eigenen völlig gesonderten wahr, dem auch nichts Bedrohliches mehr anhaftet. Zu Ende der Analyse beginnt sie, dem Analytiker sagen zu können, wie *schrecklich* sie *seine Sachen fand.* Ihr Mut, sich abzulösen, zeigt sich an ihrem Mut, den Raum des Analytikers zu kritisieren: sie bemängelt das ästhetische Defizit der *Klomatte* und wundert sich anschließend selbst, dass *ich so mutig war, ihm das zu sagen, oder dass ich das Gefühl hatte, ich muss es ihm sagen, dass ich vielleicht nicht darauf geachtet habe.*

Frau Fischer gelingt auch die letzte Ablösung im Sonderraum gut: sie transferiert die Analysecouch gedanklich in ihr heimisches Wohnzimmer. *Als die Analyse nun so abrupt beendet werden musste, hab' ich meine acht Stunden hier auf dem eigenen Sofa nachgeholt und mich in diesen Raum versetzt. Dann hab' ich mich da hingelegt und überlegt: Wie hätte Herr Meier nun gefragt? Und was hätte er nun gesagt? Das war außerordentlich traurig, weil es mit dieser Erkrankung beendet war, aber da fühlte ich mich dann so richtig sicher, auf meinem eigenen Sofa. Aber in Gedanken war ich ja auf dem anderen Sofa. Ich fand das auch komisch. Aber das hab' ich also acht Stunden lang gemacht.*

Nach dem Ende der Analyse findet sie also in ihrer eigenen Couch einen Ersatz für das psychoanalytische Möbel. Sie hat ihren Sonderraum gefunden und setzt die Psychoanalyse als Selbstanalyse darin fort.

In den Hüllen dieses Raumes hat Frau Fischer offenkundig alles von ihrem Analytiker bekommen, was sie gebraucht hat, um sich psychisch zu stabilisieren.

4.4.2 *„Willkommen in meinem Laboratorium!"* – Erfolgreiche Ausbildung eines Sonderraumes

„Willkommen in meinem Laboratorium" sagt der *karge* und *nüchterne* Raum, in dem Frau Quambusch ihre Lehranalyse durchführen möchte und fünf Jahre verbringt, ehe sie die Analyse nach großen inneren und äußeren Kämpfen abbricht.

„Willkommen beim Chefarzt!“ Und so lässt sie sich, fünf Jahre mit demselben Ritual, vom Chef persönlich im Wartezimmer abholen und, einige Schritte hinter ihm hergehend, dorthin geleiten. *Anders kann man's nicht gestalten,* kommentiert sie dieses Ritual.

Außenraum (Raum 1). Durch die gepolsterte Doppeltür tritt sie in den Außenraum ein und erkennt: *Wenn man in den 70er-Jahren Geld hatte, richtete man sich so ein*, sofern man ein *wissenschaftlich beschäftigter Mensch* war: die Wände bis zur Decke mit Teakholz vertäfelt, eine Bücherwand, die zum Teil mit Türen verschlossen war, aus demselben Holz; ein Schreibtisch mit dem Photo der Gattin darauf und eine dunkle Couch, an deren Kopfende, in der Raumecke, der Analytiker saß und Fenster, Raum und Analysandenkörper stets im Blickwinkel hatte. Das war *absolut männlich, das Herrenzimmer der siebziger Jahre*, und verfehlt auch seine Wirkung bei Frau Quambusch nicht, so wenig wie die *gepflegte männliche Erscheinung, die auf sich achtete,* des Analytikers selbst.

Doch im Lauf der Zeit wird der Raum immer unheimlicher. *Angstgetönt* nimmt sie ihn wahr, und ohne dass das Wort gefallen wäre, klingt die Atmosphäre von Mephistopheles' Laboratorium aus Goethes Faust II an, in der ein *humunculus,* eine Art neuartiger Retortenbabys, geschaffen werden soll. Schließlich fühlt sich Frau Quambusch wie in einem *Labor,* wo es nichts Lebendiges gibt, am Ende wie in einer *Isolierzelle*, die *keine Verbindung mit dem Draußen hat.* Fünf Jahre lang hat sie viermal wöchentlich auf die verpolsterte Doppeltür geschaut, durch die kein Laut herein- aber auch nicht hinausdringt, denn der Raum war *gut isoliert.*

Für sie bleibt der Blick auf die *Doppeltür, einen Heizkörper und die Bücherwand.* Damit ist sie abgeschnitten von *Himmel und Bäumen*, von der *Verbindung mit dem Draußen.* Der Anblick der gepolsterten Tür mag auch Assoziationen zu „Folterkammer“ hervorgerufen haben, die in Begriffen wie *hochsadistisches Agieren* und *Isolierzelle* mitschwingt.

Interaktions- oder Symbioseraum (Raum 2). Dennoch drängt sie stärker in den Raum hinein. Sie nimmt den Raum des Analytikers in Besitz behandelt ihn als ihren eigenen: so besetzt sie den Interaktions- oder Symbioseraum. Sie bewegt sich mehr auf der Couch, sie schaut sich beim Eintreten mehr im Raum um, und sie entdeckt dabei auch mancherlei, so etwa, dass auf dem Schreibtisch zwar die Gattin im Bild repräsentiert ist, der Analytiker aber im Café nebenan mit einer anderen Frau sitzt. Sie will *aggressiv mehr Raum nehmen* und tut es auch.

Einzelraum (Raum 3). So gelangt sie schließlich in den Einzelraum: *Das ist der innere Raum.* In Ruhe geht sie ihrem *Innen-sich-Erforschen* nach.

Mitten in dieser starken Regression und immensen Abhängigkeit weckt sie ein Kommando des Analytikers aus ihrer *rêverie*, das in der Folge die gesamte Lehranalyse torpediert. Im *pluralis medici* informiert er Frau Quambusch: *„Wir setzen uns jetzt hin“* und „bietet ihr auch an“, die Stundenfrequenz zu reduzieren. Seine Begründung: Sie *hätte nicht die nötige Distanz zum Geschehen.* Später noch einmal: Sie *sei nicht in der Lage, einen objektiven Blick zu ihm aufrecht zu erhalten.* Auch bezweifelt er, dass sie *genügend Ich-Kraft habe.*

Frau Quambusch, noch immer in der Trance der Regression, begibt sich zunächst folgsam mit dem Analytiker in das Sitz-Setting, holt sich dann jedoch recht schnell supervisorische Hilfe. Allzu groß kann die behauptete Ich-Schwäche also nicht gewesen sein, denn schon bald kommt sie zu dem Resultat, die Intervention sei *sein Problem, das er da hochsadistisch agiert.*

Sonderraum (Raum 4). Mit dieser Intervention hat der Analytiker Frau Quambusch höchst unliebsam und erheblich schneller als geplant in den Sonderraum katapultiert. Frau Quambusch ist weit davon entfernt, sich nur zu fügen, sondern sie sucht sich erst in einem anderen Lehranalytiker einen Verbündeten und konfrontiert ihren ersten Lehranalytiker dann mit der Aussage: *Kommt nicht in Frage! Ich bleibe hier und komme weiter vier mal, Schluss jetzt!* Eine Weile arbeitet sie noch im Sitzen mit ihm und macht dieses *Theater* mit, dann aber sagt sie zu ihm: *„Das ist meine Lehranalyse, und ich leg' mich jetzt hier hin, und damit gut." Und hab' mich hingelegt.* Es dauert nicht lange, und sie wechselt den Lehranalytiker.

4.4.3 *Keine Aktentaschenträgerin* oder: *Wer Ärger macht, kriegt eins auf die Glocke* – Von der persönlichkeitsbildenden Wirkung des Sonderraums

Streit! Ich bin nicht wie du! Ich toleriere nicht, was du tust! Ich finde deinen Raum schlecht! Der Raum ist nicht geschützt, nicht schallisoliert! Ich höre zu viele Geräusche aus dem Nebenraum! Ich würde und werde das ganz anders machen! Hier fehlt eine Schallschutztür! Du hast nicht aus meiner Stunde rauszurennen! Deine Privatangelegenheiten interessieren mich nicht! Du bist ein guter Kliniker, als solchen schätze ich dich! Dein Raum ist bildhübsch, und den Blick aus dem Fenster werde ich ebenso einrichten. Ich will es genauso sonnig für meine Patienten haben wie du hier …

Das sind die kontrastreichen Erlebnisbilder aus dem vierten analytischen Raum in Frau Neumanns Lehranalyse. Im Sonderraum verbringt sie die meiste Zeit. „Die Guten ins Töpfchen, die Schlechten ins Kröpfchen" könnte ihr Sonderungsprozess überschrieben werden. Ihre Analyse klingt mit einem gründlichen Überprüfen, Durchchecken und Sortieren aller Elemente zwischen Couch und Sessel aus. Was gut ist, übernimmt sie für ihr weiteres Leben, privat wie beruflich. Was nicht passt, wird gnadenlos ausgemustert, auch ohne Rücksicht auf sich selbst. Zurück bleibt eine junge Analytikerin, die sich ihrer selbst außergewöhnlich sicher ist und dies auch überzeugend ausstrahlt.

Im Einzelraum (Raum 3) begibt sie sich *schnurstracks zur Couch und hab' mich da installiert und mich auf mich selber konzentriert, was ich da dann sehr genossen habe.* Sie erlebt alle Gefühle zwischen *Ohnmacht, Hingabe, Genuss, Ausgeliefertsein und schmerzhaften Ohnmachtserfahrungen.* Die Analyse wird plötzlich *kontemplativer, assoziativer, freier, und wilder im Vergleich zur ersten Analyse.* Meistens ist es *ein angenehmes Gefühl, sich im Raum zu befinden.*

So hab' ich einfach mehr bei mir sein können und bin dadurch auch mehr zu mir gekommen. Sie ist in die Couch *reingeplumpst und richtig eingesunken.* Alles passt, liegt gut und eng an, wird tief und schwer. Der Raum hat keine Bedeutung mehr. Wichtig ist nur, dass er in Ordnung ist. *Dann hab' ich mich mit meinen inneren Räumen beschäftigt oder mit Konflikten am Institut.*

Im Sonderraum (Raum 4) sind Konflikte reichlich vorhanden. Da geht es um *enorme Verwicklungen und Beziehungsüberschneidungen, das ist ja an diesen In-*

stituten doch immer sehr inzestuös, und das wurde von mir entsprechend kommentiert. Frau Neumann beginnt, sich ihren Sonderraum einzurichten und nimmt alles aufs Korn, was sich für eine richtige Analyse nicht gehört.

In solchen Phasen der Auseinandersetzung *hätte ich ihn sehr gern gesehen*, wäre also am liebsten von der Couch aufgestanden. *Das Liegen empfand ich dann als unangenehm* und *fühlte mich ihm ausgeliefert.*

Einmal ist sie *aus der Stunde rausgerannt* und hat die *Tür geknallt* – so heftig, dass sie eine gepfefferte Reparaturrechnung erwartete. Doch der Analytiker hat das *ausgehalten*, und anschließend stellte sich sogar eine *friedliche Stimmung* ein.

Sie hat sich viel mit ihm *gestritten*. Und das waren sehr *unlustvolle Erlebnisse, wenn wir uns gestritten haben.* Doch *man konnte sich mit ihm streiten*, und Frau Neumann ist im Nachhinein sehr froh darüber, dass sie es gewagt hat. Denn *ich seh' ja die Ergebnisse von den Leuten, die das nicht gemacht haben*, deutet sie zunächst kryptisch an.

Ihr Analytiker hat ihr – vermutlich wegen ihrer Despektierlichkeit – *nichts Privates erzählt, den Kolleginnen aber schon.* Sie erfuhr von denen davon, benannte seine *Feigheit* und nahm das volle Risiko in Kauf, die Lehranalyse nicht anerkannt zu bekommen. Die Kolleginnen waren weniger mutig. Doch *mit denen möchte ich nicht tauschen.* Denn die *sind Töchter geblieben, nehmen untergeordneten Positionen am Institut ein* und *tragen die Aktentaschen von den älteren Herren.* Sie selbst aber ist *rausgeflogen* aus dem Institut, inzwischen aber *woanders neu eingestiegen, als Frau!* Während die *Töchter* unter *psychosomatischen Beschwerden, geschiedenen Ehen und Migräne* zu leiden haben, hat sie *das alles nicht.* Daher bleibt sie auch weiterhin ihrem Prinzip treu: *Wer Ärger macht, kriegt eins auf die Glocke.*

Von diesem Kampf hat sie ungeheuer viel *profitiert.* Ihre Beziehung *zum Analytiker ist sicherer geworden,* und sie konnte ihn *als ganze Person, mit seinen Stärken und Schwächen, angemessen sehen.* Gegenüber Dritten ist sie toleranter geworden. Sie musste *seine anderen Beziehungen nicht mehr so bekämpfen.*

Es bleibt das Wissen: *Das mag ich an ihm. Und das mag ich nicht an ihm. Das war alles auch gesagt, also insofern war das in Ordnung.*

Der berührende Kern dieses Analyseberichts ist die Schonungslosigkeit, mit der Frau Neumann ihre Konflikte mit dem Analytiker austrägt. Allem Anschein nach hat sie völlig Recht, und die inkriminierten Verhältnisse bedürfen in der Tat der Kritik. Aber nicht jeder Analysand erreicht die Kraft und die Stärke, dies auch auszutragen.

4.4.4 Übergang von Sonderraum (Raum 4) in den fremdgewordenen Raum (Raum 5)

Die Transformation vom Sonderraum (Raum 4) in den fremdgewordenen Raum (Raum 5) ist, im Gegensatz zu den früheren Übergängen, besonders deutlich erkennbar: Die Psychoanalyse ist nämlich, das ist die Eingangsvoraussetzung, bereits abgeschlossen. Die regelmäßig jede Woche stattfindenden Stunden sind aus dem Terminkalender verschwunden. Eigentlich gäbe es zur Psychoanalyse nichts mehr zu sagen.

Dennoch empfinden viele Analysanden das unerklärliche und offiziell nirgends vorgesehene Bedürfnis, nach einiger Zeit ihren Analyseraum noch einmal wieder zu sehen, *vielleicht so ähnlich, wie man das erlebt, wenn man seine alte Volksschule wieder besucht.* (Herr Oldenburger) *Ich hab' dann aber trotzdem nach dem Ende der Analyse hier und da mal Sehnsucht nach der Couch gehabt.* (Frau Groß) *Ich bin ein paar Jahre später noch mal einmal ... Also hab' ich diesen Raum noch mal gesehen.* (Frau Tiedemann) *Ich war noch mal in diesen Räumen, wo das stattfand, neulich mal, zu 'ner Konferenz.* (Herr Dornheim) *Ich bin danach noch einmal dort gewesen.* (Herr Bernstein) *Und ich bin dann irgendwie noch mal hin, wollt' noch mal 'ne Stunde mit ihm reden.* (Frau Haydmann) *... ich bin hinterher, im Abstand von etwa einem Jahr, noch sehr lange hingegangen.* (Frau Müller) *Aber es war mir ein Bedürfnis, mich in den Behandlungsraum noch mal zu begeben. Also das hab' ich dann erst gemerkt, als ich da war.* (Frau Tiedemann)

4.5 Der fremdgewordene Raum (Raum 5) – *The Foreign Room*

„Das *war* mein Raum!“ empfindet der Analysand, der, oft erst nach Jahren, noch einmal seinen alten Analyseraum betritt. Aus der Gewissheit heraus, längst den eigenen Raum bezogen zu haben, sieht er den Analyseraum noch einmal wieder. Zu seiner großen Verwunderung erblickt er einen fremdgewordenen Raum. Denn er ist längst *draußen.*

... da war's 'n ganz anderer Raum, und auch die Analytikerin war nicht mehr dieselbe. (Frau Groß) So erlebt der Analysand denselben Raum, dieselbe Person. *Ich bin ja nicht psychotisch, aber ich hab' mich schon gewundert, wie viele Menschen einer doch ist oder wie anders das aus dieser regressiven Perspektive auf der Couch so aussah.* (Frau Groß)

Alle Sinne signalisieren, dass dieser Raum nicht mehr der gewohnte ist. *Nach Analyseende roch es anders in dieser Klinik. Es hat viel intensiver nach Klinik gerochen, im Flur, als ich das in Erinnerung hatte, ja? Aber das fiel mir nur irgendwie so auf: Das riecht hier anders als ich das kenne, ja? Der Treppenaufgang: Den hab' ich anders wahrgenommen in der Analyse als jetzt wieder, als ich neulich da war.* Herr Dornheim weiß dabei, dass die Räumlichkeiten objektiv genauso sind wie vorher: *Das war bestimmt genau gleich.*

Er hat seine Größe verändert: ... *ich glaube, dass dieser Raum so'n bisschen kleiner geworden ist für mich.* (Herr Oldenburger) Er vergleicht es mit dem Wiederbesuchen seiner alten Volksschule, wo er auch erstaunt feststellt, *wie relativ klein alles ist, was man als Kind so groß oder überdimensional erlebt hat.*

Er sieht anders aus: *Später auch, wenn ich da gesessen hab', hab' ich gedacht: Das war nun die Couch, auf der du gelegen hast und das alles erlebt hast. Und dann war es nur noch ein Raum mit einer Couch darin. Vorher war es mein ganzes Leben!* (Frau Müller) Der Raum ist entzaubert. *Ja, er hat sich verändert, aber nicht in der Analyse. Ich bin danach noch einmal dort gewesen und fand diesen Raum viel nüchterner und weniger wohltuend als zur Zeit der Analyse. Nun hat er 'ne andere Perspektive gehabt; ich lag nicht auf der Couch, sondern saß so über Eck am Schreibtisch, guckte dann in Richtung Couch: also es war 'ne völlig andere Atmosphäre.* (Herr Bernstein) *Es ist schwer zu beschreiben. Es hatte was von so 'ner Mischung aus: Der Raum war ganz vertraut, und gleichzeitig kam es mir so lange her vor, so weit weg, wie aus 'ner anderen Zeit.* (Frau Tiedemann)

Drei Analysandinnen berichten, dass sie mit ihren Kindern in den Analyseraum zurückgekehrt sind. *Ja. Mit Kind dabei. Mit Säugling, einmal auch mit Kleinkind.* (Frau Jasper) *Da bin ich mit meinem Säugling auf dem Arm hin und hab' ihm also meine Kinder gezeigt, die ja auch natürlich Frucht der Analyse waren, und so'n bisschen hatt' ich das Gefühl: Das sind auch seine Kinder, die muss er auch mit sehen.* (Frau Müller) … *und auch nach Ende der Analyse noch öfter hingegangen bin. Hab' ich auch mein Kind damals mitgenommen, oder so, und mit dem gesprochen.* (Frau Isenberg)

Die *Frucht* der Analyse ist nun auch körperlich manifestiert als lebendige Lebensfrucht.

4.5.1 *„Wie aus 'ner anderen Zeit"* – Wiedererleben des Analyseraums nach Abschluss der Behandlung

Frau Tiedemann schildert in ihrem Analysebericht, dass sie sich im Interaktions- oder Symbioseraum (Raum 2) jedes Jahr aufs Neue über ein Weihnachtsmobile geärgert hat, das die Analytikerin aufhängte. Frau Tiedemann findet es entsetzlich. *Es hat sie furchtbar genervt und gestört, das Mobile vor der Nase zu haben, das sich immer ein bisschen bewegte.* Sie fand es spießig und hässlich. *Das hat den Raum verändert, für mich.* Schließlich empfand sie den Behandlungsraum als *ihren Raum,* in dem niemand ungefragt Veränderungen anzubringen hatte. Nur dann konnte er seine Funktion als Interaktions- und Symbioseraum wirklich erfüllen. So wird das Weihnachtsmobile jedes Jahr zum Ärgernis und Kritikpunkt, jedoch setzt die Analytikerin stets ihre eigene Raumvorstellung durch. Frau Tiedemann konnte nichts daran ändern, dass *mir da etwas vor Augen war, was ich nicht haben wollte.*

Als sie dann über den Einzelraum (Raum 3) in den Sonderraum (Raum 4) gelangt ist, ändert sich diese Einstellung. Alljährlich zur Weihnachtszeit taucht wieder das ungeliebte *Weihnachtsmobile* auf, das sie nach wie vor *völlig unpassend* findet. Aber mit einem mal gefällt es ihr. *Später dann. Em. Ja.* Frau Tiedemann ist sich nämlich nicht bewusst, dass sie an der berichteten Stelle in Wirklichkeit eine bedeutsame neue Raumerfahrung macht: Sie kann Veränderungen im Analyseraum plötzlich tolerieren, ohne sich gestört zu fühlen. Sie benutzt sie das Verb *tolerieren.* Sie kann die Veränderung also gegen ihre eigene Überzeugung ertragen. Und das ist nur im vierten analytischen Raum möglich, wenn die eigenen Vorstellungen davon, wer man ist und welchen Raum man braucht, um man selbst sein zu können, bereits abgeschlossen sind.

In den letzten drei Wochen ihrer Analyse sitzt Frau Tiedemann. Dann beendet sie die Analyse und verlässt den Raum.

Der fremdgewordene Raum (Raum 5). Nach ein paar Jahren sieht sie den Raum noch einmal wieder. Hier ein Ausschnitt aus dem Interview.

Und wie wirkte das später auf Sie?
Das war sehr merkwürdig.
Wieso?
[Pause] Also es war auch … Ich hab' nicht die Analytikerin noch mal besucht, sondern da war in dieser Praxis war 'ne Veranstaltung, 'ne Feier, wo ich war. Und wo ich dann das erste Mal nach ein paar Jahren überhaupt dort wieder in den Räumen war und auch in dem Behandlungsraum. Und [Pause] Ich … Es ist schwer zu beschreiben. Es hatte von … Es hatte was von … von so 'ner Mischung aus: Der Raum war ganz vertraut, und gleichzei-

tig kam es mir so lange her vor, so weit weg, wie aus 'ner anderen Zeit. Und ich weiß noch, dass ich, als ich dahin ging, dachte: Jetzt kann ich endlich mal in die Küche gucken [lacht]. Die war neben dem Wartebereich da. Und die hab' ich ... war ich immer neugierig. Das war ja so ein privater Raum. Und als ich dann dachte, jetzt kann ich endlich mal die Küche sehen, und dann dort war, zu dieser Feier, hat's mich gar nicht interessiert. Es war mehr so auf dem Weg dahin so 'ne Vorstellung, die sich dann verloren hat, als ich da war. Aber es war mir ein Bedürfnis, mich in den Behandlungsraum noch mal zu begeben. Also das hab' ich dann erst gemerkt, als ich da war. Und hab' mich da noch mal hingesetzt, auf den Stuhl, und mich umgeguckt.

Und die Couch noch mal angeguckt. Und wie war das?

Naja, so wie ich sagte vorhin: So von vertraut und weit weg gleichzeitig.

Hier bestätigt sich noch einmal, dass die Psychoanalyse im Auto anfängt. Frau Tiedemann beschließt während der Hinfahrt, dass sie nun endlich denjenigen Raum ansehen möchte, der während ihrer Analyse immer tabu war: die Küche. Als sie dann aber dort ankommt, ist dieser Wunsch plötzlich bedeutungslos. Aber es war und blieb ihr ein Bedürfnis, sich noch einmal in den Behandlungsraum zu begeben. Sie setzt sich auf den Stuhl und guckt sich um, nimmt also dabei noch einmal das Setting in sich auf, das ihr *nun* wieder fremd geworden ist, aber doch einmal so vertraut und intim war. Diese wichtige Raumerfahrung rundet die vorherigen ab. Der Analyseraum wird jetzt im eigenen Erleben nach allen Seiten hin verschlossen und als etwas Einzigartiges in die Betrachterin aufgenommen, als sei er eine Schachtel mit kostbaren Erinnerungsstücken, in die sie noch einmal einen Blick geworfen hat. Nun, in der Distanz, wird ihr prozedural klar, dass sich in diesem Raum etwas Unwiederholbares ereignet hat, das für ihr Leben von großer Bedeutung war.

4.6 Die fünf analytischen Räume am Beispiel einer Behandlung

4.6.1 *Bilderbuchanalyse: Seefahrer-Romantik unterm Dach* – Gelassen hinein und organisch heraus aus dem Analyseraum

Wie in einer klassischen Bilderbuchanalyse durchlief Herr Cordes die fünf analytischen Räume in seiner Lehranalyse und fand schließlich seinen eigenen Weg. Wie ging das vor sich?

Raum 1: Außenraum. Als Herr Cordes seinen künftigen Analyseraum zum ersten Mal sah, konnte er die Enttäuschung nur mühsam zurückhalten: So *ärmlich* hatte er sich das nicht vorgestellt. Unter der Dachschräge mit freigelegten Balken, den Blick nach oben auf ein schlichtes Ausstellfenster, stand fortan seine Couch. Und er fühlte sich wie in einem *gefangenen Raum* in diesem *Dachbodenzimmer.* Der einfache Korbsessel des Analytikers stand nahe an der Ledercouch, und die war schon recht durchgelegen. *Gewöhnungsbedürftig* sei das alles gewesen, sagt er diplomatisch. Aber der Analytiker wog schwerer als sein Raum: sein *Wissen und der innere Reichtum, die gefühlsmäßige Weite seines Herzens* gaben den Ansporn, dass der Analysand den Raum schließlich doch *in Besitz nehmen* konnte.

Bevor er sich vertrauensvoll auf der Couch niederlassen kann, muss er sich zunächst vorsichtig in den Raum hineintasten. Dazu dienen die intensiven Blicke zu Beginn und zu Ende der ersten Stunden, als er den langen Weg von der Tür zur Couch – *sieben, acht Meter – zurücklegt.* Denn wenn er erst liegt, kontrolliert er den Raum nicht mehr, ja, nimmt ihn kaum mehr wahr. Was also *liest* der Analytiker? Mit welchen *Kunstgegenständen* hat er sich eingerichtet? Ähnelt sein Geschmack dem eigenen? Von welchen Interessen und Beschäftigungen zeugen Dinge, die auf dem *Schreibtisch herumliegen*? Die Analyse, scheint es, findet in den ersten Monaten nicht *auf* der Couch, sondern auf dem Weg zu und von ihr statt. Der Mann besteht die Eignungsprüfung; allmählich weicht das Misstrauen, und der Raum wird dem Analysanden *angenehmer*. Er kann ihn *in Besitz nehmen*.

Raum 2: Interaktions- oder Symbioseraum. Nun richtet er sich ein: er bestimmt, ob es *hell oder dunkel* sein soll *Wie hell oder wie dunkel ist es mir behaglich?* Der Praxisraum wird *sein Raum*. Und allmählich *wächst er ihm ans Herz*.

Dabei mutiert der Beziehungsraum zu einer Hülle für gemeinsame Aktivitäten. Er empfindet ihn nun als *behagliche Rückzugshöhle, in der man gemeinsam auf Entdeckungsreise geht*, fühlt sich wie in einer *Kajüte, unter Deck*, gemeinsam *unter der Wasserlinie*, denkt an den *Onkel, der U-Boot-Fahrer* gewesen ist, oder an *Käpt'n Blaubär*, und spinnt aus, was immer die Seefahrer-Romantik an *gemeinsamen Vater-Sohn-Aktivitäten* hergibt. *Man entdeckt auf dem Dachboden einen alten Koffer, und in dem stöbert man nach Manuskripten, und man tritt 'ne Phantasiereise mit diesem alten Seemannskoffer an; man findet auf diesem Dachboden alte Gegenstände und fragt sich, was das für Gegenstände sein könnten* und man erlebt gemeinsam die *Rückverwandlung dieses Raumes in was Ursprüngliches.* Das ist bisweilen *unheimlich*, aber auch *was Spannendes.*

Raum 3: Einzelraum. In dem geschützten Beziehungsraum findet er dann auch den Weg, von der Couch allein ausgehend seine Abenteuer zu bestehen. Die Couch ist nun der unantastbare Ort im Raum, an dem er Zugang zu seiner Innenwelt bekommt, *ein äußerer wie der innere Raum, in dem ich mich gerne aufgehalten habe.* Hier erlebt er wieder die *Einsamkeit im Kinderbett*, wo er sich *gefesselt und eingesperrt* fühlte und *nicht entkommen* konnte, *das Bettchen nicht mehr erträgt und dann kotzen muss.* Hier ist er der *Jugendliche, der nach der Schule etwas depressiv nicht weiter weiß und dann zu Hause liegt und Tonband hört*, hier erlebt er wieder, *wie ich mich auf der Couch einer Pfarrei mit einem Mädchen leidenschaftlich küsste und wir nun befürchteten, auf dieser Couch ertappt zu werden*, hier ist er wieder *Liebender und Erwachsener.*

In dem Maß, wie das Misstrauen gegen den Raum schwindet, wandelt sich auch der unsichtbare Analytiker von einem *einschüchternden Lehrer, der sich von hinten anschleicht* und bei einer *Klassenarbeit Aufsicht führt* oder einem *Erwachsenen, der einen beim Nacken packt und einen schüttelt* zu einem Menschen, der der ihn *unterstützt* und *fürsorglich fördert.*

In der *Höhle* im gemütlichen Dachzimmer wäre er gern länger geblieben, doch zwang ihn ein Umzug in einen neuen Analyseraum, der den Charakter eines *bürgerlichen Wohnzimmers* mit Schiebetür, Bücherwand und Gartenblick trug; der Sessel stand nun weiter entfernt – *deutlicherer Abstand, eins fünfzig weit weg* –, und auch der Kontakt zum Analytiker war plötzlich ein anderer: professoraler, kollegialer ging es plötzlich zu, und jetzt trauerte der Analysand seinem Dachzimmer nach. Doch auch hier gab es schon kurze Zeit später eine positive Umwertung: er fühlte sich nun *dem Kindesalter entwachsen und so reif, dass ich jetzt in die Gemächer der Erwachsenen hinein dürfte und dort auf der Erwachsenenebene mitreden* durfte, *also im Sinne einer Progression hab' ich das erlebt.*

Raum 4: Sonderraum. Dergestalt seiner selbst sicher, beginnt der Analysand, sich schrittweise aus dem gemeinsamen Raum zu distanzieren und allmählich das *Korsett „analytisches Setting“* zu verlassen, *sozusagen: du immer hinter der Couch und ich immer liegend.* Er beginnt, *sich hinzusetzen*, wenn er *die Neigung dazu verspürt*, und guckt den Analytiker dabei an. Wenn er *sehr wütend* wird, setzt er sich auch hin, und gelegentlich verbringt er ganze Analysestunden im face-to-face, um *mal zu schauen, wie es sich anfühlt, ihn anzuschauen.* Ist dieses Bedürfnis, das *Setting irgendwie mal so aufzubrechen* zunächst ironisch getönt, so nimmt es der Analytiker doch sehr ernst und bearbeitet die Hintergründe, *und meistens hab' ich mich dann in der nächsten Stunde auch wieder hingelegt und dann wurde das noch mal aufgenommen, und ich hatte auch 'nen Traum dazu, zu dieser Sequenz mit dem Hinsetzen und dem Wechsel der Couch und dann wurde das ein Stückchen bearbeitet.* In guter Kooperation mit dem Analytiker, der die Ablösungswünsche *nicht als Angriff auf die Person deutet*, erhebt er sich aus der liegenden Position.

Raum 5: Der fremdgewordene Raum. So organisch, wie er in den Raum hineingekommen ist, verlässt er ihn nun wieder. Was ihm an Einrichtungsgegenständen nicht gefällt – etwa die Ledercouch und die Möblierung –, kritisiert er und beschließt, es selbst anders zu machen. Er selbst wählt sich eine *diwanartige* Couch mit einem *schönen Kelim darauf* aus, behält aber den *freien Blick* durch ein Fenster bei, sondert also sorgsam aus, was er auf seinem eigenen Weg als Analytiker beibehalten und was er ändern will.

Dabei gibt er weiter, was er im analytischen Raum erfahren hat: *Ich hab' mich unterstützt gefühlt und wohlgefühlt im Liegen, und hab' mich auch auf die Stunden und auf das Liegen dort gefreut, also ... ein Raum, [...] ein äußerer wie der innere Raum, in dem ich mich gerne aufgehalten habe, und das deshalb auch heute gerne Menschen anbiete.*

Der Analyseraum wird als fünf verschiedene Räume erlebt und nacheinander durchlaufen, die sich hier deutlich erkennen lassen:
Raum 1: Außenraum. Der äußere Raum als Repräsentant des Analytikers, zu dem der Analysand allmählich Vertrauen entwickelt.
Raum 2: Interaktions- oder Symbioseraum. Das Setting als Raum im Raum – ein Beziehungsraum, in dem beide miteinander Aktivitäten aufnehmen.
Raum 3: Einzelraum. Der geschützte Eigenraum auf der Couch, von dem aus die eigene Regression erlebt und bearbeitet wird.
Raum 4: Sonderraum. Die Ablösung aus dem gemeinsamen Raum, die Ausbildung einer eigenen Raumvorstellung.
Raum 5: Der fremdgewordene Raum. Der eigene Raum und der eigene Weg, von dem aus der alte Analyseraum fremd wirken kann.

Hier korrespondiert das Raumerlebnis mit dem Verlauf der Analyse. Jedem analytischen Stadium entspricht ein spezifisches, charakteristisches Raumerleben des Analysanden, und der Analytiker begleitet diese Veränderungen offenkundig einfühlsam und in der gebotenen Ausführlichkeit. Dass am Ende einer solchen Interaktion eine gelungene Berufsausbildung zum Psychoanalytiker stand, bestätigt den Eindruck: hier hat eine Bilderbuchanalyse stattgefunden.

4.7 Rituale in den analytischen Räumen

Die „Regeln der Couch" enthalten eine hohe Anzahl von Ritualen, die jeder Analytiker in der Regel individuell ausprägt und festlegt. Durch die Rituale werden die Aufgaben in den einzelnen analytischen Räumen erledigt. Das sei beispielhaft am Interview mit Frau Schulze dargelegt.

4.7.1 *Selbstverständlich gelegen* – Rituale und andere Selbstverständlichkeiten in den analytischen Räumen

Frau Schulze ist eine versierte Psychoanalytikerin von 65 Jahren, die ihre Erfahrungen aus drei Analysen während des Interviews einfließen lässt. Sie berichtet von folgenden Ritualen in ihren Analysen.

Ritual 1: Introitus. *Bei meiner Lehranalyse gab es das übliche Ritual: Ich saß da und wartete und wurde abgeholt. Und das war so ein stummes Abholen.* Interessanterweise generalisiert sie diese Ritualerfahrung: *Im Allgemeinen wird man ja von dem Analytiker aus dem Wartezimmer geholt.* Mit dieser nicht zutreffenden Generalisierung zeigt sie, wie stark sie das Abhol-Ritual geprägt hat.

Ritual 2: Hinlegen. *In der Lehranalyse war's so, dass ich mich da einfach draufgelegt habe. Das war das Ritual. Das gehörte sich so.*

Ritual 3: Serviette auf dem Kissen. *Und der erste Analytiker hat eine Serviette draufgelegt, die eben ein hygienisches Ritual war, was ich zwar verstanden hatte, aber ich fand's eigentlich immer doof. Es hat mich immer geärgert! Warum, kann ich gar nicht sagen. So ungefähr wie „Ich darf mit ihm oder mit dem, was er hat, nicht wirklich in Berührung kommen. Es ist immer noch was dazwischen, nämlich diese Serviette."* Hier lässt sich eine interessante Beobachtung machen: Frau Schulze kritisiert, wie einige andere Interviewpartner auch, die Serviette und ihre „pseudohygienische" Funktion. Auch sie findet es offenbar nicht weniger hygienisch, die körperlichen Ausscheidungen des Gesichts mit allen Couchgeschwistern zusammen im selben Kissen berühren. Diese Vorliebe lässt auf eine gewisse Regression schließen, in der das „Schmusekissen" als Übergangsobjekt die Mutter und ihren Duft repräsentiert. Parallel dazu regrediert auch die Sprache. Frau Schulze formuliert, dass sie die Serviette *immer doof* fand.

Ritual 4: Die Stimme von hinten. *Es sind Selbstverständlichkeiten, über die man gar nicht nachdenkt.*

Ritual 5: Ebenso selbstverständlich ist *das Liegen auf der Couch und*

Ritual 6: *die Sessel-Couch-Anordnung.*

Andere Analysanden berichten von anderen Ritualen. Jedem Leser werden vermutlich kleine Rituale einfallen, die er mit dem Analyseraum in Verbindung bringt. Vom Betreten des Raumes über dessen Durchquerung, vom Hinlegen und Liegen selbst, vom Reden und Schweigen, vom Aufstehen und Handgeben, vom Bezahlen und vom pünktlichen Beschließen der Stunde ist alles rituell geregelt, was der Analysand zu tun hat. Solche hochstrukturierten Umfelder geben andererseits auch Sicherheit und Halt, wenn der eigene psychische Halt nicht ausreicht.

1 Vgl. oben 2.5.6: Papstaudienz

2 Die Episode erinnert an Tat'janas Besuch in Jewgenij Onegins Bibliothek in Puškins gleichnamigem Versroman: Tat'jana kann das schmerzliche Getrenntsein von dem geliebten Mann nur ertragen, indem sie sich in dessen Bibliothek einspinnt und die Bücher liest, die auch er in der Hand gehabt hat. Auch dort steht der Raum gleichberechtigt neben seinem Besitzer:

XXII.
Es wahrte hier gar manche Seite
Noch seines Nagels scharfen Strich;
Und grade solchen Stellen weihte
Ihr lebhaftes Interesse sich.
Tat'jana sah daran mit Bangen,
Was einst Onegin nahgegangen,
Welchem Gedanken, welchem Wort
Er schweigend zugestimmt sofort.
Notizen hat sie angetroffen
Von seinem Stift in manchem Fall
Onegin legte überall
Ganz ungewollt sein Wesen offen,
Ob's nun ein Kreuz, ein Kommentar,
ein krummes Fragezeichen war.

(Puškin 1999, 185; und zu Onegins Zimmer: 7, 183):

XIX.
Tat'jana schaut gerührten Blickes
Auf jede teure Einzelheit,
Und alles scheint ihr, als beglück es,
Beleb der Seele Mattigkeit
Mit Trost, der noch vermischt mit Schmerzen:
Der Tisch, mit den erloschnen Kerzen,
Der Stoß von Büchern, und das Bett
Dort unterm Tuch vorm Fensterbrett,
Der Blick hinaus, wo überflossen
Vom Mondlicht dämmernd liegt das Land,
Das Bildnis Byrons an der Wand,
Und das Figürchen, erzgegossen,
Das, tief den Hut zur Stirn gerückt,
Die Arme kreuzt und finster blickt.

3 Solche gemauerten Bänke waren überall entlang der Säle in Schlössern und Wohnungen im Mittelalter angebracht. Vgl. oben Kapitel 2.7.5 „Sofa".

4 Vgl. oben S. 111

5 Verblüffend ähnlich ist eine Schilderung von Pfannschmidt (in: Guderian 2004a) von einem seiner Patienten, der sich auf der Couch nicht niederlassen mochte: „Als ob er sich so Bruchteile von Millimetern, so kommt mir das manchmal vor, drüber festhält, um den Kontakt zu vermeiden."

6 Vgl. Seite 142, Nr. 6

5 Die fünf analytischen Räume

Die Psychoanalyse hat bislang den Praxisraum als eine unerhebliche, nicht näher definierte Hülle behandelt[1], in der sich der eigentliche analytische Prozess vollzieht, dem auch die Aufmerksamkeit der Forschung gilt. Die diesem Buch zugrunde liegenden Studien zeigen jedoch, dass der Raum in fünf verschiedenen Daseinsformen existiert, die ein Analysand – in der Regel (vgl. unten die Abschnitte 5.1 und 5.2) – nacheinander durchwandelt. Durch das Liegen und die gleichzeitige psychoanalytische Arbeit nimmt der Analysand „den Raum" in unterschiedlicher Weise wahr. Die jeweiligen Raumformen korrespondieren mit der analytischen Arbeit und dem analytischen Prozess. Im Einzelnen sind dies:

1. Der Außenraum. Er liegt wie eine Außenhülle um das gesamte analytische Geschehen. Der Analysand nimmt als „Raum" den Behandlungsraum des Analytikers wahr, den er für sich und seine Arbeit hergerichtet hat, und empfindet: „Das ist *sein* Raum!" Türen und Fenster sind für die Dauer der Behandlung geschlossen, erlauben jedoch den Blickkontakt nach draußen. Dieser Raum repräsentiert den Analytiker, seinen Körper, sein Denken und seine Wertvorstellungen. Er ist zunächst ausschließlich sein Raum, zu dem der Analysand den Kontakt erst herstellen muss[2]. Er muss ihn betreten, nicht nur rein körperlich, sondern mit allen wachen Sinnen: er muss ihn auch bewohnen. In der Anfangsphase kann der Analysand zwar auf der Couch liegen, aber gar nicht spüren, wo der Analytiker hinter ihm sitzt. Er befindet sich dann subjektiv in einem großen, leeren Raum. Zeigt sich der Analytiker kühl, unnahbar und praktiziert er distanzierende Begrüßungs- und Eintrittsrituale, so erschwert er dem Analysanden das Bewohnen seines Raumes. Dieser fühlt sich dann ungeliebt und ungebeten, häufig sogar verloren, eingesperrt, wie im Gefängnis, ja sogar wie auf dem Totenbett. Er empfindet gewaltige Angst oder ist gar blind vor Angst. Je weniger der Analysand vom Raum sieht, desto länger dauert es, bis er in ihn subjektiv hineingelangt. Dabei drängt sich der Eindruck auf, dass nur das Sehen in der aufrechten Haltung als angstmindernde Wahrnehmung empfunden wird. Empfängt der Analytiker den Analysanden hingegen warm und herzlich, hebt er ihn quasi über die Schwelle in den Raum hinein, pflegt er einen flexiblen, unterschiedlichen Händedruck bei der Begrüßung und moduliert er seine Stimme beim Fragen nach dem Befinden, so kann er den Analysanden schneller bei sich aufnehmen. Als hilfreich wird auch empfunden, wenn der Analysand spüren kann, dass der Analytiker sich in seinem Raum wohlfühlt. Der Patient wechselt in den Interaktionsraum über, sobald er sich im Außenraum sicher fühlt.

2. Der Interaktions- oder Symbioseraum. Für den Analysanden ist „der Raum" nun das Couch-Sessel-Arrangement. Dies wird als ein eigenständiger Raum im

Raum erlebt. Von hier aus treten Analysand und Analytiker in einen warmen, oft innigen Kontakt. Der Analysand drückt nun deutlich aus, dass er in den Raum hineingekommen sei. Das Miteinander von Analysand und Analytiker nimmt die Qualität einer Symbiose an. Der Analysand macht, mehr oder weniger ausgesprochen und mehr oder weniger vehement, dem Analytiker seinen Raum streitig: „Das ist *mein* Raum!" ist sein Credo im Interaktionsraum. Wagt der Analytiker, auch nur zwei Bücher seiner Bibliothek umzustellen, so verbittet sich der Analysand dies entrüstet. Mit großer Selbstverständlichkeit bewertet und kritisiert der Analysand nun den Raum – gelegentlich auch dessen eigentlichen Besitzer –, regt zu Verbesserungen an, lobt Gelungenes und fühlt sich ganz zu Hause. Er nährt sich von allem, was der Raum anbietet, den Themen der zur Schau gestellten Bücher, den ästhetischen Qualitäten der Kunstgegenstände, den Worten und Werten des Analytikers, von Luft, Licht, Erde und Wasser: ja, er schwimmt geradezu in einer Woge des Wohlbehagens. Dabei empfindet er stark die Gegenwart des Analytikers und begibt sich mit ihm auf allerlei gedankliche Unternehmungen. Er fühlt sich frei und sicher, bei Helligkeit und bei Kuh-Nacht. Dieser schwäbische Ausdruck bezeichnet die Dunkelheit im Magen einer Kuh, und wird sicher nicht zufällig als Metapher der Symbiose gewählt. Wenn er sich im Setting und in der Dyade völlig sicher fühlt, gelangt er in den Einzelraum.

3. Der Einzelraum. Für den Analysanden ist „der Raum" nun die Couch allein. Sie ist sein Platz, den er völlig in Besitz nimmt: „Das ist mein alleiniger Raum!" empfindet er. Die Couch ist jetzt der Raum innerhalb des Raumes „Couch-Setting", das wiederum innerhalb des Behandlungsraums steht. Sie ist sein *Eckchen*, das nur ihm allein gehört, wie eine Wiege oder ein Kinderbett auch nur für einen einzigen Menschen bestimmt ist und nicht geteilt wird. Dennoch empfindet und benötigt er die Anwesenheit des Analytikers, der auch als stummer Begleiter außerordentlich hilfreich sein kann. Die Couch wird zu einem Mikroraum, der *birgt und trägt.* Sie ist der geschützte, unantastbare Eigenraum, von dem aus der Analysand in den eigenen Innenraum gelangt. Hier liegend findet er Zugang zu seinem Innenleben, hier ist das Zentrum der analytischen Arbeit, die Revision und teilweise Veränderung des eigenen Innenraums. Hier erlebt er seine Innenwelt als lebhaften Film mit leuchtenden Farben wieder; hier ist er am stärksten mit einem Menschen konfrontiert, den er verwundert als „Ich" identifiziert: „Hey, das bin ja ich!" Nach einer angemessen langen Zeit im Einzelraum, in der er sich seelisch stärkt und nährt, erhebt er plötzlich Kritik am Analyseraum. Damit wechselt er in den Sonderraum über.

4. Der Sonderraum. Scheinbar unvermittelt entdeckt der Analysand, zunächst nur für sich, dann als bewussten Gedanken, und danach als ausgesprochene Empfindung: „Das ist nicht mehr mein Raum!" Der Analyseraum – und in seinem Gefolge oft der Analytiker sowie die ihn umgebenden Verhältnisse – wird einer kritischen Inspektion unterzogen, an deren Ende ausgesondert wird, was der Analysand in sein künftiges Leben mitnehmen und was er kritisch aussortieren will. – Die Entdeckung, dass er einen eigenen Raum braucht und dass seine Existenz mit dem gegenwärtigen Raum nicht mehr vereinbar ist, vollzieht sich graduell. Sie beginnt meist mit einer unausgesprochenen Entdeckung oder einer stillen Kritik, die der Analysand für sich behält, aber im Grunde als vernichtend ansieht. So mag er dem Analytiker *Verrat an den gemeinsamen Werten*[3] vorwerfen, mag seine hässliche Praxiseinrichtung bewusst zur Kenntnis nehmen und dies dann auch vorsichtig ansprechen, mag den Analytiker ärgern und piesacken und ihn seinerseits provozieren, dass er die Raumgemeinschaft aufkündigt, er mag in offenen Streit geraten, sich dabei auch aufsetzen und ihm den Zuwachs der eigenen Größe und Bedeutung sozusagen mit Blicken in die Augen schleudern, oder er mag still seines eigenen Weges gehen und sagen: Dies ist nicht mein Stil, dies ist nicht mein Raum, dies ist nicht mein Partner, dies ist nicht mein Weg. Unzulänglichkeiten und Kritikwürdiges am Analytiker werden ihm dann gleichgültig, solange er nur selbst aus dem Raum herauskommt. Der Wunsch nach einem Eigenraum braucht einige Zeit, um sich zu manifestieren, und ebenfalls einige Zeit, um in seinen Ausprägungen gefunden zu werden. Er kann auf einen hilfreichen, verständnisvollen Analytiker treffen, der beim Finden des Eigenraums behilflich ist, oder auf einen weniger verständnisvollen, der den Analysanden – bewusst oder unbewusst – weiter an sich binden will. Dann verläuft die Ablösung gelegentlich eruptiv. Der Sonderraum wird mit dem Ende der psychoanalytischen Behandlung verlassen. Seelisch zieht der Analysand nun in seine eigenen Räumlichkeiten ein, die er zu diesem Zeitpunkt voll ausgebildet hat.

5. Der fremdgewordene Raum. Aus der räumlichen und örtlichen Distanz einiger Monate oder sogar Jahre sieht der ehemalige Analysand seinen Raum noch einmal wieder. Dies geschieht mit der überraschenden, heftigen Empfindung: „Das ist nicht mehr mein Raum!" Auch wenn objektiv kein Raumdetail anders ist, hat sich der Raum für den Analysanden in jedem Fall verändert. Er ist kleiner, hässlicher, unbedeutender, kühler oder sonst irgendwie anders geworden, sein Geruch hat sich verändert oder es fehlt ihm einfach das gewisse Etwas, das ihn zum eigenen Analyseraum gemacht hatte. Der Analysand spürt nun mit Gewissheit, dass er sich nicht mehr in seinem Raum befindet. Er ist längst auf seinem eigenen Lebensweg fortgeschritten und bewegt sich ausschließlich in eigenen Räumen. Ist er selber auch Analytiker geworden, so erkennt er gewisse Elemente in seinem eigenen Arrangement wieder, die er, oft unbewusst, übernommen hat. Mitunter verspürt er den Wunsch, sein gutes Gedeihen dem Analytiker mitzuteilen. Und manchmal geht er einfach mit ruhiger Gewissheit seinen Weg weiter, ohne zurückzuschauen. Dann weiß er, dass er in Streit, Auseinandersetzung und räumlicher Trennung die ihm gemäßen Räume und Wege gefunden hat.

Um den Außenraum spannt sich noch eine weitere Raumhülle, die nur vermittelt in den Außenraum hineindiffundiert, aber gleichwohl die Voraussetzung für die Existenz des Außenraums darstellt: der Umraum oder Eigenraum des Analytikers.

0. Der Umraum. Dies ist das Gebäude, die Anlage oder der Raum, die nur dem Analytiker gehören und die der Analysand bestenfalls durchquert. Der Praxisraum mag in einer Klinik liegen, deren Nachbargebäude und Nachbarräume der Analysand wahrnimmt. Sie mag in einem Ausbildungsinstitut liegen, dessen Räume, dessen weitere Stockwerke und dessen Lage in einer bestimmten Straße und einem bestimmten Stadtteil der Analysand als zu seinem Analyseraum gehörig wahrnimmt. Der Praxisraum mag eine Einliegerwohnung in dem privat genutzten Einfamilienhaus des Analytikers sein, die vielleicht durch einen Separateingang getrennt ist, deren Geräusche jedoch durch die Wände dringen. Auch die Geräusche in großen Wohnanlagen oder Mehrfamilienhäusern finden häufig ihren Weg in das analytische Geschehen[4] und werden so zum Gegenstand von Regression und Diskurs. Schließlich spielt nicht selten auch das Auto des Analytikers eine Rolle: es ist ebenfalls ein Eigenraum, zu dem der Analysand keinen Zutritt hat, was ihn mit Freude, Zorn, Neid oder Ärger erfüllen mag.

5.1 Die Räume sind nicht ortsgebunden und nicht personengebunden

Nicht jeder Analysand besetzt alle fünf Räume. Einige lernen nur den ersten, die ersten beiden oder die ersten drei Räume in ihrer Analyse kennen.

Auch dann, wenn ein Analysand nur den ersten (Außenraum) oder zweiten Raum (Interaktions- oder Symbioseraum) besetzt hatte, kann es sich um eine komplette Analyse handeln, bei der eine beachtliche Bearbeitung neurotischer Symptome stattgefunden hat. Jedoch ist das Ergebnis im Sinne einer dauerhaften Ich-stabilisierenden Wirkung desto nachhaltiger, je mehr analytische Räume der Analysand besetzen konnte.

Der Raum ist nicht an eine bestimmte Örtlichkeit gebunden. Er ist auch nicht an eine bestimmte Analytikerperson gebunden. Man kann also innerhalb seiner Analyse ohne Schaden den Analytiker wechseln. Selbst die Analyseform kann offenbar wechseln, etwa von Gruppen- zur Einzeltherapie, oder von der therapeutischen Analyse zur Lehranalyse. Das bedeutet für einen Analysanden auch, dass er *seine* Analyse bei einem neuen Analytiker fortsetzen kann, falls dies erforderlich ist, ohne wieder „von Anfang" anfangen zu müssen.

5.2 Horizontale Anordnung der fünf Räume

Eine weitere bemerkenswerte Beobachtung betrifft die Anordnung der Räume selbst. Die Analysanden erleben die analytischen Räume in der strikten Abfolge von Eins bis Fünf.

Frau Neumann hatte in ihrer ersten Analyse bereits den Sonderraum (Raum 4) erreicht. Bedauernd stellte sie im Nachhinein fest, dass sie den Interaktions- oder Symbioseraum (Raum 2) mit seinen ins Psychotische gehenden Wahrnehmungen bei ihrem Lehranalytiker dann nicht mehr erlebt hatte. Das war in der vorangegangenen Analyse geschehen, und ein Zurück war nun nicht mehr möglich. In der nächsten Analyse ging es nur noch um Streit, um Absonderungen und Ich-Werdung: mithin um das typische Geschehen im Sonderraum.

Die analytischen Räume sind also hintereinander angeordnet. Sie können nur nacheinander durchlebt werden, und nur in einer Richtung. Dies geschieht unabhängig von der Person des begleitenden Psychoanalytikers. Auch die Psychotherapieform ist dabei von nachgeordneter Bedeutung. So kann ein Analysand den Außenraum (Raum 1) in einer Gruppentherapie durchlaufen und gelangt in einer therapeutischen Psychoanalyse oder Lehranalyse sofort in den Interaktions- oder Symbioseraum (Raum 2). Dies geschah bei Herrn Ehrenfeld und Frau Müller.[5]

Danach gelangte Herr E. beim nächsten Lehranalytiker nicht mehr in den Interaktions- oder Symbioseraum (Raum 2) zurück, sondern erlebte das Ichhaft-Werden im Einzelraum (Raum 3) und Sonderraum (Raum 4): *Dort bin ich weniger regrediert. Dort hab' ich eher die Ich-Funktionen auf der Couch gelernt!*

5.3 Kritische Position: Der zweite Raum (Interaktions- oder Symbioseraum)

Die Analysanden sind in den einzelnen Räumen unterschiedlich anfällig für den Umzug des Analytikers. Ein solcher Umzug kann notwendig werden, wenn der Analytiker etwa seine Facharztausbildung bzw. Weiterbildung zum Psychoanalytiker beendet hat und sich in einer Privatpraxis niederlässt. Er mag auch einen Raum in einer Praxisgemeinschaft beziehen oder eine Etage oder Räume in seinem Privathaus. Ebenso gut kann es notwendig werden, dass der Analysand, etwa berufsbedingt, umziehen muss. In jedem dieser Fälle hat sich der Analysand auf eine neue Praxis einzustellen, in der er seine Analyse fortsetzt.

Im Sonderraum (Raum 4), aber auch schon im Einzelraum (Raum 3), hinterlässt ein Praxisumzug nur eine geringe Irritation. Die Arbeit wird dann ungestört fortgesetzt. Zieht der Analytiker jedoch um, während der Analysand sich im Interaktions- oder Symbioseraum (Raum 2) befindet, kann dieser Umzug den Erfolg der gesamten weiteren Analyse auf Jahre hinaus zunichte machen.

Ausnahmslos hinterließen Umzüge in diesem Analysestadium tiefe Wunden im analytischen Prozess. In einigen Fällen (Herr Dornheim, Frau Pohl, Frau Müller, Herr Ritter) drängte sich sogar der Eindruck auf, dass die Analyse mit dem Tag des Umzugs gescheitert war.

Das Wissen um diesen Tatbestand wird einen anstehenden Umzug auch künftig nicht verhindern. Ein Analytiker, dessen Analysand sich gerade im Interaktions- oder Symbioseraum (Raum 2) befindet, kann ihn aber besser darauf vorbereiten und das traumatisierende Umfeld eventueller anderer lebensgeschichtlicher Umzüge mit berücksichtigen.

5.4 Orientierung im analytischen Prozess durch Hinzuziehen der Äußerungen zum Raum

Die Theorie des fünfstufigen Raumes erlaubt es dem Analytiker, anhand der Äußerungen zum Raum genau zu bestimmen, in welchem Raum, und mithin: in welchem analytischen Stadium sein Analysand sich gerade befindet.

Der Wert dieser Überprüfungsmöglichkeit besteht darin, ein zusätzliches Instrumentarium an der Hand zu haben, mit dem man den persönlichen Entwicklungsgrad eines Analysanden feststellen kann. Erst ein Analysand, der mindestens die ersten vier Räume erlebt hat, sich also aus der – wenngleich heilsamen – Symbiose mit dem Analytiker auch wieder hat lösen können und einen eigenen Weg gefunden hat, auf dem er sich orientiert, hat den vollen und tiefsten Reifungsprozess erlebt, der wiederum seine psycho-physische Stabilität nachhaltig verbessert.

5.5 Weitere Einsatzmöglichkeiten der Theorie des fünfstufigen Raums

Es wäre in einer größeren katamnestischen Studie zu überprüfen, ob die psychosomatische Stabilisierung nach dem Durchlaufen des vierten Raumes, die Frau Neumann erwähnt, tatsächlich dauerhaft und generell eintritt. Sollte sich das bewahrheiten – und dafür spricht einiges –, stünde mit der Theorie des fünfstufigen Raums auch ein Instrumentarium zur Erstellung von Effektivitäts- und Effizienzstudien *(efficacy studies)* zur Verfügung.

5.6 Hilfsmittel bei der Begutachtung

Die Theorie des fünfstufigen Raumes könnte auch bei der Begutachtung von Lehranalysen und therapeutischen Psychoanalysen im Hinblick auf die Weiterleistung von Krankenkassen-Zahlungen hilfreich sein. Wenn man beispielsweise mit der Theorie des fünfstufigen Raums feststellen könnte, dass ein Patient sich bereits seit mehreren Jahren im Außenraum (Raum 1) befindet, dürfte abzusehen sein, dass der psychoanalytische Prozess sicherlich noch einige Jahre in Anspruch nehmen dürfte. Möglicherweise wäre auch eine neue Analysand-Analytiker-Paarung oder Supervision in Erwägung zu ziehen, falls sich der analytische Prozess als besonders zäh erweist.

5.7 Tabellarische Übersicht der fünf analytischen Räume und ihrer Synästhesien

Auf den folgenden Seiten findet sich eine tabellarische Übersicht, auf der noch einmal die wichtigsten Synästhesien zu den einzelnen Raumwahrnehmungen zusammengefasst sind.

5.7 Tabellarische Übersicht: Die fünf psychoanalytischen Räume

Raum 0 Umraum	**Raumname und Raumdefinition**	**Was sagt der Analysand zum Analytiker?**	**Was tut der Analysand?**	**Was denkt der Analysand?**	**Was empfindet der Analysand?**
	The Analyst's Own Rooms; The Room Around The Consulting Room	nichts, da es außerhalb der Analysestunde ist.	Er steht, läuft, geht.	„Wie der schon wieder sein Auto parkt!"	Das Auto stört mich.
Architektonisch definierter Bereich	Gebäude(teile) oder Anlagen, innerhalb derer sich der Analyseraum befindet. An den Analyseraum angrenzende Räume. Das Auto des Analytikers.	Er behält seine Raumerinnerungen für sich.	Er bewegt sich auf den Praxisraum zu.	„Hoffentlich ist er da."	Die Familie stört mich. Ach, hätte er doch keine Familie, sondern nur mich.
Der Raum gehört nach dem Empfinden des Analysanden:	Er ist außerhalb des psychoanalytischen Raumes, gehört dem jeweiligen Besitzer.		Er liegt auf der Couch und hört, sieht oder fühlt den Umraum dort.	„Darin ist sein Praxisraum!"	Ich bin auch ein Teil dieser Haus-/Familiengemeinschaft.
Psychoanalytische Phase	Behandlungsbeginn. / passim / der Umraum kann immer wieder in die Psychoanalyse diffundieren.		Er fährt außerhalb der Analysestunden zum Haus des Analytikers oder zur Praxis.	„Dieses Auto ist viel zu groß für ihn."	
Dominanter Affekt	„Das geht mich nichts an." / „Darin ist sein Raum!" / „Ich will in diesen Raum hinein!"		Er trifft den Analytiker außerhalb der Praxis zufällig an.	„Was für ein schöner Park."	

Erlebte Raum-Metaphern	**Erlebte Couch-Metaphern**	**Erlebte Setting-Metaphern**	**Welches Körpergefühl hat der Analysand?**	**Raumerinnerung des Analysanden**	**Allgemeines Gefühl im Raum**
entfällt	*entfällt*	*entfällt*	Entspannung. Vorfreude auf Analysestunde	*keine Angaben*	Ärger
			Spannung		Neid
			Spannungslösung nach nächtlichen Fahrten zum Praxisgebäude		Bewunderung
					Achtung
					Entspannung, Ruhe, Vorfreude

Raum 1 Außenraum	**Raumname und Raumdefinition**	**Was sagt der Analysand zum Analytiker?**	**Was tut der Analysand?**	**Was denkt der Analysand?**	**Was empfindet der Analysand?**
	The Outer Room	Sehr wenig Kommentare zum Raum.	Betrachtet sich hastig und verstohlen den Raum auf dem Weg zwischen Tür und Couch.	„Das ist also sein Raum!“	Scham, Befangenheit und Neugier beim Eintritt.
Architektonisch definierter Bereich des „Raums“	„Der Raum“ ist das Behandlungszimmer, in dem Couch und Sessel stehen.	„Sie haben eine schöne Aussicht hier.“	Prüft die Kontinuität der Raumelemente.	„Der Raum ist schön/hässlich/enttäuschend.“	Liegen voller Angst, Scham, Sorgen.
Der Raum gehört nach dem Empfinden des Analysanden:	dem Psychoanalytiker. Er bietet dem Analysanden einen Ort in seinem Raum an. Der Analysand akzeptiert den. Der Analytiker nimmt den Analysanden in seinen Raum auf.		Prüft die Zuverlässigkeit, Haltbarkeit und Tragfähigkeit der Couch.	„Ich darf Raum und Couch nicht schmutzig machen.“	Er möchte sich hinsetzen oder zum Analytiker umdrehen, wagt es aber nicht zu sagen.
Psychoanalytische Phase	Behandlungsbeginn		Hat Schwierigkeiten zu liegen, fährt angstvoll von der Couch hoch.	„Na, das ist eben so in einer Klinik / beim Analytiker.“	Er verliert die Orientierung beim Liegen.
Dominanter Affekt	„Das ist *sein* Raum!“			„Ob es hier etwas Lebendiges gibt?“	Er prüft unbewusst, ob „sein Raum“ zu „meinem Raum“ werden kann.

Erlebte Raum-Metaphern	Erlebte Couch-Metaphern	Erlebte Setting-Metaphern	Welches Körpergefühl hat der Analysand?	Raumerinnerung des Analysanden	Allgemeines Gefühl im Raum
Grab, Gruft, toter Raum	Totenbett	*keine Angaben*	friert	Liegen im Kinderbett	Befangenheit
Gefängnis	Bahre		zitiert	Onanieverbot im Kinderbett	Starre
Kahles Hotel	Prokrustesbett		spürt beim Liegen nicht, wo der Analytiker hinter ihm sitzt	Der elterliche Befehl, still und gerade im Bett zu liegen: „Du rührst dich nicht!"	Neugier
Studierstube, Schule	Kinderbettchen		fühlt sich beim Liegen aufgehoben, sinkt aber nicht zu tief ein.	Todesangst	Angst, Todesangst
Luftraum	Die Couch als Feind				Beginnendes Vertrauen

Raum 2 Interaktions- oder Symbioseraum	**Raumname und Raumdefinition**	**Was sagt der Analysand zum Analytiker?**	**Was tut der Analysand?**	**Was denkt der Analysand?**	**Was empfindet der Analysand?**
	The interactive or Symbiosis Room	„Sie haben zwei Bücher umgestellt!" / „Die Briefwaage auf dem Regal fehlt."	Er beherrscht die zahlreichen Raumrituale und fühlt sich sicher im Raum.	Er ärgert sich, wenn der Raum nicht wie gewohnt hergerichtet ist.	Die Anwesenheit des Raumes ist eine Selbstverständlichkeit.
Architektonisch definierter Bereich des „Raums"	„Der Raum" ist das Setting aus Couch und Sessel innerhalb des Analyseraums.	„Die Sonne blendet. Bitte schließen Sie die Vorhänge."	Er beginnt sich aus seiner Starre beim Liegen zu lösen und schlägt als erstes die Füße übereinander.	Er erwartet, dass Raum, Couch und alle Raumdetails aussehen wie er es eingangs erfahren hat.	Das Liegen ist vertrauensvoll; die Augen sind geschlossen.
Der Raum gehört nach dem Empfinden des Analysanden:	dem Analysanden. Er duldet den Analytiker nur als notwendiges Übel in seinem Raum.	„Bitte verwenden Sie nicht den Begriff *Ödipus-Komplex*. Sie trivialisieren das Königsdrama."	Er liegt entspannt auf der Couch und beginnt sich zu bewegen. Er experimentiert. Er legt sich vor die Couch.	Er kritisiert insgeheim die Praxiseinrichtung oder ein Detail daran.	Er will die gesamte Raumgestaltung bestimmen.
Psychoanalytische Phase	Interaktions- oder Symbiosephase in der fortgeschrittenen Psychoanalyse.	„Bitte hängen Sie die Bilder so nebeneinander, dass sie nicht aussehen wie ein Triptychon."	Er fühlt sich im Analyseraum zu Hause und betrachtet unbefangen die Einrichtung.	Er überlegt, wie und wann er seine Kritik in Worte fassen kann.	Die Interaktion mit dem Analytiker steht im Zentrum des Raumgeschehens.
Dominanter Affekt	„Das ist *mein* Raum!"	„Ihr Schreibtisch sieht ja furchtbar aus. Und das Telefon ist schon dreimal technisch überholt."	Er kontrolliert, ob der Raum in der erwarteten Weise hergerichtet worden ist, etwa wie ein Oberkellner oder Hotelchef.		Er hat das Gefühl, tief in die Couch einzusinken.

Erlebte Raum-Metaphern	Erlebte Couch-Metaphern	Erlebte Setting-Metaphern	Welches Körpergefühl hat der Analysand?	Raumerinnerung des Analysanden	Allgemeines Gefühl im Raum
Toter Raum; Labor	Mütterlicher Körper; Analytikerkörper; anderer Mensch, auf dessen Haut er liegt.	Mutter-Fötus; Mutter-(Vater)-Kleinkind;	Wärme/Kälte	als Vierjähriger im Krankenhaus	Neugier; Angst vor dem Raum, Schwindel.
Gefängnis; Anti-Gefängnis	Kinderbett, Wickeltisch	Kleinstkind im Inkubator; Fötus, der ausgestoßen wird.	Schwere	als Vierjähriger im Zimmer der Großmutter	Vertrautwerden und vertrautsein mit dem Raum.
Höhle, Kajüte, Zelt, Schutzraum; mütterlicher Körper	Bett	Symbiose mit einem toten Körper: sadomasochistische Intimität; Ohnmachtsverhältnis.	Einsinken	als Kind von der Mutter im Keller eingesperrt werden	Der Raum wird als Eigentum des Analysanden empfunden.
Familienraum, elterliches Wohnzimmer, Studentenzimmer	Krankenlager	Beschützerverhältnis; Familienverbund: Freundinnen bei Nacht	Anspannung und Entspannung je nach wiedererlebten Situationen	Ohnmachtserfahrungen und Demütigungssituationen	Wiedererleben vergangener, häufig traumatischer Erlebnisse.
Samenkorn in der Erde.	Liebeslager	Verschmelzungserlebnisse; Verbundensein und Gekicher; sexuell intimes Paar.		im heimischen Wohnzimmer; Behütetsein in der elterlichen Wohnung.	Der Raum bildet einen Rahmen für gemeinsame Interaktionen zu zweit.

Raum 3 Einzelraum	**Raumname und Raumdefinition**	**Was sagt der Analysand zum Analytiker?**	**Was tut der Analysand?**	**Was denkt der Analysand?**	**Was empfindet der Analysand?**
	The Individual Room	*keine Angaben*	Er schließt die Augen.	„Ich wäre am liebsten allein!"	Die Raumumrisse verschwimmen.
Architektonisch definierter Bereich des „Raums"	„der Raum" ist die Couch		Er liegt ohne Unterbrechung, ohne den Impuls aufzustehen	„Könnte ich den Analytiker doch mit seinem Stuhl in den Nebenraum befördern!"	Er nimmt sich und seine Innenwelt sehr genau wahr.
Der Raum gehört nach dem Empfinden des Analysanden:	dem Analysanden. Der Analysand ist bei sich und zu sich gekommen.		Er meditiert.		„Hoppla, das bin ja ich!" Er wird im Einzelraum mit seinem Ich konfrontiert.
Psychoanalytische Phase	Introspektion		Er liegt im Halbschlaf, in einer Trance wie vor dem Einschlafen.		Er arbeitet konzentriert an sich selbst und an eigenen Themen.
Dominanter Affekt	„Ich bin bei mir."		Er schläft.		Die Zeit steht still.

Erlebte Raum-Metaphern	Erlebte Couch-Metaphern	Erlebte Setting-Metaphern	Welches Körpergefühl hat der Analysand?	Raumerinnerung des Analysanden	Allgemeines Gefühl im Raum
Wiese	Warme Sandkuhle	*keine Angaben*	Wärme	*ohnmächtige Verzweiflung eines zweijährigen Kindes bei der Mobilmachung des eigenen Vaters.*	Vertrautsein
	Kinderbett		Schwere	prägende lebensgeschichtliche Situationen	zu Hause sein
	Bett			Deckerinnerung	
	Insel				

Raum 4 Sonderraum	**Raumname und Raumdefinition**	**Was sagt der Analysand zum Analytiker?**	**Was tut der Analysand?**	**Was denkt der Analysand?**	**Was empfindet der Analysand?**
	The Separate Room	„Sie dürfen kein Tropenholz verwenden!"	Er sieht sich ruhiger im Raum um.	„Ich würde mich gern einmal fünf Minuten in diesem Raum in Ruhe umsehen."	Er sieht die Möbel realistischer als das, was sie wirklich sind.
Architektonisch definierter Bereich des „Raums"	„der Raum" ist der neue Raum, den der Analysand – noch im Analyseraum und auf dessen Basis – als seinen eigenen entwirft.	„Ihre Klomatte ist hässlich."	Er setzt sich wieder auf, vor allem bei Auseinandersetzungen.	Beide, Analytiker und Analysand, sollen am Ende auf gleicher Ebene sitzen.	Er nimmt durch die zahlreichen Streitigkeiten mit dem Analytiker mehr vom Analytiker wahr.
Der Raum gehört nach dem Empfinden des Analysanden:	dem Analysanden	„Sie sind feige, schüchtern und ängstlich!"	Er rennt wütend aus der Analysestunde.	Er kritisiert insgeheim die Praxiseinrichtung oder ein Detail daran.	Er nimmt mehr von sich selbst wahr.
Psychoanalytische Phase	Ablösungs- und Trennungsphase	„Der Schutz meiner Intimsphäre ist in diesem Raum nicht gewährleistet." – „Der Raum ist zu hellhörig."	Er setzt sich heimlich in den Analytikerstuhl.	Er überlegt, wie und wann er seine Kritik in Worte fassen kann.	Er kann den Raum mitsamt seinen Fehlern leichter tolerieren.
Dominanter Affekt	„Ich will hier raus!" „Ich will einen eigenen, mir gemäßeren Raum haben!"	„Die Beziehungsüberschneidungen am Ausbildungsinstitut sind untragbar."	Er verlässt Couch und Analyseraum und beendet die Analyse.	„Diesen Raum werde ich nie, nie, nie vergessen."	Bei der letzten Stunde empfindet er ein Freiheitsgefühl gegenüber dem Analyseraum.

Erlebte Raum-Metaphern	**Erlebte Couch-Metaphern**	**Erlebte Setting-Metaphern**	**Welches Körpergefühl hat der Analysand?**	**Raumerinnerung des Analysanden**	**Allgemeines Gefühl im Raum**
keine Angaben	*keine Angaben*	Tauchbecken	liegen wollen	*keine Angaben*	des Raumes überdrüssig werden
		Korsett	sitzen wollen		hinaus wollen
			weg wollen und zugleich bleiben wollen		

Raum 5 Der fremdgewordene Raum	**Raumname und Raumdefinition**	**Was sagt der Analysand zum Analytiker?**	**Was tut der Analysand?**	**Was denkt der Analysand?**	**Was empfindet der Analysand?**
	The Foreign Room	Er behält seine Raumeindrücke überwiegend für sich.	Er sucht noch einmal den Analytiker auf.	„Ich habe Sehnsucht nach meinem alten Analyseraum."	Unerklärliche Fremdheit, die er vorher nicht kannte, dem Raum gegenüber.
Architektonisch definierter Bereich des „Raums"	„der Raum" ist der Analyseraum, den der Analysand nach Ende der Analyse mit zeitlichem Abstand wiedersieht.	„Wie haben Sie damals ...?"	Er/Sie besucht nach Analyseende den Analytiker und zeigt ihm seine/ihre Kinder.	„Es ist nicht mehr so, wie es damals war."	„Es riecht anders in der Klinik als früher."
Der Raum gehört nach dem Empfinden des Analysanden:	dem Analytiker	„Warum haben Sie damals den Raum so gestaltet?"	Er sucht ohne bestimmte Absicht noch einmal die Räumlichkeiten auf.		„Der Raum ist nüchterner geworden."
Psychoanalytische Phase	Nach der Psychoanalyse		Er besucht anlässlich eines Kongresses das alte Gebäude, in dem der Analyseraum lag.		„Raum und Couch sehen wirklich trivial aus."
Dominanter Affekt	„Das ist nicht mehr mein Raum."				„Der Raum ist noch genauso gut wie damals."

Erlebte Raum-Metaphern	**Erlebte Couch-Metaphern**	**Erlebte Setting-Metaphern**	**Welches Körpergefühl hat der Analysand?**	**Raumerinnerung des Analysanden**	**Allgemeines Gefühl im Raum**
keine Angaben	*keine Angaben*	*keine Angaben*	unbeschwert	*keine Angaben*	Betretenheit
			Alltagsgefühl		Nachdenklichkeit
			Wiederaufflackern des damaligen Körpergefühls.		Überschwemmtsein von Erinnerungen an Analyseinhalte, die unbewusst geworden waren.
			vorübergehende Schwere		

5.8 Metaphorik von Raum, Couch und Setting

„Die Couch war wie ein Grab"; „Ich lag auf der Couch wie auf dem warmen Sand an der See." Analysanden beschreiben ihr Liegen auf der Couch mit vielen Metaphern, in denen sie auf einen anderen Raum oder Ort Bezug nehmen. Die Metaphorik kennzeichnet häufig auch den von ihnen besetzten analytischen Raum. Mitunter ist ihnen diese Analogie nicht sofort bewusst, kann aber auf Nachfragen hin erarbeitet werden. Das kann wichtige Assoziationen zutage fördern.

Balint (1959), Rosenbaum (1967), Lichtenberg (1995), Waugaman (1996), Haubl und Mertens (1996) sowie Buchholz (2000) haben bislang über die im Analyseraum vorkommende Metaphorik berichtet. Durch die diesem Werk zugrunde liegenden Leitfadeninterviews (vgl. auch Guderian 2004b) ließen sich noch sehr viel mehr Metaphern ermitteln. Zudem lassen sich die Metaphern, ihrer Verwendung entsprechend, in vier Kategorien einteilen: Es werden nämlich Metaphern für den Raum, das Setting, die Couch und die beiden beteiligten Personen verwendet. So kann das „Grab" etwa für den Raum oder die Couch stehen; der Raum oder die Couch werden als Uterus-Metapher verwendet; Raum, Setting oder Couch können zum Gefängnis werden. Im Einzelnen ließen sich folgende Metaphern auffinden:

Raum-Metaphern	**Setting-Metaphern**	**Couch-Metaphern**	**Personen-Metaphern**
Grab	Insekt – Forscher	Grab	<u>für Analysanden:</u>
Gruft	Gestrandeter Wal – Kind	Totenbahre	entblößter Mensch
Gefängnis	Toter Körper – Mensch	Totenbett	Ameise
Gefängniszelle	Tote Mutter – Kind	Guillotine	Insekt
Anti-Gefängnis	in Schlammkuhle mit Totem	Gefängnispritsche	komischer Vogel
Kreuzgang	Kriegerdenkmal und Mensch	Seziertisch	Käfer auf dem Rücken
göttliche Offenbarungsstätte	Bronzeskulptur und Mensch	Prokrustesbett	<u>für Analytiker:</u>
Ort der Stille	Gefängnis	Gefesselt-Sein	Gebärende
Ort der Beichte	Lohnabhängigkeit	Ort der Niederlage	Prophet
Kirche	Korsett	Ort eines Übergriffs	Gott
Dorf	Unterdrückungsverhältnis	Ort der Degradierung	
Hotelzimmer	Rakete	Darmstuhl	
Betonierter Raum	Stall	Toilette	
Theaterbühne	Augiasstall	Beichtstuhl	
Büro mit Glasfront	Übergriff	Versteck	
Studierstube	Mutter-Kind-Interaktion	Brett	

Raum-Metaphern	Setting-Metaphern	Couch-Metaphern	Personen-Metaphern
Atelier	Eltern-Kind-Interaktion	Untersuchungsliege	
Unbewohntes Zimmer	Mutterschoß	Krankenhausliege	
Krankenzimmer	Vaterschoß	Krankenbett	
Traumraum	Umarmende	Schiff	
Wassergefüllter runder Raum	Liebeslager	Unterwasserstation	
Mutterleib		Insel	
Kreißsaal		Erdboden	
Kinderbett		Erdnähe	
Kinderzimmer		Feld	
Schlafsaal		Erde	
Dachzimmer		Kuhle	
Schutzraum		Sandkuhle	
Dachboden		Hort	
Lagerraum		Fundament	
Balkon		Uterus	
Zuhause		Mutterschoß	
Kajüte		Bergender Körper	
Zelt		Begleiter	
Hort		Gastgeber	
Nest		Mensch	
Klima		Mutter	
Insel		Wickeltisch	
Erde		Kinderbett	
Wasser		Laufställchen	
Höhle		Eigenraum	
Bodenlosigkeit		Bett	
Himmel		Matratze	
Weltraum		Zuhause	
Bildschirm		Feldbett	
		Luftmatratze	
		Pfühl	
		Lotterbett	

Es ist wichtig, die genaue Verwendung des tertium comparationis der Metapher im analytischen Geschehen zu kennen, um die Befindlichkeit des Analysanden präziser verstehen zu können.

---

1 *Da gab's einen Raum drum herum, aber das Entscheidende war immer die Beziehung. Das Gespräch.* (Herr Abel) *... dass es hier um nichts weiter geht als ein Gespräch zwischen zwei Menschen.* (Herr Bernstein)

2 *Ich fühlte mich zu Anfang sehr befangen, als würde mir der Raum für diese Stunde nicht wirklich gehören, sondern eben nur dieser knappe Platz auf der Couch.* (Herr Bernstein)

3 *Ich bezichtigte ihn auch so des Verrats – heimlich, nicht? An den gemeinsamen Werten. Ich bin Pietist, nicht?* (Herr Dornheim)

4 In die Praxis des Münchner Psychoanalytikers Thomas Truxa dringen die Gesangsübungen der Schülerinnen von Ingeborg Hallstein; andere Analysanden kennen die Zeiten, an denen das Badewasser der Analytikerkinder eingelassen wird oder verfolgen die Fortschritte eines klavierspielenden Nachbarkindes.

5 *... dass ich vorher schon mehrere Jahre eine Gruppenpsychotherapie gemacht hatte. Da waren wir zehn oder zwölf Leute gewesen. Und da hatte ich schon gesessen. Ich war also kein Neuling, was Psychotherapie anbelangte. Und stattdessen war es eher so, dass ich gemerkt hatte: Dieses Sitzen, das reicht mir nicht aus, und auch dieses „die Zeit teilen" mit elf andern Personen, reicht mir auch nicht aus. Ich will einen ganz für mich alleine haben!* (Frau Müller)

6 Schlussfolgerungen und Diskussion der Ergebnisse

Der Raum und der psychoanalytische Prozess durchdringen einander stärker und systematischer als dies bislang erkannt worden ist. Alle Analysanden nehmen den Praxisraum im Verlauf ihrer Behandlung changierend wahr; bis zu fünf verschiedene Räume können im Prozess der Analyse durchlaufen werden. Diese erlebten Räume sind hintereinander angeordnet und können nur nacheinander erreicht werden.

Die Räume liegen ineinander wie Hüllen. Diese Feststellung steht im Einklang mit der aristotelischen Theorie des Raumes als einer Abfolge von immer größer werdenden Gefäßen, die einander umschließen. Der jeweilige Raum reicht nicht weiter als die ihn erfüllenden Dinge. Auch Bachelard (1958) setzt diesen Gedanken fort.

Doch sind die analytischen Räume von anderer Art. Sie werden auch nicht größer, sondern zunächst kleiner. So bewegt sich der Analysand von außen nach innen auf das Zentrum des psychoanalytischen Erlebens zu: seinen eigenen Innenraum.

Er erlebt den Raum unterschiedlich. Würde er in verschiedenen Stadien der Analyse danach gefragt, was „der Raum" sei, so gäbe er jeweils unterschiedliche Definitionen.

Beginnend mit dem Umraum (Raum 0), der den Behandlungsraum enthält, definiert er als Raum zunächst das gesamte Behandlungszimmer, in dem sich das Setting befindet (Außenraum; Raum 1). In diesem Raum macht er bestimmte Erfahrungen und erlebt eine bestimmte Palette von Gefühlen, die sich vom Abgelehnt-Sein bis zu dem Gefühl des Willkommenseins spannen kann. Später erlebt er das Setting selbst als „Raum" (Interaktions- oder Symbioseraum; Raum 2). Das Setting ist nun Zentrum seiner Arbeit und seines Erlebens. Seine Gefühle und regressiven Erfahrungen, seine Übertragungserlebnisse und seine analytische Arbeit sind geprägt von der Zweisamkeit, und der Analysand tritt in eine enge, meist jahrelange duale Beziehung zum Analytiker, mit dem er quasi stellvertretend alle Höhen und Tiefen seines Lebens noch einmal auslotet. Hat er in diesem Raum absolute Sicherheit und Rückversicherung erfahren, dass seine Erfahrungen, Gefühle und Erlebnisse in den Verlauf seiner biographischen Erlebnisse integrierbar sind, gelangt er in den nächsten Raum, den Einzelraum (Raum 3). Dort geht er nun in Ruhe allein seiner analytischen Arbeit nach, und der Analytiker als begleitender Zweiter beginnt, eine untergeordnete Rolle zu spielen. Jedoch ist er auch als distanzierter Zweiter noch von eminenter Bedeutung für den analytischen Prozess. Auch das Alleinsein mit sich und den oft unverarbeiteten und nicht integrierbaren Erfahrungen ist dem Analysanden nur zeitweise möglich. Auch im dritten Raum gewinnt der Analysand jedoch im Laufe der Jahre an Sicherheit und an Gewissheit, dass er die erinnerten und erlebten Ereignisse adäquat integrieren kann, so dass sich allmählich der Wunsch ausbildet, den Analyseraum zu verlassen. Nun vollzieht sich ein Prozess der Absonderung: der Analysand konzipiert allmählich einen eigenen, ihm gemäßeren Raum, den er schließlich auch bezieht (Sonderraum; Raum 4). Sieht er den Analyseraum nach Abschluss der Behandlung noch einmal wieder, kommt ihm der fremd vor wie ein abgeworfener Kokon (Fremdgewordener Raum; Raum 5).

Dieses Konzept ermöglicht es, den Standort des Analysanden innerhalb seines eigenen analytischen Prozesses präziser anzugeben als das zuvor möglich war. Es löst zugleich auch zahlreiche Fragen, die sich aus der Literatur zum psychoanalytischen Behandlungsraum ergeben.

Einige der wesentlichsten Ergebnisse seien hier kurz angeführt. So lässt sich zu der Diskussion um die Frage, ob ein Analysand im Analyseraum *sitzen* dürfe, mit Hilfe des Raumkonzepts die Antwort geben, dass der Impuls zu sitzen an zwei Stellen des analytischen Prozesses geradezu ein integraler Bestandteil ist: Im ersten Raum setzen sich Patienten gelegentlich auf, um den Analytiker für ihre Vorstellung genauer im Raum zu positionieren und sich zu vergewissern, dass er wirklich anwesend ist. Im vierten Raum, in dem sehr heftige Auseinandersetzungen stattfinden können, ist das gelegentliche Hinsetzen ein körperliches Zeichen der beginnenden räumlichen Distanz, die der Analysand bald dauerhaft zum Analytiker halten will.

Das stete Liegen auf der Couch muss sich also erst erarbeitet werden. Es ist nicht von Anfang an kontinuierlich zu erreichen, genauso wie die Fähigkeit zur freien Assoziation erst erarbeitet werden muss.

Die freie Assoziation gelingt am längsten und tiefsten im dritten Raum.

Das Aufsetzen des Patienten hat zu Beginn des analytischen Prozesses eine andere Qualität als zu dessen Ende.

Die bei Thomä und Kächele (1996) referierte Beobachtung, dass der Analysand den Analyseraum als sein Eigentum betrachtet, wird durch das Raumkonzept differenziert: nur im Interaktions- oder Symbioseraum (Raum 2) hat der Analysand das Gefühl: „Dies ist *mein* Raum!“ An dieser, leicht psychotisch eingefärbten, Wahrnehmung wird auch das von Thomä und Kächele empfohlene „Bestehen auf den realen Verhältnissen seitens des Analytikers“ nichts ändern. Wichtig ist hier eine Deutungsarbeit durch den Analytiker, der dieses Raumempfinden ernst nimmt, es dem Analysanden hinsichtlich seines Orts im Analyseprozess begreiflich macht, und eventuell im Sinne einer vorübergehenden psychotischen Wahrnehmung damit umgeht.

Die Reichhaltigkeit der angetroffenen Metaphorik übertrifft bei weitem die eingangs angestellten Erwartungen an das Material. Buchholz' (2000) Verweis auf das *tertium datur* findet sich vielfach bestätigt in der Auswertung der zum Teil sehr reichhaltigen Metaphorik für denselben Ort. So wird der Raum zugleich als Gefängnis und Antigefängnis erlebt, als Ort des Todes und Ort des Geborenwerdens.

Meissners (1998) Verweis darauf, dass die Interaktion im Analyseraum auch immer eine von realen Körpern ist, lässt sich gut in die Raumtheorie einbinden. Körper sind auch räumlich determiniert. Ihre Wirkung suggeriert immer die Existenz bestimmter anderer Körper.

Hinsichtlich der haltenden und triangulierenden Funktion des Raumes erfüllt der analytische Raum, der durch das Raumkonzept präziser beschrieben worden ist, deutlich seine Funktion als Bestandteil des analytischen Rahmens. Da die psychoanalytische Diskussion dem Raum bislang die Funktion einer bedeutungslosen Hülle zugesprochen und ihn daher weitgehend ignoriert hat, bietet sich an, die Raumdiskussion in der psychoanalytischen Theoriebildung nun in Zusammenhang mit dem Rahmen zu führen.

Die eingangs referierte und zunächst rätselhafte Beobachtung, dass Analysanden Raumdetails oft erst nach vielen Jahren wahrnehmen, erklärt sich mit Hilfe der Theorie der fünf Räume. Der Analysand nimmt Details an einem gewissen Punkt der Analyse deutlich wahr, wenn er mit der Arbeit im Eigenraum (Raum 3), also der intensivsten Konfrontation mit dem eigenen Ich, fertig ist. Erst dann „erwacht" er, nimmt die Außenwelt – und die ist für ihn zunächst nur der Analyseraum – bewusst wahr und entscheidet, ob er sie auch bewusst inkorporieren will oder nicht. Das geschieht im Sonderraum (Raum 4). Das Wahrnehmen der Raumdetails ist also kein plötzliches Fokussieren wie das Scharfstellen eines immer schon vorhandenen Bildes auf der Mattscheibe eines Photoapparates, sondern es ist das Gewahrwerden von Selbst-Sein und Anders-Sein in einem Raum, mit dem man sich vorher identisch gefühlt hatte.

Bestätigt hat sich die hypothetisch angenommene und zum Teil auch aus der Literatur übernommene Ansicht (Greenacre 1959), dass alle Elemente des analytischen Behandlungsraums im Hinblick auf den analytischen Prozess bedeutsam sind. Es zeigt sich nun, in welcher Weise sie bedeutsam sind: Der analytische Prozess wird begriffen als einer, in dem der Analytiker den Analysanden vollkommen in seinen eigenen Raum mit aufnimmt. Dieses Aufnehmen wird progressiv erlebt und findet seinen Höhepunkt in ausführlichen Verschmelzungs- und Symbiosephantasien, die starke Anklänge an eine intrauterine Lebensgemeinschaft haben. Erst von dem Moment des geglückten Verschmelzens an ist die eigentliche, einsame analytische Arbeit des Analysanden möglich. Da der Analysand den Raum als erweiterten Körper des Analytikers erlebt, werden düstere, bedrohliche und einer fruchtbaren Symbiose abträgliche Raumelemente in allen Details intensiv wahrgenommen.

Im Eigenraum (Raum 3) tritt die Bedeutung des Raumes zurück; im Sonderraum (Raum 4) jedoch wird er zum ersten Mal in allen Details wahrgenommen als ein mit dem Selbst nicht Identisches. Daraus erklärt sich noch etwas: Im Interaktions- oder Symbioseraum (Raum 2) verschmilzt der Analysand auch räumlich mit der Welt des Analytikers. Würde der Analysand diesen Raum in irgendeinem Detail ablehnen, käme das im Empfinden einer Selbstvernichtung gleich: Denn er würde sich daher zugleich seines eigenen Lebensraums berauben. Hat der Analytiker seinen Raum mit Raumdetails ausgestattet, die dem Analysanden im Alltag nicht behagen würden, so blendet er diese Wahrnehmung im Interaktions- oder Symbioseraum (Raum 2) daher schlicht aus. Nur so kann er sich die Illusion der Symbiose weiterhin erhalten. Daher gleicht die Raumwahrnehmung im Sonderraum (Raum 4) häufig einem Erwachen: Nun bedarf der Analysand der Symbiose nicht mehr und kann sich gestatten, den Raum als etwas wahrzunehmen, mit dem er nicht identisch zu sein braucht. Er sieht die hässliche Tapete, den furchtbaren Schreibtisch, den geschmacklosen Teppich, das einfallslose Bücherregal oder das klischeehafte Weihnachtsmobile als einzelnes Raumelement, das er belächelt oder kritisiert, ohne dabei das Gefühl der Selbstvernichtung zu riskieren. Ja, er fühlt den starken Impuls und den unwiderstehlichen Drang, seine Kritik am Raum auszusprechen, denn dadurch etabliert er seine Vorstellung vom eigenen Raum als Vorstellung, Wille und schließlich als Realität.

Diese Einsicht könnte auch Folgen haben für die Gestaltung künftiger analytischer Praxisräume. Auch kalte, abweisende oder gar brutale oder „tote“ Räume – all das gibt es in der Realität psychoanalytischer Behandlungszimmer – ändern beim Analysanden nicht das Erleben, symbiotisch an ein ebensolches Wesen gebunden zu sein. Die analytische Progression im Sinne einer Ich-Stärkung kann in solchen Analyseräumen nur sehr eingeschränkt fortschreiten. Der Analysand ist auch zumeist nicht in der Lage, sich aus einem solchen defizitären Raum wieder zu lösen, denn er ist im Interaktions- oder Symbioseraum (Raum 2) bereits mit dem Raum verschmolzen. Die bloße Vorstellung, den Analyseraum verlassen zu müssen, löst Todes- oder Vernichtungsangst aus, so dass der Analysand diesen Raum auch nicht ernsthaft kritisieren würde. Mit Sicherheit findet er immer noch irgendwelche guten Eigenschaften an dem Raum, denen zuliebe sich der Verbleib im Raum rechtfertigen lasse. Diese Einstellung ist dauerhaft und bleibt auch über Jahrzehnte nach Analyseende bestehen.

Auch der überdurchschnittliche lange Verbleib im Interaktions- oder Symbioseraum (Raum 2) mit seinen Verschmelzungswünschen (bis zu sieben Jahren) ist der Psychoanalyse abträglich. In einer malignen Analyseentwicklung opfert der Analysand möglicherweise berufliche und private Entwicklungschancen, weil er den Verbleib im Analyseraum als vordringlichsten Lebenszweck ansieht. So stark kann die Vernichtungsangst sein, die dem Analysanden beim Verlassen des Analyseraums droht. Wird die Psychoanalyse zum dergestalt dominierenden Lebensinhalt, so kann dies jedoch verheerende biographische Folgen haben: Berufsangebote oder Beziehungsangebote werden vom Analysanden abgelehnt, weil sie eine Trennung vom Analyseraum zur Folge hätten. Hier ist wichtig zu wissen, dass der Analysand wohl an den Analyseraum schlechthin gebunden ist, dass dieser jedoch wechseln kann, und der Analysand in einer neuen analytischen Paarung wieder zu den gleichen regressiven Erlebnissen gelangen kann. In solchen Fällen maligner Analyse sollte der Analytiker die realen und häufig nicht reversiblen Lebensentscheidungen stützen und den Analysanden gegebenenfalls auch zum Verlassen des Analyseraums ermutigen.

Eine Fortsetzung einer Analyse als „Telefonanalyse“ oder als „Chat im Internet“ ist nicht möglich. Solche Interventionen mögen zwar den Charakter einer Psychotherapie oder einer temporären Unterstützung tragen, sind jedoch kein vollgültiger Ersatz für eine Psychoanalyse. Diese bedarf des gemeinsam erlebten Raumes.

Im Verlauf der Psychoanalyse verdient der Interaktions- oder Symbioseraum (Raum 2) der besonderen Beachtung. Hier ist der Analysand am verletzlichsten, am manipulierbarsten und am stärksten dauerhaft zu schädigen. Aufgrund seines leicht psychotisch eingefärbten Bewusstseins davon, in dieser Phase mit dem Analyseraum in symbiotischer Verschmelzung zu existieren, also auch nicht ohne ihn weiterleben zu können, ist der Analysand hier besonders bei einem Umzug gefährdet. Schon die pure Vorstellung, den Analyseraum dauerhaft verlassen zu müssen, löst unbewusste Vernichtungsängste aus, die häufig nicht einmal analytisch bearbeitet werden können, weil sie nicht zur sprachlichen Ebene vordringen.

Konfrontiert der Analytiker den Analysanden mit der Aussicht, innerhalb der nächsten vier Wochen den Behandlungsraum wechseln zu müssen, so löst dies eine angstgeprägte Starre beim Analysanden aus, die als solche weder von ihm selbst noch vom Analytiker bemerkt zu werden braucht. Jedoch kommt der Prozess der allmählichen Öffnung, des Beziehungsvertrauens und des Übertragungserlebens hier plötzlich ins Stocken. Ein Ausweg ist, den Umzug lange vorher zu thematisieren und eventuell dem Analysanden auch bereits Photos oder Ansichten seines künftigen Raumes zu zeigen, so dass er von dessen lebendiger Präsenz sowie von seiner guten haltenden Funktion bereits vor dem Umzug erfährt. Das alles ist jedoch kein Garant dafür, dass die Analyse sich bruchlos fortsetzen lassen wird.

Bei der Konzeption künftiger analytischer Behandlungsräume ist darauf zu achten, dass Analysanden den Raum als eine warmherzige, gute Erweiterung des Analytikerkörpers wahrnehmen können. Der Analytiker sollte sich einen Raum schaffen, in dem er selbst sich wohlfühlt und gern aufhält. Dies spürt der Analysand. Er entspannt sich besser in einem Raum, den er als glaubwürdig, bewohnt und lebendig erleben kann. Spuren individueller Tätigkeit des Analytikers, seiner persönlichen Vorlieben und Interessen dürfen durchaus im Analyseraum zu sehen sein.

Die Frage, ob der Analysand während der Analyse aus dem Fenster sehen dürfe, kann wohl uneingeschränkt bejaht werden. Die meisten Analysanden begrüßen es, den Analyseraum quasi als permeablen Raum zu erleben, in den sowohl Außenreize eindringen als auch Empfindungen hinausgetragen werden können. Dies geschieht häufig im Sinne einer Projektion, etwa wenn ein Baum vor dem Analysefenster steht, der im Spiel der Jahreszeiten erlebt und thematisiert werden kann; insofern ist das Außen keine Ablenkung, sondern eine Erweiterung des Analyseraums und der damit verbundenen Assoziationen. Das Argument, der Patient könne sich besser auf sein Innenleben konzentrieren, wenn die Außenreize minimiert würden, trifft nicht uneingeschränkt zu. Der Patient ist von Außenreizen nur insoweit ablenkbar, als er sich deren Wahrnehmung selbst gestattet. Er kann Außenreize aber als eine Vergewisserung interpretieren, dass er sich in einem gesunden, lebendigen Raum befindet, der auch eine Anbindung an den Alltag besitzt, und dies als Voraussetzung für seine innere Arbeit empfinden.

Der Zugang des Patienten zu seiner Psyche wird durch das Raumkonzept verständlicher und kann durch den Analytiker systematischer unterstützt werden. Ein mechanischer Zugang zur Psyche ist nicht möglich. Der Analysand kann dem Patienten aber helfen, seine anfängliche Starre und Angst zu überwinden, indem er den Behandlungsraum freundlich, wohnlich und behaglich gestaltet. Mitunter genügt eine winzige Geste, wie das symbolische über die Schwelle-Heben beim Begrüßungshandschlag, um dem Analysanden ein Gefühl von Willkommensein zu vermitteln. Allzu lang erlebte Starre und Todesangst lassen sich in diesem Zustand nicht analysieren und sollten daher nicht prolongiert werden. Der Analytiker hat es auch in der Hand, solche Arten von Eröffnung des seelischen Innenraums fortzuführen oder zu unterbrechen. Mitunter ist es hilfreich, den Patienten für einige Zeit sitzen zu lassen, falls er es wünscht. Jedoch sollte das Sitzen stets gedeutet werden.

Der Analytiker kann nun klar unterscheiden, in welchem der fünf Räume sich der Analysand befindet.

In jedem der Räume hat der Analysand selbst einen unterschiedlichen Zugang zu seiner Psyche. Man kann unterscheiden, ob der Analysand sich selbst fremd (Raum 1), symbiotisch über den Analytiker (Raum 2) oder autonom (Raum 3) begegnet. In Raum 4 ist der Zugang zur Psyche bereits so souverän, dass die Außenwelt stark berücksichtigt werden kann. Der Analysand handelt im vierten Raum aus seinem Eigenraum heraus und nimmt ihn als Maßstab bei der Beurteilung des Analyseraums, den er nun nicht mehr symbiotisch verschmelzend erlebt.

Die Einsicht, dass der Analytiker durch die Analyse im Wesentlichen den Analysand in seinen Raum aufnimmt, kann prägend für den Umgang der Analytiker sowohl mit Analysanden als auch mit dem Raum sein. Freud nahm seine Patienten nach dieser Nomenklatur immer in seine Räume auf. Er ordnete zwar die Hüllen um seine jeweiligen Behandlungsräume sehr hierarchisch an (Garten, Veranda, Warteraum, empfang durch Hauspersonal), doch stellte er damit sicher, dass der Analysand räumlich-körperlich erfuhr, dass im Kern dieser verschachtelten Gebäude, denen noch ein Garten vorgelagert war, eine Terrasse einen Übergang bot und von dem ein Warteraum Distanz hielt etc., ein geschützter Raum auf ihn wartete, den Freud sichtlich mit seinen Analysanden teilte, auch dadurch, dass er sie etwa mit einzelnen Skulpturen vertraut machte oder ihnen andere Raumelemente in die Hand gab. Eine solche Anordnung der „Raumhüllen" – wobei im Zentrum ein warmer, inniger Kontakt, gut abgesichert durch zahlreiche „Außenhüllen", möglich war – könnte heute wieder als Leitbild gesehen werden, in dessen Rahmen die Fragen von Abstinenz, Nähe und Distanz zwischen Analytiker und Analysand neu diskutiert werden.

Literatur

AHLHEIM, K.-H. (1966²): Duden Fremdwörterbuch. Der Große Duden, Band 5. Mannheim: Dudenverlag

ALEXANDER, C., ISHIKAWA, S., SILVERSTEIN, M., JACOBSON, M., FIKSDAHL-KING, I., ANGEL, S. (1977): A Pattern Language: Towns, Buildings, Construction. New York: Oxford Univ. Press

ALEXANDER, F.; SELESNICK, S. (1960): Geschichte der Psychiatrie. Konstanz/Zürich

AMARANTHES (eig. Gottl. Siegmund CORVINIUS) (1715): Nutzbares, galantes und curiöses Frauenzimmer-Lexicon, Leipzig: Gleditsch

AMATI MEHLER, J. (1999): Interview mit C. GUDERIAN für einen Beitrag im Saarländischen Rundfunk über das Berufsbild des Psychoanalytikers, aufgenommen in Hamburg am 22.09.1999

ARGENTIERI, S., AMATI MEHLER, J. (2003): „Hallo, wer spricht da, bitte?". In *Internationale Psychoanalyse. Sonderheft „Einsicht" Internationale Psychoanalytische Vereinigung, Jg. 12, H. 1, Juni 2003, S. 17–19*

ARISTOPHANES (1996): Nephelai. (Νεφέλαι) Die Wolken. Komödie. Übs.: SEEL, O. Stuttgart: Reclam

ARISTOTELES (1854): Physik. Übs. PRANTL, C. Leipzig: Koehler

ARNOLD, G.D. (1816): Der Pfingstmontag. Lustspiel in Straßburger Mundart ... nebst einem ... Wörterbuche. Straßburg: Treuttel u. Wuertz

ARTEMIDOROS (1753): Des Griechischen Philosophen Artemidori Großes und vollkommenes Traum=Buch, in dem der Ursprung, Unterschied und die Bedeutung allerhand Träume, die einem im Schlafe vorkommen können, aus natürlichen Ursachen hergeleitet und erkläret wird, nebst einer Erinnerung Philipp Melanchthons vom Unterschied der Träume und angehängtem Berichte, was von Träumen zu halten sey. Neue verbesserte und mit einem vollständigen Register und einer Astronomischen Traum=Tafel vermehrte Auflage. Leipzig. [Photomechan. Nachdruck Braunschweig o.J.: Michael KUHLE]

ARUFFO, R.N. (1995): The Couch: Reflections From an Interactional View of Analyses. in *Psychoanalytic Inquiry, vol. 15, iss. 3: 369–385*

BACHELARD, G. (1958): La poétique de l'espace. Paris. Deutsch: Poetik des Raumes, Übs.: K. LEONHARD. München: Hanser 1960

BALINT, M. (1969): Trauma und Objektbeziehung. in *Psyche 24 [1970]: 346–358*

BARKER, R. (1963): The Stream of Behavior: Explorations of its structure and content, New York: Appleton-Century-Crofts.

BARTZ, G., KÖNIG, E. (o.J.): Kunst und Architektur: Uffizien. o.O.: Könemann

BAURIEDL, T. (1998); Ohne Abstinenz stirbt die Psychoanalyse. Über die Unvereinbarkeit von Psychoanalyse und Körpertherapie. in *Forum der Psychoanalyse 14: 342–363*

BEGLEY, L.: (1998): Mistler's Exit. New York: Knopf

BEHLING-FISCHER, K. (2000): Zu Gast bei Sigmund Freud. Lebensweise, Gastlichkeit und Essgewohnheiten des Gründers der Psychoanalyse. Wien: Brandstätter.

BELL, C. (1992): Ritual Theory, Ritual Practice, New York/Oxford: Oxford Univ. Press

BERGGRUEN, H. (1999[6]): Hauptweg und Nebenwege. Erinnerungen eines Kunstsammlers. Berlin: Nicolai

BERMAN, J. (2001): Tales from the Couch: Writers on Therapy. ed. by J. SHINDER, New York: Morrow. 2000 (book review). in *Psychoanalytic Psychology, vol. 18, part 4; 743–755*

BERNFIELD, S. CASSIRER (1951): Freud and Archaeology. in *American Imago 5: 107–28*

BERTI, L. (1976): Il Principe dello Studiolo. Francesco I dei Medici e la fine del Rinascimento fiorentino. Firenze: Edam

BIELFELDT, H.H. (Hg.) (1968[13]): Russisch-deutsches Wörterbuch, Akademie der Wissenschaften der DDR, Zentralinstitut für Sprachwissenschaft. Berlin: Akademie 1976

BINSWANGER, L. (1933a): Das Raumproblem in der Psychopathologie. in *Zeitschr. f. Neurologie*. 145. Bd. 1933, Neuausgabe in: Ausgewählte Vorträge und Aufsätze, 2. Bd. Bern: Francke 1955

BINSWANGER, L. (1933b): Über Ideenflucht. Zürich: Orell Füssli

BINSWANGER, L. (1953): Grundformen und Erkenntnis menschlichen Daseins. Zürich: Niehans

BINSWANGER, L. (1956): Drei Formen mißglückten Daseins. Verstiegenheit, Verschrobenheit, Manieriertheit. Tübigen: Niemeyer

BITTNER, G. (1998): Liebe in der Analyse – ein Fall für den Staatsanwalt? Überlegungen zum „Gesetzesvorhaben gegen sexuellen Mißbrauch in der Psychotherapie". in *Forum der Psychoanlyse 14: 301–311*

BLACK, D.M. (2000): The Couch and the Tree: Dialogues in Psychoanalysis and Buddhism. Ed. by A. MOLINO. London: Constable. 1999 (book review) in *International Journal of Psychoanalysis, vol. 81, part 4: 833–834*

BLANTON, S. (1975): Tagebuch meiner Analyse bei Sigmund Freud. Frankfurt am Main, Berlin, Wien: Ullstein. Original English edition: Diary of my analysis with Sigmund Freud. New York: Hawthorn

BOLLNOW, F.O. (1963): Mensch und Raum. Stuttgart, Berlin, Köln: Kohlhammer 1997[8]

BRAUNFELS, W. (Hg.) (1973): Lexikon der christlichen Ikonographie in 8 Bänden, Rom, Freiburg, Basel, Wien: Herder

BRECHT, B. (1939): Leben des Galilei. In: Bertold Brecht. Gesammelte Werke. Band 3, S. 1229–1345 Frankfurt am Main: Suhrkamp 1973

BRENNER, C. (1976): Psychoanalytic Technique and Psychic Conflict. New York: International University Press.

BROME, R. (1640): The Antipodes. Drama in V acts. Edited by D.S. KASTAN and R. PROUDFOOT, Reprint London: Globe Quartos 2000

BRÜCKNER, C. (1992): Kein Denkmal für Gudrun Ensslin. Rede gegen die Wände der Stammheimer Zelle. in: Wenn du geredet hättest, Desdemona. Ungehaltene Reden ungehaltener Frauen: S. 109–122. Frankfurt am Main: Ullstein

BUCCI, M. (1965): Lo studiolo di Francesco I. Firenze: Sadea/Sanson

BUCHHOLZ, M.B. (2000): Metapher, in: Mertens, W.; Waldvogel, B. (2000), S. 445–450. Stuttgart: Kohlhammer

BÜCHMANN, G. (1950): Geflügelte Worte und Zitatenschatz. Zürich: Johannes Asmus

BURCKHARDT, J. (1962): Die Zeit Constantins des Großen. Gesammelte Werke. Bd. I. Darmstadt: Wiss. Buchgesellschaft

BURKERT, W. (1972): Homo Necans. Interpretationen altgriechischer Opferriten und Mythen. Berlin: de Gruyter

BURKERT, W. (1977): Griechische Religion der archaischen und klassischen Epoche. Stuttgart: Kohlhammer

BURKERT, W. (1990a): Ancient mystery cults. Antike Mysterien, Funktionen und Gehalt. München: Beck

BURKERT, W. (1990b): Opferrituale und Mythos bei den Griechen. Berlin: Wagenbach

BUTSCHKY, S. (1659): A-Z! erweiterte hoch-deutsche Kanzelley, darinnen nach vorgestelter

Recht-Schreibung Brif- und Titel-säzzung, vil sinreiche, wi auch allerhand Besuch-, Beehr-, Bitt-, Beantwort-, Beförderung-, Dinst-, Dank-... und sonst andere... Brife oder Send- Schreiben auf itztrecht übliche hochdeutsche Kanzelley-, Mund- und Feder-Art in 3 Teile wohl abgefast; mit einverleibten ordentlichen Inhalt-Registern. Breßlau: Trescher

BYERLY, L. (1992): Unresolved separation-individuation, masochism, and difficulty with compliance. in: When the Body Speaks, ed. S. KRAMER & S. AKHTAR, s. 113–130. Northvale, NJ: Aronson

CASSIRER, E. (1923–1929): Philosophie der symbolischen Formen. 3 Bände. Berlin: Cassirer 1931

CHELES, L. (1986): The Studiolo of Urbino: an iconographic investigation. Wiesbaden: Reichert

CHESSICK, R. D. (1971): Use of the couch in the psychotherapy of the borderline. in *Archives of General Psychiatry, vol. 25: 307–313*

CHING, F. D. K. (1996): Die Kunst der Architekturgestaltung als Zusammenklang von Form, Raum und Ordnung. Überarbeitete und erweiterte Neuausgabe. Übers. J. Menge; S. Sokolowski. Orig.: Architecture: Form, Space & Order. o. O.: Van Nostrand Reinhold. Augsburg: Augustus

CLARK, R. W. (1981): Ronald W. Clark. Aus d. Engl. von J. A. Frank. Orig.: Freud, the man and the cause. Frankfurt: S. Fischer

CLAUDIUS, M. (1779): Der Mond ist aufgegangen. in: Evangelisches Gesangbuch, Ausgabe für die Nordelbische Evangelisch-Lutherische Kirche, Hamburg: Wittig 1994

COLTRERA, J. T.; ROSS, N. (1967): Freud's psychoanalytic technique – from the beginning to 1923. In: WOLMAN, B. B. (Hg.): Psychoanalytic Techniques, New York: Basic Books

COMENIUS, J. A. (1638[7]): Janua linguarum reserata aurea sive seminarium linguarum et scientiarum omnium. Adornata opera ac studio Johannis Docemii – Eröffnete güldene Sprachen-Thür oder Pflantz-Garten aller Sprachen und Wissenschafften. Die siebende außfertigung, außgerüstet durch mühe vnnd fleiß Johannis Docemij selig vnd jetzt auß seinem eigenen beschriebenen exemplar auffa new vbersehen. § 574. Hamburg: Gundermann

CREMERIUS, J. (1984): Die psychoanalytische Abstinenzregel. in *Psyche 9: 769–800*

DAMM, S. (1995): Mehrphasentherapie. Eine Methodenkombination für die psychotherapeutische Praxis. München: Pfeiffer

DASYPODIUS, P. (1653): Dictionarium latino germanicum et vice versa. Frankfurt: s.n.

DAUM, E.; SCHENK, W. (1976[15]) Wörterbuch Deutsch-Russisch, Leipzig: VEB Verlag Enzyklopädie

DAVIES, E.; DAVIES, J. K.; MOLNAR, M.; O'CLEARY, S.; WARD, I. (1998): 20 Maresfield Gardens. A Guide to the Freud Museum. London: Serpent's Tail

DE COPPET, D. (1992): (Hg.) Understanding Rituals, London: Routledge

DESMOULINS, C. (1980): Letzter Brief aus dem Gefängnis, in: PERNOUD, G.; FLAISSIER, S. (Hg.): Die Französische Revolution in Augenzeugenberichten, franz. 1959, dt. Düsseldorf: Karl Rauch Verlag, 1962, ern. Deutscher Taschenbuch Verlag, München 1976, zit. nach: Georg BÜCHNER: Dantons Tod. Die Trauerarbeit im Schönen. Ein Theater-Lesebuch. Frankfurt am Main: Schauspiel Frankfurt

DETTMERING, P., PASTENACI, R. (2002): Das Vermüllungssyndrom: Theorie und Praxis. Eschborn: Klotz

DEUTSCH, F. (1947): Analysis of postural behaviors, in *Psychoanalytic Quarterly, vol. 16: 195–213*

DEUTSCH, F. (1952): Analytic posturology. in *Psychoanalytic Quarterly, vol. 21: 196–214*

DIEFENBACH, L. (1857): Glossarium latino-germanicum mediae et infimae aetatis e codicibus manuscritis et libris impressis. Frankfurt/M: Baer

DIELS, H. (1934[5]): Die Fragmente der Vorsokratiker, Hg. v. KRANZ, W., Bd. 1–3. Berlin: Weidmann

DIETERLE, R., (Hg.) (1981): Universale Bildung im Barock: der Gelehrte Anathanasius Kir-

cher. Eine Ausstellung der Stadt Rastatt in Zusammenarbeit mit der Badischen Landesbibliothek Karlsruhe.
DOLZ, R. (1972): Bauernmöbel. Das bäuerliche Mobiliar und Gebrauchsgut Mitteleuropas. Formen, Malerei, Schnitzwerk, Schulen. München: Heyne
DROSDOWSKI, G. (Hg.) (1980): Das große Wörterbuch der deutschen Sprache in sechs Bänden. Mannheim, Wien, Zürich: Bibliographisches Institut
DROSDOWSKI, G., GREBE, P. (1963): Etymologie. Herkunftswörterbuch der deutschen Sprache. Mannheim: Bibliographisches Institut
DUMAS, A. d. J. (2003) Die Kameliendame. A. d. Franz. von W. HOYER. Frankfurt am Main: Insel
DÜMLING, B. (1999): Sandro Botticelli 1444/5–1510, Köln: Taschen
DÜRCKHEIM, GRAF K. VON (1932): Untersuchungen zum gelebten Raum. Neue Psychologische Studien. 6. Band. München: Beck
EDNY, J.J. (1974): Human territoriality, in *Psychological Bulletin, 81, (12), 959–973*
EHRENBERG, V. (1951) The people of Aristophanes, Oxford: Blackwell
EIBL-EIBESFELDT, I. (1967): Grundriss der vergleichenden Verhaltensforschung. München: Piper
EICHENDORFF, J. v. (1826): Aus dem Leben eines Taugenichts. Novelle. Wiesbaden: Kesselring'sche Verlagsbuchhandlung 1948
ELIADE, M. (1958): Trait d'histoire des Religions, Paris: Payot; am. Übs.: Patterns in comparative Religion, New York: Meridian 1974
ENGELMAN, E. (1998): Sigmund Freud, Vienna IX. Berggasse 19. Photographs and Epilogue E. Engelman; Introduction and Legends I. SCHOLZ-STRASSER. Wien: Brandstätter
ENTRALGO, P.L. (1970): The Therapy of the World in Classical Antiquity, transl. L.J. RATHER & J. M. SHARP. New Haven, CT: Yale University Press
ERBSE, H. (1954): Sokrates im Schatten der aristophanischen Wolken. in *Hermes 82, S. 385*
ERBSE, H. (1969): Über die ersten „Wolken" des Aristophanes. In: Opus nobile. Festschrift Jantzen, S. 35 ff. Wiesbaden
ERK, L. (Hg.) (1856): Deutscher Liederhort. Auswahl der vorzüglichern deutschen Volkslieder aus der Vorzeit und der Gegenwart mit ihren eigenthümlichen Melodien. 1. Heft. Berlin: Enslin
ETCHEGOYEN, H. (1991): The Fundamentals of Psychoanalytic Technique. London: Karnac
EVANS, G., HOWARD, R. (1973): Personal Space. Mimeo
FAIRBAIRN, R.W. (1958): On the natures and aims of psychoanalytic treatment, in *International Journal of Psychoanalysis, vol. 39: 374–385*
FALLADA, H. (1964), Jeder stirbt für sich allein. Reinbek: Rowohlt
FEDERN, P. (1956): Ichpsychologie und die Psychosen. Bern, Stuttgart: Huber
FENICHEL, O. (1941): Problems of Psychoanalytic Technique. New York: The Psychoanalytic Quarterly.
FERENCZI, S. (1919): Zur psychoanalytischen Technik. In: FERENCZI, S.: Schriften zur Psychoanalyse, Bd. 1. Frankfurt am Main: S. Fischer
FISCHER, G.N. (1999): Psychologie des Arbeitsraumes, Frankfurt & New York: Campus
FLADER, D.; GRODZICKI, W.D.; SCHRÖTER, K. (Hg.) (1978): Psychoanalyse als Gespräch. Interaktionsanalytische Untersuchungen über Therapie und Supervision. Frankfurt am Main: Suhrkamp
FLICK, U., KARDORFF, E. v.; STEINKE, I. (Hg.): (2000): Qualitative Forschung. Ein Handbuch. Reinbek: Rowohlt Taschenbuch
FOWLER, H. W., FOWLER, F. G. (1975^5): The concise Oxford Dictionary of current English, nach der Erstausgabe von 1911 Hg. v. E. MCINTOSH und G.W.S. FRIEDRICHSEN. Oxford: Oxford Univ. Press
FRANK, A. (1992): A problem with the couch: Incapacities and conflicts. in: When the Body

Speaks: Psychological Meanings in Kinetic Clues, ed. S. KRAMER & S. AKHTAR, S. 89–112. Northvale, NJ: Aronson

FRANK, A. (1995): The Couch, Psychoanalytic Process, and Psychic Change: A Case Study. in *Psychoanalytic Inquiry, vol. 15 number 3; 324–337*

FREUD, A. (1976): A discussion of André Green's and Leo Rangell's „Papers on Change in Psychoanalysis". In: Plenary session on changes in psychoanalytic practice and experience: Theoretical, technical and social implications. (L. SHENGOLD, J. MCLAUGHLIN, reporters). in *International Journal of Psycho-Analysis. 57: 261–274*

FREUD, E., FREUD, L., GRUBRICH-SIMITIS, I. (Hg.) (1976): Sigmund Freud – sein Leben in Bildern und Texten. Frankfurt am Main: Suhrkamp

FREUD, E.; FREUD, L; GRUBRICH-SIMITIS, I. (1978): Sigmund Freud. His Life in Pictures and Words. London: André Deutsch

FREUD, S. (1893): Charcot (Nachruf). G.W.I, S. 19. London: Imago

FREUD, S. (1900): Die Traumdeutung. Leipzig und Wien: Deuticke.

FREUD, S. (1908) Die Verdrängung, G.W.X, 248–261. London: Imago

FREUD, S. (1912): Ratschläge für den Arzt bei der psychoanalytischen Behandlung, G.W. VIII, 375. London: Imago

FREUD, S. (1913): Zur Einleitung der Behandlung. in: G.W.VIII. London: Imago

FREUD, S. (1914): Zur Einführung des Narzißmus, G.W.X. London: Imago

FREUD, S. (1915): Bemerkungen über die Übertragungsliebe. G.W.X. London: Imago

FREUD, S. (1916–17): Vorlesungen zur Einführung in die Psychoanalyse. G.W.XI. London: Imago

FREUD, S. (1917): Metapsychologische Ergänzung zur Traumlehre. G.W.X. London: Imago

FREUD, S. (1925): Selbstdarstellung. in: G.W.XIV, London: Imago 1948

FREUD, S. (1938): Brief an Arnold Zweig, 21. März 1938, in: Sigmund Freud/Arnold Zweig, Briefwechsel, hg. von E.L. FREUD, S. 167f. Frankfurt am Main: S. Fischer

FREUD, W.E. (1988): Ziemlich düsterer Alltag in der Berggasse. Buchbesprechung: BERTHELSEN, D: Alltag bei Familie Freud. Die Erinnerungen der Paula Fichtl. in *Psyche 9/88, S. 843–845*

FUHRMANN, M. (1977): Lebendige Antike. Zürich: Artemis

GADDINI, R., GADDINI, E. (1970): Transitional object and the psychosomatic symptom. In: GROLNIK, S.A., BARKIN. L. (eds.): Between reality and phantasy – transitional objects and phenomena. New York: Aronson

GALLAGHER, W. (1993): The Power of Place. How our surroundings shape our thoughts, emotions, and actions. New York: Poseidon Press

GALLING, K. (Hg.) (1957³): Die Religion in Geschichte und Gegenwart (RGG). Tübingen: Mohr

GARDINER, M. (Hg.) (1972): Der Wolfsmann vom Wolfsmann. Sigmund Freuds berühmtester Fall. Frankfurt am Main: S. Fischer.

GAY, P. (1976): Introduction: Freud/For the Marble Tablet. In: E. Engelman (ed.) Berggasse 19. Sigmund Freud's Home and Offices, Vienna 1938, S. 13–54. New York: Basic Books

GAY, P. (1988): Freud. A Life of Our Time. London: Papermac

GEDO, J.E. (1995): Channels of communication and the analytic setup, in *Psychoanalytic Inquiry vol. 15, no. 3: 294–303*

GINZBURG, C. (1995): Spurensicherung. Der Jäger entziffert die Fährte, Sherlock Holmes nimmt die Lupe, Freud liest Morelli — Die Wissenschaft auf der Suche nach sich selbst [1979]. In: C. GINZBURG, Spurensicherung. Die Wissenschaft auf der Suche nach sich selbst, S. 7–44. Berlin: Wagenbach

GLOVER, E. (1955): The technique of psychoanalysis. London: Baillière, Tindall and Cox

GOETHE, J.W. VON (1887–1920) Werke. Hg. im Auftrage der Großherzogin Sophie von Sachsen. (Weimarer Ausgabe) I. Abt.: Werke. 55 Bde. Weimar

GOETHE, J.W. VON (1965): Die Leiden des jungen Werthers. Stuttgart: Reclam

GOETHE, J. W. VON (1808): Faust. Der Tragödie erster Teil. in: Goethes Werke. Hamburger Ausgabe in 14 Bänden, Hg. v. E. TRUNZ, Bd. 3. Hamburg: Wegner 1976[10]
GOETHE, J. W. VON (o. J.): Farbenlehre. In: Gedenkausgabe, hg. v. E. BEUTLER. Bd. XVI, o. O.
GOFFMAN, E. (1961): Asylums. Essays on the social situation of mental patients and other inmates. New York: Doubleday. Dt.: Asyle. Über die soziale Situation psychiatrischer Patienten und anderer Insassen. Frankfurt am Main: Suhrkamp 1972
GOFFMAN, E. (1973): La mise en scène de la vie quotidienne. Paris. Dt.: Wir alle spielen Theater. München: Piper 1991
GOHLKE, P. (1956): Aristoteles, Die Lehrschriften. Paderborn: Schoeningh
GOLDBERGER, M. (1995): The Couch as Defense and as Potential for Enactment. in *Psychoanalytic Quarterly, vol. 63, number 1; 23–42*
GONCOURT, E., GONCOURT, J. (1985): Tagebücher. Aufzeichnungen aus den Jahre 1851–1870. Nach der ersten Gesamtausgabe der Académie Goncourt ausgewählt, übertragen und herausgegeben von J. F. WITTKOP. Frankfurt am Main: Insel
GORDON, B. W.; GLOVER, E.; BRENNER, A. K.; BROMBERG, N.; STERLING, H. (1967): The Psychoanalytic Psychotherapy of Adolescents. New York
GOTTER, F. W. (1795): Schauspiele. Leipzig: J. G. Göschen
GRABSKA, K. (2000): Gleichschwebende Aufmerksamkeit und träumerisches Ahnungsvermögen (Rêverie). in: *Forum der Psychoanalyse 16: 247–260*
GRAHAME, K. (1908): The Wind in the Willows. London: Methuen 1961[105]
GREEN, A. (1975): Analytiker, Symbolisierung und Abwesenheit im Rahmen der psychoanalytischen Situation. in *Psyche, vol. 29: 503–541*
GREENACRE, P. (1954): The role of transference: Practical considerations in relation to psychoanalytic therapy. in *Journal of the American Psychoanalytic Association, vol. 2: 671–684*
GREENACRE, P. (1959): Certain technical problems in the transference relationship. in *Journal of the American Psychoanalytic Association, vol. 7: 484–502*
GREENACRE, P. (1971): Emotional Growth, Bd. II. New York: International Universities Press
GREENSON, R. R. (1965): The Working Alliance and the transference neurosis. in *Psychoanalytic Quarterly, vol. 35: 155–181*
GREENSON, R. R. (1967): The Technique and Practice of Psychoanalysis. New York: International Universities Press
GREENSON, R. R. (1978): Explorations in psychoanalysis. New York: International University Press. Dt.: (1982): Psychoanalytische Erkundungen. Stuttgart: Klett-Cotta
GRIESER, D. (2000): Kein Bett wie jedes andere. Möbel, die Geschichte machen. München, Zürich: Piper
GRIMM, J.; GRIMM, W. (1854 ff.): Deutsches Wörterbuch. Leipzig. Hg. von der Deutschen Akademie der Wissenschaften zu Berlin in Zusammenarbeit mit der Akademie der Wissenschaften zu Göttingen. Fotomechanischer Nachdruck der Erstausgabe 1878: München: Deutscher Taschenbuch Verlag 1991
GRIMMELSHAUSEN, J. C. VON (1669) der abentheurliche Simplicissimus teutsch, das ist: die beschreibung deß lebens eines seltzamen vaganten, genannt Melchior Sternfels von Fuchshaim, von German Schleifheim von Sulsfort. Mömpelgard: s.n.
GRØNBECH, V. P. (1954[2]): Kultur und Religion der Germanen, Bd. 2. O. HÖFLER (Hg.). Ins Dt. übertr. von E. HOFFMEYER. Darmstadt: Wiss. Buchgesellschaft
GROTSTEIN, J. S. (1995): A Reassessment of the Couch in Psychoanalysis. in *Psychoanalytic Inquiry, vol. 15, number 3, 396–405*
GRUBRICH-SIMITIS, I. (1999): Brief an C. Guderian, 5. März 1999
GRUEN, A. (1967): The couch or the man. in *The Psychoanalytic Review, vol. 54, 72–79*
GUDERIAN, C. (1983): „Schreiben heißt doch immer, mit etwas anderem aufzuhören" –

Der DDR-Autor Jurek Becker ist Stadtschreiber von Bergen-Enkheim. Gießener Anzeiger 19.03.1983
GUDERIAN, C. (1998): Die Stromschnellen hinab. Zum Tode des Psychoanalytikers Tobias Brocher. Frankfurter Allgemeine Zeitung 13.11.1998
GUDERIAN, C. (2004 a): Magie der Couch. Bilder und Gespräche über Raum und Setting in der Psychoanalyse. Stuttgart: Kohlhammer
GUDERIAN, C. (2004 b): Der Raum in der Psychoanalyse. Zur Wirkung des Raumes auf den psychoanalytischen Prozess. Inaugural-Dissertation zur Erlangung des Doktorgrades der Philosophie an der Ludwig-Maximilians-Universität München
HALL, E. (1959): The Silent Language, New York: Doubleday
HALL, E.T. (1971): La dimension cachée. Paris: Essais
HALL, R.; CLOSSON, W.G. (1964): An experimental study of the couch. in *Journal of Nervous and Mental Disorders, vol. 138: 474–480*
HALPERN, S. (1963): Free association in 423 B.C. in *The Psychoanalytic Review, vol. 50: 419–435*
HAMSUN, K. (1918): Segen der Erde. Übs. a. d. Norwegischen von P. KLAIBER-GOTTSCHAU. München: Albert Langen/Georg Müller
HARRISON, J.P. (1927²): Themis. Cambridge: Cambridge Univ. Press
HAUBL, R.; MERTENS, W. (1996): Der Psychoanalytiker als Detektiv. Eine Einführung in die psychoanalytische Erkenntnistheorie. Stuttgart: Kohlhammer
HAUSENSTEIN, W. (1947): Begegnungen mit Bildern. 56 Tafeln, 4 Farbtafeln und 57 Texte. München: Piper
HEDIGER, H. (1955): Studies of the psychology and behaviour of captive animals in zoos and circuses. London: Butterworth
HEIDEGGER, M. (1927): Sein und Zeit. Halle a. d. Saale: Niemeyer
HENNING, D., LAUER, B., HG. (1985): Die Brüder Grimm. Dokumente ihres Lebens und Wirkens. Ausstellung Museum Fridericianum: 1.6.-15.9.1985. Kassel: Weber & Weydemeyer
HEYNE, M. (1735): Die zehnmal übelgerathene u. einmal wohlgetroffene Heyrath eines Mannes, u. die siebenmal übelgerathene u. einmal wohl ausgeschlagene eines Weibes. Leipzig: s.n.
HIRSCH, M. (1997): Schuld und Schuldgefühl. Zur Psychoanalyse von Trauma und Introjekt. Göttingen: Vandenhoeck und Ruprecht
HIRSCH, M. (1998): Der eigene Körper als Übergangsobjekt. In: HIRSCH, M. (1998²): S. 9–32
HIRSCH, M. (1998¹): Überlegungen zum Wesen der Analyse, zum analytischen Raum und zur Überschreitung seiner Grenzen. Eine Erwiderung auf Günther Bittner. in: *Forum der Psychoanalyse 14: 312–318*
HIRSCH, M. (Hg.) (1998²): Der eigene Körper als Objekt. Zur Psychodynamik selbstdestruktiven Körperagierens. Gießen: Psychosozial
HOFMANN, W. (1983): Luther und die Folgen für die Kunst. Katalog. München: Prestel
HOLMBERG-HARVA, U. (1923): Der Baum des Lebens. Helsinki: Annales Academicae Scientiarum Fennicae
HOLMBERG-HARVA, U. (1938): Die religiösen Vorstellungen der altaischen Völker. Helsinki: Suomalainen Tiedeakatemia
HÖLTY, L.H.C. (1814): Gedichte. Neu bes. u. verm. v. J.H. Voss. Stuttgart: s.n.
HOMER (1781): Odyssee. Erstausgabe Hamburg, Nachdruck o.J. München: Winkler
HOMER (1793): Ilias. Erstausgabe Hamburg; Nachdruck o.J. München: Winkler
HOROWITZ, M.J.; DUFF, D.F.; STRATTON, L.O. (1974): Personal space and the body buffer zone, in: H.M. PROSHANSKY et al (Eds.), Environmental psychology: Man and his physical space, S. 214–220. New York.
ISAKOWER, O. (1936): A contribution to the patho-psychology of phenomena associated with falling asleep. in *International Journal of Psycho-Analysis, vol. 19: 331–345*

JACKSON, S. W. (1992): The listening healer in the history of psychological healing. in *American Journal of psychiatry, vol. 12: 149*
JACOBSON, J. G. (1995): The Analytic Couch: Facilitator or Sine Qua Non? in *Psychoanalytic Inquiry, vol. 15, number 3: 304–323*
JANUS, L. (2000): Die Psychoanalyse der vorgeburtlichen Lebenszeit und der Geburt. Gießen: Psychosozial
JENSEN, A. E. (1947): Wettkampf-Parteien. Zweiklassen-Systeme und geographische Orientierung. Studium generale. 1. Jg., o.O., s.n.
JOEDICKE, J. (1985): Raum und Form in der Architektur. Stuttgart: Kraemer
JONES, E. (1960): Das Leben und Werk von Sigmund Freud, 3 Bände. Bern & Stuttgart: Huber 1982[3]
JÜNGER, E. (1947): Sprache und Körperbau. Zürich: Verlag der Arche
KAHN, L. (1989): *Bauwelt,* H. 37, Jg. 1989
KAISER, H. (1996): Grenzverletzung. Macht und Mißbrauch in meiner psychoanalytischen Ausbildung. Mit einem Vorwort von T. Moser und einem Nachwort von J. Cremerius. Zürich und Düsseldorf: Walter
KANT, I. (1781): Kritik der Reinen Vernunft. Königsberg. Unveränderter photomechanischer Abdruck von „Kants gesammelten Schriften“. Herausgegeben von der Königlich Preußischen Akademie der Wissenschaften“, Band IV, Berlin 1903/11, S. 1–565, Berlin: de Gruyter 1968
KASAPI, E. (2000): Humour on the Couch, by A. Lemma Whurr. (book review), in *Psychoanalytic Studies, vol. 3: 459–462*
KÄSTNER, E. (1998) Gewisse Ehepaare, in: Ein Mann gibt Auskunft. Gedichte. in: E. KÄSTNER, Werke. Zeitgenossen, haufenweise. Gedichte. S. 160 f. Hg. von F. J. GÖRTZ, München, Wien: Carl Hanser. Erstdruck: Die Weltbühne, 23.4.1929, S. 642
KAYSERSBERG, J. GEILER V. (1494): Der Bilger mit seinen Eygenschaften auch Figuren. in: Die aeltesten Schriften Geilers von Kayersberg. Hg. v. L. Dacheux. Nachdruck Freiburg im Breisgau: Herder 1882
KELMAN, H. (1965): The use of the analytic couch. in *American Journal of Psychoanalysis, vol. 14: 65–82*
KERÉNYI, K. (1964): Der göttliche Arzt. Studien über Asklepios und seine Kultstätten. Darmstadt: Wiss. Buchgesellschaft.
KÉRENYI, K. (1966): Humanistische Seelenforschung. Darmstadt: Wiss. Buchgesellschaft
KERN, O. (1926): Die Religion der Griechen. Berlin: Weidmannsche Buchhandlung
KERNBERG, O. F. (1981): Objekt-Beziehungen und die Praxis der Psychoanalyse. Stuttgart: Klett-Cotta
KERNBERG, O. F. (1991[3]): Schwere Persönlichkeitsstörungen. Aus dem Amerik. übs. v. H. Steinmetz-Schünemann. Orig.: Severe Personality Disorders. New Haven: Yale Univ. Press 1984. Stuttgart: Klett-Cotta
KERR, R. (1865): The English Gentleman's House. o.O., s.n.
KESTENBERG, J. (1971): From object imagery to self and object representatioins. In: MCDEVITT, J. B., SETTLAGE, C. F. (eds.): Separation individuation: essays in honour of Margaret S. Mahler. New York: International University Press
KLAGES, L. (1959[2]): Die Sprache als Quell der Seelenkunde (darin: 10. Kap., Sprachliche Raumsymbolik, S. 160 ff.) Stuttgart: Hirzel
KLUGE, F. (1963[19]) Etymologisches Wörterbuch der deutschen Sprache, bearb. v. W. MITZKA. Berlin: de Gruyter
KRUG, A. (1985[2]): Heilkunst und Heilkult. Medizin in der Antike. München: Beck 1993
KRUTZENBICHLER, S. (1998): Läßt sich die psychoanalytische Ethik kodifizieren? In: *Forum der Psychoanalyse 14: 319–324*
KUBIE, L. S. (1950): Practical and theoretical Aspects of Psychoanalysis. New York: International Univerity Press

KULISH, N. (1996): A Phobia of the Couch: A Clinical Study of Psychoanalytic Process. in *Psychoanalytic Quarterly, vol. 65, number 3: 465–494*

KURZ, H. (1874): Gesammelte Werke. Mit einer Biographie des Dichters. Hg. v. P. HEYSE, Bd. 3, p. 403. Stuttgart: Kröner

KUSPIT, D (1989): A mighty metaphor: The analogy of archaeology and psychoanalysis. In: L. GAMWELL und R. WELLS (Hg.) Sigmund Freud and Art. His personal collection of antiquities, S. 132–51. London: Thames and Hudson

LASSEN, H. (1939): Beiträge zu einer Phänomenologie und Psychologie der Anschauung. Würzburg: Triltsch

LAUTS, J. (1962): Carpaccio. Gemälde und Zeichnungen. Gesamtausgabe. Köln: Phaidon

LE CORBUSIER (1956^2): Der Modulor. Darstellung eines in Architektur und Technik allgemein anwendbaren harmonischen Maszes im menschlichen Maszstab. Übertr. a. d. Franz. R. HERRE. (Faksimile) Stuttgart: Deutsche Verlags-Anstalt 1995^6

LEAVY, S.A. (1998): Soul on the Couch: Spirituality, Religion & Morality in contemporary Psychoanalysis., ed. by C. Spezzano and G.J. Garguilo. Hillsdale, N.J.: Analytic Press. in *Psychoanalytic Review – New York – Vol. 95, no. 3: 475–477* (book review)

LEWIN, B.D. (1973): Selected Writings of Bertram D. Lewin. New York

LEWIN, B.D. (1954): Sleep, narcissistic neurosis, and the analytic situation. in *Psychoanalytic Quarterly, vol. 23: 478–510*

LEWIN, K. (1951): Field theory in the social sciences. New York, dt.: Feldtheorie in den Sozialwissenschaften. Bern: Huber 1963

LICHTENBERG, J.D. (1995): Forty-five Years of Psychoanalytic Experiences On, Behind, and Without the Couch. in *Psychoanalytic Inquiry, vol. 15, no. 3: 280–293*

LIEBENWEIN, W. (1977): Studiolo: Die Entstehung eines Raumtyps und seine Entwicklung bis um 1600. Berlin: Mann

LINSCHOTEN, J. (1952): Over het inslapen. Tijdschr. Philos. Deutsch: Über das Einschlafen. in *Psychologische Beiträge, 2. Bd. 1955, H. 1 und 2, S. 274*

LOEW, W. (1957^3): Beichte II. Eintrag in: GALLING, K. (Hg.): Religion in Geschichte und Gegenwart (RGG), Spalte 974

LORENZ, K.; Leyhausen, P. (1968): Antriebe tierischen und menschlichen Verhaltens. München: Piper

LUKATIS, C. (1995): Mein blauer Salon. Zimmerbilder der Biedermeierzeit. Ausstellung im Germanischen Nationalmuseum Nürnberg, 11.5. bis 20.8.1995, Nürnberg: Verlag des Germanischen Nationalmuseums Nürnberg

LUTHER, M. (1558): Der achte vnd letzte Teil aller Bücher vnd Schriften, nebst Index oder Register vber die acht deudsche tomos, gestellet durch d. Timotheum Kirchnerum. Jena: Feyerabend u. Rebart

LUTHMER, H. (1913^2): Deutsche Möbel der Vergangenheit. Leipzig: Klinkhardt und Biermann

LYNCH, K. (1976): L'image de la cité, Paris: Dunod

MAALER, J. (1561): Die Teütsch spraach. Alle woerter, namen vnd arten zů reden in Hochteütscher spraach, dem ABC nach ordenlich gestellt, vnnd mit gůtem latein gantz fleissig vnnd eigentlich vertolmetscht. dergleychen bißhär nie gesähen. Zürich: Froschauer

MAAZ, H.-J.: (1990): Der Gefühlsstau. Ein Psychogramm der DDR. Berlin: Argon

MAAZ, H.-J.; HENNIG, H.; FIKENTSCHER, E. (1997): Analytische Psychotherapie im multimodalen Ansatz. Zur Entwicklung der Psychoanalyse in Ostdeutschland. Lengerich, Berlin, Düsseldorf, Leipzig, Riga, Scottsdale (USA), Wien, Zagreb: Pabst Science Publ.

MAHL, G. (1977): Body movement, ideation and verbalization during psychanalysis. in: FREEDMAN, N.; GRAND, S. (Hg.): Communicative Structures and Psychic Structures, S. 291–310. New York: Plenum

MAKARI, G.J. (1998): Unorthodox Freud: The View from the Couch: Response (Leserbrief). in *International Journal of Psychoanalysis, vol. 79, no. 5: 1004f.*

MANGABEIRA, W.C. (1999): On the Textuality of Objects in Disciplinary Practice: the couch in psychoanalysis. in *Psychoanalytic Studies, vol. 1: 327–354*

MANN, T. (1924): Der Zauberberg. Frankfurt am Main: S. Fischer 1960

MANN, T. (1951): Der Erwählte. Roman. in: Gesammelte Werke in Einzelbänden. Frankfurter Ausgabe. Herausgegeben von P. DE MENDELSSOHN. Frankfurt am Main: S. Fischer 1980

MANN, T. (1960): Goethe und Tolstoi. in: Schriften und Reden zur Literatur, Kunst und Philosophie I, S. 132–218, erstmals in „Deutsche Rundschau"; Berlin, 48. Jg., H. 6 (März) 1922. Frankfurt am Main: S. Fischer

MAREK, M. (1984): Ekphrasis und Herrscherallegorie. Antike Bildbeschreibungen im Werk Tizians und Leonardos. Diss Köln 1984. Worms: Werner

MARX, K. (1890): Das Kapital. Kritik der politischen Ökonomie. Erster Band, Buch I: Der Produktionsprozeß des Kapitals. Nach der vierten, von Friedrich ENGELS durchgesehenen und herausgegebenen Auflage, Hamburg. In: K. MARX, F. ENGELS, Werke, Band 23. Berlin: Dietz 1972

MCALOON, R.E. (1987): The need to feel like an analyst: a study of counter transference in the case of a patient who refused to use the couch. in *Modern Psychoanalysis, vol. 12: 65–87*

MCLAUGHLIN, J.T. (1987): The play of transference: Some reflections on enactment in the psychoanalytic situation. in *Journal of the American Psychoanalytical Assn., vol. 35: 557–582*

MEISS, P. VON (1995): Vom Objekt zum Raum zum Ort. Aus dem Franz. v. K. Anding. Berlin, Boston, Basel: Birkhäuser

MEISSNER, W.W. (1998): The Self and the Body: IV. The Body on the Couch. in *Psychoanalysis and Contemporary Thought, vol. 21, no. 2: 277–300*

MEISTERLIEDER (1529): Meisterlieder der Berliner Handschrift, manuscript germ. folge 23 von 1529–51, No. 78

MENGE, H. (1910): Langenscheidts Taschenwörterbuch der griechischen und deutschen Sprache, München: Langenscheidt 1967[31]

MENNINGER, K.; HOLZMAN, P. (1977): Theorie der psychoanalytischen Technik. Stuttgart: Frommann-Holzboog

MERKELBACH, R. (1962): Roman und Mysterium in der Antike, München, Berlin: Beck

MERTENS, W.; WALDVOGEL, B. (2000), Handbuch psychoanalytischer Grundbegriffe (Hg.). Stuttgart, Berlin, Köln: Kohlhammer

MILLET, J. (1962): The changing faces of psychoanalytic training. In: SALZMAN, L; MASSERMANN, J.H. (Hg.) (1962)

MINKOWSKI, E. (1933): Le temps vécu. Etudes phénoménologiques et psychopathologiques. Paris: Puf Collection Quadrige

MITSCHERLICH, A. (1965): Die Unwirtlichkeit unserer Städte. Anstiftung zum Unfrieden. Frankfurt: Suhrkamp 1969[7]

MITSCHERLICH, A. (1971): „Perlach – bemerkenswert, bedenkenswert", in: Merian – „München" 12.12.1971

MOLES, A.A.; ROHMER, E. (1977): Psychologie de l'espace. Tournai: Casterman

MOLINO, A. (ed.) (1998): The couch and the tree. Dialogues in psychoanalysis and Buddhism. New York: North Point Press.

MÖLLER, R. (1997): Möbel vom Barock bis zur Gegenwart. München, Berlin: Deutscher Kunstverlag.

MONTAGU, A. (1971): Körperkontakt. Stuttgart: Klett

MORAITIS, G. (1995): The Couch as a Protective Shield for the Analyst. in *Psychoanalytic Inquiry, vol. 15, no. 3: 406–412*

MÖSER, J. (1778): Patriotische Phantasien. Hg. v. seiner Tochter. J.W.J. v. VOIGT, GEB. MÖSER, Bd. 2. Berlin: Nicolai

MOSER, T. (1974): Lehrjahre auf der Couch. Bruchstücke meiner Psychoanalyse. Frankfurt am Main: Suhrkamp.

MOSER, T. (1979): Grammatik der Gefühle. Mutmaßungen über die ersten Lebensjahre. Frankfurt am Main: Suhrkamp Taschenbuch

MOSER, T. (1993): Der Erlöser der Mutter auf dem Weg zu sich selbst. Eine Körperpsychotherapie. Frankfurt am Main: Suhrkamp

MOSER, T. (2002) Gutachten zum Promotionsvorhaben von C. Guderian

MÜLLER, T. (2000): Stichwort „Rahmen, Setting" in MERTENS, W.; WALDVOGEL, B. (2000), S. 594–599)

MÜLLER, W. (Hg.) (1986): Sinn- und sachverwandte Wörter. Wörterbuch der treffenden Ausdrücke. Mannheim: Dudenverlag

MUSIL, R. (1930): Der Mann ohne Eigenschaften. 3 Bände. Hamburg: Rowohlt 1960

MYERS, W. A. (1987): Actions speak louder. in *Psychoanalytic Quarterly, vol. 56: 645–666*

NELTZEN, H. (1980): Alexander von Humboldt. Eine dokumentierte Ikonographie. Berlin: Dietrich Reimer

NILSSON, M. P. (1941): Geschichte der griechischen Religion Bd. 1 und 2, München: Beck

NOACK, P.; NIEMANN, B.: (1961): Wer waren sie wirklich? Ein Blick hinter die Kulissen der elf interessantesten Prozesse der Nachkriegszeit. Bad Homburg von der Höhe: Hermann Gentner

HENRY, O. (1904): The Furnished Room. München: Langenscheidt 2002

HENRY, O. (1974): Ruf der Posaune und andere Storys. Dt. von Böll, A. und Böll, H. u. a.. Olten und Freiburg i. Br.: Walter.

OGDEN, T. H. (1985): On potential space. in *International Journal of Psycho-Analysis, vol. 66: 234–256*

OLESKER, W. (1998): Female Genital Anxieties: Views from the Nursery and the Couch. in *Psychoanalytic Quarterly, vol. 67, no. 2: 276–294*

ORTHBANDT, E., TEUFFEN, D. H. (1962) Ein Kreuz und tausend Wege. Die Geschichte des Christentums im Bild. Konstanz: Friedrich Bahn

PARIN, P.; Morgenthaler, F.; Parin-Matthèy, G. (1971): Fürchte deinen Nächsten wie dich selbst. Psychoanalyse und Gesellschaft am Modell der Agni in Westafrika. Frankfurt am Main: Suhrkamp 1991[2]

PARIN, P.; PARIN-MATTHÈY, G., MORGENTHALER, F.; (1963): Die Weißen denken zuviel. Psychoanalytische Untersuchungen bei den Dogon in Westafrika. Hamburg: Europäische Verlagsanstalt 1993[4]

PASTERNAK, B. (1957): Doktor Schiwago. Roman. Mailand: Feltrinelli. Übs. a. d. Russischen von R. v. Walter. Frankfurt am Main: S. Fischer 1958

JEAN PAUL (1800–1803): Titan, in: Sämmtliche Werke, Bd. 1. Berlin: Gustav Hempel

PEICHL, J. (1991): Die Außenwelt der Innenwelt. Zur Gestaltung des äußeren Settings durch den Analytiker. in *Zeitschrift für psychosomatische Medizin, vol. 37: 128–145*

PETERSEN, M.-L. (1996): Der sichere Rahmen. Bestandteile, Handhabungen und Wirkungen. In: *Forum der Psychoanalyse 12: 110–127*

PETRARCA, F. (1956): Dichtungen, Briefe, Schriften, hrsg. v. H. Eppelsheimer. Frankfurt am Main: Fischer Bücherei

PIAGET, J.; INHELDER, B. (1975): Die Entwicklung des räumlichen Denkens beim Kinde, Stuttgart: Klett

PLUTARCH (833): Moralia. Darin: Vita Decem Oratores. Stuttgart: Teubner 1993

POE, E. A. (1843), The Pit and the Pendulum. in: The complete Edgar Allan Poe Tales: 344–354 New York (Avenel) 1981; Dt. in: E. A. Poe, Das gesamte Werk in zehn Bänden, Hg. K. SCHUMANN, H.-D. MÜLLER, dt. von A. Schmidt und H. Wollschläger. Herrsching: Manfred Pawlak 1979

PORTER, T. (1964): A Study of Path Choosing Behavior, Dissertation University of California, Berkeley

PREMOLI-DROULERS, F., LENNARD, E. (1996): Dichter und ihre Häuser, a. d. Franz. v. Hagedorn, E. und Reitz, B., München: Knesebeck

PROUST, M. (1913): À la recherche du temps perdu. Bd. 1: Du côté de chez Swann. Dt.: Auf der Suche nach der verlorenen Zeit, Bd. 1: In Swanns Welt. übers. v. E. Rechel-Mertens. Frankfurt am Main, Zürich 1953

PUŠKIN, A.S. (1999): Jewgenij Onegin. Roman in Versen. Petersburg 1825–1833. A. d. Russ. von R.-D. Keil. Frankfurt am Main: Insel

RAPAPORT, D. (1960): The structure of psychoanalytical theory: a systematizing attempt. Madison, Connecticut: International Universities Press. Dt.: Die Struktur der psychoanalytischen Theorie. Versuch einer Systematik. Stuttgart: Klett 1973[3]

REEMTSMA, J.P. (1997): Im Keller. Hamburg: Hamburger Edition

REICH, W. (1973): Charakteranalyse. Frankfurt am Main: Fischer

REICHMANN-FROMM, F. (1959): Intensive Psychotherapie. Stuttgart: Hippokrates

REINIG, C. (1965): Drei Schiffe. Erzählungen. Frankfurt am Main: Fischer

RIEBESELL, C. (1986): Die Sammlung des Kardinal Alessandro Farnese: ein „Studio" für Künstler und Gelehrte. Mit 155 s-w-Abbildungen. Weinheim WCH, Acta Humaniora, Dissertation.

RILKE, R.M. (1903): Der Panther. in: Rainer Maria Rilke. Sämtliche Werke in zwölf Bänden, hg. vom Rilke-Archiv. In Verbindung mit R. SIEBER-RILKE, besorgt durch E. ZINN. Bd. 2, S. 504, Frankfurt am Main: Insel 1976

RILKE, R.M. (1906): Der Gefangene I und II, in: SW, Bd. 2: 504 f. Frankfurt am Main: Insel 1976

RITTER, K.B. (1957): Beichtstuhl. Eintrag in: GALLING, K. (Hg.): Religion in Geschichte und Gegenwart (RGG), Spalte 976

RIZZUTO, A.M. (2002): Speech events, language development, and the clinical situation. *International Journal of Psychoanalysis 83: 1325–43*

ROBERTIELLO, R.C. (1967): The Couch. in *Psychoanalytic Review, vol. 54: 69 ff.*

ROSCHER, W.H. (1900): Ephialtes. Eine pathologisch-mythologische Abh. über die Alpträume und Alpdämonen des klassischen Altertums. Leipzig: Hirzel

ROSENBAUM, S. (1967): Symbolic meaning and theoretical significance of the analytic couch. in *Science and Psychoanalysis, vol. 11: 182–201*

ROTERMUND, H.M. (1957): Untersuchungen zu Rembrandts Faust-Radierung. in *Oud Holland 72: 151 ff.*

ROTHSTEIN, A. (1999): Sleeping and Dreaming on the Couch Viewed from the Perspective of Compromise Formation Theory. in *Psychoanalytic Quarterly, vol. 68, no. 1: 99–109*

RYCROFT, C. (1956): The nature and function of the analyst's communication to the patient. in *International Journal of Psycho-Analysis, vol. 37, 469–472*

SACHS, H. (1870–1908): Werke. Keller, A. von; Goetze, E. (Hg.) Bd. I. Tübingen: Literarischer Verein Stuttgart

SACHS, P.; Villatte: (1909): Enzyklopädisches Wörterbuch der französischen und deutschen Sprache, 2. Teil Deutsch-Französisch, Berlin-Schöneberg: Langenscheidt'sche Verlagsbuchhandlung

SACHS, P.; Villatte: (1911): Enzyklopädisches Wörterbuch der französischen und deutschen Sprache, 1. Teil Französisch-Deutsch. Berlin-Schöneberg: Langenscheidt'sche Verlagsbuchhandlung

SADOW, L. (1995): Looking, Listening, and the Couch. in *Psychoanalytic Inquiry, vol. 15, no. 3: 386–395*

SAINT-EXUPÉRY, A. DE (1948): Citadelle. Paris. dt.: Die Stadt in der Wüste, übs. Nostitz, O. v., Bad Salzig und Düsseldorf: Karl Rauch

SALZMAN, L. (1967): Significance of the analytic couch: a discussion. in *Science and Psychoanalysis vol. 11: 197–201*

SALZMAN, L; MASSERMANN, J.H. (Hg.): (1962): Modern Concepts of Psychoanalysis. New York: Philosophical Library

SANDRUB, L. (1618): Delitiae historicae et poticae, das ist: Historische vnnd poetische Kurtzweil. Darinnen allerhand kurtzweilige ... Historien ... reymenweise ... begriffen seyn. Franckfurt am Mayn: Konrad Eifried

SARTRE, J.P. (1962): L'Être et le Néant, dt.: Das Sein und das Nichts, übs.. Streller, J.; Ott, K.A.; Wagner, A. Hamburg: Rowohlt

Schepeler, E.M. (1993): Jean Piaget's Experiences on the couch: some clues to a mystery. in *International Journal of Psychoanalysis, vol. 74, no. 2: 255–273*

SCHERER, V. (o.J. [3]): Dürer. Stuttgart: Deutsche Verlagsanstalt

SCHILLER, F. VON (1801): Über das Erhabene. in: „Kleinere prosaische Schriften", Teil 3, Leipzig 1801, zit. nach: Werke in drei Bänden, Bd. II. München: Hanser 1966

SCHILLER, F. VON (1804): Wilhelm Tell. Schauspiel in fünf Akten. Cotta, Tübingen. Neuausgabe: Werke in drei Bänden, Bd. III, S. 553–650. München: Hanser 1966

SCHILLER, F. VON (1966) Die Räuber, in: Werke in drei Bänden, Bd. I. München: Hanser

SCHILLER, F. VON (1966): Kabale und Liebe, in: Werke in drei Bänden, Bd. I. München: Hanser.

SCHMID, W. (1948): Das Sokrates-Bild der Wolken. in *Philologus 97, S. 209 ff.*

SCHNABEL, J.G. (1731): Wunderliche Fata einiger See-Fahrer, absonderlich Alberti Julii, eines gebohrnen Sachsens. Bd. 4. Nordhausen: Groß

SCHNABEL, J.G. (1738): Der im Irrgarten der Liebe herumtaumelnde Cavalier. Oder: Reise- und Liebes-Geschichte eines vornehmen Deutschen von Adel, Herrn von St... welcher nach vielen ... Liebes-Excessen ... erfahren müssen, wie der Himmel die Sünden der Jugend im Alter zu bestrafen pflegt. Warnungstadt i.e. Nordhausen: Leberecht

SCHNEIDER, B. (1985): August Boeckh: Altertumsforscher, Universitätslehrer und Wissenschaftsorganisator im Berlin des 19. Jahrhunderts; Ausstellung zum 200. Geburtstag. Wiesbaden: Reichert

SCHOCH, R. (1995): Repräsentation und Innerlichkeit. Zur Bedeutung des Interieurs im 19. Jahrhundert. in: LUKATIS, C. (1995), S. 11–16

SEARLE, J.R. (1969): Speech acts: An Essay in the Philosophy of Language. Cambridge: Cambridge UP. Deutsch: Sprechakte. Ein philosophischer Essay. Aus d. Engl. v. R. und R. Wiggerhaus. Frankfurt am Main: Suhrkamp 1971

SEEL, O. (1960): Aristophanes oder Versuch über Komödie. Stuttgart: Klett

SEIFERT, H., RADNITZKY, G., Hg. (1994[2]): Handlexikon zur Wissenschaftstheorie. München: dtv Wissenschaft

SEITZ, G.(1984): Die Brüder Grimm. Leben – Werk – Zeit. München: Winkler

SEMPER, G. (1851): Die vier Elemente der Baukunst. Braunschweig: Vieweg

SEWARD, D. (2002): About sound and light in Greek temples. Pittsburgh: E-mail 26.02.2002 an C. Guderian

SHAKESPEARE, W. (1969): Romeo und Julia. in: Sämtliche Werke in einem Band. S. 757–780, Orig. London 1597, übs. A.W. Schlegel. Wiesbaden: Löwit.

SIGERIST, E. (1954): Große Ärzte. München: Lehmann

SILVER, C.B.; OGLENSKY, B.D. (1996): Organizations on the Couch, by M. Kets de Vries et al, San Francisco and Oxford: Joessey- Bass, 1991 (book review) in *Psychoanalytic Review, vol. 83 no 3: 451–457*

SIMON, B. (1978): Mind and Madness in Ancient Greece. Ithaca, NY: Cornell University Press

SOMMER, R. (1962): „The Distance for Comfortable Conversation", in *Sociometry, 25, S. 111–116*

SOMMER, R. (1969): Personal space, the behavioral basis for design. Englewood Cliffs: Prentice Hall

SPENCE, D. (1987) The Freudian Metaphor. Toward Paradigm Change in Psychoanalysis. New York and London: Norton & Co.

SPENGEMANN, K.L. (1993): Architektur wahrnehmen. Bielefeld: Karl Kerber

SPENGEMANN, K.-L. (1999): Architektur befragt. 30 Aspekte zur Wirkung von Bauwerken. Bielefeld: Karl Kerber

SPEZZANO, C.; GARGUILO, G. (eds.) (1997): Soul on the Couch: Spirituality, Religion and Morality in contemporary psychoanalysis. Hillsdale, N. J.: Analytic Press

SPITZ, R. (1956): Transference: The analytic setting and its prototype. in *International Journal of Psychoanalysis, vol. 37: 380–385*

SPOTNITZ, H. (1961): The Couch and the Circle. New York: Knopf

STÄDTECHRONIK (1862): Die Chroniken der deutschen Städte vom 14. bis in's 16. Jahrhundert.(1862 ff.) hg. durch d. historische Commission bei d. königl. Academie der Wissenschaften, Bd. 3: Leipzig

STERN, H. (1978): The Couch; Its Use and Meaning in Psychotherapy, New York. dt. Die Couch. Ihre Bedeutung für die Psychotherapie. Übs. a. d. Amerik.: H. Ade. Frankfurt am Main: Fischer 1988

STONE, L. (1947): Transference, sleep in neurosis with duodenal ulcer. in *International Journal of Psycho-Analysis, vol. 28: 18–32*

STONE, L. (1961): Die psychoanalytische Situation. Origin.: The Psychoanalytic Situation. Aus dem Amerikan. von F. Herbot. Frankfurt am Main: Fischer 1973

STRAUS, E. (1930): Die Formen des Räumlichen. Ihre Bedeutung für die Motorik und die Wahrnehmung. in *Der Nervenarzt. 3. Jg. 1930*, in: Psychologie der menschlichen Welt. Gesammelte Schriften, S. 141 ff.. Berlin, Göttingen, Heidelberg: Springer 1960

SUNDSTROM, E.; HERBERT, R. K.; BROWN, D. W. (1982): Privacy and communication in an Office-Plan. in *Environment and Behavior 14 (3), pp. 379–382*

TAMBIAH, S. J. (1985): Culture, Thought, and Social Action. An Anthropological Perspective, Cambridge, Mass.: Harvard University Press

TELLENBACH, H. (1956): Die Räumlichkeit des Melancholischen. in *Der Nervenarzt. 27. Jg.*

TEXTOR, A. M. (1978,© 1962) Sag es treffender. Ein Handbuch mit 20 000 sinnverwandten Wörtern und Ausdrücken für den täglichen Gebrauch in Büro, Schule und Haus. Reinbek: Rowohlt

THOMÄ, H.; KÄCHELE, H. (1996^2): Lehrbuch der psychoanalytischen Therapie. Band 1: Grundlagen. Berlin, Heidelberg, New York: Springer

THÜMMEL, M. A. VON (1818): Der heilige Kilian und das Liebespaar. hg. v. F. F. Hempel. Leipzig

TINBERGEN, N. (1958): Curious Naturalists. Garden City, N. Y.: Natural History Library, Anchor Book Doubleday

TOLMAN, E. C. (1948): Cognitive maps in rats and men, in *Psychological review 55, 189–208*

TSCHINAG, G. (1999): Die graue Erde. Frankfurt am Main und Leipzig: Insel

UEXKÜLL, J. VON (1956): Streifzüge durch die Umwelten von Tieren und Menschen. Reinbek: Rowohlt

UHLAND, L. (1834^7): Die Vätergruft. Gedichte. Stuttgart und Tübingen: Cotta

UNWIN, S. (1997): Analysing Architecture. London, New York: Routledge

VAN DE WAAL, H. (1964): Rembrandt's Faust etching, a Socinian document on the iconography of the inspired scholar, in *Oud Holland, 79, 1964*

VOGT, E. (1981): (Hg.) Griechische Literatur. Neues Handbuch der Literaturwissenschaft. Hrsg. von K. VON SEE, Bd. 2. Wiesbaden: Akademische Verlags-Gesellschaft Athenaion

VOSS, H. (1825): an Agnes 3. (so zitiert bei Grimm, DWB Bd. V, Sp.157 f.)

WAHRIG, G. (1968): Deutsches Wörterbuch. Gütersloh: Bertelsmann

WALTER, U. (1993): Aus meinem D-2 Tagebuch. Dr. Ulrich Walter, Wissenschafts-Astronaut und Mitglied der Deutschen D-2 Mission, 26.04.-6.5. 1993, Program Manager, IBM Deutschland Entwicklung GmbH, Böblingen. Unveröffentlichtes Manuskript, E-Mail vom 8.11.2002 an C. Guderian

WALTER, U. (1997): In 90 Minuten um die Erde. Darin das Kapitel *Der Körper spielt verrückt*. Würzburg: Stürtz

WALTER, U. (2002): Zu Hause im Universum, darin das Kapitel „Wenn es Nacht wird – Was ist ein Tag, was eine Nacht?" Reinbek: Rowohlt.

WAUGAMAN, R.M. (1995): The Analytic Couch as Transference Object, in *Psychoanalytic Inquiry, vol. 15, no. 3: 338–357*

WEGNER, W. (1962): Die Faustdarstellung vom 16. Jahrhundert bis zur Gegenwart. Amsterdam: Verlag der Erasmus-Buchhandlung

WEIGAND, E. (1989): Sprache als Dialog. Sprechakttaxonomie und kommunikative Grammatik. Tübingen: Niemeyer

WEISSMAN, S.M. (1977): Face to face. The role of vision and the smiling response. in *Psychanal. Study Child, vol. 32: 421–450*

WENSINCK, A.J. (1916): The Ideas of the Western Semites concerning the Navel of the Earth, Amsterdam: Müller

WETZEL, M. (1985): Spurensicherung. Ginzburg, Derrida und Foucault als Leser Freuds. in *Fragmente 17/18 (November 1985), 179–203*

WIELAND, C.M. (1768): Musarion. in: C.M. Wielands Sämmtliche Werke, Neunter Band, Leipzig, Georg Joachim Göschen, 1795, Reprint Hrsg. von der „Hamburger Stiftung zur Förderung von Wissenschaft und Kultur" in Zusammenarbeit mit dem „Wieland-Archiv", Biberach an der Riß, und Dr. H. RADSPIELER, Neu-Ulm, Bd. III, Hamburg: Greno 1984

WIELAND, C.M. (1794–1805): Sämtliche Werke, XXXVIII u. VI Suppl. – Bde. Leipzig: Göschen

WINNICOTT, D.W. (1953): Transitional objects and transitional phenomena. in *International Journal of Psycho-Analysis, vol. 34: 89–97*

WINNICOTT, D.W. (1954): Preface to: Stevenson, O., The first treasured possession. in *Psychoanal. Study Child 9:199–201*

WINNICOTT, D.W. (1971): Playing and reality. London: Tavistock. Deutsch: (1973): Vom Spiel zur Kreativität. Stuttgart: Klett

WINNICOTT, D.W. (1976): Von der Kinderheilkunde zur Psychoanalyse. München: Kindler

WINNICOTT, D.W. (1990): Der Anfang ist unsere Heimat. Stuttgart: Klett-Cotta

WOLBERG, L.R. (1967): Significance of the analytic couch: a discussion. in *Science and Psychoanalysis vol. 11: 191–197*

WOLMAN, B.B. (1976): (Hg.) Psychoanalytic Techniques; A Handbook for the Practicing Psychoanalyst. New York.

ZACHARIÄ, H.A. (1761): Verwandlungen. in: Scherzhafte epische und lyrische Gedichte, Bd. 2. Neue durchgehende verg. Aufl. Braunschweig u. Hildesheim

ZALUSKY, S. (2003): Telefonanalyse. In *Internationale Psychoanalyse. Das Nachrichtenmagazin der IPV. Sonderheft „Einsicht" Internationale Psychoanalytische Vereinigung, Jg. 12, H. 1, Juni 2003, S. 13–16*

ZIMMERN, FROBEN CHR. GRAF v. (1869): Zimmerische Chronik. hg. v. K.A. Barack. Tübingen: Mohr

ZucKerman, M.; PERSKY, H.; LINK, K.E.; BASU, G.K. (1968): Experimental and social factors determining responses to sensory deprivation, social isolation, and confinement. in *Journal of Abnormal Psychology, vol. 73: 183–194*

Nicht-Printmedien

ANONYM (ca. 6. Jhdt.): Fresko des Heiligen Augustinus, sitzend mit Bibel. Spätes 6. Jahrhundert. Rom: Lateranbibliothek

ANONYM (o.J.): Alexander von Humboldt in seinem Arbeitszimmer 1848. Farblithographie nach einem Aquarell von Hildebrandt. Cambridge, Mass.: Gray Herbarium Library, Harvard University

ANTONELLO DA MESSINA (1475): Der Heilige Hieronymus im Gehäus. Öl auf Holz. London: National Gallery.

BOTTICELLI, S. (1480) Der Heilige Augustinus. Fresko, 185 × 123 cm. Florenz: Chiesa degli Ognissanti

BOTTICELLI, S. (1490): Der Heilige Augustinus schreibend in seiner Zelle. Florenz: Uffizien.

BOTTICELLI, S. (1500): Die Verklärung Christi mit den Heiligen Hieronymus und Augustinus auf den Seitenflügeln. Tempera auf Holz, 27,2 × 35,3 cm. Rom: Galleria Pallacina.

CARPACCIO, V. (1502): Die Vision des Heiligen Augustinus. Öl auf Leinwand, 144 × 208 cm. Venedig: La Scuola di San Giorgio degli Schiavoni

CRANACH, L. d. Ä. (1525): Der Kurfürst-Erzbischof und Kardinal Albrecht von Brandenburg als Hieronymus im Gehäus. Darmstadt: Landesmuseum.

CRANACH, L. d. Ä. (1530): Luther als Evangelist Matthäus. Wittenberg, Holzschnitt 12,5 × 8 cm, Illustration aus: „Das Neuwe Testament Mar. Luthers“, Wolfenbüttel: Herzog-August-Bibliothek,Inv. Nr. Bibel-S. 792

DÜRER, A. (1492): Der heilige Hieronymus. Holzschnitt.

DÜRER, A. (1511): Hieronymus in seiner Zelle. Kuferstich. Basel: Kunstmuseum.

DÜRER, A. (1514): Hieronymus im gehaiß. Kupferstich 27,7 × 18,8 cm. Wien: Albertina.

DÜRER, A. (1521): Der heilige Hieronymus. Öl auf Holz, 60 × 48 cm. Lissabon: Nationalmuseum

FREUD MUSEUM LONDON (Ausstellung, Bibliothek, Home movie). Internet: http://www.freud.org.uk

FREUD MUSEUM, WIEN (Ausstellung, Home movie) Internet: http://freud.t0.or.at

FREUD, Sigmund. Archäologie des Unbewußten. CD-ROM zur Geschichte der Psychoanalyse. 10/99

GATTI, P; PAOLINI; C., TEODORO, F. (1968) Beanbag. Anatomischer Sessel, mit aufgeschäumten Polystyrol-Kügelchen gefüllt. Bezug Leinen, naturfarben, abnehmbar. Höhe 68, Durchmesser 80 cm.

GHIRLANDAIO, Domenico (1480): Der Heilige Hieronymus. Fresko 184 × 119 cm. Florenz: Chiesa degli Ognissanti

KUBRIK, S. (1968): A Space Odyssey. Spielfilm.

MICHELANGELO Buonarotti: Die Erschaffung der Erde. Fresken-Deckenausmalung in der Sixtinischen Kapelle des St. Petersdoms in Rom, Vatikan

MÖLLER, J.; LEDERGERBER H. (1976): „Hier fällt ein Haus, dort steht ein Kran und ewig droht der Baggerzahn“, 10 Bilderbögen. Aarau: Sauerländer

MOSER, T. (1994): Vaterkörper, Geburt und Symbolbildung. Ein Lehrfilm über Psychoanalyse und Körperarbeit. Videofilm, 110’ Kamera und Schnitt: R. Biermann. Produktion: Dreiland Film, Freiburg

REMBRANDT VAN RIJN (1652): Faust. Radierung

RODIN, A.: Le Penseur. Bronzeskulptur, Paris: Musee Rodin

VAN EYCK, J. (Nachfolge 1442): Der Heilige Hieronymus im Gehäus, Öl auf Pergament auf Holz, 20 × 12,7 cm. Detroit, Ill.: The Detroit Institute of Arts

Sachregister

Personenregister